Selbstreferenz

Anne Iris Miriam Attersee Anders

Selbstreferenz

Ein dynamisches Selbstreferenzmodell auf der Grundlage von graduellem kognitivem Training

Springer

Anne Iris Miriam Attersee Anders
München, Deutschland

Dissertation an der Ludwig-Maximilians-Universität München, Lehrstuhl für Klinische Psychologie und Psychotherapie, Attersee Anders, A.I.M., Selbstreferenz

ISBN 978-3-658-11708-5 ISBN 978-3-658-11709-2 (eBook)
DOI 10.1007/978-3-658-11709-2

Die Deutsche Nationalbibliothek verzeichnet diese Publikation in der Deutschen Nationalbibliografie; detaillierte bibliografische Daten sind im Internet über http://dnb.d-nb.de abrufbar.

Springer

Gedruckt auf säurefreiem und chlorfrei gebleichtem Papier

Springer Fachmedien Wiesbaden ist Teil der Fachverlagsgruppe Springer Science+Business Media
(www.springer.com)

In der Tibetischen Medizin werden Modelle der Diagnostik und Therapie von Erkrankungen beschrieben, die einen bedeutungsvollen Beitrag zum aktuellen Diskurs über Meditationseffekte in klinischen und psychotherapeutischen Kontexten zu leisten vermögen. Sie beziehen sich auf die komplexen Theorien Buddhistischer Philosophie, welche anhand der Trainingseffekte differenzierte Veränderungsstrukturen beschreibt. Die Implikation dieser Techniken *Graduellen Kognitiven Trainings* ist ein Prozess der Selbstwerdung, der von der Spiegelneuronforschung ebenso wie der Imitationsforschung aktuell diskutiert wird. In vorliegender Arbeit wurde die Eingrenzung des Forschungs-gegenstands mithilfe einer *Perspektivischen Analyse* bis zur Entwicklung des *Dynamischen Selbstreferenzmodells* vorgenommen. Damit wurde sowohl die Forschungs-lücke eines *Graduellen Kognitiven Trainings* differenziert wie auch die Trainingseffekte (E1-E8) mithilfe eines *Selbstreferenzmodells* operationalisiert. Während der Hintergrund zur Forschungslücke eines *Graduellen Kognitiven Trainings* auf der emischen Perspektive Buddhistischer Philosophie und Tibetischer Medizin gründet, bezieht sich das Selbstreferenzmodell auf neuropsychologische Forschung zur Synergetik und aktuelle Befunde zur Bedeutung des Spiegelneuronsystems für die Entwicklung des Menschen und seine Individualität.

Die Studiengruppe, die an mehreren Universitäten und Bildungsinstitutionen rekrutiert wurde, umfasst 83 Probanden und 71 Personen in der Kontrollgruppe, wobei die Trainingsgruppe sich in 84,3% weibliche und 15,7% männliche Probanden gliedert. In vorliegender Arbeit werden quantitative Ergebnisse zur Entspannungsreaktion, dem Chronischen Stress und der Selbstreferenzentwicklung unter Bezugnahme auf bereits vorliegende qualitative Forschungsergebnisse dargestellt. Während die Vorerhebung mit dem "ET-ANAM Fragebogen" (Krampen, 2002) der Erfassung von Vorerfahrung in Entspannungstechniken, Motivation und Kontraindikationen für das Training diente, wird der Outcome nach vier Wochen Training wie auch der Prozessverlauf über drei Monate Training mit dem Fragebogen "ASS-SYM Symptomfragebogen" (Krampen, 2006) und dem Fragebogen "TICS Fragebogen SSCS" (Schulz, Schlotz & Becker, 2004) dargestellt. Dabei wurden die Analyse der Trainingsart, -häufigkeit und Integration der Übungseffekte miteinbezogen.

Das Selbstreferenzmodell wurde mit einem Meditations- und Katamnesefragebogen evaluiert und nach einem Vergleich von Faktorenanalysen mit unterschiedlichen Rotationsmethoden der Einfluss von Geschlecht, Trainingsart und -häufigkeit sowie Integrationshäufigkeit auf die Faktoren dargestellt.

Während die Trainingshäufigkeit während der ersten vier Wochen zwischen einmal zehn Minuten täglich (72,0%), ein- bis zweimal zehn Minuten täglich (25,6%) und mehr als zweimal zehn Minuten täglich (2,4%) lag, hat 83,3% der Gruppe, die das *Graduelle Kognitive Training* drei Monate lang durchführte, bis zu zehn Minuten täglich und nur 16,7% ein- bis zweimal täglich zehn Minuten geübt.

Trotz der geringen Dauer der Trainingseinheiten zeigten sich sowohl in der Entspannungsreaktion wie auch in der Verbesserung des Chronischen Stress höchstsignifikante Ergebnisse. Der Vergleich der Trainings- und Kontrollgruppe mithilfe eines T-Tests für verbundene Stichproben aus der Summenskala "ASS-SYM-G" (Krampen, 2006) zwischen dem Zeitpunkt vor dem Training und nach vier Wochen Training, jeweils bezogen auf die vergangenen zwei Wochen, zeigte eine höchst signifikante Verbesserung der Entspannungswerte in der Trainingsgruppe ohne Veränderung in der Kontrollgruppe bei einem Signifikanzniveau von α=0,05. Der Mittelwert vor dem Training lag dabei in der Trainingsgruppe (n=79, M_1=44,23, SD_1=25,03) etwas niedriger als in der Kontrollgruppe (n=69, M_1=49,30, SD_1=24,93). Während er bei der Trainingsgruppe nach den vier Wochen Training auf M_2=34,75 (SD_2=22,71, t=5,08, KI=5,77-13,20, p=0,000***, α=0,05) sank, blieb er bei der Kontrollgruppe nach vier Wochen auf M_2=49,30 (SD_2=25,62, t=0,00, KI= -4,58-4,58) gleich. Dabei zeigte sich dieses höchstsignifikante Ergebnis sowohl in der Fragestellung bezogen auf die vergangenen zwei Wochen als auch bezogen auf genau die Trainingsperiode von vier Wochen.

Die erste Hypothese, dass das *Graduelle Kognitive Training* eine psychophysische Entspannungsreaktion bewirkt, wurde nicht nur mit höchstsignifikanten Ergebnissen in der Summenskala "ASS-SYM-G" (Krampen, 2006), sondern auch mit sehr signifikanten Ergebnissen in allen einzelnen Dimensionen bestätigt. Denn auch in den sechs Entspannungsdimensionen (Krampen, 2006) zeigten sich im T-Test für verbundene Stichproben signifikante Ergebnisse beim Vergleich der Werte zwischen vor dem Training und nach vier Wochen Training bei einem Signifikanzniveau von α=0,05. Der Mittelwert in der Dimension "Körperliche und psychische Erschöpfung" (Krampen, 2006) (N=83) lag dabei vor dem Training bei M_1=11,57 (SD_1=5,26) und nach vier Wochen Training bei M_2=9,27 (SD_2=4,71, t=4,85, KI=1,36-3,25, p=0,000***). Der Mittelwert in der Dimension "Anspannung und Nervosität" (Krampen, 2006) (N=83) lag vor dem Training bei M_1=8,07 (SD_1=5,13) und nach vier Wochen Training bei M_2=6,53 (SD_2=4,57, t=3,81, KI=0,74-2,35, p=0,000***). Der Mittelwert in der Dimension "Psychophysiologische Dysregulationen" (Krampen, 2006) (N=83) lag vor dem Training bei M_1=5,33 (SD_1=4,59) und nach vier Wochen Training bei M_2=4,12 (SD_2=3,85, t=3,30, KI=0,48-1,93, p=0,001***). Der Mittelwert in der Dimension "Leistungs- und Verhaltensschwierigkeiten" (Krampen, 2006) (n=79) lag vor dem Training bei M_1=7,11 (SD_1=5,30) und nach vier Wochen Training bei M_2=5,71 (SD_2=4,89, t=3,39, KI=0,58-2,23, p=0,001***). Der Mittelwert in der Dimension "Schmerzbelastungen" (Krampen, 2006) (n=79) lag vor dem Training bei M_1=5,22 (SD_1=4,269) und nach vier Wochen Training bei M_2=4,29 (SD_2=3,79, t=2,66, KI=0,23-1,61, p=0,009**). Der Mittelwert in der Dimension "Probleme in der Selbstbestimmung" (Krampen, 2006) (n=79) lag vor dem Training bei M_1=6,78 (SD_1=5,16) und nach vier Wochen Training bei M_2=4,89 (SD_2=4,53, t=4,04, KI=0,96-2,83, p=0,000***).

Auch die zusätzliche Evaluation für eine kleinere Gruppe (n=37), bei der die Fragestellung genau auf die vergangenen vier Wochen bezogen worden war, zeigte in allen Dimensionen signifikante Ergebnisse. Der Mittelwert in der Dimension "Körperliche und psychische Erschöpfung" (Krampen, 2006) (n=37) lag vor dem Training bei M_1=11,65 (SD_1=6,03) und nach vier Wochen Training bei M_2=8,46 (SD_2=5,62, t=4,23, KI=1,66-4,72, p=0,000***). Der Mittelwert in der Dimension "Anspannung und Nervosität" (Krampen, 2006) (n=37) lag vor dem Training bei M_1=8,35 (SD_1=5,47) und nach vier Wochen Training bei M_2=6,16 (SD_1=5,35, t=3,92, KI=1,06-3,32, p=0,000***). Der Mittelwert in der Dimension "Psychophysiologische Dysregulationen" (Krampen, 2006) (n=37) lag vor dem Training bei M_1=5,73 (SD_1=5,50) und nach vier Wochen Training bei M_2=4,00 (SD_2=4,35, t=3,15, KI=0,62-2,84, p=0,003**). Der Mittelwert in der Dimension "Leistungs- und Verhaltensschwierigkeiten" (Krampen, 2006) (n=35) lag vor dem Training bei M_1=8,60 (SD_1=4,93) und nach vier Wochen Training bei M_2=6,89 (SD_2=5,48, t=2,49, KI=0,32-3,11, p=0,018*). Der Mittelwert in der Dimension "Schmerzbelastungen"

(Krampen, 2006) (n=35) lag vor dem Training bei M_1=5,46 (SD_1=5,30) und nach vier Wochen Training bei M_2=4,34 (SD_2=4,60, t=2,31, KI=0,13-2,10, p=0,027*). Der Mittelwert in der Dimension "Probleme in der Selbstbestimmung" (Krampen, 2006) (n=35) lag vor dem Training bei M_1=8,26 (SD_1=5,69) und nach vier Wochen Training bei M_2=5,43 (SD_2=5,17, t=4,14, KI=1,44-4,22, p=0,000***).

Die "Häufigkeit von Drei" (Krampen, 2006) bedeutet die Darstellung der Häufigkeit eines Items mit dem höchsten Wert im "ASS-SYM Symptomfragebogen" (Krampen, 2006). In einem T-Testvergleich für verbundene Stichproben zeigte sich hierin eine höchstsignifikante Änderung (n=79, p=0,000**) zwischen dem Zeitpunkt vor dem Training (M_1=3,77, SD_1=6,10) und demjenigen nach vier Wochen Training (M_2=2,11, SD_2=5,27, t=3,66, KI=0,76-2,56, p=0,000***) bei einer Fragestellung bezogen jeweils auf die vergangenen zwei Wochen. Auch bei der Fragestellung bezogen auf jeweils die vergangenen vier Wochen zeigte sich für eine etwas kleinere Probandengruppe (n=35) ein sehr signifikantes Ergebnis von p=0,008** (M_1=5,00, SD_1=8,30, M_2=2,66, SD_2=7,30, t=2,80, KI=0,64-4,04, p=0,008**).

Auch die Hypothese einer Reduktion des Chronischen Stress durch das *Graduelle Kognitive Training* wurde mit dem höchstsignifikanten Ergebnis bestätigt. Dabei wurde der Chronische Stress mit dem "TICS-SSCS" (Schulz, Schlotz & Becker, 2004) evaluiert, dessen Normierung mit einer Fragestellung nach den vergangenen drei Monaten eine relativ lange Zeitspanne umfasst. Der Mittelwert beim T-Test für verbundene Stichproben lag vor dem Training in der Trainingsgruppe (n=81, M_1=16,91, SD_1=9,17) etwas niedriger als in der Kontrollgruppe (n=69, M_1=20,38, SD_1=9,84). Während er bei der Trainingsgruppe nach den vier Wochen Training auf M_2=13,81 (SD_2=9,19, t=5,00, KI=1,87-4,33, p=0,000***, α=0,05) sank, war dies bei der Kontrollgruppe nach vier Wochen auf M_2=19,42 (SD_2=9,94, t=1,07, KI=-0,84-2,75) kaum der Fall. Auch bei derselben Fragestellung bezogen auf die vergangenen vier Wochen ergab sich ein höchst signifikantes Ergebnis (n=41, M_1=20,02, SD_1=10,88, M_2=15,85, SD_2=10,13, t=3,56, KI=1,81-6,54, p=0,001***, α=0,05).

Die katamnestischen Darstellungen des Trainingsverlaufs über drei Monate Training mit-hilfe des Friedman-Tests zeigten sowohl im "ASS-SYM Symptomfragebogen" (Krampen, 2006) wie auch im Fragebogen "TICS Fragebogen SSCS" (Schulz, Schlotz & Becker, 2004) ein auch nach drei Monaten Training weiterhin kontinuierliches Sinken der Mittelwerte.

Die dritte Hypothese einer positiven Auswirkung der psychophysischen Entspannungsreaktion auf den Chronischen Stress wurde mit oben angeführten Summenskalen geprüft. In der einfaktoriellen ANOVA mit "SSCS" (Schulz, Schlotz & Becker, 2004) als abhängige Variable und "ASS-SYM-G" (Krampen, 2006) als Faktor, beide in der Fragestellung in Bezug auf die vergangenen vier Wochen Training, lag die Signifikanz zwischen den Gruppen auf p=0,043* (n=36, F=6,29, M=15,33, SD=10,61, KI=11,74-18,92).

Die vierte Hypothese der Entwicklung von Selbstreferenz durch das *Graduelle Kognitive Training* wurde mithilfe eines Katamnese- und eines Meditationsfragebogens evaluiert. In den entsprechenden Faktorenanalysen zeigten sich die Korrelationen zwischen den Effekten [E1-E8], Trainingstechniken [T1-T4] und transienten Erfahrungen. Die neun Faktoren aus der Faktorenanalyse des Meditationsfragebogens mithilfe der Rotationsmethode Quartimax gliedern sich in Aufmerksamkeitsführung, Wache Entspannung, Anspannung, Aussichtslosigkeit, Inneres Loslassen, Aggression, Sinken, Begierde und Helligkeit von Licht. Die elf Faktoren aus der gemeinsamen Faktorenanalyse des Meditations-

und Katamnesefragebogens gliedern sich in Aufmerksamkeitsführung, Entspannung bei Gedanklicher Distanzierung, Anspannung bei Aufmerksamkeitslenkung nach außen, Beobachtung und Reflexion bei Introspektion, Wache Entspannung und Freude, Anspannung und Agitation, Innere Weite bei Sinken und Wohlgefühl, Aufmerksamkeitslenkungstechniken, Aussichtslosigkeit, Fehlende Modulation und Konzentrationsstärke. In grafischen Darstellungen wurde anschließend der Einfluss der Trainingsart, -häufigkeit und Integration wie auch des Geschlechts auf diese Faktoren dargestellt.

Die Häufigkeit der Integration von Trainingseffekten zeigte sich in den ersten vier Wochen Training als von 13,2% der Trainingsgruppe mehrmals täglich, von 39,5% manchmal, von 36,8% selten und von 10,5% nie durchgeführt. Bei den Probanden, die das *Graduelle Kognitive Training* drei Monate lang durchführten, betrug die Integrationshäufigkeit bei 6,7% mehrmals täglich, bei 30,0% manchmal, bei 50,0% selten und bei 13,3% nie. Während 36,1% der Probandengruppe aus Psychotherapeuten bestand, wurde der übrige Teil in eine Personengruppe, die keine Psychotherapie erhalten hat (44,6%), eine Personen-gruppe, die sich aktuell in psychotherapeutischer Behandlung befindet (10,8%) und eine Personengruppe, die sich zuvor in psychotherapeutischer Behandlung befand (8,4%), unterteilt. Die Ergebnisse der Auswirkung dieser Differenzierung auf die Faktoren der beiden Fragebögen zeigt interessante Zusammenhänge, erfordert jedoch aufgrund der Pilotphase der Fragebögen und Kleinheit der Gruppen vor einer Modellbildung weitere Forschung.

Im Katamnesefragebogen zeigten sich beim T-Test für verbundene Stichproben im Vergleich der Mittelwerte einzelner Variablen zum Zeitpunkt vor dem Training und nach vier Wochen Training in vier Variablen signifikante Veränderungen. In der Variable neun *Wie stark können Sie über Ihre körperliche Wahrnehmung reflektieren* lag eine Signifikanz von p=0,032* (n=30, M_1=15,37, M_2=13,80, SD_1=3,72, SD_2=3,90, KI=0,15-2,99, t=2,26) vor, in der Variable sechzehn *Wie stark können Sie konzentrierte Kraft empfinden* eine Signifikanz von p=0,021* (n=30, M_1=11,27, M_2=13,67, SD_1=5,74, SD_2=4,60, KI=-4,40-(-0,40), t=-2,45), in der Variable achtzehn *Wie stark können Sie wache Entspannung empfinden* eine Signifikanz von p=0,033* (n=30, M_1=10,77, M_2=12,60, SD_1=4,90, SD_2=4,61, KI=-3,51-(-0,16), t=-2,24) und in der Variable zwanzig *Wie stark können Sie innere Weite empfinden* eine Signifikanz von p=0,005** (n=29, M_1=11,55, M_2=14,10, SD_1=4,95, SD_2=5,39, KI=-4,26-(-0,85), t=-3,07) bei jeweils einem Signifikanzniveau von 5%.

Obwohl der Vergleich des Zeitpunkts vor dem Training mit dem Zeitpunkt nach drei Monaten Training eine deutlich reduzierte Probandenanzahl beinhaltete, wurde er im Sinne der Pilotphase für den Fragebogen angeführt. Dabei zeigte sich in der Variable acht *Wie stark können Sie Ihre eigenen Gefühle reflektieren* eine Signifikanz von p=0,026* (n=16, M_1=12,94, M_2=16,31, SD_1=5,32, SD_2=2,52, KI=-6,29-(-0,46), t=-2,47), in der Variable siebzehn *Wie stark können Sie (geistige) Klarheit empfinden* eine Signifikanz von p=0,049* (n=15, M_1=11,73, M_2=14,67, SD_1=4,98, SD_2=4,48, KI=-5,85-(-0,02), t=-2,16), in der Variable siebenundzwanzig *Wie stark können Sie sich von Ihren eigenen Gedankenabläufen distanzieren* eine Signifikanz von p=0,043* (n=16, M_1=9,00, M_2=11,69, SD_1=4,86, SD_2=3,54, KI=-5,27-(-0,10), t=-2,22) und in der Variable achtundzwanzig *Wie stark können Sie sich von Ihren eigenen Emotionen und emotionsbeladenen Erinnerungen distanzieren* eine Signifikanz von p=0,041* (n=16, M_1=8,19, M_2=11,13, SD_1=4,20, SD_2=4,16, KI=-5,73-(-0,14), t=-2,24) bei jeweils einem Signifikanzniveau von 5%.

Somit wurde die Operationalisierung des *Dynamischen Selbstreferenz-modells* nach einer Eingrenzung des Forschungsgegenstands mithilfe einer *Perspektivischen Analyse* auf ein *Graduelles Kognitives Training* mithilfe eigener Fragebögen vorgenommen. Neben der Darstellung der Ergebnisse zu den Hypothesen der Entspannungsreaktion, zur Reduktion des Chronischen Stress und der Wirkung der Entspannung auf den Chronischen Stress bereits nach einem vierwöchigen Trainingszeitraum bieten die Ergebnisse aus den Faktorenanalysen erste Hinweise im Rahmen eines Selbstreferenzmodells. Somit wurde aufgezeigt, dass ein *Graduelles Kognitives Training*, wie es aus emischer Perspektive vermittelt wird, weit über die Effekte einer Entspannungsreaktion hinauszureichen vermag. Dabei wurde eine psychologische Theoriebildung zum Forschungsgegen-stand als ein *Dynamisches Selbstreferenzmodell* entwickelt und mithilfe erster Analysen von Evaluationsergebnissen dargestellt und interpretiert.

In der Entwicklung des Menschen wird die Selbstreferenz über die Erfahrungen des Spiegelneuronsystems geprägt und dient als Grundlage für seine Persönlichkeitsentwicklung. Trotz neurophysiologischer Prägung solcher Art kann sie jedoch dem Individuum mithilfe introspektiver, gezielt eingesetzter *topdown* und *bottomup* wirksamer Techniken nicht nur zugänglich gemacht, sondern auch moduliert werden. Da das hierfür eingesetzte *Graduelle Kognitive Training* auf der emischen Perspektive der Tibetischen Medizin und Oralen Buddhistischen Überlieferung beruht, bezieht sich seine Evaluation auf die strukturellen Veränderungen durch den Trainingsprozess. Somit hat der Diskursbeitrag aus den detaillierten Beschreibungen und Textkommentaren aus originalsprachlichen Quellen der Buddhistischen Philosophie und Tibetischen Medizin Implikationen auf die Theoriebildung zum Forschungsgegenstand. Nach einer perspektivischen Analyse wurde in vor-liegender Arbeit der Beitrag der emischen Perspektive auf den Forschungsgegenstand als ein *Graduelles Kognitives Training* entwickelt. Diesem liegt ein *Dynamisches Selbstreferenzmodell* zugrunde, dessen Operationalisierung mit zwei meditationsbezogenen Fragebögen vorgenommen wurde. In einer wartegruppenkontrollierten Studie (N=83, Kontrollgruppe N=71) zeigte sich nach einem Monat Training eine höchstsignifikante Entspannungsreaktion, welche mithilfe des Fragebogens "ASS-SYM Symptomfragebogen" (Krampen, 2006) evaluiert wurde, ebenso wie eine höchstsignifikante Abnahme des chronischen Stress, die mithilfe der Summenskala "SSCS"(Schulz, Schlotz & Becker, 2004) dargestellt wurde. Dabei wird die Entspannungsreaktion als der grundlegende Effekt zur Entwicklung von Beobachtungs- und Reflexionsfähigkeiten auf kognitiver, emotionaler und somatischer Ebene innerhalb der Entwicklung des *Dynamischen Selbstreferenzmodells* interpretiert. Die Korrelationen zwischen Trainingstechniken, Effekten und Erfahrungen wurden in den Faktorenanalysen dargestellt. Jene zeigten sich von der Trainingsart und -häufigkeit ebenso beeinflusst wie von der Integrationshäufigkeit. Somit konnte aufgezeigt werden, dass die Effekte eines solchen Trainings weit über eine Entspannungsreaktion hinausreichen. Seine Implikationen auf wesentliche Aspekte der Selbstwahrnehmung leisten einen Beitrag zum aktuellen Diskurs über Trainingseffekte. Dabei wird Selbstreferenz als ein Schlüsselfaktor für Persönlichkeitsentwicklung, die Entwicklung emotionaler Kompetenzen, insbesondere auch für den Kontext psychotherapeutischer Arbeit, interpretiert.

Schlagwörter: Selbstreferenz, Aufmerksamkeitslenkung, Einfach- und Mehrfachfokussierung, Beobachtungsfähigkeit, Reflexionsfähigkeit, Meditation, *Kognitives Training*, Buddhistische Philosophie, Tibetische Medizin, Achtsamkeit, Spiegelneurone, Imitation, Mentalisierung, neuronale Plastizität

The experience of self-reference, which is the key factor for the development of personality and its maturation, is strongly influenced through the child's experiences of others in its mirror neurons. Despite this kind of neurophysiological formation the person is still able to not only observe, but even modulate their way of experiencing by using systematic introspective techniques. Their effectiveness lies in combining topdown with bottomup approaches to training. Whereas this *Gradual Cognitive Training* is based on the emic perspective within Tibetan Medicine and Oral Buddhist transmissions, the evaluation of the effects in the process of training is founded on the analysis of the structures of change to be found in detail in numerous untranslated texts of Buddhist languages. The perspectival analysis on emic and etic perspectives results in the evaluation of a *Gradual Cognitive Training*. This methodological specification is not only concerned with the object of evaluation, but also allows a psychological theory on effects of meditation training, which is concerned with the model of self-reference. That model was operationalized with two questionnaires created for this purpose. In a waiting group controlled trial (N=83, control group N=71) the outcome after one month of training showed a highly significant relaxation response, evaluated with the questionnaire "ASS-SYM Symptomfragebogen" (Krampen, 2006) as well as decrease in chronical stress, evaluated with "TICS Fragebogen SSCS" (Schulz, Schlotz & Becker, 2004). This relaxation response is interpreted as a basic means for the development of self-reference. The factor analysis of the questionnaires based on the *model of self-reference* throughout *Gradual Cognitive Training* showed correlations between techniques, effects and transient experiences of training as well as the factors being influenced by the techniques and frequency of training sessions and the integration of the effects. The results show that the effects of training reach far beyond the relaxation response and wellbeing while allowing a process of personal growth whose implications are some key aspects of self-reference. The theory of self-reference through *Gradual Cognitive Training* is therefore regarded to be a key factor for personal growth and the development of emotional competence, which may also have relevance within psychotherapeutic work.

keywords: self-reference, attentional control, simple or multiple attentional focus, ability of self-observance, ability of self-reflection, meditation, *Cognitive Training*, Buddhist Philosophy, Tibetan Medicine, mindfulness, mirror neurons, imitation, mentalization, neuronal plasticity

Die neurophysiologische Prägung des Selbstbilds durch die über das Spiegelneuronsystem vermittelten frühen Erfahrungen eines Menschen wirkt auf der Ebene neuronaler Verknüpfungen prägend auf die Entwicklungen eines Individuums und seine Fähigkeiten der Empathie und emotionalen Kompetenzen.

Mit den in der Tibetischen Medizin und den Oralen Buddhistischen Überlieferungen gelehrten Techniken *Graduellen Kognitiven Trainings* jedoch, deren Effekte in den komplexen Modellen Buddhistischer Philosophie im Sinne langfristiger struktureller Veränderungsprozesse dargestellt werden, stehen systematische Methoden zur Selbstreferenzentwicklung, Gewahrwerdung dieser in Körperbild und Psyche eingeprägten Muster und Modulation zur Verfügung. Dabei ist die gezielte Kombination von *topdown* mit *bottomup* wirksamen Techniken eine der essentiellen Kernpunkte, die aus der neuropsychotherapeutischen Forschung der Synergetik interpretiert werden kann.

Somit liegt hiermit eine sinnvolle Verknüpfung von östlichem mit westlichem Fachwissen vor, welche nicht nur eine bislang fehlende psychologische Theoriebildung zum Forschungsgebiet der Meditation ermöglichte, sondern vielmehr auch Ergebnisse aus dem Bereich psychotherapeutischer und neuropsychotherapeutischer Prozessforschung verspricht.

Ich bedanke mich bei Prof. Dr. Maragkos Markos für die Betreuung dieser Forschung.

Mein Dank geht an diejenigen, die mich die Anwendung der Techniken kognitiven Trainings mit der Intention es ihnen gleichzutun lehrten trotz ihres Wissens deren Weitergabe würde mir als Frau im tibetisch-buddhistischen Kontext nicht möglich sein. Für meinen eigenen Lern- und Forschungsprozess war ihre Betonung der Wissensvermittlung durch eigene supervidierte Erfahrung mit den Techniken parallel zum theoretischen Studium in den entsprechenden Fachsprachen richtungsweisend.

Für die Zusammenarbeit bei der Ausschreibung der Studien und die Möglichkeit, diese vor Ort durchzuführen, gilt mein Dank den Mitarbeiterinnen am Peer To Peer Mentoringprogramm des Center for Leadership and Peoplemanagement der Ludwig-Maximilians-Universität München und dem Verein zur Förderung der Klinischen Verhaltenstherapie München, den Fachhochschulen Salzburg und Tirol, dem Studentenwohnheim München und der Volkshochschule Landsberg. Ohne das Entgegenkommen dieser Institute wäre diese Forschung nicht möglich gewesen.

Bei allen Teilnehmerinnen und Teilnehmern an den Studien, die das *Kognitive Training* ein bis sechs Monate lang täglich durchgeführt haben, bedanke ich mich, denn nur die Kommunikation über ihre Erfahrungen beim Training und ihre Antworten auf den Fragebögen haben diese Forschung ermöglicht.

Die Förderung durch das Marietta Blau Stipendium des österreichischen Bundesministeriums für Wissenschaft und Forschung/ OeAD (Österreichischer Akademischer Austauschdienst) hat meine Forschung unterstützt und mir Lebensperspektiven eröffnet.

Ich bedanke mich bei denen, die mir Schutz oder Ermutigung gewährten als diese Forschung wiederholt mithilfe von Computerkriminalität angegriffen wurde.

1 Einleitung

Aktuelle neurophysiologische Erkenntnisse zum Spiegelneuronsystem des Menschen weisen dieses als einen wesentlichen Faktor in der Entwicklung des Kindes und seiner emotionalen Kompetenzen aus. Die Bedeutung der eingespiegelten Informationen zeigt sich in der Imitationsforschung und Empathieforschung. Somit ist der über das eigene Spiegelneuronsystem wahrnehmbare Bezug zu anderen ein zentraler Faktor, der die Persönlichkeitsentwicklung des Menschen und Ausbildung seiner Identität prägt.

Die in der Buddhistischen Philosophie und Tibetischen Medizin überlieferten Techniken des *Graduellen Kognitiven Trainings* beschreiben eine Kombination von *topdown* und *bottomup* wirksamen Techniken, welche die gezielte Entwicklung introspektiver Beobachtung und Reflexion von Gedanken, Emotionen und Körper ermöglichen. Diese sich im Verlauf des Trainings entwickelnden Aspekte werden mithilfe eines Selbstreferenzmodells operationalisiert.

Der vorliegende Text beinhaltet im ersten Teil eine perspektivische Analyse, in der die emische Perspektive den etischen Perspektiven auf den Forschungsgegenstand der Meditation gegenübergestellt wird. Dieser wird durch den notwendigerweise graduellen trainingstechnischen Zugang zum *Kognitiven Training* aus der emischen Perspektive wie auch die aus dieser Perspektive bereits vorliegenden theoretischen Modelle und Beschreibungen von Prozessstrukturen bei der Entwicklung von Effekten mithilfe originalsprachlicher Definitionen und Textinterpretation spezifiziert und eingegrenzt. Bereits die trainingstechnische Eingrenzung des Forschungsgegenstands zog eine Veränderung bislang vorliegender Forschungsmethodik nach sich und resultierte in einer Vorgangsweise, bei der neben der Darstellung von Outcome nach einem und drei Monaten Training die Prozessevaluation mithilfe quantitativer und qualitativer Verfahren in den Vordergrund gelangte. Dies ermöglichte die Darstellung eines dynamischen Modells der Selbstreferenzentwicklung, was auch eine erste psychologische Theoriebildung zum Forschungsgegenstand bedeutet. Die theoretischen Modelle aus der Buddhistischen Philosophie und Tibetischen Medizin zeigen aus den Wirkungen und Wechselwirkungen der graduell eingesetzten Trainingstechniken resultierende Strukturen der Veränderung und Entwicklung auf, welche die dem Forschungsgegenstand angemessene Prozessevaluation weiter fundieren. Somit wird die *Perspektivische Analyse* in ihrem Verlauf zu einer Methode den Beitrag der emischen Perspektive zu entwickeln.

Der zweite Teil des Texts beinhaltet die Darstellung und Interpretation der Forschungsergebnisse zur Entspannungsreaktion, zum Sinken des chronischen Stress und dem Modell der Selbstreferenzentwicklung sowie eine Strukturierung der zentralen Fragestellungen im Hinblick auf eine umfassende interdisziplinäre Theoriebildung zum Forschungsgegenstand.

Somit wird in vorliegender Arbeit eine Brücke des Wissenstransfers zwischen Ost und West geschlagen. Die Theoriebildung und graduellen Trainingstechniken aus dem Osten wurden mithilfe von Übersetzungen und Interpretation zugänglich gemacht und die Effekte und Erfahrungen bei der Anwendung des *Kognitiven Trainings* evaluiert. Bei der Effektdarstellung stehen dabei die psychologische Theoriebildung mithilfe des Selbstreferenzmodells und ihre Interpretation und Zuordnung zu aktueller neuropsychologischer und neuropsychotherapeutischer Forschung im Vordergrund. Somit werden der zentralen Frage der Identitätsentwicklung und möglicher Reifungsprozesse mithilfe der Selbstwahrnehmung und Wahrnehmung der über das Spiegelneuronsystem vermittelten Bezogenheit ein Set essentieller gradueller Trainingstechniken und ein psychologisches Modell der Effektdarstellung angeboten, welches sich in die aktuelle neuropsychotherapeutische Forschung einfügt. Da die Effekte des *Graduellen Kognitiven Trainings* sich über neuronale Impulse und Wechselwirkungen entfalten, sind sie genau auf dem Hintergrund der Synergetik verständlich. Daher reichen ihre Implikationen auf die Persönlichkeitsentwicklung für Gesunde und deren Entwicklung emotionaler Kompetenzen genau über die Fähigkeit der Differenzierung der eigenen von der über das Spiegelneuronsystem vermittelten Erfahrung insbesondere auch in klinische und psychotherapeutische Verfahren.

"Die großartige Entwicklung von Wissenschaft und Technik wird auf der anderen Seite aufgewogen durch einen erschreckenden Mangel an Weisheit und Introspektion."
(Jung, C.G. 1940: 30)

2 Einführung

Die Psyche des Menschen entwickelt den Selbstbezug auf der Grundlage des Bezugs zu seinen primären Bezugspersonen. Basierend auf deren Fähigkeit über das eigene Spiegelneuronsystem die Befindlichkeiten des Kindes ebenso wahrzunehmen wie auf die eigene Befindlichkeit zu referieren, sind die ersten Erfahrungen zur Entwicklung von Selbstreferenz eines Kindes abhängig von der Empathie- und Reflexionsfähigkeit der Bezugspersonen. Diese Fähigkeit der Selbstreferenz, welche sich in den ersten Lebensjahren als eine Referenzierung der Sichtweise des sozialen Umfelds auf das Kind über dessen Spiegelneuronsystem einprägt, kann jedoch auch vermittels klar definierter Techniken weiterentwickelt und differenziert werden.

Die hierfür entwickelten Techniken der Introspektion[1] beziehen sich auf die unterschiedlichen Erlebensqualitäten eines Menschen. Diese sind inhaltlich vom individuellen Selbstbild, welches nicht nur aus kognitiven und emotionalen Zuschreibungen, sondern

[1] vgl. Kohut, H. (1977: 9, 10). "Dagegen läßt sich die innere Welt nicht mit unseren Sinneswerkzeugen beobachten. Unsere Gedanken, Wünsche, Gefühle und Phantasien können nicht gesehen, gerochen, gehört oder ertastet werden. Sie haben im physikalischen Raum keine Existenz, und doch sind sie real und können in der Zeitmodalität beobachtet werden: durch Introspektion in uns selbst und durch Empathie, d.h. durch Sich-Einfühlen in die Introspektion anderer. [...] Ähnliches gilt für die Psychologie. So betrachten wir in der Psychoanalyse das Vorbewußte und das Unbewußte als psychische Strukturen nicht nur, weil wir uns ihnen mit introspektiver Absicht zuwenden, und nicht nur, weil wir sie schließlich durch Introspektion erreichen können, sondern auch, weil wir uns ihnen innerhalb eines Bezugsrahmens von aktuell oder potentiell durch Introspektion erfahrbaren Erlebnissen annähern";
vgl. Mertens, W. (2008: 369, 370) "Wenn jemand seine inneren Bilder, Vorstellungen, Gefühle und Stimmungen wahrnimmt, wird er introspektiv tätig. Bei der einfachsten Form der Introspektion geht es um ein Gewahrwerden von Empfindungen, viszeralen Eindrücken, Gefühlen, Gedanken etc., gleichsam um ein vorintrospektives Gewahrwerden; wenn man diese Empfindungen zum Gegenstand der inneren Betrachtung macht, handelt es sich um ein introspektives Gewahrwerden des ständigen Bewusstseinsstroms, bei der die Aufmerksamkeit für einige Zeit bei einer bestimmten Empfindung oder Vorstellung verweilt. Bei der Introspektion sind wir aber auch bemüht, unsere Handlungen mit Hilfe von Ursachen oder Absichten zu begründen, wozu das Nachdenken und das Sich-Erinnern zu Hilfe genommen werden. Diese erweiterte Form der Introspektion kann als Selbstdialog oder als Dialog mit dem eigenen Selbst bezeichnet werden. [...] Neben der Fremdbeobachtung des Verhaltens gibt es somit die Selbstbeobachtung unserer psychischen und innerkörperlichen Vorgänge soweit uns diese bewusst zugänglich sind. Dieser introspektive Modus der Beobachtung eröffnet einen ganz neuen Bereich psychologischer Erkenntnis. Im Unterschied zu den Vorgehensweisen einer sich methodisch als naturwissenschaftlich begreifenden Psychologie rekurriert die Psychoanalyse mit ihrer Betonung der unerlässlichen Bedeutung von Introspektion auf intrapsychische Erkenntnisprozesse und auf solche der Alltagspsychologie. In diesen versuchen wir uns im Strom unseres bewussten Erlebens fortwährend zu orientieren und unser Erleben häufig - wenn auch nicht immer - auf das Erleben von anderen uns wichtigen Menschen zu beziehen. Diesen Bezug können wir aber nur dann ausreichend herstellen, wenn wir uns vorzustellen versuchen, was andere Menschen empfinden. Dazu müssen wir uns in unser Gegenüber hineinversetzen (stellvertretende Introspektion). Introspektion in die eigenen Gefühle und Handlungsgründe und das Sich-Einfühlen in die Introspektion der Gefühle und Handlungsgründe eines Interaktionspartners sind in aller Regel eng miteinander verschränkt."

auch aus sensorischen Modalitäten in Sinne eines Gesamtbildes der Körperwahrnehmung[2] über die Sinnesorgane und aus entwicklungsgeschichtlichen Prägungen der über das Spiegelneuronsystem vermittelten Fremdwahrnehmung besteht, geprägt. Introspektion bezieht sich somit auf die Beobachtung der eigenen somatischen wie auch emotionalen und kognitiven Befindlichkeiten und die in diesen Erlebensqualitäten ablaufenden Prozesse[3]. Insofern sie nicht nur die Art der Weiterverarbeitung der täglichen Sinneseindrücke vermittelt, sondern ebenso auch die psychischen Verarbeitungsprozesse ins Bewusstsein zu bringen vermag, scheint sie eine zentrale Stellung in der Selbstanalyse und dem eigenen Gewahrsein über Vorgänge in der Befindlichkeit zu haben. Dass mithilfe introspektiver Techniken jedoch nicht nur eine Bestandsaufnahme der eigenen Befindlichkeit, sondern vermittels des eigenen Spiegelneuronsystems sowohl die Befindlichkeit des Gegenübers wie auch die Fremdwahrnehmung erfasst werden[4] kann, weist auf ihre Bedeutung hin.

Bei gezielter Schulung der Introspektion kann diese somit zu einem wertvollen Werkzeug entwickelt werden, welches die Selbstanalyse unterstützt und auf dieser Grundlage auch Möglichkeiten im Rahmen therapeutischer Interventionen eröffnet. Da Techniken der Introspektion bei graduellem und systematischem Training sowohl die bewussten wie auch vorbewussten Anteile der Psyche zu erfassen vermögen und dabei jeweils auf die individuellen neurophysiologischen Verarbeitungsmechanismen hinweisen[5], sind sie nicht nur für die eigene Persönlichkeitsentwicklung und Entwicklung von Authentizität bedeutungsvoll. Sie können im Rahmen therapeutischer Prozesse als ein methodisches Instrumentarium dienen. Während bei den ersten Erfahrungen der Umsetzung der Techniken *Kognitiven Trainings* Aspekte der Prävention stressbedingter Erkrankungen durch die bewusste wiederholte Induktion eines vagotonen Zustands im Vordergrund wären, entwickelt sich im Verlauf des graduellen und systematischen Trainings die Möglichkeit einer Referenzierung

---

[2] vgl. Iacobini, M. (2011: 30). "Die frühen Arbeiten in Parma, die zur Entdeckung der Spiegelneuronen geführt haben, entsprangen Rizzolattis Überlegungen zur Rolle der prämotorischen Großhirnrindenbereiche bei der Erzeugung von »Raumkarten« um den eigenen Körper herum. Er nannte seine Theorie die »prämotorische Theorie der Aufmerksamkeit«."

[3] vgl. Kohut, H. (1977: 13). "Natürlich sind Introspektion und Empathie nicht die einzigen Werkzeuge der psychoanalytischen Beobachtung. [...] Immer ist jedoch der letzte, entscheidende Beobachtungsakt introspektiv oder empathisch. Zudem können wir noch darauf hinweisen, daß bei der Selbstanalyse nur die Introspektion verwendet wird."

[4] vgl. Madert, K.K. (2007: 300). "Verschiedene neuronale Netzwerke tragen zu dem Bild bei, das sich im Gehirn von einer anderen und der eigenen Person bildet. Moderne bildgebende Verfahren zeigen dann Aktivität in der unteren prämotorischen Hirnrinde (Handlungsabsichten), der unteren parietalen Hirnrinde (Körperempfindungen und körperliches Ich-Gefühl), der Insula (Kartierung von Körperzuständen), Amygdala (Angstgefühl) und dem Gyrus cinguli (Lebensgrundgefühl, emotionales Ich-Gefühl). Zusammen werden in diesen Zentren Repräsentanzen von anderen Personen und vom eigenen Selbst geschaffen (Bauer 2005, S. 88)".

[5] vgl. Rizzolatti, G., Sinigaglia, C. (2008: 130). "Sowohl die elektrophysiologischen als auch die Brain-Imaging-Untersuchungen bestätigen also die Hypothese, daß es beim Menschen »Resonanz«-Mechanismen gibt, wie sie ähnlich beim Affen festgestellt wurden. Mit einigen bedeutsamen Unterschieden: Das Spiegelneuronensystem scheint beim Menschen ausgedehnter zu sein als beim Affen, eine Schlußfolgerung, die freilich nur mit dem einschränkenden Hinweis gilt, daß bei Mensch und Affe verschiedene Verfahren benutzt wurden. Denn es ist eines, die Aktivität einzelner Neurone zu messen, und etwas anderes, die Aktivierung der einzelnen Rindenbereiche auf der Grundlage der Veränderungen des Blutflusses zu analysieren. Das wichtigste ist aber, daß das Spiegelneuronensystem des Menschen Eigenschaften besitzt, die wir beim Affen nicht feststellen können: Es kodiert transitive und intransitive Akte; es kann sowohl die Art der Handlung also auch die Folge der Bewegungen, aus denen jene sich zusammensetzt, selektieren; schließlich bedarf es keiner Interaktion mit Objekten und aktiviert sich auch, wenn die Handlung nur simuliert wird."

auf eigene Ressourcen. Genau diese ermöglichen, die Schlüsselvariable der Empathie im therapeutischen Kontakt gezielt einzusetzen indem im Behandlungssetting eine neue Beziehungserfahrung ermöglicht wird. Dabei ist die Fähigkeit der Selbstreferenz für beide am therapeutischen Prozess beteiligten Personen bedeutungsvoll. Bereits die gezielte Kombination der *topdown* mit *bottomup* wirksamen Trainingselemente des *Kognitiven Trainings* vermag seine Wirkkraft zu verstärken, jedoch auch vorbewusste Aspekte ins Bewusstsein zu überführen, was sie dem therapeutischen Prozess zugänglich macht. Dadurch können komplexe physiologische Trainingseffekte wie die Veränderungen des Körpertonus und der Atembewegung in therapeutischen Prozessen zugänglich gemacht und genutzt werden.

Da über das Spiegelneuronsystem nicht nur die frühen Beziehungserfahrungen prägend auf das Kleinkind und seine Entwicklung einwirken und das Selbstbild prägen, sondern jede Beziehungserfahrung, jede erlebte und durchgeführte Handlung sich neuronal einprägt[6], ist die Wahrnehmung dieser Einprägungen und Spiegelungen mithilfe der Methoden der Introspektion ein zentrales Element, um genau diese enorme Prägung, die in menschlichen Kontakten - zumeist ohne dass sie den einzelnen überhaupt bewusst wird - geschieht, sich jedoch der willentlichen Steuerung entzieht, zu gestalten und sie in positivem Sinne für sich selbst und andere nutzbar zu machen.

Der interdisziplinäre Ansatz dieser Forschung beinhaltet somit die in der Tibetischen Medizin, der Buddhistischen Philosophie und den Oralen Buddhistischen Überlieferungen dargestellten Trainingstechniken, interpretiert aus emischer Perspektive. Das *dynamische Modell der Selbstreferenzentwicklung* stellt eine hieraus entwickelte psychologische Theoriebildung zu essentiellen Trainingseffekten, die bereits von Beginn des Trainings an entwickelt werden können, dar.

Da in einer Gesellschaft, in welcher Zielsetzungen der Produktivität und Wirtschaftlichkeit im Vordergrund stehen, eher eine Haltung der Aktivität ihrer Individuen und Präsentation eigener Effektivität denn die introspektiven Fähigkeiten der Wahrnehmung und Reflexion eigener Befindlichkeit und Handlung gefördert wird, es jedoch genau wenn diese beiden Aspekte oder Haltungen aus der Balance zu geraten beginnen zu gravierenden sozialen wie auch individuellen psychischen und gesundheitlichen Folgewirkungen kommt, ist eine Entwicklung der Fähigkeit der Introspektion ihrer Individuen ein wesentlicher präventiver Faktor. Durch eine solche Grundhaltung der Aktivität und Außenorientiertheit gerät insbesondere der Bezug zur Wahrnehmung der eigenen Befindlichkeit, welcher nicht nur die Voraussetzung für Authentizität und die Entwicklung von Persönlichkeitsreife, sondern insbesondere auch für die individuelle Entwicklung emotionaler und sozialer

[6] vgl. Leube, D., Kircher, T. (2011: 276). "Voraussetzung für die Entstehung von Selbstbewusstsein ist ein auf der neuronalen Ebene definiertes Selbst gegenüber einer anderen Person. Im Rahmen von Handlungen könnte eine solche Kategorisierung zwischen Ego und Alter über das erwähnte Reafferenzprinzip erfolgen. Zum anderen liegt beim gesunden, erwachsenen Menschen ein introspektives Bewusstsein im Sinne einer Reflexivität der eigenen Selbsterfahrungen vor, das über eine bloße Perspektivität, die jedem Bewusstseinserleben zugrunde liegt, hinausgeht. Selbsterfahrungen sind durch die Abgrenzung eigener Erfahrungen zur Erfahrung des anderen möglich. Wer sich in die Rolle eines anderen reflexiv versetzen kann, kann auch die eigene Person und ihre Handlungen reflexiv wahrnehmen und umgekehrt. Einsichten in diese Fähigkeiten vermitteln (a) Experimente auf dem Gebiet der Theory of Mind (ToM), besonders durch experimentalpsychologische Untersuchungen im Verlauf der kindlichen Entwicklung, (b) die Entdeckung von Spiegelneuronen bei Affen und beim Menschen sowie (c) Experimente zur Imitation von Handlungen."

Kompetenzen darstellt, in den Hintergrund. Die Folgen der Vernachlässigung dieses Bezugs zur Wahrnehmung der eigenen Befindlichkeit zeigen sich als der Verlust von Selbst-Empathie, welche die Grundlage empathischen Verhaltens auch anderen gegenüber vermittelt. Dies bedeutet Implikationen nicht nur für die Zusammenarbeit in Teams, sondern auch für den Umgang mit Kindern oder älteren Personen und insbesondere für die Art und Qualität der Krankenbehandlung. Ferner zeigen sie sich schlicht im Gewahrsein über den Grad der eigenen Stressbelastung, was die aktuelle gesellschaftliche Bedeutung für die Prävention und Behandlung stressbedingter Erkrankungen und Burnout impliziert.

Insbesondere jedoch ist es der Verlust einiger grundlegender Aspekte, nämlich einer Beobachtungs- und Reflexionsfähigkeit eigener Befindlichkeit, welche eine essentielle Bedeutung für die Entwicklung von Selbstwirksamkeit wie auch zur Resilienz im Umgang mit Stressoren bedeutet. Somit wird in einer hoch technologisch orientierten Gesellschaft einer essentiellen Fähigkeit, die zur Prävention und Behandlung vieler Erkrankungen einen Beitrag zu leisten vermag, nicht nur kein Wert beigemessen, sondern sie wird sogar zu einem lediglich subjektiven Aspekt degradiert.

Die auf der Wahrnehmung eigener Befindlichkeit gründende Reflexionsfähigkeit eigener Handlungen stellt nicht nur den wesentlichen Faktor zum Selbstbezug, sondern auch eine Grundlage von Beziehung und Kommunikation dar. Soziale wie emotionale Kompetenzen, die den Schlüsselkompetenzen in vielen, insbesondere den medizinischen, psychologischen und sozialen Berufssparten, zuzurechnen sind, können nur auf der Basis der Wahrnehmung der eigenen Befindlichkeit und der Fähigkeit des Perspektivenwechsels und Empathie, deren Grundlage sie darstellt, entwickelt werden. Daher ist die Entwicklung der Fähigkeit von Selbstreferenz mithilfe introspektiver Techniken aus mehreren weitreichenden Gründen ein wesentlicher Faktor für Individuum und Gesellschaft.

Somit ist die Wahrnehmung eigener Befindlichkeit mithilfe von Introspektion von zentraler Bedeutung für Gesundheit und menschliches Zusammenleben. Bei der Wahrnehmung eigener Befindlichkeit können zwei unterschiedliche Bezugsebenen unterschieden werden, diejenige, die auf einen selbst und diejenige, die auf andere gerichtet ist.

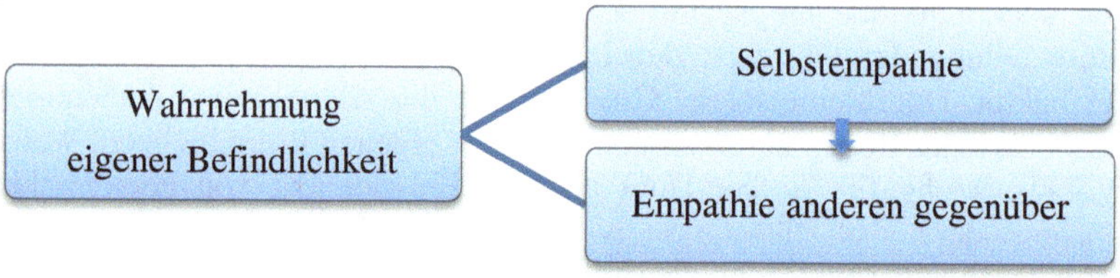

Abbildung 1
Aspekte der Empathie

Aufgrund der frühkindlichen neuronalen Prägungen des Selbstbilds über das Spiegelneuronsystem wirken sich diese beiden Bezugsebenen über die neuronalen Verarbeitungsmuster immer auch auf die Fähigkeit der Selbstwahrnehmung[7] aus.

Da durch die aktuellen neurophysiologischen Messungen von Reaktionen am Spiegelneuronsystem[8] die subjektiven Wahrnehmungen eine erweiterte Bedeutungszuschreibung erhalten, ergibt sich bereits auch eine neue Grundlage für den Diskurs über den Begriff der Identität[9], welcher die Faktoren der Intersubjektivität versus Individualität aus diesen Erkenntnissen umfasst. Da Individualität immer auch aus Bezug zu anderen und verbaler wie auch nonverbaler Kommunikation mit diesen erwächst und die enormen hierbei wirksamen neuronalen Wirkmechanismen sichtbar gemacht wurden, wäre nun die Herausforderung gegeben, einzelne Wirkfaktoren hierzu zu erfassen. Hierfür könnten die

---

[7] vgl. Ludwig-Körner, C. (2008: 677). "Selbst-Kohärenz und -Kontinuität erfährt der Mensch in sich; daher scheint das Selbst aus innen Quellen zu strömen, andererseits aber ist es abhängig von den Bestätigungen anderer, die das Selbstgefühl unterstützen, aber auch stören können. Aus den Erwartungen und Zuschreibungen der Eltern an das zukünftige Selbst des Föten bzw. Neugeborenen („virtuelles Selbst“ bei Kohut) und aus seinen mitgebrachten Fähigkeiten entwickelt das Kind im Austausch mit den Betreuungspersonen ein Empfinden seiner selbst, ein Vorläufer des Selbstgefühls. Ein reifes Selbstgefühl setzt kognitive Strukturierung der Affekte und eine auf ein Objekt bezogene Selbstreflexivität voraus."

[8] vgl. Rizzolatti, G., Sinigaglia, C. (2008: 176-178). "Die Erforschung der neurophysiologischen Grundlagen der Emotionen betrifft aber nicht nur die Mechanismen, die dem Gehirn erlauben, Gefahrensignale oder ekelhafte Geruchs- und Geschmackseindrücke zu erkennen und die Routine der adaptiven Reaktionen auszulösen, die Darwin so wundervoll beschrieben hat. Unsere Interaktionen mit der Umwelt und unsere emotionalen Verhaltensweisen hängen weitgehend von der Fähigkeit ab, die Emotionen anderer wahrzunehmen und zu verstehen. [...] Die adaptiven Vorteile solcher Formen emotionaler Resonanz liegen auf der Hand. Sie erlauben dem einzelnen Organismus nicht nur, eventuelle Gefahren (oder Gelegenheiten) wirksam anzugehen, sondern ermöglichen auch die Entstehung und Festigung der ersten interindividuellen Bindungen. Wir wissen, daß Neugeborene schon nach drei Tagen zufriedene von traurigen Gesichtern unterscheiden können [Endnote 3: Field u.a., 1982] und daß Kinder um den zweiten bis dritten Monat einen »affektiven Gleichklang« mit der Mutter entwickeln, der so weit geht, daß sie fast gleichzeitig den Gesichtsausdruck oder die Vokalisationen reproduzieren, die deren emotionalen Zustand reflektieren.(Ibidem.) [...] Doch was ist das für ein Mechanismus, der unserem Gehirn erlaubt, die Reize, die etwa aus einem Gesichtsausdruck eines anderen stammen, zu verarbeiten und zu kodieren als *Mimik dessen, der Schmerz* oder *Ekel empfindet*? Müssen wir annehmen, daß die Aktivierung der visuellen Rindenfelder einen kognitiven Prozeß auslöst, der die sensorischen Informationen als Träger einer bestimmten emotionalen Bedeutung zu interpretieren vermag? Oder sollen wir vermuten, daß der Anblick des Gesichts eines anderen, das eine Emotion ausdrückt, beim Beobachter dieselben zerebralen Zentren aktiviert, die sich aktivieren, wenn er selbst diese spezifische emotionale Reaktion hat? Stützt sich, anders gesagt, das Erkennen der Emotionen der anderen auf ein Ensemble neuraler Schaltungen, die trotz ihrer Verschiedenheit jene Spiegeleigenschaft teilen, die uns schon beim Verstehen der Handlungen begegnet ist? Oder handelt es sich um einen kognitiven Prozeß, der sich vom Erkennen der Gesichter oder generell der Formen allenfalls durch die Art der Informationen unterscheidet, die er verarbeitet?"

[9] vgl. Bohleber, W. (2008: 336, 337). "Identität ist ein Grenzbegriff, der sowohl soziologisch als auch psychologisch beschrieben werden kann. Als psychologischer Begriff verklammert er das Intrapsychische und das Intersubjektive miteinander. Konzeptuell hat er den Vorteil, dass in ihm beide Aspekte des Selbst, Autonomie und Zugehörigkeit beinhaltet sind. Intrapsychische und interaktive Regulationsweisen wirken zusammen. Identität ist ein Prozessgeschehen, das zwischen dem Person-Kern mit seinen Strukturen Ich-Es-Überich, den Selbst- und Objekt-Repräsentanzen und der Übernahme bestimmter sozialer Rollen, Verhaltensnormen und Überzeugungen anzusiedeln ist. Die Identität stellt die Schnittstelle zwischen innen und außen, zwischen gesellschaftlichen Erwartungen, Rollenangeboten und der inneren Wirklichkeit, Identifizierungen, den Abkömmlingen unbewusster Phantasien und idiosynkratischen Wünschen dar. Sie ist das Produkt der Vermittlung und eine dynamische Balance zwischen beiden Seiten. Aufgrund dieser Mittelstellung ist sie psychologisch dem intermediären Raum nach Winnicott verwandt. Die Identität gründet in der Reflexionsbeziehung des Selbst und es kann als eine Organisation, die eine Identitätsstruktur hat, beschrieben werden: das Selbst kann sich nie unvermittelt erfahren."

Beschreibungen der individuellen methodischen Zugangsweise zur Entwicklung von Selbstreferenz, welche zu späteren Zeitpunkten genau über das Spiegelneuronsystem auch die Fremdreferenz und Wahrnehmung anderer einschließt, ein Anfang sein.

In einem weiteren Schritt wären die Effekte dieser Trainingstechniken präzise, nicht nur punktuell, sondern auch im Verlauf ihres Entwicklungsprozesses, darzustellen. Obwohl für dessen Evaluation und die Darstellung des Selbstreferenzmodells nicht nur als Outcome, sondern in seiner dynamischen Form sowohl auf narrative Zugänge der qualitativen Sozialforschung, der Psychoanalyseforschung wie auch die Prozessforschung in der Psychotherapie zurückgegriffen werden kann, bleibt die Darstellung der Veränderungsstrukturen eine Herausforderung.

Die in vorliegender Arbeit beschriebenen und evaluierten Methoden zur Entwicklung der Introspektion und momentbezogenen Wahrnehmung eigener Befindlichkeit, Bedürfnisse und Handlungsabsicht stehen bislang als ein kaum genutztes und wissenschaftlich diskursiviertes Instrumentar zur Verfügung. Da genau dieses in der Tibetischen Medizin, welche auf dem Anwendungsbezug ebenso wie den Theorien und Modellen Buddhistischer Philosophie gründet, bereits zur Prävention wie auch zur Behandlung von Erkrankungen über Jahrhunderte weiterentwickelt und benutzt wurde, wird hierzu der Bezug mithilfe eigener Übersetzungen einzelner wesentlicher Elemente hergestellt.

Somit bewirkt also eine Grundhaltung der nach außen orientierten Aktivität und Produktivität bei gleichzeitiger Vernachlässigung introspektiver Elemente, dass einige für die Entwicklung eines Individuums und Persönlichkeitsreife wesentliche Faktoren, nämlich die Beachtung und Referierung individueller Befindlichkeit und Fähigkeiten, in den Hintergrund treten. Diese Bezugnahme zur eigenen Befindlichkeit kann auf drei Ebenen beobachtet und analysiert werden.

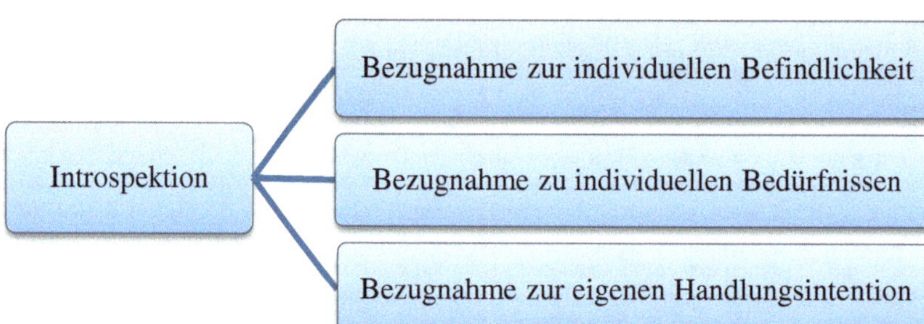

Abbildung 2
Bedeutung von Introspektion

Während für Trainingsanfänger die Bezugnahme zur eigenen Befindlichkeit, den Bedürfnissen und Handlungsintentionen im Vordergrund steht, könnten auf Grundlage genau diesen Selbstbezugs zu späteren Übungszeitpunkten diese und komplexere Trainingstechniken genutzt werden, indem mit den über das Spiegelneuronsystem zugänglichen Informationen gearbeitet wird.

Die mithilfe der Techniken von Introspektion durchgeführten Beobachtungen von Emotionen anderer, welche über das Spiegelneuronsystem vermittelt würden[10], könnten dabei weiteren Prozessen der Reflexion und Interpretation zugeführt werden. Dabei kann davon ausgegangen werden, dass sich Selbstreferenz aus Beobachtungs- und Reflexionsfähigkeit auf jeweils kognitiver, emotionaler wie auch somatischer Ebene gleichermaßen entwickeln und sich zweitere erst auf Grundlage der Beobachtungsfähigkeit entwickelt.

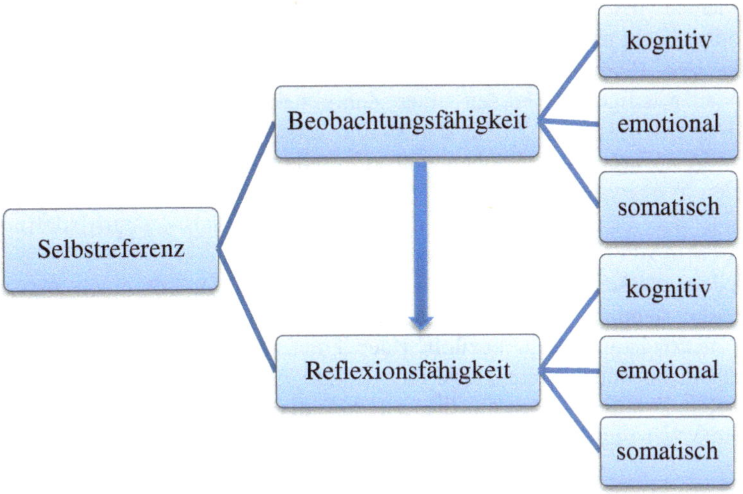

Abbildung 3
Faktoren der Selbstreferenz

Aufgrund der aufgezeigten Notwendigkeit, die Selbstbeobachtung auf kognitiver, emotionaler und somatischer Ebene zu schulen und dadurch die Fähigkeiten der Selbstreferenz und Reflexion über Körper, Emotion, Kognition und Intention zu entwickeln, stellt sich die Frage, in welchem Wissenschaftsgebiet hierzu bereits Forschung vorliegt. Da die in der Tibetischen Medizin[11] und Buddhistischen Philosophie[12] überlieferten Methoden und Theorien eine Fülle von Einzeltechniken zur graduellen Entwicklung von Aspekten der Introspektion, mithilfe derer die Fähigkeiten der Beobachtung, Reflexion und Selbstreferenz systematisch und theoriebasiert entwickelt werden können, bietet, wird in vorliegendem Text mithilfe einer *Perspektivischen Analyse* zum Forschungsgegenstand der Meditation und ihrer Effekte der Beitrag der emischen Perspektive auf den Forschungs-

[10] vgl. Rizzolatti, G., Sinigaglia, C. (2008: 185). "Die beobachtete Überschneidung der Aktivierungen infolge der Inhalation übelriechender Substanzen und bei der Beobachtung des Ausdrucks von Ekel bei anderen bestätigt die Hypothese, daß das Verstehen der emotionalen Zustände anderer von einem Spiegelmechanismus abhängt, der die sensorische Erfahrung direkt emotional zu kodieren vermag. [...] Andererseits zeigten die Fälle der Patienten NK und B eindeutig, daß die Unfähigkeit, die emotionalen Reaktionen der anderen zu erkennen, eng mit der Unfähigkeit zusammenhing, diese selbst zu empfinden. Das alles scheint nicht nur für den Ekel zu gelten, sondern auch für die anderen primären Emotionen."

[11] vgl. Thokmay, P., Passang, W., Sonam, D. (2008: 287-306); Drungtso, T.T., Drungtso, T.D. (2005: 101, 102).

[12] vgl. Tsepak, R. (2003: 58, 59).

gegenstand dargestellt[13] und interpretiert[14]. Diese Interpretation trägt nicht nur zum terminologischen Verständnis[15] der entsprechenden Modelle und Theorien aus emischer Perspektive, sondern auch zur Differenziertheit ihrer theoretischen Darstellung bei.

Insbesondere wurde damit implizit bereits die nötige Unterscheidung zwischen kontextbezogenen und transkulturellen Aspekten vorgenommen. Eine fehlende Interpretation im Sinne von Zuordnung und Kommentierung, welche auch vor Ort in der monastischen Lehre der Buddhistischen Philosophie nicht nur üblich ist, sondern für nötig erachtet wird, um die Bedeutung der aus der Anfangs- und Endsilbe einer Phrase resultierende Kurzbegriffe zu erfassen, kommt nicht nur wertvolle Information abhanden, sondern es würden begriffliche, methodische und theoretische Unklarheiten und Verdrehungen manifestiert, welche lediglich in aufwändigen Diskursen unter Zuhilfenahme von Sprachanalysen überhaupt noch geklärt werden könnten[16]. Da undifferenzierte Neologismen jedoch einen Verlust eines bereits in anderem sprachlichen und kulturellem Kontext vorliegenden, wertvollen differenzierten Wissens während des Vorgangs eines Wissenstransfers bedeuten könnten, wird im Folgenden die Bezogenheit zu den originalsprachlichen Begriffsdefinitionen und Modellen in Form von Fußnoten-Kommentaren eingeführt.

Verschiedene wissenschaftliche Fachrichtungen haben jeweils einen Ausschnitt zum Forschungsgegenstand ausgearbeitet. Die in vorliegender Arbeit dargestellte emische Perspektive hierzu kann erstens bezüglich der Trainingsmethodik[17] eine bislang nicht im Diskurs vorhandene, sehr differenzierte theoretische Ausarbeitung von *Graduellen Einzeltechniken* bieten. Zweitens liegen aus dieser Perspektive in den originalsprachlichen Texten bereits differenziert ausgearbeitete theoretische Modelle zu den Trainingseffekten und -

---

[13] Da jedoch der größte Teil der Fachtexte nicht aus dem Tibetischen oder Sanskrit übersetzt vorliegt, war sowohl die sprachlich differenzierte inhaltliche Darstellung der entsprechenden Modelle wie auch ihrer Implikation im kontextbezogenen Sprachgebrauch eine terminologische wie auch inhaltliche Herausforderung.

[14] Da im Rahmen der Lehre der Wissenschaftsgebiete der Tibetischen Medizin und Buddhistischen Philosophie den Studierenden selbst die Bedeutung der medizinischen oder philosophischer Texte seitens der Professoren buddhistischer Philosophie oder der Lehrenden der Medizin in umfassender Weise interpretiert wird, was teilweise durch den Sprachstil der Texte und auch durch die Eigenheit der tibetischen Wissenschaftssprache - Phrasenabkürzung durch Streichen der gesamten Aussage bis auf deren erste und letzte Silbe - bedingt ist, ist genau diese interpretative Vorgangsweise bei einem Versuch des Wissenstransfers von einem kulturellen Kontext in den anderen umso mehr nötig.

[15] vgl. Coleman, G., Jinpa, T. (2008: 649-652).

[16] siehe den Neologismus "Achtsamkeitsmeditation", der in der tibetischen Sprache nicht zu finden ist. Durch eine bereits terminologisch explizite Vermengung von Ursache und Wirkung werden die anwendungsbezogenen und theoretischen Kausalzusammenhänge zwischen Trainingstechnik, transienten Erfahrungen und Effekten verschleiert. Dieser unreflektierte Neologismus, der den Forschungsgegenstand zu weitgefächert definiert, um sinnvolle und untereinander vergleichbare Forschung durchführen zu können, hatte über mehr als ein Jahrzehnt enorme Auswirkungen auf die Trainingsinhalte, Forschungshypothesen und Forschungsmethodik und verhinderte einen differenzierten wissenschaftlichen Diskurs über Effekte von Meditationstechniken. Trotz Vorliegen unzähliger Studien zum Thema Meditation, in welchen jedoch bereits die Trainingsmethodik deutlich unterbelichtet oder gar einfach ein Konglomerat aus diversen Techniken (vgl. Smith, J.C. (2004: 148-149)) war, kam es somit bislang zu keiner psychologischen Theoriebildung zum Forschungsgegenstand.
Zur mangelnden Begriffsdifferenzierung und dem Fehlen kontextbezogener terminologischer, theoretischer wie auch methodischer Zuordnung und Interpretation des tibetischen Begriffs *dran pa*, gleichbedeutend mit Sanskrit: *smṛti*; vgl. Davidson, R.J., Kabat-Zinn, J. (2004: 149-152).

[17] Die Trainingsmethodik resultiert aus den Oralen Buddhistischen Überlieferungen, Buddhistischer Philosophie und Tibetischer Medizin. Zu ihrer Darstellung wurde eine Analyse der kulturgebundenen versus transkulturellen Aspekte vorgenommen. In vorliegender Forschung wurden essentielle Techniken für Trainingsanfänger zusammengefasst.

erfahrungen vor, welche die Komplexität der Wechselwirkungen zwischen den Effekten in Veränderungsstrukturen und Strukturen beim Trainingsverlauf auflösen. Ferner liegen sowohl in den Traditionen der Tibetischen Medizin wie auch in den Texten mit Lebensgeschichten von Meditationsmeistern und den Oralen Buddhistischen Überlieferungen Erfahrungswerte vor, welche mithilfe von Supervision durch jeweils erfahrene Meditationsmeister oder Mediziner der Tibetischen Medizin, welche teilweise noch in den monastisch-klinischen Traditionen ausgebildet wurden, gewonnen und weitergegeben wurden.

Das *Dynamische Modell der Selbstreferenzentwicklung* bezieht somit direkt sowohl auf das *Graduelle Kognitive Training* wie auch die Theoriebildung hierzu aus der emischen Perspektive.

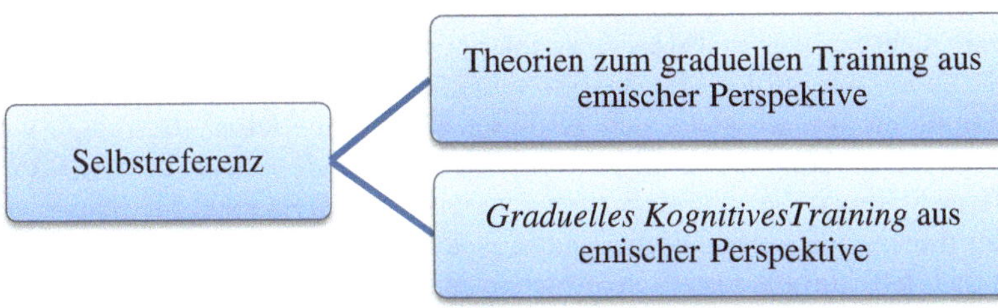

Abbildung 4
Theorie und Training der Selbstreferenz aus emischer Perspektive

Es bietet eine erste psychologische Theoriebildung zum Forschungsgegenstand, welcher bereits trainingstechnisch im Sinne eines *Graduellen Kognitiven Trainings* eingegrenzt wurde.

Da die Ergebnisse aus Meditationsforschung bislang nicht auf eine zugrundeliegende Theoriebildung zurückgeführt und auf dieser Basis interpretiert werden konnten[18], blieben sie über einen langen Zeitraum fragmentiert. Aufgrund fehlender Differenzierung der Trainingsmethoden selbst wie auch fehlender Theoriegeleitetheit der Hypothesen konnte die Evaluationsmethodik nicht auf den Forschungsgegenstand angepasst werden. Somit konnte trotz umfangreicher Ergebnisdarstellung mithilfe quantitativer Messmethodik, auch mithilfe von Metaanalyse[19], keine psychologische Theoriebildung entwickelt werden.

In der bisher vorliegenden psychologischen Forschung zum Thema Meditation wurde diese als eine Art Gesamttechnik untersucht und den Entspannungsverfahren zugeordnet. Da sich jedoch bereits die zu untersuchende Trainingsmethodik - worunter verschiedene Personen (Probanden wie Wissenschaftler) unterschiedliche Methodenkombinationen und Zielsetzungen verstanden - weitgehend der Reflexion und wissenschaftlichen Diskursivierung entzog, hatte dies weitreichende Auswirkungen. Folglich konnten weder theorie-

[18] vgl. Sedlmeier, P., Eberth, J., Schwarz, M., Zimmermann, D., Haarig, F., Jaeger, S. et al. (2012: 1139 a, b). "Numerous studies have been conducted to search for effects of meditation, yet there is an even more surprising lack of elaborate psychological theories that make sound predictions about what to expect if one meditates."

[19] vgl. Sedlmeier, P., Eberth, J., Schwarz, M., Zimmermann, D., Haarig, F., Jaeger, S. et al. (2012).

geleitete auf die Effekte der einzelnen Trainingstechniken bezogene Hypothesen entwickelt noch die Evaluationsmethodik spezifisch ausgewählt werden. Stattdessen wurden psychologische Variablen genutzt, welche jedoch nicht für Meditationseffekte oder -erfahrungen, sondern vielmehr im Rahmen psychologischer Forschung standardisiert worden waren. Insbesondere bedeutete dies, dass die trainingsmethodenspezifischen Effekte, welche bei der Normierung der psychologischen Testverfahren selbstverständlich nicht bedacht worden waren, überhaupt nicht evaluiert werden konnten. Folglich konnten Studienergebnisse nicht interpretiert und keine psychologische Theoriebildung entwickelt werden. Somit liegt an dieser Stelle eine methodische Lücke in der Differenzierung von Trainingstechniken und der differenzierten theorie- und hypothesengeleiteten Abstimmung der Evaluationsmethoden auf die Trainingsmethoden vor. Auf solcher Grundlage kam es zu einer Übergeneralisierung und auf den bereits viel zu weit gefassten Forschungsgegenstand wurde unspezifisch Evaluationsinstrumentar angelegt, womit dann die methodenspezifischen Effekte nicht mehr erfasst werden konnten.

Auch wenn es, wie in der Metaanalyse dargestellt, zu psychologischen Effekten[20] bei Meditationstraining kommt, stellt sich an dieser Stelle unmittelbar die Frage, welche der angewendeten Techniken welche Effekte bewirkten und wie genau diese Effekte bewirkt wurden. Betrachtet man die zahlreichen psychologischen Effekte von Meditationstraining[21], ist ferner zu fragen, auf welche Weise und in welcher Stärke bereits das Messinstrumentar selbst die als Effekte dargestellten Ergebnisse beeinflusst und gefiltert haben mag. Insbesondere stellt sich dabei die Frage, ob mithilfe eines anderen, für den Forschungsgegenstand spezifischer zutreffenden Messinstrumentars, spezifischere, auf die Trainingsmethodik bezogene Effekte stärker zum Vorschein treten sowie auch manche scheinbaren Effekte vielmehr als transiente Erfahrungen in den Hintergrund treten würden. Somit könnte sich durch eine Veränderung in der Evaluationsmethodik eine Verschiebung in den gemessenen Haupteffekten ergeben, was angesichts bislang fehlender psychologischer Theoriebildung zum Forschungsgegenstand bereits ein wertvoller Beitrag zum Diskurs sein dürfte. Aufgrund der Undifferenziertheit der Trainingsmethodik unter dem *Sammelbegriff der Meditation* war nach Vorliegen von Ergebnissen somit keine induktive Schlussfolgerung und aufgrund der fehlenden Theoriegeleitetheit und Deduktion aus theoretischen Überlegungen bei der Studiendurchführung selbst keine Rückführung der Ergebnisse auf theoretische Überlegungen mehr möglich. Daher wäre es ein zentrales Anliegen künftiger Evaluation zum Forschungsgegenstand, dass diese nicht nur die Trainingstechnik spezifiziert, sondern sich in Folge auch präzise auf die entsprechende Trainingsstufe bezieht, indem sie zwischen Trainingsanfängern und Personen mit Vorerfahrungen unterscheidet sowie den Trainingsverlauf einbezieht, anstatt lediglich Outcome darzustellen.

---

[20] vgl. Sedlmeier, P., Eberth, J., Schwarz, M., Zimmermann, D., Haarig, F., Jaeger, S. et al. (2012: 1158 b). "Even if there are no clear hypotheses about differential effects for different dependent measures, the studies performed to date contain a huge variety of dependent measures, and therefore, we also explored the effects obtained for those variables. The effect size estimates for the 21 categories identified by us revealed a substantial variation across these dependent measures. A first tentative interpretation of the results might be that meditation has its largest effects in reducing negative emotions and neuroticism, which might be connected to the surprisingly large effect in the category of interpersonal that relates to relationship issues."

[21] zur Definitionsanalyse und dem Vorschlag einer Arbeitsdefinition siehe Kapitel 4.2.

Somit scheint es für einen wissenschaftlichen Diskurs über diesen Forschungsgegenstand nötig, die Perspektive auf den Forschungsgegenstand sowohl zu erweitern[22] wie auch zu differenzieren. In vorliegender Arbeit wird diese Differenzierung mithilfe einer *Perspektivischen Analyse* vorgenommen. Genau die aus der Differenzierung resultierende Eingrenzung des Forschungsgegenstands selbst hinsichtlich der Trainingstechnik ebenso wie hinsichtlich der psychologischen Theoriebildung, ist eine Grundlage für die Vergleichbarkeit von Ergebnissen. Wie aus den divergenten Definitionen im vierten Kapitel deutlich wird, können Ergebnisse aus Studien mit völlig unterschiedlichen Trainingstechniken, die sich unter dem Begriff Meditationsforschung ansammelten, weder verglichen noch vergleichend interpretiert werden. Über die terminologische und inhaltliche Differenzierung des Forschungsgegenstands würde somit eine Grundlage geschaffen, auf welcher die Beiträge der emischen Perspektive zu seinem wissenschaftlichen Diskurs überhaupt entwickelt werden könnten. Auf dieser Grundlage der Differenzierung von Definitionen, Trainingstechniken wie auch Theoriebildung wurde aus mehreren Gründen auch die bislang vorwiegend benutzte quantitative Forschungsmethodik um qualitative Aspekte erweitert.

Somit werden in vorliegender Arbeit mithilfe eines interdisziplinären Zugangs zum Forschungsgebiet genau solche einzelnen Elemente, welche die notwendigen Bedingungen sind, um die Grundlage einer theoriegeleiteten Hypothesenbildung und der interpretativen Rückbindung der Studienergebnisse zu den entsprechenden Modellen und Theorien zu schaffen, aus emischer und psychologischer Perspektive dargestellt. Hierfür wurden Einzeltechniken des Trainings beschrieben[23], welche ähnlich dem Erlernen der Buchstaben beim Schriftspracherwerb zunächst einzeln und danach schrittweise in Kombination miteinander trainiert werden könnten. Dabei stellen einige aus dem Trainingsprozess resultierende Effekte, wie beispielsweise die psychophysiologische Entspannungsreaktion, die Grundlage für den weiteren Lernprozess dar.

Zu Beginn des vorliegenden Texts werden auf dem Hintergrund der emischen Perspektive, welche zum Zweck der Lesbarkeit mithilfe von Fußnoten inhaltlich wie terminologisch weiter differenziert wird, Einzeltechniken zur Introspektion dargestellt und als ein *Graduelles Kognitives Training* interpretiert. Im weiteren Verlauf wird dann mithilfe einer perspektivischen Analyse, in der auch bei der Effektdarstellung jeweils die emische der etischen Perspektive gegenübergestellt wird, das *Dynamische Selbstreferenzmodell* als psychologische Theoriebildung entwickelt.

[22] vgl. Lonner, W.J. (2007: 109). "Trotz allem würden wahrscheinlich alle kulturvergleichenden Psychologen und Kulturpsychologen darin übereinstimmen, dass eine der dringlichsten Aufgaben darin besteht, das Blickfeld der Psychologie zu erweitern und eine wirklich bedeutungsvolle, d.h. alle Kulturen einbeziehende, vollständige Datenbasis zu gewinnen. Dieser Gesichtspunkt erhält einen besonderen Stellenwert, wenn man bedenkt, dass der größte Teil (wahrscheinlich bis zu 90%) aller psychologischen Forschung und aller psychologischer Theorien, die während der 120jährigen Geschichte der modernen Psychologie entstanden sind, aus der westlichen Welt kommt. Sowohl die Daten beziehen sich größtenteils auf die berühmten „weißen (amerikanischen) College-Studenten aus der Mittelklasse“, und auch die Hypothesen und die theoretische Deutung der Ergebnisse sind natürlich in den westlichen Ländern und d.h. aus der abendländischen Kultur entwickelt worden. [...] Dies ist vor allem deswegen so problematisch, weil stillschweigend praktisch alle psychologischen Forschungsergebnisse grundsätzlich als universell, als für alle Menschen geltend betrachtet werden."

[23] vgl. Attersee, A.I.M. (2014 a).

Insofern dieses Modell auf der Grundlage der emischen Perspektive beruht, umfasst es sowohl die emische wie auch die psychologische Perspektive auf das *Graduelle Kognitive Training*.

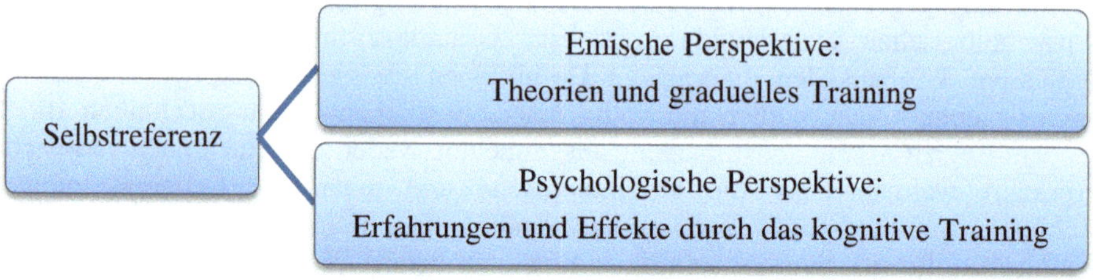

Abbildung 5
Emische und psychologische Perspektive zur Selbstreferenz

Dabei ermöglicht die *Perspektivische Analyse* zur Differenzierung der Begriffsdefinition und Spezifizierung der Trainingsmethodik als *Graduelle Einzeltechniken* diesen interdisziplinären Forschungsgegenstand zu differenzieren wie auch ihn auf die aktuelle psychologische und psychotherapeutische Meditationsforschung zu beziehen. Solche Differenzierung bietet die Grundlage für die nachfolgende Diskursivierung der dem Forschungsgegenstand entsprechenden theorie- und hypothesengeleiteten Forschungsmethodik.

Nach einer Begriffsanalyse zum *Sammelbegriff der Meditation* und einer Arbeitsdefinition zum *Graduellen Kognitiven Training* werden Forschungsmethoden für diesen Forschungsgegenstand diskursiviert[24] und die Auswahl der Methoden zur Evaluation des Selbstreferenzmodells begründet. Obwohl diese psychologische Theoriebildung aus quantitativen wie auch qualitativen Daten resultiert, werden in vorliegendem Text die quantitativen Aspekte unter Bezugnahme auf qualitative Ergebnisse dargestellt. Dabei ist diese Darstellung selbst eine Kombination aus Outcome nach einem und drei Monaten Training in den Bereichen der Entspannungsreaktion, dem chronischen Stress und der Selbstreferenzentwicklung und einigen Aspekten der Prozessevaluation.

Somit wird in vorliegender Arbeit die Möglichkeit der Schulung von Selbstreferenz beschrieben. Die hierfür genutzten Techniken *Kognitiven Trainings* resultierten aus langjährigem Studium ihrer Überlieferung in der Tibetischen Medizin, Buddhistischen Philosophie und Oralen Buddhistischen Überlieferungen in originalsprachlichem, monastischem wie universitärem Kontext[25]. Bei der Untersuchung des Forschungsgegenstands aus emischer und psychologischer Perspektive wird zuerst der *Sammelbegriff der Meditation* durch einzelne graduelle Techniken *Kognitiven Trainings* spezifiziert. Die Arbeitsdefinition impliziert bereits den durch das *Graduelle Kognitive Training* möglichen Prozess, da dieser

[24] vgl. Jung, C.G. (2011: 18). "Es sieht fast so aus, als ob diese Dinge erst langsam in unser Bewusstsein träten und wir uns gar nicht recht vorstellen könnten, was es heißt, dass die Seele einerseits das *Objekt* wissenschaftlicher Beobachtung und Untersuchung ist und zu gleicher Zeit auch ihr *Subjekt*, das heißt das Mittel, mit dem man diese Beobachtungen anstellt. Die Konfrontierung mit diesem bedrohlichen Teufelskreis hat mich zu äußerster Vorsicht und zu einer gewissen Relativierung der Äußerungen geführt [...]."

[25] vgl. Attersee, A.I.M. (2014 a, b).

andere Effekte ermöglicht als wenn versucht würde alle Techniken gleichzeitig auszuprobieren.

Während zunächst eine Analyse zur Unterscheidung der kulturellen von den transkulturellen Aspekten des Trainings erfolgte, wurde im Rahmen der Lehre der Techniken des *Graduellen Kognitiven Trainings* an die Probanden die Perspektive der anwendungsorientierten essentiellen Darstellung[26] eingenommen, ähnlich wie sie auch in Oralen Buddhistischen Überlieferungen gewählt wird. Hierfür wurden essentielle Aspekte der Trainingstechniken unter Einführung weniger Termini technici anwendungsbezogen vermittelt. Im Sinne eines interdisziplinären Zugangs zum Forschungsgegenstand wurden bei der Darstellung der Trainingstechniken[27] und Interpretation der Forschungsdaten die in der Tibetischen Medizin und Buddhistischen Philosophie vorliegenden strukturellen Beschreibungen der Prozessverläufe in die psychologische Theoriebildung einbezogen.

Im methodischen Teil vorliegender Arbeit werden Ergebnisse aus einer Studie mit Psychotherapeuten und Studierenden an verschiedenen Bildungsinstituten, die dieses *Kognitive Training* täglich durchführten, dargestellt. Das Studiendesign beinhaltete jeweils einen mehrstündigen Blockunterricht vor Beginn des Trainings, ausführliche Übung und die Gelegenheit, auch während des Trainingsverlaufs Fragen zu stellen. Letzteres wurde lediglich von wenigen Personen genutzt. Zur Darstellung der Entspannungsreaktion und der Reduktion von chronischem Stress wurden standardisierte psychologische Fragebögen gewählt. Damit wurde zwar der Outcome nach einem und drei Monaten Training dargestellt, jedoch war damit auch bereits die Darstellung einer Entwicklung in diesen Bereichen über einen längeren Trainingszeitraum möglich. Der "ASS-SYM Symptomfragebogen"[28] wurde für Entspannungstechniken entwickelt und kann wesentliche Aspekte der anfangs beim *Kognitiven Training* auftretenden Entspannungsreaktionen aufzeigen. Mithilfe der zugehörigen Vorerhebung[29] konnten nicht nur Kontraindikationen, sondern auch Teilnahmemotivation, Vorerfahrungen in Entspannungsverfahren und Erkrankungen wie auch Medikation abgeklärt werden. Aufgrund der psychophysiologischen Entspannungsreaktion sollten die im Verlauf des Trainings auftretenden Veränderungen im chronischen Stress mithilfe des "TICS Fragebogen SSCS"[30] dargestellt werden. Im dritten Analyseschritt wurde eine Faktorenanalyse zu den Effekten (E1-E6, E8) in den eigenen Fragebögen[31] durchgeführt.

Aufgrund des noch unentwickelten Instrumentariums zur Evaluation der Einzeltechniken des *Kognitiven Trainings* wurde neben der quantitativen Erhebung mit dem standardisierten Entspannungsfragebogen, dem Fragebogen zum chronischen Stress und eigenen Fragebögen zur katamnestischen Darstellung der Entwicklung von Trainingstechniken, Trainingserfahrungen und Trainingseffekten auch eine schriftliche qualitative Erhebung mithilfe offener Fragen durchgeführt. Diese sollte insbesondere die Prozessevaluation und Evaluation der Art und Weise der Veränderungen vorantreiben und wurde

---

[26] vgl. Attersee, A.I.M. (2014 a).
[27] vgl. Attersee, A.I.M. (2014 a).
[28] siehe Krampen, G. (2006). "ASS-SYM. Symptomfragebogen".
[29] siehe Krampen, G. (2002). "ET-ANAM. Fragebogen".
[30] siehe Schulz, P., Schlotz, W., Becker, P. (2004).
[31] siehe Kapitel 12.

zur Katamnese wie in einer Tagebuchform[32] konzipiert. Mangels differenzierter Fragebögen zur Evaluation von Meditationserfahrung versus -effekten wurden diese eigenen Fragebögen konzipiert[33].

Der "ASS-SYM Symptomfragebogen"[34] schien ein adäquates Instrument sowohl für die bereits kurzfristig induzierbaren Entspannungsreaktionen wie auch zur Evaluation der Wirkung der entsprechenden Techniken (T1-T4) hierauf. Diese dadurch mögliche Darstellung der Trainingsverläufe und ihres Zusammenhangs nicht nur mit der Trainingshäufigkeit und -art, sondern insbesondere auch der Entwicklung der Einzeltechniken, wäre eine Aufgabe künftiger Forschungsschwerpunkte im Fachgebiet der Prozessforschung.

Aufgrund der Normierung dieses Fragebogens mit den Werten aus der Normgruppe nach Autogenem Training oder Progressiver Muskelrelaxation in den einzelnen Dimensionen konnten die Ergebnisse zu verschiedenen Trainingszeitpunkten hiermit verglichen werden. Da Meditation in psychologischen Definitionen häufig als Entspannungsverfahren kategorisiert wird, werden insbesondere die Effekte der Einzeltechniken (T1-T4), die weit über Entspannung hinausreichen, wie auch der im Diskurs bislang fehlende Faktor einer graduellen Zugangsweise zum *Kognitiven Training* diskursiviert.

Somit wurde bei der Interpretation der Forschungsdaten auf die wesentlichen Faktoren zur Entwicklung der Fähigkeit der Selbstreferenz im Sinne einer Darstellung von Trainingseffekten mithilfe des *Dynamischen Selbstreferenzmodells* Bezug genommen.

Die in vorliegender Arbeit dargestellten Effekte von Trainingsmethoden bilden die notwendige Bedingung für weitere Übungen, welche Aspekte des Perspektivenwechsels, Mitgefühl oder Bodhicitta[35] als Wirkfaktoren einbeziehen. Ohne diese in individuellem Training in sich wirksam werden zu lassen, sind jedoch komplexere Techniken bestenfalls ohne Effekt. Daher wäre es nach einer Entwicklung der grundlegenden Effekte der Beobachtungs- und Reflexionsfähigkeit möglich, auch komplexere Techniken, wie beispielsweise zu Perspektivenwechsel, Empathie oder Mehrfachfokussierung, gezielt einzusetzen. Die hierdurch bewirkte Schulung emotionaler und sozialer Kompetenzen wäre theoretisch wie auch methodisch als eine der zentralen Zielsetzungen im Mahāyāna- und Vajrayāna-Buddhismus definiert.

Da in vorliegender Arbeit essentielle Aspekte und Effekte des *Graduellen Kognitiven Trainings* dargestellt werden, wird auf den zwischen den verschiedenen buddhistischen philosophischen Schulen tradierten Diskurs nicht eingegangen, obwohl dieser für den an der Theoriebildung interessierten Leser eine durchaus interessante methodische wie auch theoretische Differenzierung der verschiedenen Perspektiven auf den Forschungsgegenstand schaffen könnte. Ebenso wenig wird auf die in den Vajrayāna-Techniken tradierten

---

[32] vgl. Attersee, A.I.M. (2014 c, d, e, f).

[33] vgl. eigene Fragebögen, Kapitel 12.

[34] siehe Krampen, G. (2006). "ASS-SYM. Symptomfragebogen".

[35] Bodhicitta wird als der Wunsch, zum Wohle aller Wesen Erleuchtung zu erlangen, definiert; Bodhicitta, Tibetisch: *byang chub kyi sems*, Sanskrit: *bodhicitta* (*Übers. v. Attersee, A.I.M.*); vgl. Coleman, G., Jinpa, T. (2008: 588, 589). "**Bodhicitta** *byang-chub-kyi sems* Eine Altruistische Absicht oder ein Altruistisches Streben, zum Wohle aller Wesen die volle **Erleuchtung** zu erlangen. *Bodhicitta* wird auf der Grundlage bestimmter geistiger Haltungen kultiviert, von denen die wichtigste die Entwicklung von **Liebe** und großem **Erbarmen** für alle Wesen in gleichem Maße ist. Die tibetische Tradition spricht von zwei Systemen zur Schulung des **Geistes** bei der Erzeugung von *Bodhicitta*. Das erste sind *Atīśas* »Sieben Punkte von Ursache und Wirkung«, und das zweite ist *Śāntidevas* »Gleichheit und Austausch von einem selbst mit anderen«."

Geschlechtsstereotypen und ihre Kontextualisierung eingegangen. Im Sinne der zusammenschauenden Perspektive der Rime-Bewegung[36] werden die einzelnen Prozess-Strukturen vielmehr als charakterspezifische Zugangsweisen im Gesamtprozess interpretiert. Dies bedeutet, die individuellen Trainingserfahrungen und -effekte vielmehr als charakterspezifische und persönlichkeitsabhängige individuelle Wahrnehmungsfähigkeit und Prozessgestalt zu interpretieren, denn diese einer nach jahrhundertelanger Entwicklung in tibetische Feudalstrukturen einordenbaren Hierarchisierung zu unterwerfen. Diese in der Rime Bewegung etablierte Haltung einer schulenübergreifenden Interpretationsweise unterschiedlicher Perspektiven auf die Trainingseffekte, -prozesse und ihre entsprechenden Theoriebildungen wird an dieser Stelle im Sinne eines interdisziplinären Zugangs zum Forschungsgegenstand fortgeführt.

Wenn dabei der interkulturelle und interdisziplinäre Diskurs zum Forschungsgegenstand vom Bemühen unterschiedliche Perspektiven zu differenzieren wie auch einzuschließen geprägt bleiben könnte, eine Grundhaltung, welche den zermürbenden Schulenstreitigkeiten im alten Tibet eine vereinende Kraft entgegenzusetzen vermochte, könnte es möglich werden, genau durch die Differenzierung des Forschungsgegenstands aus den unterschiedlichen wissenschaftlichen Perspektiven zu einer umfassenden Theoriebildung zu gelangen. Ein interdisziplinärer Diskurs jedoch setzt die Nutzung des bereits vorliegenden Wissens mithilfe differenzierter fachsprachlicher Übersetzungen (aus den Sprachen Sanskrit, Pali oder Tibetisch) voraus.

Da vorliegende Forschung die Kommunikation der emischen Perspektive Buddhistischer Philosophie und Tibetischer Medizin mithilfe einer perspektivischen Analyse sowie die Durchführung von Studien auf dieser Grundlage umfasst, werden allgemeine Texte zum *Sammelbegriff der Meditation* aus verschiedensten anderen Perspektiven sowie diverse aus Asien eingeführte Neologismen nicht in den Diskurs einbezogen. Ferner werden Studien zum Thema Meditation, bei denen die Trainingstechnik nicht klar dargelegt ist und folglich die dargestellten Effekte weder auf die Trainingsmethodik bezogen noch mit anderen Effekten oder Techniken verglichen werden könnten, nicht analysiert.

Da vorliegender Text die Evaluation der Effekte *Graduellen Kognitiven Trainings* unter Bezugnahme auf emische und psychologische Perspektiven auf den Forschungsgegenstand darstellt, beinhaltet er weder einen Diskurs über die Rezeption und Weiterverarbeitung diverser buddhistischer Techniken im Westen noch eine Analyse der aus Asien importierten Techniken und Neologismen. Dem Kontext entrissene Phrasenübernahmen[37] werden in vorliegender Arbeit nur dann dargestellt, wenn sie zur Klärung von Bedeutung beitragen, wobei der Schwerpunkt auf der wörtlichen Übersetzung und Darstellung der emischen

[36] siehe Ringu, T. (2006). "The Ri-Me Philosophy of Jamgön Kongtrul the Great. A study of the Buddhist Lineages of Tibet."

[37] vgl. die Verwendung der Phrase von "path of meditation" in Sedlmeier, P., Eberth, J., Schwarz, M., Zimmermann, D., Haarig, F., Jaeger, S. et al. (2012), mit der Definition von "path of meditation", welcher per Definition (erst) nach dem ersten Moment am ersten Bhūmi beginnt; vgl. Dudjom, J.Y.D. (1991: II, 147). "FIVE PATHS (OF THE CAUSAL VEHICLES) *lam lnga*, Skt. *pañcamārga* The path of provisions [...], the path of connection [...], the path of insight [...], the path of meditation and the path of no-more-learning [...]."; vgl. Tsepak, R. (2003: 58). "The nine levels of delusion to be abandoned on the path of meditation [...] The ten delusions to be abandoned on the path of meditation. According to *Abhidharmakoṣa* there are four of the desire realm, three of the form realm, and three of the formless realm. [...] The sixteen delusions to be abandoned on the path of meditation. This follows the tradition of the *Abhidharmasamuccaya*"; vgl. Attersee, A.I.M. (2014 b).

Perspektive und Kontextualisierung liegt und die Interpretationen aus emischer Perspektive möglichst mit englischen oder tibetischen Zitaten untermauert werden. Obwohl die Nutzung von Termini technici ohne Bezugnahme zu Definitionen und Kontext der Qualität der in Buddhistischer Philosophie und Tibetischer Medizin sehr differenziert ausgearbeiteten Methoden und Theorien schadet, ist ein Diskurs über die Auswirkungen solcher Vorgangsweise oder die Implikationen einer unreflektierten Vermengung von verschiedenen kulturellen Perspektiven in ein einziges Bild nicht Gegenstand vorliegender Arbeit.

Da dieser Text zur Darstellung der emischen und etischen Perspektive zahlreiche Definitionen und Querverweise beinhaltet, wurde aus Gründen der Lesbarkeit ein Zitationsstil mithilfe von Fußnoten gewählt und durchgängig benutzt. In diesen finden sich nicht nur die Begriffsübersetzungen und -definitionen, sondern auch Querverweise zur Kategorisierung der in der Buddhistischen Philosophie und Tibetischen Medizin dargestellten Modelle und ihre Zuordnung zum Gesamtkontext. Für die Theoriebildung zur Kognition und Emotion in Buddhistischer Philosophie und Tibetischer Medizin wird auf das Buch "Kognition und Emotion in der Tibetischen Medizin. Eine Darstellung und Interpretation aus emischer Perspektive"[38] verwiesen. Die Darstellung der Einzeltechniken des *Kognitiven Trainings* findet sich im Skriptum "Graduelles Kognitives Training. Eine Darstellung von Einzelelementen und Prozessverläufen aus emischer Perspektive"[39]. Diese beiden Skripten waren den Probanden während der Studiendurchführung noch nicht zugänglich.

Bei der Zitation von Konzepten aus emischer Perspektive wurde neben den eigenen Übersetzungen Bedacht auf Hinweise zu ihrer Kategorisierungen und Kontextualisierung gelegt, um den Differenzierungsgrad wie auch die graduellen Prozesse im Trainingsverlauf aufzeigen zu können. Dabei war die Irritation der aktuell zum Forschungsgegenstand vorherrschenden groben Vereinfachungen aus etischer Perspektive nicht zu vermeiden. Die graduelle Vorgangsweise beim Training, die im wissenschaftlichen Diskurs zum Forschungsgegenstand bislang nicht vorhanden ist, kann ebenso wie die nötige Kontextualisierung von Fachtermini eine bedeutende methodische wie auch theoretische Bereicherung im Diskurs über Trainingseffekte bieten.

Im Rahmen der Darstellung und Analyse tibetisch-buddhistischer Konzepte werden im gesamten Text neue Fachtermini gemäß der Buddhistischen Übersetzungstraditionen aus dem Sanskrit wie auch aus dem Tibetischen eingeführt. Der Lesbarkeit des Texts halber finden sich dabei die entsprechenden Definitionen und Theorien der drei großen Traditionen des Buddhismus (Hīnayāna, Mahāyāna, Vajrayāna)[40] unter Verwendung von Zitaten in den Fußnoten, wobei in der Interpretation der Termini und Modelle genau auf die emische Perspektive Bezug genommen wird. Zur Gewährleistung der Lesbarkeit des Texts stehen die in den entsprechenden wissenschaftlichen Umschriftsystemen für Tibetisch und Sanskrit dargestellten Termini in den Fußnoten. Bei der ersten Einführung eines neuen Terminus wird in der Fußnote die Definition und, falls nötig, auch bereits die theoretische Zuordnung aus emischer Perspektive zitiert. In denjenigen Fällen, in denen eine Wort-für-Wort Darstellung in der Übersetzung eine inhaltlich methodische oder theoretische

[38] siehe Attersee, A.I.M. (2014 b).
[39] siehe Attersee, A.I.M. (2014 a).
[40] vgl. Attersee, A.I.M. (2014 b).

Bereicherung darstellt, wird sie ebenso wie seine Konnotationen angeführt. Dabei werden übersetzungstechnische Aspekte nur an denjenigen Stellen, an welchen sie eine Bereicherung für den Anwender des *Kognitiven Trainings* oder den Forscher zu seinen psychologischen Aspekten darstellen, angeführt. Die Fußnoten beinhalten auch die Differenzierung einiger weniger in der etischen Perspektive beliebten Neologismen und Stereotypenbildungen.

Obwohl in dieser Arbeit zum Zweck der Darstellung der emischen Perspektive auf den Forschungsgegenstand unter Zuhilfenahme der Übersetzung der entsprechenden Fachtermini ihre Definition, theoretische Zuordnung und Kontextualisierung zitiert wird, werden keine sprachwissenschaftlichen Analysen zu geschichtlichen Begriffswandlungen oder der Übersetzungen aus dem Sanskrit ins Tibetische einbezogen.

Manche in den Oralen Buddhistischen Überlieferungen zum *Kognitiven Training* durch Meditationsmeister und Philosophen benutzten Analogien und Begriffe können nur aus diesen zitiert werden. In einer Tradition, in der über Jahrhunderte Wissen mündlich weitergegeben wurde und die Wissensvermittlung auch heutzutage oft noch über ein Auswendiglernen zentraler Elemente vor sich geht, gleichen sich die Aussagen der einzelnen lehrenden Personen. Daher war die Festlegung eines Urhebers der Analogie oder des Gedankengangs nicht möglich. Ferner lässt sich im Nachhinein kaum konstruieren, von welcher Person eine bestimmte Analogie oder Formulierung zum ersten Mal innerhalb der zehn Jahre des Studiums vor Ort gehört wurde. Aus diesen beiden Gründen wurde an solchen Stellen "zitiert und übersetzt aus Oralen Überlieferungen 1998-2008" in der Fußnote vermerkt.

Zur Lesbarkeit des Texts wurden im Folgenden nicht an jeder einzelnen Stelle die männlichen wie auch weiblichen Sprachformen angeführt. Daher ist der Text so zu verstehen, dass Sprachformen des allgemeinen Sprachgebrauchs Frauen wie Männer einschließen. Beispielsweise sind unter dem Begriff Probanden Frauen wie Männer gleichermaßen gemeint. Explizite Spezifizierungen fanden jedoch im Kontext emischer Perspektive, beispielsweise den männlich dominierten monastischen Feudalstrukturen, statt. An solcher Stelle sind unter Meditationslehrern und Professoren Buddhistischer Philosophie nur Männer zu verstehen.

3 Vorschau

Während im theoretischen Teil der Arbeit auf der Grundlage einer perspektivischen Analyse, in der emische und etische Perspektiven gegenübergestellt werden, der aktuelle Forschungsstand zum Thema dargestellt, eine Arbeitsdefinition zu den *Graduellen Kognitiven Techniken* und eine psychologische Theoriebildung des *Dynamischen Selbstreferenzmodells* entwickelt wird, beinhaltet der methodische Teil die Studienergebnisse und ihre Interpretation.

Tabelle 1
Vorschau

1. Einleitung	
2. Einführung	
3.Vorschau	
4. Stand der Forschung	4.1 Analyse des Forschungsgegenstands
	4.2 Definitionen zum Begriff der Meditation und Einführung der Phrase *KognitivesTraining*
	4.3 Meditationseffekte im wissenschaftlichen Diskurs
	4.4 Beitrag der emischen Perspektive zum Diskurs über Meditationsefekte
	4.5 Theoretische Überlegungen zu den Effekten des Trainings
	4.6 Die Entwicklung der Fähigkeit von Selbstreferenz
5. Methodischer Teil	5.1 Studiendesign
	5.2 Ergebnisdarstellung
	5.3 Zusammenfassung der Hypothesenprüfung
6. Interpretation und Diskurs	
7. Einschränkungen	
8. Ausblick	
9. Literaturverzeichnis	
10. Abbildungsverzeichnis	
11. Tabellenverzeichnis	
12. Anhänge	

Nach der Einleitung, Einführung in das Thema und Vorschau beginnt im Kapitel 4.2 die Differenzierung des Forschungsgegenstands mithilfe perspektivischer Analyse.

Tabelle 2
Forschungsstand

Forschungsstand	Psychologische Perspektive
	Emische Perspektive (Buddhistische Philosophie, Tibetische Medizin)

Hieraus wird eine Arbeitsdefinition von Meditation als ein *Graduelles Kognitives Training* entwickelt. Nachdem die Trainingselemente (T1-T4) auf Grundlage von Theorien aus Buddhistischer Philosophie und Tibetischer Medizin entwickelt und ihre psychologischen Aspekte bei der Anwendung beschrieben wurden, wird der Effektbereich als *Dynamisches Selbstreferenzmodell* dargestellt.

Tabelle 3
Trainingselemente, Trainingserfahrung und -effekte

Meditation	als ein *Graduelles Kognitives Training*
	Trainingselemente (T1-T4)
	Trainingseffekte (E1-E8) und Trainingserfahrung (ER1-ER16)

Das *Kognitive Training* beinhaltet für Trainingsanfänger die Elemente der Introspektion, Aufmerksamkeitslenkung, Einfach- wie auch Mehrfachfokussierung.

Tabelle 4
Elemente des Kognitiven Trainings

Kognitives Training	Introspektion
	Aufmerksamkeitslenkung
	Einfach- oder Mehrfachfokussierung

Somit wird basierend auf der emischen Perspektive Buddhistischer Philosophie und Tibetischer Medizin eine Erweiterung und Differenzierung des bislang zum Forschungsgegenstand benutzten Sammelbegriffs Meditation entwickelt. Genau diese Spezifizierung ermöglicht eine auf die Trainingstechniken bezogene theoriegeleitete Hypothesenbildung und Evaluation.

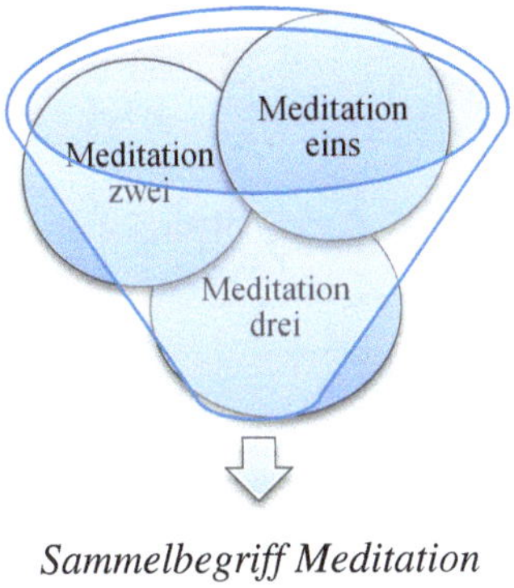

Abbildung 6
Forschungsstand

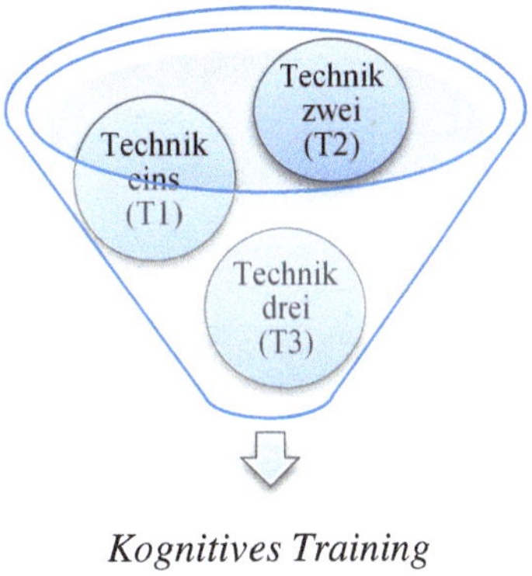

Abbildung 7
Differenzierung des Forschungsgegenstands

Die vorgenommene Differenzierung des Forschungsgegenstands bedeutete daher den *Sammelbegriff der Meditation*, der verschiedenste Techniken und Effekte vereint, einzugrenzen. Diese Differenzierung wurde mithilfe der aus emischer Perspektive vermittelten graduellen Vorgangsweise beim Training vorgenommen.

Nach der trainingstechnischen Differenzierung des Forschungsgegenstands wird auch die Darstellung der Effekte mithilfe einer *Perspektivischen Analyse* vorgenommen. Hierbei bezieht sich der Sammelbegriff der Meditation nicht nur auf die *Graduellen Einzeltechniken* des *Kognitiven Trainings* sondern auch die Theorien der Fünf Pfade und Zehn Bhūmis, welche die komplexen Wechselwirkungen der Effekte im Sinne von Veränderungsstrukturen im Prozessverlauf darstellen.

Tabelle 5
Meditation aus emischer Perspektive

Meditation	Theorien der Fünf Pfade und Zehn Bhūmis
	Definition und Effekte von Einzeltechniken
	Systematische graduelle Kombination von Einzeltechniken

Da somit unter Einbeziehung der emischen Perspektive eine differenzierte wissenschaftliche Zugangsweise zum *Graduellen Kognitiven Training* sowie auch zur Theoriebildung bezüglich der Trainingseffekte im Sinne von Prozessstrukturen entwickelt werden kann, beinhaltet das Theoriekapitel einen interkulturellen Wissenstransfer. Während Kapitel 4.3 und 4.4 den Anfang des Diskurses über mögliche Trainingseffekte des *Kognitiven Trainings* beinhalten, werden im Kapitel 4.5 theoretische Überlegungen zu den Trainingseffekten angestellt und das Modell der Selbstreferenz entwickelt.

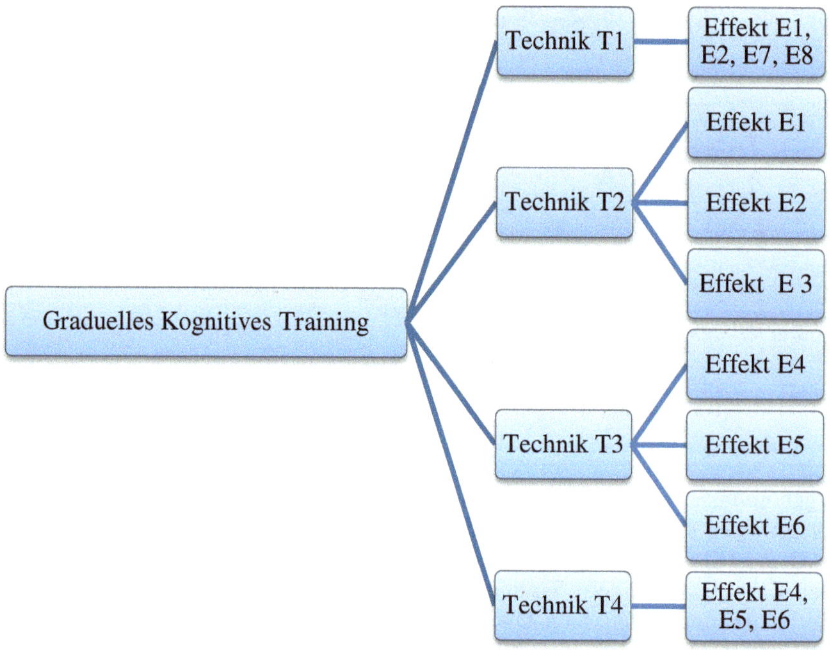

Abbildung 8
Effekte von Einzeltechniken des
Kognitiven Trainings

Im Kapitel 4.6 wird die psychologische Theoriebildung mithilfe des *Dynamischen Modells der* Selbstreferenzentwicklung durch die Anwendung der introspektiven Techniken des *Kognitiven Trainings* dargestellt.

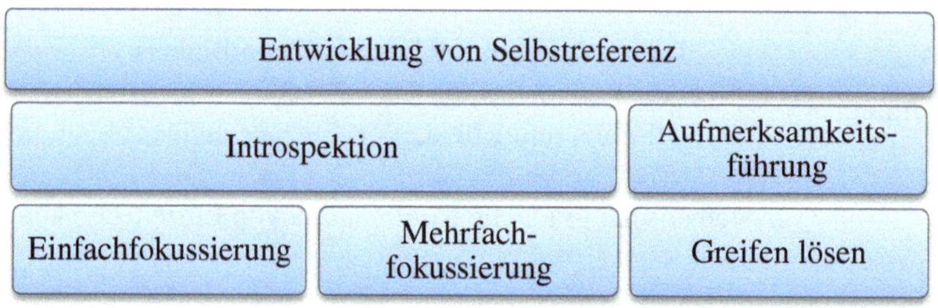

Abbildung 9
Methoden im *Graduellen Kognitiven Training*
zur Entwicklung von Selbstreferenz

Dabei basiert diese Fähigkeit der Selbstreferenzentwicklung auf den Effekten (E1-E8) der Einzeltechniken (T1-T4) *Kognitiven Trainings*, welches ab der perspektivischen Analyse zu den Definitionen in Kapitel 4.2 bis zu Kapitel 4.6 dargestellt wird. Diese Effekte werden als Beobachtungs- und Reflexionsfähigkeit dargestellt und basieren auf Techniken wie der Aufmerksamkeitslenkung, Einfach- und Mehrfachfokussierung und Beobachterperspektive.

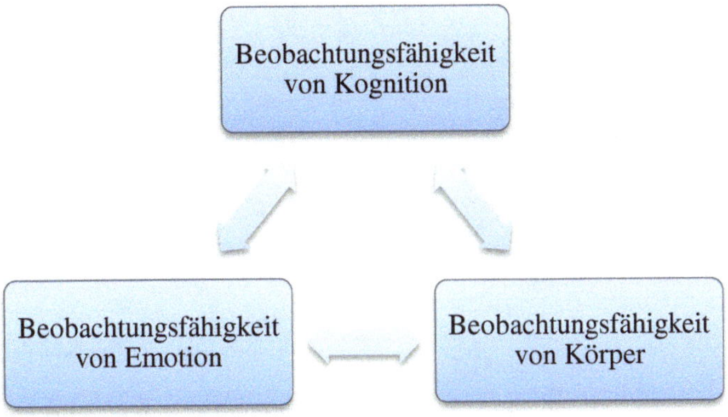

Abbildung 10
Entwicklung der verschiedenen Ebenen von Beobachtungsfähigkeit

Auf der Grundlage der Beobachtungsfähigkeit auf kognitiver, emotionaler und somatischer Ebene entwickelt sich auch die jeweils entsprechende Reflexionsfähigkeit.

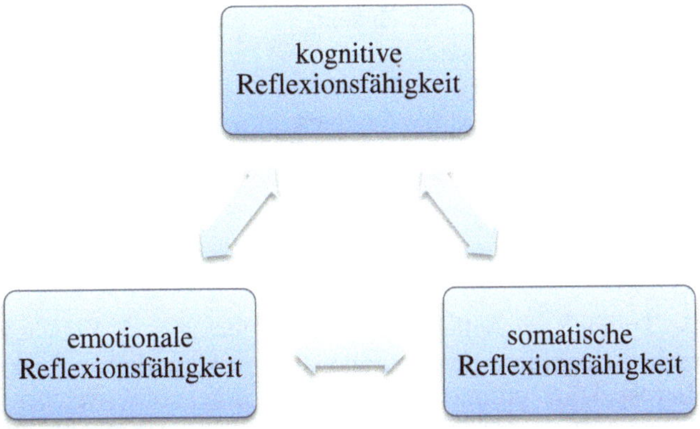

Abbildung 11
Entwicklung der verschiedenen Ebenen von Reflexionsfähigkeit

Somit entwickelt sich die Fähigkeit der Selbstreferenz aus Trainingseffekten, der Beobachtungs- und Reflexionsfähigkeit auf kognitiver, emotionaler und somatischer Ebene, wobei dabei der Fähigkeit das *Greifen nach der Identifikation mit den einzelnen Erfahrungen zu lösen* eine zentrale Bedeutung zukommt.

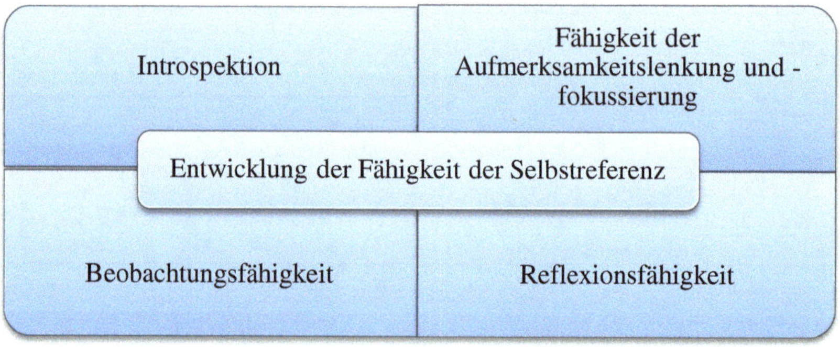

Abbildung 12
Entwicklung der Fähigkeit der Selbstreferenz

Diese aus differenzierter Beobachtung resultierenden Fähigkeiten und Erkenntnisse können dabei als die Grundlage für komplexere Trainingsmethodik und vertiefte Erkenntnis interpretiert werden.

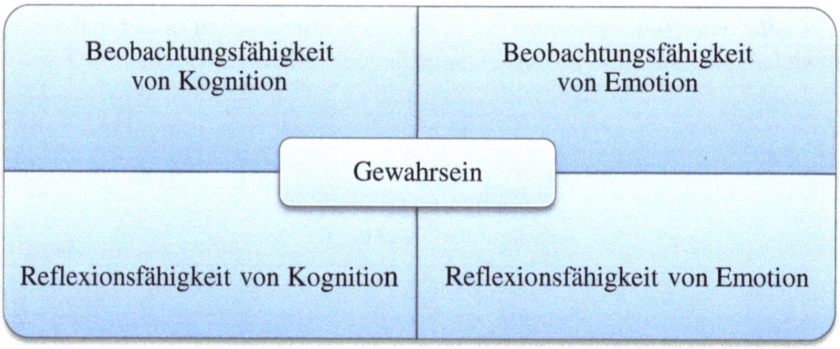

Abbildung 13
Entwicklung von Gewahrsein

Das kontinuierliche Training ermöglicht somit ein differenziertes Verständnis über Zusammenhänge zwischen Kognition, Emotion und subtilen körperlichen Reaktionen. Damit gewinnt der auf Introspektion gründende Pfeiler zur Erkenntnis, welcher in westlicher Kultur aus verschiedensten Gründen in den Hintergrund tritt oder als subjektiv abgewertet wird, für diese Forschung insbesondere in den Fachbereichen der Psychosomatik und Psychotherapie an Bedeutung.

Kapitel fünf beinhaltet den methodischen Teil. Die hierfür benutzten eigenen Fragebögen liegen im zwölften Kapitel vor. Es wurden ein Vorerhebungsbogen und ein Fragenkatalog zu den im Verlauf anfänglichen Trainings erwarteten Veränderungen in der Aufmerksamkeitslenkung, Beobachtungs- und Reflexionsfähigkeit wie auch den auftretenden Erfahrungen entwickelt. Ersterer wurde zur Prozessevaluation benutzt. Die Ergebnisse auf kognitiver, emotionaler und somatischer Ebene wurden anhand der Art und Häufigkeit des Trainings, bezogen auf die vergangenen vier Wochen und drei Monate dargestellt und mit den Ergebnissen aus qualitativem Forschungszugang ergänzt.

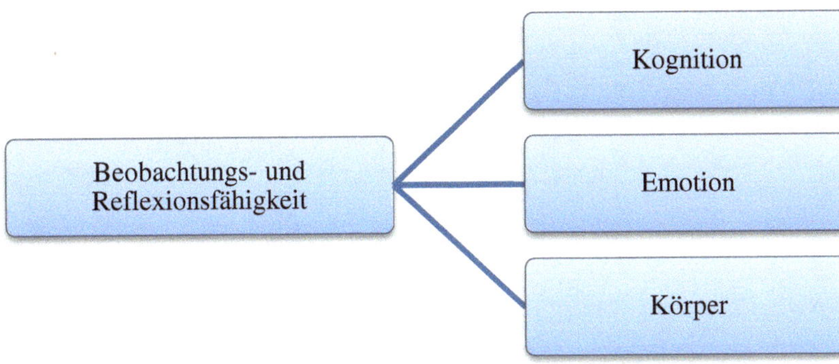

Abbildung 14
Selbstreferenz auf kognitiver, emotionaler und somatischer Ebene

Im sechsten Kapitel werden die Interpretation und der Diskurs der Ergebnisse dargestellt. Das siebente Kapitel beinhaltet die Einschränkungen und das achte Kapitel den Ausblick. Im neunten Kapitel liegen das Literaturverzeichnis, im zehnten das Abbildungsverzeichnis, im elften das Tabellenverzeichnis und im zwölften die Anhänge mit den verschiedenen eigenen Fragebögen vor.

4 Aktueller Forschungsstand

Die Darstellung des aktuellen Forschungsstands erfolgt über mehrere Analyseschritte. Nach einer Darstellung der Implikationen der Arbeit mit einem *Sammelbegriff der Meditation* wird zum Zweck der differenzierenden Eingrenzung des Forschungsgegenstands auf einer trainingstechnischen Ebene das *Graduelle Kognitive Training* eingeführt. Im Verlauf einer Darstellung der unterschiedlichen Definitionen zum Thema Meditation wird mit einer *perspektivischen Analyse* begonnen, in welcher die etische mit der emischen Perspektive auf den Forschungsgegenstand gezielt kontrastiert und dabei sowohl Diskrepanzen wie auch Beiträge aus der emischen Perspektive ausgearbeitet werden. Diese Analysemethode ermöglicht die Spezifizierung des Forschungsgegenstands auf trainingstechnischer Ebene als *Graduelles Kognitives Training* und zeigt auf, dass das wesentliche Element des Trainingsprozesses und des systematischen graduellen Einsatzes von Trainingselementen bislang im wissenschaftlichen Diskurs nicht vorkommt. Nach der Entwicklung einer Arbeitsdefinition wird dieselbe *perspektivische Analysemethode* im Rahmen der Darstellung unterschiedlicher Meditationseffekte fortgesetzt. Dabei wird deutlich, welchen Beitrag diese Analysemethode zur Differenzierung und Eingrenzung des Forschungsgegenstands zu leisten vermag. Da die Implikation eines *Sammelbegriffs der Meditation*, welcher nicht nur unterschiedlichste Trainingstechniken, sondern auch Erfahrungen und Effekte in einem einzigen Begriff vereinte, war, zwar ein extrem breites Spektrum möglicher Effekte darstellen zu können, diese jedoch weder spezifizieren noch mithilfe von Interpretation in eine Theoriebildung überführen oder untereinander vergleichen zu können.

Da im Verlauf der Analysen deutlich wird, wie sich unterschiedliche unter einem Sammelbegriff vereinte Trainingstechniken auf die Effekte auswirkten, wird eine Spezifizierung auf trainingstechnischer Ebene sowie auch die Einführung von hierauf bezogener spezifischer und klar definierter Terminologie die Grundlage für wissenschaftliche Forschung. Da die riesige Ansammlung an möglichen Effekten aus zahlreichen unterschiedlichsten Trainingstechniken, die alle gleichzeitig geübt werden ohne Vorerfahrungen oder zeitliche Verläufe von Lernprozessen zu beachten, keine Interpretation zulässt, konnte es bislang auch zu keiner psychologischen Theoriebildung zum Forschungsgegenstand[41] kommen.

Somit konnte ein enormer Forschungsaufwand zum Forschungsgegenstand der Meditation in den letzten eineinhalb Jahrzehnten bislang noch zu keiner psychologischen Theoriebildung führen. Dies mag zum größten Teil in der fehlenden Einigkeit über Definitionen der jeweiligen Technik und Systematik der Vorgangsweise bei der Evaluation begründet liegen. Diverse Ausschließlichkeits- und Vermarktungsansprüche, welche der wissenschaftlichen Vorgangsweise direkt entgegenwirken, scheinen diese Tendenzen zu unterstützen.

Zusätzlich scheint der Faktor der fehlenden Transparenz über die eigene Vorgangsweise, angefangen bei den Trainingstechniken und der tatsächlichen Art und Häufigkeit der Übung von Probanden wie auch ihre Vorerfahrungen und Analyse des Einflusses ihrer

[41] vgl. Sedlmeier, P., Eberth, J., Schwarz, M., Zimmermann, D., Haarig, F., Jaeger, S., Kunze et al. (2012: 1139 a, b). "Numerous studies have been conducted to search for effects of meditation, yet there is an even more surprising lack of elaborate psychological theories that make sound predictions about what to expect if one meditates."

Erwartungshaltungen und Gruppenzugehörigkeit bei den beliebten Gruppentrainings von zentraler Bedeutung. Obwohl sich das Darstellen der eigenen Systematik für das Training selbst wie auch die eigene Vorgangsweise und Hintergrundüberlegungen bei der Evaluation nicht in den Mainstream kurzer Artikel fügt, hat genau diese Vorgangsweise gravierende Auswirkungen. Denn bei fehlender Transparenz in einem Forschungsgebiet, das noch keiner wissenschaftlichen Theoriebildung zugeführt wurde, kann der hierfür nötige wissenschaftliche Diskurs nicht stattfinden. Bei diesem Analyseschritt stellt sich die Frage, inwieweit sich genau dies auf die fehlende Entwicklung einer psychologischen Theoriebildung zum Forschungsgegenstand ausgewirkt haben mag.

Im Verlauf der Analyse der zahlreichen aufgezeigten Meditationseffekte wird auch dargestellt, in welcher Weise die bislang ausschließlich genutzten Evaluationsmethoden die auffindbaren Effekte im Sinne einer Filterung einschränken. Ebenso wie bereits bei der Darstellung von Definitionen, welche die Unterschiedlichkeit der Trainingstechniken deutlich zeigen, wird die *Perspektivische Analyse* auch im Rahmen der Darstellung der Meditationseffekte fortgesetzt. Mithilfe der Darstellung einiger in emischer Perspektive beschriebener theoretische Modelle wird deutlich, dass diese die komplexen Trainingseffekte mithilfe von Veränderungsstrukturen darstellen ohne auf transiente mögliche Erfahrungen einzugehen. Daher könnten Übersetzungen und Interpretation aus originalsprachlichen Texten zur Theoriebildung einen enormen Beitrag leisten.

Vorliegende *Perspektivische Analyse* resultiert in der Darstellung eines transkulturellen *Graduellen Kognitiven Trainings*[42] und mündet in der Beschreibung von Trainingseffekten, welche als Faktoren eines psychologischen Modells der Selbstreferenz interpretiert werden. Dieses *Dynamische Modell der Selbstreferenzentwicklung* durch das *Graduelle Kognitive Training* gliedert sich in die Effektgruppen der drei vom Training direkt betroffenen Ebenen Kognition, Emotion und Körper. Aufgrund seines prozessualen Charakters liegt nahe, es nicht nur mithilfe von Outcome nach bestimmten Übungsphasen, sondern auch mithilfe von Prozessforschung zu evaluieren. Daher werden nach der Hypothesen-Darstellung im Sinne von Outcome nach einem und drei Monaten Training am Beispiel der Entspannungsreaktion und des chronischen Stress und einer Faktorenanalyse des Selbstreferenzmodells auch Trainingsprozesse evaluiert.

Nachdem aktuelle Meditationsforschung bereits auch mit Kranken durchgeführt wurde, resultierten hieraus in englischsprachigen Veröffentlichungen Behauptungen von Meditation als eine Psychotherapiemethode[43], was bereits nach einer oberflächlichen Analyse der nicht interpretierbaren Trainingseffekte und ohne Vorliegen einer psychologischen Theoriebildung verwunderlich ist. Obwohl davon ausgegangen werden kann, dass Introspektion, die in unserer Gesellschaft vernachlässigt wird, positive Wirkungen hat, rechtfertig einzig dieses Faktum jedoch noch nicht die Anwendung von Methodenkonglomeraten mit Patienten.

---

[42] vgl. Attersee, A.I.M. (2014 a, b).

[43] vgl. Bond, K., Ospina, M.B., Hooton, N., Bialy, L., Dryden, D.M., Buscemi, N. et al. (2009: 129, 130). "Once thought of and practiced primarily as a spiritual exercise, meditation, especially in its Western context, has come to be viewed as a complementary therapeutic strategy to alleviate the symptoms of a variety of health-related problems (Arias, Steinberg, Banga, & Trestman, 2006; Perez de Albeniz & Holmes, 2000). This shift in focus has generated an increasing interest in conducting primary and secondary research regarding the therapeutic efficacy and effectiveness of meditation practices and techniques."

4.1 Analyse des Forschungsgegenstands - vom Sammelbegriff *Meditation* zu *Graduellem Kognitivem Training*

Obwohl der Forschungsgegenstand der Meditation in sehr unterschiedlichen kulturellen und wissenschaftlichen Kontexten untersucht wird, kam es bislang zu keinem Diskurs über den Sprachgebrauch im Sinne einer nötigen Kontextualisierung und Spezifizierung des Forschungsgegenstands. Daher liegt eine erste Herausforderung darin, mit den sprachlichen wie auch kulturspezifischen Differenzierungen und Implikationen so umzugehen, dass anstatt einer Vereinnahmung von Aspekten und ihre Implementierung in völlig anderen Kontext unter dem Sammelbegriff Meditation ihr Beitrag zum Forschungsgegenstand dargestellt werden könnte.

Die nötige Eingrenzung des Forschungsgegenstands kann nur mithilfe inhaltlicher Differenzierungen, die bei den Trainingstechniken beginnen, und klarer Definitionen vorgenommen werden. Da vorliegende Forschung sich auf die emische Perspektive Buddhistischer Philosophie und Tibetischer Medizin bezieht, wird in vorliegendem Text die Differenzierung und Spezifizierung des Forschungsgegenstands mithilfe der Darstellung dieser Perspektive vorgenommen. Die Analysemethode der perspektivischen Analyse schien trotz des Auftretens von Irritationen für die Aufgabe der inhaltlichen wie auch terminologischen Differenzierung des Forschungsgegenstands, nämlich der Trainingselemente wie auch ihrer Effekte, zielführend zu sein. Daher werden im folgenden Text wiederholt Aspekte aus der etischen Perspektive denjenigen aus der emischen Perspektive gegenüberstellt, um genau dadurch aufzuzeigen, an welchen Stellen des Diskurses unzulässige Verallgemeinerungen und Dekontextualisierung vorgenommen werden. Im Verlauf dieser Darstellung wird der Beitrag, den die emische Perspektive Buddhistischer Philosophie und Tibetischer Medizin auf diesen Forschungsgegenstand zu leisten vermag, ausgearbeitet.

Da die fehlende psychologische Theoriebildung im viel zu breit angelegten Forschungsgegenstand begründet liegt, stellt sich die Frage auf welche Weise dieser eingegrenzt und spezifiziert werden könnte. In vorliegender Forschung wurde die Spezifizierung mithilfe der emischen Perspektive und Einführung von Termini technici sowie Definitionen aus der emischen Perspektive und einer Arbeitsdefinition zum *Graduellen Kognitiven Training* vorgenommen. Konsequenterweise wird auch der Begriff der Meditation nicht mehr benutzt, sondern durch das *Graduelle Kognitive Training* ersetzt.

Bei dieser Vorgangsweise sollte der Vorteil der Transparenz und klaren Darstellung der Perspektive und Vorgangsweise zum Zweck der Ermöglichung eines wissenschaftlichen Diskurses zum Forschungsgegenstand die resultierenden Irritationen, welche insbesondere an Stellen der Dekontextualisierung und Vereinnahmung fremdartiger Konzepte mithilfe von undefinierten Neologismen auftreten, überwiegen. Mit der Zielsetzung, eine umfangreiche psychologische Theoriebildung zum Forschungsgegenstand zu entwickeln, sollte der Diskurs durch diese Transparenz und die *Perspektivische Analyse* vorgenommen werden.

Somit liegt dieser Arbeit die Aufgabe eines Wissenstransfers zugrunde, dessen Beginn sich in den beiden Skripten, welche Theoriebildung wie auch Trainingstechniken[44] beinhalten, findet. Auf der Grundlage langjähriger Feldforschung wird die emische

[44] siehe Attersee, A.I.M. (2014 a, b).

Perspektive dargestellt und auf ihrer Grundlage wiederum die transkulturellen Aspekte des *Graduellen Kognitiven Trainings* entwickelt.

Die langjährige Anwesenheit im Forschungsfeld wirkte sich auf die Entwicklung der emischen Perspektive auf den Forschungsgegenstand so prägend aus, dass hieraus im Laufe der Jahre der Lehr- und Forschungstätigkeit die *Perspektivische Analyse* entwickelt wurde. Hiermit wurde es möglich, den Beitrag der graduellen Trainingstechniken, der klaren Definitionen und der im Hintergrund liegenden Theoriebildung für den wissenschaftlichen Diskurs zu Effekten und Wirkungsweise von Meditationstraining nutzbar zu machen.

Die zahlreichen Gespräche[45] mit den Meditationsmeistern und Ärzten der Tibetischen Medizin in diesem Zeitraum wie auch die Anleitungen aus Oralen Buddhistischen Überlieferungen könnten im Sinne von Experteninterviews, wie sie in der narrativen qualitativen Forschung im Rahmen von Feldforschung genutzt werden, bewertet und interpretiert werden. In Bezug auf den Forschungsgegenstand des *Graduellen Kognitiven Trainings* können hierzu fünf Untergruppen differenziert werden. Die erste Untergruppe beinhaltet die Frontalunterrichte im monastischen Kontext, wie sie auch vorwiegend an Mönche, deutlich weniger hingegen an Nonnen, im Rahmen ihrer Ausbildung erteilt werden, in deren Rahmen philosophische Texte durch die Professoren der Buddhistischen Philosophie gelesen und sehr detailliert interpretiert wurden. Die streng hierarchischen Strukturen zeigten sich auch darin, dass hierbei kaum kommunikative Elemente wie aktive Befragung zugelassen wurden. Die zweite Untergruppe beinhaltet die Befragung von Experten über die im monastischen Kontext durchgeführten Rituale und Meditationspraktiken und Teilhabe an diesen. Diese fanden entweder als text- oder praxisbezogene Interviews im Einzelkontakt oder in Kleingruppen statt. Die dritte Untergruppe stellen die Oralen Buddhistischen Überlieferungen dar, bei denen mündliche Unterweisungen entweder einzeln oder in eher kleinen Gruppen weitergegeben werden. Der vierten Untergruppe kann die persönliche Reflexion von Effekten der Übungen mit Experten zugeordnet werden und der fünften die Experteninterviews mit den Ärzten und Ärztinnen der Tibetischen Medizin[46].

Da sich die beiden Traditionen der Tibetischen Medizin[47] und Buddhistischen Philosophie terminologisch wie auch inhaltlich aufeinander beziehen, wird die emische Perspektive anhand von Zitaten aus beiden Zugangsweisen - dem kognitiven wie auch dem medizinischen Aspekt - zum Forschungsthema dargestellt. Obwohl in den beiden Traditionen diese Techniken des Trainings vordergründig als ein *Kognitives Training* im Sinne einer Gewöhnung an die Haltung der Introspektion und Selbstanalyse[48] dargestellt werden, kann bei einer psychologischen Analyse dieser Einzeltechniken bereits eine sehr effektive Kombination von *topdown* mit *bottomup* wirksamen Aspekten[49] festgestellt werden[50]. Während die *topdown* wirksamen Elemente die kognitiven Techniken der Aufmerksamkeitslenkung, Beobachtung und Reflexion beinhalten, beziehen sich die

[45] Zeitraum 1998-2008.

[46] vgl. Köttl, M. (2009).

[47] siehe Drungtso T.T., Drungtso T.D. (2005); Meyer, F. (1996); Thokmay, P., Passang, W., Sonam, D. (2008).

[48] den (diskursiven) Geist an etwas gewöhnen, das Denken an etwas gewöhnen, Tibetisch: *sems sgom* (*Übers. v. Attersee, A.I.M.*); siehe Dudjom, J.Y.D. (1991: II, 362) "meditation *sgom-pa*, Skt. *bhāvanā*".

[49] vgl. Madert, K.K. (2007: 92-96).

[50] vgl. Attersee, A.I.M. (2014 a).

bottomup wirksamen Elemente auf die Veränderung und Entwicklung des Körperbilds mithilfe des Fühlens von Sitzhaltung, Handhaltungen, Bewegungen der Augen sowie auch der Wirkweise von Atemtechnik. Insbesondere werden diese gezielten Kombinationen im Rahmen der Methoden des Vajrayāna-Buddhismus als Schlüsselfaktoren zur Verstärkung von Effekten[51] genutzt. Somit zeigt sich in diesen *topdown* und *bottomup* wirksamen Techniken bereits auch der für die Tibetische Medizin charakteristische Zugang zu Diagnostik, Therapie und Prävention von Erkrankungen[52], welcher eine untrennbare Verbindung von Körper, Psyche und Kognition bedeutet.

Das Wirksamkeitsprinzip der *Einzeltechniken Kognitiven Trainings* beginnt somit zwar bei der Aufmerksamkeitslenkung und Einfachfokussierung, jedoch werden bereits von Beginn des Trainings an die bei der Kognition und Emotion ansetzenden Aspekte (*topdown*) mit der sensorischen Erfahrung (*bottomup*) kombiniert. Die enorme Bedeutung der kombinierten Einzeltechniken zeigt sich in der Menge differenzierter Anleitungen in der tibetischsprachigen Literatur. Insbesondere in den Texten des Vajrayāna[53] und in den Oralen Überlieferungen[54] wird auf die Beschreibung der über den Körper wirksamen Techniken und Schlüsselpunkte großer Wert gelegt. Dabei wird deutlich, dass die Beschreibungen der Wirksamkeit der Körperhaltung in den Oralen Buddhistischen Anleitungen mithilfe von Analogien wie "wenn der Körper, die Energiekanäle des Körpers gerade sind, dann ist auch der Geist klar"[55] direkten Bezug zu dem in der Tibetischen Medizin dargestellte Netzwerk von Energiekanälen[56] entlang des Körpers nehmen. Dieses Erfahrungswissen über Schlüsselpunkte in der Kombination von *topdown* mit *bottomup* wirkenden Elementen korreliert mit den im Rahmen körperorientierter Psychotherapie

[51] vgl. Wallace, B.A. (1998).

[52] vgl. Meyer, F. (1996).

[53] siehe Dudjom, J.Y.D. (1991: 263). "[The way of secret mantra] is classified according to two divisions, one which generally reveals the definitive order of the three kinds of tantra or continuum comprising the expressed meaning (*brjod-bya rgyud-gsum*) and the other explaining, in particular, the divisions of the four tantrapiṭaka which form their literary expression (*rjod-byed rgyud-sde bzhi*). The former consists of the three kinds of continuum, namely, the continuum of the ground or basis which is to be realised, the continuum of skilful means or the path through which realisation and progress are acquired, and the continuum of the result wherein the goal is reached."

[54] Orale Überlieferungen, Tibetisch: *man ngag sde*; siehe Tsepak, R. (2003: 202). "The instruction lineage. A sub-school of the rDzogs-chen atiyoga teachings of the Nyingma order of Tibetan Buddhism."

[55] zitiert und übersetzt aus Oralen Überlieferungen 1998-2008 (*Übers. v. Attersee, A.I.M.*).

[56] Kanäle, Energiekanäle, Energielinie, Tibetisch: *rtsa*, Sanskrit: *nāḍī* (*Übers. v. Attersee, A.I.M.*); siehe Drungtso T.T., Drungtso T.D. (2005: 359). "Channels This term refers to the nerves, veins and arteries. There are three types of major channels or *rtsa*. 1) The white one (*rtsa.dkar*) is related to the nerves and leads to the brain 2) The black one (*rtsa.nag*) refers to the veins and leads to the liver and the gall bladder 3) The red one (*rtsa.dmar*) refers to the arteries and leads to the heart"; Drungtso T.T., Drungtso T.D. (2005: 360) "*rtsa.'khor.lnga* [...] The five Wheels of the channels 1. [...] Crown chakra in crown of the head 2. [...] Throat chakra in thoracic region 3. [...] Heart chakra in heart region 4. [...] Navel chakra in the stomach region 5. [...] Genitalia chakra in perineal region".

angewandten neurophysiologischen Erkenntnissen[57], die in der Theoriebildung zur Synergetik detailliert dargestellt werden.

Die Effektivität der Techniken des Vajrayāna gründet somit in der Anwendung von *topdown* mit *bottomup* wirksamen Schlüsselelementen, beispielsweise bei der gezielt eingesetzten Kombination der Visualisation von Farben und Formen aus Licht mit der Rezitation von Mantra und Atemtechnik auf der Grundlage der authentischen Erkenntnis von Śūnyatā[58]. Eine solche gezielte und für das Individuum angemessene schrittweise Kombination von Techniken, welche bestenfalls sowohl bei Kognition und Emotion wie auch beim Körper ansetzt, wäre somit die *Grundlage für die Wirkstärke des Trainings.* Leider werden diejenigen Beiträge zum wissenschaftlichen Diskurs[59], welche hierfür nötige Bedingungen wie beispielsweise eine Haltung der Introspektion und Selbstanalyse ansprachen, bislang kaum aufgegriffen.

Im Kontext der Darstellung der emischen Perspektive auf den Forschungsgegenstand ist eine sprachliche Differenziertheit gefordert, welcher durch Wort für Wort Übersetzungen allein noch nicht entsprochen werden kann. Da das hierin vorhandene differenzierte Material zur Beschreibung der Trainingsmethoden und Theoriebildung ohne den Interpretationsaspekt verloren gehen würde, scheint eine Entsprechung der interpretativen Vorgangsweise, wie sie auch der Kommentierung und Kontextualisierung im monastischen Kontext entspricht, sinnvoll.

Der fehlende interdisziplinäre Austausch bezüglich des Forschungsgegenstands scheint nicht nur durch sprachliche, sondern auch durch inhaltliche Barrieren bedingt zu sein. Hier zeigten sich beispielsweise auch bei der Durchsicht wissenschaftlicher Artikel Vorbehalte gegenüber der jeweils anderen Zugangsweise[60] oder grobe Simplifizierungen[61], welche durch eine unreflektierte Übernahme von dem Kontext entrissenen Konzepten[62] und Termini vor sich gehen.

---

[57] siehe Madert, K.K. (2007: 92). "99,9 Prozent aller kortikalen Neuronen erhalten ihren Input von anderen kortikalen Neuronen und liefern ihren Output an ebensolche andere kortikale Neuronen. Der Kortex ist überwiegend mit seinen eigenen Produktionen beschäftigt. Meldungen über das Hintergrundempfinden gehören zu den 0,1 Prozent sensorischen Inputs und motorischen Outputs außerhalb dieses Systems. *Die Kartierung des Körperzustandes in Form des Hintergrundempfindens verläuft von »unten«, vom Körpergewebe ausgehend, nach »oben« zu den kortikalen Wahrnehmungsstrukturen: »bottom-up«.*"

[58] Śūnyatā, Leerheit, (Zweifache) Leerheit, Tibetisch: *stong pa nyid*, Sanskrit: *śūnyatā* (*Übers. v. Attersee, A.I.M.*); vgl. Tsepak, R. (2003: 113). "Śūnyatā/ Emptiness. The lack of inherent existence of phenomena; the highest view of reality in Buddhist philosophy."

[59] siehe Grossman, P. (2011: 1034). "Opportunities to enrich positivist Western psychological paradigms with a detailed and complex Buddhist phenomenology of the mind are likely to require a depth of understanding of mindfulness that, in turn, depends upon direct and long-term experience with mindfulness practice".

[60] siehe Sedlmeier, P., Eberth, J., Schwarz, M., Zimmermann, D., Haarig, F., Jaeger, S. et al. (2012: 1162 a). "Because the practice of meditation has been closely connected with Indian theoretical approaches for millennia, we believe every effort should be made to extract precise psychological theories that are relevant for meditation from both the Hindu and Buddhist approaches. This should be possible despite the amalgamation of these theories with religious issues."

[61] vgl. Wallace, B.A., Shapiro, S.L. (2006).

[62] vgl. Sugamura, G., Haruki, Y., Koshikawa, F. (2007: 1080). "The way to interpret Buddhism as techniques for well-being would certainly be viable in encouraging the study of Buddhist teachings in psychology. Yet, such attempts should not result in superficial imports and applications of Buddhist practices but give due weight to the deeper philosophical issues to build more solid bridges between Buddhism and psychology."

Die Differenzierung der Trainingstechnik als ein *Graduelles Kognitives Training* im Laufe der perspektivischen Analyse schließt die Forschungslücke mithilfe der differenzierten Beschreibungen von Einzeltechniken, der strukturierten Theoriebildung aus emischer Perspektive und der Einführung der psychologischen Interpretation der Trainingseffekte im *Dynamischen Selbstreferenzmodell.* In diesem Modell wird die Wirksamkeit der Einzeltechniken als *Entwicklung von Beobachtungs- und Reflexionsfähigkeit* spezifiziert. Dabei wurde angenommen, dass sich die Fähigkeit der Selbstreferenz aus einzelnen Faktoren bildet, welche durch das Training entwickelt werden könnten. Somit werden mithilfe der perspektivischen Analyse nicht nur die Trainingstechniken (T1-T4) selbst spezifiziert, sondern genau damit bereits auch die Forschungslücke eingegrenzt. Diese Eingrenzung wird mithilfe der Bezugnahme zu einem zweiten Gegenstand, nämlich der Interpretation der Trainingseffekte mithilfe eines *Dynamischen Modells der Selbstreferenzentwicklung,* noch weiter spezifiziert.

In diesem Kapitel wird der Forschungsgegenstand aus der psychologischen und der emischen Perspektive, bestehend aus Tibetischer Medizin, Oralen Buddhistischen Überlieferungen und Buddhistischer Philosophie, analysiert. Dabei war die Zugangsweise zum Forschungsmaterial sehr unterschiedlich. Während bei der Arbeit aus der psychologischen Perspektive die vorliegende Literatur[63] und aktuelle, vorwiegend englischsprachige Studien benutzt werden konnten, beinhaltete der Wissenserwerb der emischen Perspektive nicht nur ein auf der Grundlagen jahrelangen Sprachstudiums durchgeführtes Studium der Meditationstechniken und ihrer theoretischen Grundlagen, sondern auch die Durchführung supervidierter Selbsterfahrung. Insofern in vorliegender Arbeit die Effekte des *Graduellen Kognitiven Trainings* im *Dynamischen Selbstreferenzmodell* dargestellt werden, bedeutet sie einen Beitrag zur aktuellen psychologischen Forschung zu Meditationseffekten.

[63] vgl. Jung, C.G. (1953: LVII). "Seit dem Jahre seines Erscheinens ist mir der Bardo Thödol sozusagen ein steter Begleiter gewesen, dem ich nicht nur viele Anregungen und Kenntnisse, sondern auch sehr wesentliche Einsichten verdanke."

4.2 Definitionen des Begriffs Meditation aus psychologischer und emischer Perspektive

Bei einer Analyse der vorliegenden Definitionen für den Begriff Meditation im deutschen und englischen Sprachraum wird nicht nur deutlich, dass dieser ein extrem breites inhaltliches Feld umspannt[64], sondern auch, dass Forschung unter einem solchen Sammelbegriff ein sehr breites Feld von Ergebnissen liefert, welche weder sinnvoll interpretiert noch miteinander verglichen werden können. Die bislang fehlende psychologische Theoriebildung zu diesem Forschungsthema zeigt trotz Vorliegens umfangreicher Forschungsergebnisse genau dies.

Einige zentrale Definitionen werden in diesem Kapitel vorgestellt und mithilfe einer Gegenüberstellung der psychologischen mit der etischen wie emischen Perspektive zu Buddhistischen Meditationstechniken diskursiviert, ohne jedoch ausführlich auf die Implikationen der Dekontextualisierung buddhistischer Termini oder die Einführung von spärlich definierten Neologismen einzugehen.

Bereits bei der Einführung der emischen Perspektive wird die inhaltliche, methodische wie auch theoretische Diskrepanz zwischen diesen beiden Blickpunkten auf dasselbe Thema, welches in der Psychologie bislang unter dem Sammelbegriff der Meditation beschrieben wurde, sehr deutlich. Dadurch wird offensichtlich, auf welche Weise bereits eine unterschiedliche Kontextualisierung von Trainingstechniken nicht nur die theoretische Zuordnung, sondern insbesondere Begriffsbedeutungen und damit das Effektspektrum verändert.

Werden dabei diejenigen Trainingsmethoden betrachtet, welche eine etische Perspektive auf buddhistische Meditation darstellen, dann fällt auf, dass die im dortigen wissenschaftlichen Diskurs sehr präzise vorhanden Definitionen und Theoriebildung vollständig fehlen. Bereits das Fehlen eines Diskurses über die sehr unterschiedlichen Techniken innerhalb der verschiedenen buddhistischen Yānas, die inhaltlich wie auch methodisch aufeinander aufbauen[65], hat gravierende Auswirkungen. Denn ohne ein Verständnis der essentiellen Grundlagen des Hīnayāna-Trainings, können Elemente des Mahāyāna trainingstechnisch nicht mehr mit derselben Effektivität benutzt werden.

Bereits bei einer oberflächlichen Analyse der unterschiedlichen Definitionen zum *Sammelbegriff der Meditation* wird deutlich, dass mit diesem Begriff völlig unterschiedliche inhaltliche Ebenen angesprochen werden. Somit umfassen Definitionen zum *Sammelbegriff der Meditation* sowohl verschiedene Trainingstechniken in allen möglichen Kombinationen wie auch alle aus dem Training resultierenden Trainingserfahrungen und -effekte[66]. In älterer psychologischer Literatur, in welcher Meditation fast durchgängig als eine Entspannungstechnik kategorisiert wird, mischen sich häufig hierzu noch zusätzlich Andeutungen zu veränderten Bewusstseinszuständen. Daher wird bereits nach einer kurzen Durchsicht von Definitionen deutlich, dass eine der Herausforderungen bei der Forschung

---

[64] siehe Ott, U. (2004: 181). "Es existieren noch viele weitere, weniger bekannte Methoden, die in der Forschung ebenfalls als Meditation klassifiziert werden."[64]

[65] vgl. Attersee, A.I.M. (2014 b).

[66] vgl. Bond, K., Ospina, M.B., Hooton, N., Bialy, L., Dryden, D.M., Buscemi, N. et al. (2009: 130). "Researchers seeking to develop these criteria face a variety of difficulties. The term *meditation* both designates as state (one is in a state of meditation) and refers collectively to the thousands of techniques that one can practice, each of which may have different effects on the brain, metabolism, and psyche (Shannahoff-Khalsa, 2006)."

in diesem Fachbereich zuallererst darin besteht, die Forschungslücke zu spezifizieren, weil sich unter dem *Sammelbegriff der Meditation* so viele völlig unterschiedliche, divergierende Elemente finden, dass eine Forschung einzig unter diesem Begriff zu keinen interpretierbaren und in der Theoriebildung verwertbaren Ergebnisse führen kann.

Im Verlauf der Analyse von Definitionen wird der Beitrag einer graduellen strukturierten Vorgangsweise, welchen die emische Perspektive bereits einzig nur zu den Trainingstechniken und ihrer Definition leisten kann, entwickelt. Mithilfe einer Arbeitsdefinition zum *Graduellen Kognitiven Training* wird dieses als Forschungsgegenstand spezifiziert und infolgedessen der *Sammelbegriff der Meditation* nicht mehr benutzt. Parallel dazu wird bereits deutlich, dass aus emischer Perspektive sowohl in der Buddhistischen Philosophie als auch in der Tibetischen Medizin eine sehr differenzierte Theoriebildung vorliegt, welche jedoch aus verschiedensten Gründen bislang nicht in den aktuellen Diskurs zur Theoriebildung zum Forschungsgegenstand einbezogen wurde. Daher werden unter Benutzung der entsprechenden Tibetisch- und Sanskrit-Umschriftsysteme, eigener Übersetzungen und Hinweise auf die entsprechenden Definitionen und Kategorisierungen, die insbesondere auch jeweils zum Gesamtkontext Bezug nehmen, einige zentrale Modelle eingeführt und interpretiert. Bezüglich einer differenzierten inhaltlichen und terminologischen Darstellung der Theoriebildung aus emischer Perspektive wird auf den Text "Kognition und Emotion in der Tibetischen Medizin und Kognitivem Training aus emischer Perspektive"[67] verwiesen.

Somit kommt es durch die Einführung des *Graduellen Kognitiven Trainings* und der Darstellung seiner Effekte im *Dynamischen Selbstreferenzmodell* zu einer sinnvollen Eingrenzung der Forschungslücke. Die folgenden Analysen von Definitionen zeigen auf, dass dieses breite, in den verschiedensten Definitionen dargestellte Spektrum, welches sowohl Methoden, Bewusstseinszustände, Erfahrungen und Effekte terminologisch und inhaltlich auf sich vereint, keine sinnvolle Forschungsgrundlage darstellt. Bereits mithilfe einer einfachen Analyse des Sprachgebrauchs wird deutlich, dass dieselben Worte, aus emischer und etischer Perspektive betrachtet, sehr unterschiedliche Bedeutungen beinhalten. Für den wissenschaftlichen Diskurs bedeutet dies eine Herausforderung der Differenzierungen und inhaltlichen Reflexion der in diesem Forschungsfeld genutzten Begriffe.

Bereits von Beginn einer Studiendurchführung an, jedoch insbesondere bei einer Interpretation von Forschungsergebnissen zum Thema Meditation, sind drei verschiedene Aspekte zu unterscheiden: die Trainingstechniken, hieraus resultierende Effekte und transiente Erfahrungen. Diese Unterscheidung ist eine notwendige Voraussetzung sowohl für den Diskurs zu den Definitionen wie auch für die Probanden beim Training oder die Wissenschaftler bei der Theoriebildung. Obwohl die aus den Analysen resultierende Arbeitsdefinition von Meditation als ein *Graduelles Kognitives Training* sich auf die Trainingsebene bezieht, beinhaltet sie bereits die graduelle Vorgangsweise, welche maßgebliche Auswirkungen auf die Effekte, die Art der Evaluation wie auch die Theoriebildung nach sich zieht.

Die Differenzierung obiger drei Aspekte ist eine notwendige Voraussetzung für das Verständnis der Probanden darüber, welche Technik sie mit welchem Ziel üben. Da jedoch

[67] vgl. Attersee, A.I.M. (2014 b).

auch in vielen Artikeln über Meditationseffekte[68] eine differenzierten Darstellung der von den Probanden durchgeführten Techniken fehlt, mussten nicht nur die Ergebnisse ohne Interpretation belassen werden sondern konnten auch nicht mehr untereinander verglichen werden. Bei einer Durchsicht der zum Forschungsgegenstand während der vergangenen fünfzehn Jahre veröffentlichten Artikel wird deutlich, dass zwar immer neue Evaluationsmethoden auf den Gegenstand der Meditation angewandt wurden, jedoch lediglich die Wirksamkeit von Training und nicht die Art der Wirksamkeit des Trainings festgestellt wurde. Daher wäre die Herausforderung für weitere Forschung in diesem Fachgebiet, nach einer Spezifizierung des Forschungsgegenstands auch in einer Interpretation die Art der Effekte auf die Trainingstechniken zurückzubeziehen, um eine psychologische Theoriebildung und einen Diskurs hierzu zu ermöglichen.

4.2.1 Beitrag des *Graduellen Kognitiven Trainings* zur Eingrenzung des Forschungsgegenstands anhand einer perspektivischen Analyse der Definition von Meditation (Grawe, K., Donati, R., Bernauer, F., 1994)

Folgende Definition zur Meditation im aktuellen psychologischen Diskurs kommt einem Verständnis aus emischer Perspektive am nächsten:

> "Meditation ist ein Sich-Versenken, ein nachdenkliches Eindringen, das durch Schweigen, Entspannung und inneres Lauschen gekennzeichnet ist. Meditationsverfahren enthalten sowohl körperbezogenen Übungselemente (Lotussitz, Atemkontrolle) als auch kognitive. Die Aufmerksamkeit wird auf eine monoton sich wiederholende Reizquelle (Mantra, Rhythmus) ausgerichtet (Walsh, 1983; Wallace & Benson, 1972). Yoga wurde ebenfalls den Meditationsverfahren zugeordnet. Noch mehr als für die anderen Entspannungsverfahren gilt für die Meditationstechniken, dass sie auch oder sogar hauptsächlich zu nicht-therapeutischen Zwecken ausgeübt werden. Unser Ergebnisbericht bezieht sich nur auf ausdrückliche therapeutische Anwendungen der Meditation bei klinisch relevanten Problemstellungen."[69]

Wenn Meditation methodisch als ein "Sich-Versenken"[70] definiert wird, stellt sich zuallererst nicht nur die Frage, welcher kognitive oder psychische Anteil sich versenkt und wohin er sich versenkt, sondern insbesondere auch, wozu dieses Versenken genau gemacht würde. Vorliegender Definition fehlt also die Beschreibung erstens einer Zielrichtung der benutzten Methodik, zweitens der Wirkmechanismen, welche insbesondere bei der behaupteten "therapeutische[n] Anwendungen der Meditation bei klinisch relevanten Problemstellungen"[71] von zentraler Bedeutung wären.

Da als ein Anwendungsspektrum von Meditation ihre therapeutische Nutzung im klinischen Bereich angesprochen wurde, wäre eine Spezifizierung des für die Techniken wichtigen Aspekts der Art der Anwendung und der Bedeutung bei der Anwendung im klinischen Bereich zu erwarten. Beispielsweise könnten hier Aspekte der Entwicklung von Selbstwirksamkeit oder Selbstanalyse durch das Training eingeführt werden. Problematisch ist der aus solcher Definition irreführende Anschein als gäbe es überhaupt irgendeine klinisch-theoretische oder praktische Ausbildung in diesem Fachgebiet.

Da der in der Definition benutzte Begriff "Versenken"[72] in Bezug auf eine mentale Aktivität keine eindeutige sprachliche Konnotation hat, der Begriff Fokussierung hingegen

---

[68] vgl. Sedlmeier, P., Eberth, J., Schwarz, M., Zimmermann, D., Haarig, F., Jaeger, S. et al. (2012).
[69] siehe Grawe, K., Donati, R., Bernauer, F. (1994: 618).
[70] siehe Grawe, K., Donati, R., Bernauer, F. (1994: 618).
[71] siehe Grawe, K., Donati, R., Bernauer, F. (1994: 618).
[72] siehe Grawe, K., Donati, R., Bernauer, F. (1994: 618).

mit der Konnotation von Konzentration im Sprachgebrauch eindeutig belegt ist, könnte die Frage gestellt werden, ob hier anstelle des "Sich-Versenken"[73] der Begriff der Fokussierung eine klarere alltagssprachliche wie auch psychologische Konnotation einzubringen vermag.

Das "nachdenkliche Eindringen"[74] als Methode wirft ähnliche Fragen auf, nämlich wohin das Nachdenken führen würde oder wohin es im Kontext klinischer Anwendung führen sollte. Da der Sinn, der Zweck oder das Ziel solchen "Eindringens"[75] nicht spezifiziert ist, bleibt der Fantasie des Lesers hier allzu viel Freiraum sich auszudenken, ob als Ziel oder Objekt des Eindringens das Bewusstsein, das Vor- oder das Unbewusste angesprochen wird oder ob die Kognition, die Emotion, die Körpersensationen oder motivationale Faktoren und Intentionen für Handlungen gemeint sind. Dies ist für eine Definition, deren nachfolgender Ergebnisbericht sogar "therapeutische Anwendungen der Meditation bei klinisch relevanten Problemstallungen"[76] behauptet, vielleicht für einen Anwender noch zulässig, jedoch im Rahmen einer wissenschaftlichen Zugangsweise zum Forschungsgegenstand unzureichende Präzision. Aufgrund der Notwendigkeit psychotherapeutische und klinische Anwendungen von Verfahren wissenschaftlich abzusichern, zeigt sich, dass sich hier ein Grenzgebiet auftut, in dem unklar definierte Techniken in die Behandlung irgendwie einzufließen scheinen, was keinesfalls der Verantwortung für die Nutzung von Verfahren im klinischen Kontext gerecht wird. Daran dürfte sich seit 1994 wenig geändert haben, außer dass heutzutage MBSR (Mindfulness Based Stress Reduction)[77] und zahlreiche Modifikationen, die sich unter neuen Namen daraus entwickelt

[73] siehe Grawe, K., Donati, R., Bernauer, F. (1994: 618).
[74] siehe Grawe, K., Donati, R., Bernauer, F. (1994: 618).
[75] siehe Grawe, K., Donati, R., Bernauer, F. (1994: 618).
[76] siehe Grawe, K., Donati, R., Bernauer, F. (1994: 618).
[77] vgl. Wise, E.H., Hersh, M.A., Gibson, C.M. (2012: 490). "MBSR is a comprehensive 8-week awareness training program of secularized Buddhist philosophy and psychology (see Kabat-Zinn, 1990, for seminal work). MBSR emphasizes formal meditative practices in the form of mindful sitting, walking, yogic stretching, and loving-kindness meditation along with more informal practices involving nonjudgemental and purposeful moment-to-moment awareness of one's thoughts, emotions, sensations, and behaviors of daily life (e.g., listening to clients, driving). In this approach, intentionality is emphasized as a way to help individuals bring to conscious awareness the qualities they would like to embody rather than as a means to specific ends (e.g., needing to be less worried or to reduce blood pressure). It is important that with respect to the very pragmatic issue of how to build mindfulness practice into one's daily repertoire in a cost-effective and time-efficient manner, Carmody, Baer, Lykins, & Olendzki (2009) have shown that shorter or less time-intensive MBSR adaptations may have similar beneficial effects as the original 8-week course."

haben[78] alle unter einem einzigen *Sammelbegriff der Meditation* zusammengefasst und somit bereits trainingstechnisch gleichgesetzt werden und Achtsamkeit als eine Wende in der Verhaltenstherapie propagiert wird, ohne über Vermengung von Ursache und Wirkung in Begriffen wie Achtsamkeitsmeditation zu reflektieren oder die Bedeutung und Implikationen der hier vorliegenden Dekontextualisierungen von Termini und Konzepten in den Diskurs aufzunehmen.

Bezüglich der Beschreibung meditativer Techniken wäre das "nachdenkliche Eindringen"[79] eine Phrase, welche einen ganz spezifischen Aspekt der Vorgangsweise beim Training, nämlich eine Art und Weise, wie *Selbstanalyse* durchgeführt wird, auszuarbeiten vermag. Für einen solchen Zweck könnte der Begriff des Eindringens sinnvoll genutzt werden, wenn spezifiziert wird, dass es sich um das Eindringen in ein Thema, einen emotionalen Komplex oder eine Erlebensqualität handeln würde. Sollte jemand damit jedoch auf die Selbstanalyse hinweisen wollen, dann sollten bestenfalls andere Adjektive, beispielsweise *analytisches*, das Adjektiv "nachdenkliches"[80] ersetzen. Die Phrase *Analytisches Eindringen* würde viel differenzierter auf die Vorgangsweise, den inhaltlich-methodischen Aspekt, ebenso wie auch auf die Zielsetzung einer Selbstanalyse hinweisen. Eine methodisch-inhaltliche Spezifizierung einiger Trainingsaspekte könnte durch Phrasen wie *Beobachtendes Eindringen* und als Untergruppen eine *Reflektive Beobachtung* und ein *Reflektives Eindringen* vorgenommen werden. Während bei der *Reflektiven Beobachtung* der Beobachtungsaspekt im Mittelpunkt der Handlung steht und noch weiter in *Wertungsfreie Beobachtung* und *Analytische Beobachtung* mit den ihnen entsprechenden Erkenntnisschritten und Effekten differenziert werden könnte, tritt bei der zu späterem Trainingszeitpunkt möglichen *Reflektiven Beobachtung* das Eindringen im Sinne einer Analyse der im Alltag nicht ins Bewusstsein gelangenden motivationalen und intentionalen kognitiven oder emotionalen Handlungsaspekte in den Vordergrund. Als eine Vertiefung des Aspekts des *Reflektiven Eindringens* wäre das *Analytische Eindringen* zu beschreiben, was bereits auf das Thema und die Zielsetzung der *Selbstanalyse* hinweist, welche bislang unbeachtete introspektiv zugängliche Aspekte der Persönlichkeit zugänglich macht. Daher wird diese als Selbstanalyse bezeichnete Haltung zur Grundlage für die Vertiefung des Trainings und der hieraus möglichen Erkenntnisse und Effekte. Der Unterschied zwischen

---

[78] vgl. Wise, E.H., Hersh, M.A., Gibson, C.M. (2012: 490). "Although ACT is broader than mindfulness training proper (see Hayes et al., 1999), it shares with mindfulness philosophy the central tenets of acceptance, nonattached and compassionate mental observation of passing phenomena in the mind and body, intentionality of attention and behavior, and present-focused awareness. It differs primarily in its more explicit and central focus on values-driven action. The central aim of ACT is to increase individuals' psychological flexibility, which is the capacity to act based on what one finds most meaningful in life despite the natural ebb and flow of pain, stress, distress, and even psychopathology (Hayes et al., 1999)"; vgl. Wise, E.H., Hersh, M.A., Gibson, C.M. (2012: 489). "The term mindfulness-based positive principles and practices (MPPPs) is intentionally and explicitly nonclinical. It incorporates the mindfulness orientation, attitudes, and practices that we recommend as the foundation and essential component of sustainable self-care for psychologists. Drawn primarily form mindfulness-based stress reduction (MBSR; Kabat-Zinn, 1990), acceptance and commitment therapy (ACT; Hayes, Strosahl, & Wilson, 1999), and the positive psychology movement (e.g., Seligman, Steen, Park, & Peterson, 2005), the MPPPs are consistent with the foundational principles outlined above in that they minimize the addition of new self-care commitments and maximize the manageable and integrated transformation of existing ways of thinking, doing, and being."

[79] siehe Grawe, K., Donati, R., Bernauer, F. (1994: 618).

[80] siehe Grawe, K., Donati, R., Bernauer, F. (1994: 618).

den beiden Methoden der Beobachtung und des Eindringens liegt sowohl auf der gewählten Grundhaltung der übenden Person wie auch auf ihren jeweils hierfür benutzten Methoden. Die Bedeutung der hier eingeführten Phrasen für Elemente der Trainingsmethoden, die in *Graduellen Einzeltechniken* durchgeführt werden, weist bereits auf einen *prozessualen Charakter beim Erlernen der Techniken* bei einer Entwicklung von Selbstanalyse hin.

Leider ist in obiger Definition die Bedeutung der "körperbezogenen Übungselemente"[81] trotz Aufzählung einiger Beispiele ebenso wenig spezifiziert worden wie diejenige der "kognitiven"[82]. An dieser Stelle könnte ein Hinweis auf die Effektivität der gezielten Verknüpfung der über den Körper wirksamen mit den kognitiv wirksamen Übungstechniken die Bedeutung des Trainings im Kontext klinischer oder psychotherapeutischer Verfahren verdeutlichen. Bei einer Analyse der *Wirkkraft des Kognitiven Trainings* kommt einer gezielten Kombination der *über den Körper wirksamen* mit den *über die Kognition wirksamen Elementen* von Beginn des Trainings an eine zentrale Bedeutung zu.

Somit kann eine Kombination dieser beiden *bottomup* (vom Körper und der Sinneserfahrung des Körpers) wie auch *topdown* (von der Kognition) wirksamen Aspekte, welche die Effektivität der Techniken deutlich verstärkt, nach einer differenzierten Erklärung hierzu bereits von Anfängern sinnvoll eingesetzt werden. Dabei wären zwei essentielle *köperbezogene Aspekte* beispielsweise die *Aufrichtung der Wirbelsäule* in einer Weise, dass diese sich wie von selbst trägt und scheinbar nicht mehr mithilfe von Körper- und Muskelanspannung, gehalten wird, sowie die Art der *Ausrichtung des Kopfs über der Wirbelsäule*. Die Arbeit mit dem eigenen Atem als weiterer körperbezogener Aspekt des Trainings beginnt mit einer *Entspannung des Atmung*, was bedeutet, dass der Atem zuerst frei fließen kann, ohne auch nur im Geringsten manipuliert, verändert oder gedrückt zu werden. Diese Wirbelsäulenaufrichtung wird als *bottomup*-wirksame Technik mithilfe kleiner Bewegungen und einem Schwingen des Körpers in Alternation mit Entspannung der Muskulatur hergestellt und kann sich im Verlauf des Trainings noch sehr deutlich fühlbar differenzieren und verfeinern.[83] Die Entspannung der Atmung wird zuerst herbeigeführt durch eine *Lenkung der Aufmerksamkeit* direkt auf die Atembeobachtung. Dabei ist ein Verständnis über die Bedeutung von Beobachtung in diesem Kontext wichtig. Atembeobachtung meint, die Atmung in den Vordergrund der Wahrnehmung treten zu lassen, ohne irgendwie manipulativ einzugreifen, was häufig bewirkt, dass diese sich spontan vertieft und verlangsamt. Diese Technik der *Atembeobachtung* dient im Kontext des Erlernens von Einzeltechniken des *Kognitiven Trainings* der Stabilisierung. Bereits mit dem Zugang zum Fühlen der Atmung können oft Gedankenketten unterbrochen werden. Ferner hat die Vertiefung und Verlangsamung der Atmung bereits physiologische Auswirk-

---

[81] siehe Grawe, K., Donati, R., Bernauer, F. (1994: 618).
[82] siehe Grawe, K., Donati, R., Bernauer, F. (1994: 618).
[83] vgl. Perlitz, V., Cotuk, B., Besting, A., Müller, G., Lambertz, M., Maass, N. et al. (2011: 211). "Nicht nur zwischen den Elementen eines Systems, sondern auch zwischen Bottom-up und Top-down-Prozessen erzeugt das System eigene Verhaltensvorgaben [...] Dabei lässt sich der Forschungsansatz validieren, indem die Repräsentanz der *Muster* der einen auf der jeweils anderen Ebene mithilfe dynamisch-adaptativer Zeitreihenanalyse algorithmisch abgebildet wird (Haken u. Schiepek 2006; Osipov et al. 2007)."

ungen auf die Herzfrequenz[84] und die Wiederholung dieses vagotonen Zustands bewirkt eine Herstellung der Modulationsfähigkeit zwischen Anspannung und Entspannung.

Im klinischen und psychotherapeutischen Kontext ist der Zugang über die Körperwahrnehmung, in diesem Fall des eigenen *Atemrhythmus*, von zentraler Bedeutung für eine Entwicklung von Selbstwirksamkeit und Stabilisierung in einem entspannten Grundzustand, welcher die Voraussetzung für die Entwicklung der einzelnen Faktoren der Beobachtungs- und Reflexionsfähigkeit wäre, welche im Selbstreferenzmodell beschrieben werden. Zur Förderung emotionaler und kognitiver Stabilisierung könnte diese Atembeobachtung durch *einfache Atemtechniken*, beispielsweise eine etwas *verlängerten Ausatmung*, ergänzt werden.

Diese Erfahrung von Rhythmus und Beständigkeit mithilfe der Beobachtung des eigenen Atemrhythmus wird häufig mit den Worten Fallen-Lassen, Zu mir selbst Zurückkommen, Sicherheit oder Vertrauen konnotiert[85]. Beim Erlernen komplexer Meditations-Techniken kommt dieser Erfahrung eines stabilen Rückhalts im eigenen Atemrhythmus und den mit der langsamen und vertieften Atmung verbundenen physiologischen Reaktionen, die häufig als Ruhe oder Entspannung bezeichnet werden[86], zentrale Bedeutung zu.

Entgegen oben beschriebener Beobachtung des Atemrhythmus trägt der Begriff "Atemkontrolle"[87] bereits eine aktive und manipulative Konnotation. Aus lebenspraktischer Erfahrung stellt sich die Frage, wie denn eine solche "Atemkontrolle"[88] vor sich gehen sollte. Anfänger, die versuchen eine Atemkontrolle aufzubauen, berichten durchgängig davon, dass dies nicht nur anstrengend, sondern auch so frustrierend war, dass sie solcherlei Übungen nicht mehr durchführten. In den fortgeschrittenen und extrem komplexen Techniken des Vajrayāna-Buddhismus können auf der Grundlage von Vertrautheit mit dem eigenen Atemrhythmus und Stabilität, Wirkungen der Techniken mithilfe von Veränderungen der Atmung, im Sinne der Beobachtung des Wirkspektrums einer verlängerten Ausatmung, vertiefter Atmung im Sinne von Sinken-Lassen des Atems, Muskelspannungsaufbau im Beckenboden bei der Einatmung oder beschleunigter Atmung gezielt verstärkt oder herbeigeführt werden. Keinesfalls jedoch wird solcherlei für Trainingsanfänger gelehrt. Daher werden mit der Einführung des Begriffs der "Atemkontrolle"[89] in eine Definition von Meditation mehr Fragen aufgeworfen als beantwortet.

Dieser Begriff mag auf eine Erwartungshaltung hinweisen, die sich nicht nur im Rahmen von Unterrichten an Psychotherapeuten wiederholt zeigte, nämlich, dass das Erlernen einer Trainingstechnik bereits eine ganz bestimmte Art von Aktivität, nämlich Veränderungen und Manipulationen beinhalten solle. Diese Erwartungshaltung jedoch liegt der introspektiven Haltung, die in der emischen Perspektive auf die buddhistischen

[84] vgl. Klinke, R., Pape, H.C., Kurtz, A., Silbernagl, S. (2010: 811) "Einen besonders stark aktivierenden Einfluss auf parasympathische Neurone im Nucleus ambiguus haben die Afferenzen von Pressorezeptoren und arteriellen Chemorezeptoren, die damit beide eine sehr ausgeprägte **Bradykardie** auslösen können. Der **Grundtonus** des Parasympathikus ist ebenso wie der des Sympathikus teils atemsynchron moduliert. In den kardialen Vagusfasern findet sich eine Aktivitätszunahme in der Exspiration, die zur **respiratorischen Arrhythmie** führt, einer Verlangsamung der Herzfrequenz in der Ausatmungsphase."

[85] vgl. Attersee, A.I.M. (2014 c, d, e, f).

[86] vgl. Attersee, A.I.M. (2014 c, d, e, f).

[87] siehe Grawe, K., Donati, R., Bernauer, F. (1994: 618).

[88] siehe Grawe, K., Donati, R., Bernauer, F. (1994: 618).

[89] siehe Grawe, K., Donati, R., Bernauer, F. (1994: 618).

Techniken des kognitiven Trainings gelehrt wird, fern. Hierbei ginge es vielmehr um eine *Einfache Atembeobachtung* im Sinne einer freischwebenden Beobachtung, bei der alles, was in den inneren Raum tritt und introspektiv erfasst werden kann, einfach nur wahrgenommen wird, ohne es in Handlungsimpulse umzusehen. Eine solche gewährende Einstellung sich selbst gegenüber scheint für einen aktiven, in westlicher Kultur geprägten Menschen anfangs alles andere als einfach.

Die perspektivische Analyse einer Definition zur Meditation ermöglichte somit nicht nur die Differenzierung einiger trainingstechnischer Elemente, sondern auch die Unterscheidung einer Grundhaltung von Aktivität und Manipulation versus Beobachtung, Akzeptanz und Entwickeln-Lassen, welche für den Forschungsgegenstand von zentraler Bedeutung ist.

Die im Tibetischen Buddhismus und der Tibetischen Medizin überlieferten introspektiven Methoden des Trainings gründen auf der Entwicklung einer Haltung *Gewährender Beobachtung*[90]. Śamatha, Ruhiges Verweilen,[91] wäre dabei die notwendige Ausgangsbasis für die Entwicklung komplexerer Techniken.

Da sich im Rahmen der Lehre der kognitiven Techniken sehr viele Fragen auf den Aspekt emotionaler Kontrolle beziehen, ist es sinnvoll, diesen in der Definition von Grawe K., Donati, R. und Bernauer, F. benutzten Begriff der "Atemkontrolle"[92] zu erläutern. Da der eigene Atem grundsätzlich nur zu einem recht geringen Ausmaß gelenkt und kontrolliert werden kann und von Anfängern ohne die Grundlage eines Gewahrseins über die spontane eigene Art der Atmung und die natürlich sich herstellende Vertiefung der Atmung bei Entspannung eine wahllos durchgeführte Manipulation und Kontrolle zu einer empfindlichen Störung des Atemrhythmus beitragen kann, wäre zuallererst die Entwicklung dieser Grundlage vor einer absichtlichen und bewussten Lenkung des Atems oder seiner Kontrolle nötig. Wenn der Atem in einer Definition zu Meditation oder *Kognitivem Training* vorkommt, dann wäre es daher nötig, genau diese beiden Aspekte zu differenzieren. Beispielsweise könnte in einer Definition der *Atem als ein mögliches Objekt der Aufmerksamkeit* beschrieben und die Bedeutung der *Atembeobachtung* im Sinne von Selbstwirksamkeit interpretiert werden. Dabei sollte auch klar werden, dass komplexe Übungen der *Atemmanipulation*, welche emotionale Komplexe und verdrängte Inhalte ins Bewusstsein zu befördern vermögen, nur auf solcher Grundlage sinnvoll und gefahrlos durchgeführt werden könnten.

Obwohl der Arbeit mit den eigenen Emotionen aus emischer Perspektive eine zentrale Bedeutung beim *Kognitiven Training* zukommt und anzunehmen wäre, dass bei der

---

[90] vgl. Madert, K.K. (2007: 274). "Ein sensibler Schwebezustand (Instabilitäten) bei gleichzeitiger dynamischer Stabilität ist es aber, der Lebendigkeit ermöglicht. Die damit zusammenhängende höhere Sensibilisierung erlaubt uns, Zusammenhänge besser zu ertasten und mehr Handlungsfreiheit zu erlangen (Dürr 2004). Genau dieses In-der-Schwebe-Halten wird aber in der Meditation durch Nicht-Bewerten kultiviert. Wir nehmen Dämpfer weg, öffnen potenziell schon vorhandene Sensibilitäten für quantisierte Information aus dem Quanteninformationspool und für das Erkennen von Information in ihrer quantisierten, nichtfaktischen, selbstverständlich damit auch nichtverbalisierbaren Form. Das hätte dann den beschriebenen reinigenden Effekt auf Erinnerung, Konditionierung und Bewusstheit über die Konditionierungen des »Ego«."

[91] Śamatha mit Fokus oder Śamatha ohne Fokus, Ruhiges Verweilen (als Technik des Trainings), Tibetisch: *zhi gnas*, Sanskrit: *śamatha* (*Übers. v. Attersee, A.I.M.*); vgl. Tsepak, R. (2003: 229). "Śamatha/ Mental quiescence meditation; calm abiding meditation. A single-pointed meditative concentration developed through the techniques of settling the mind; a practice common to both Buddhists and non-Buddhists."

[92] siehe Grawe, K., Donati, R., Bernauer, F. (1994: 618).

klinischen Intervention mithilfe von Meditation Emotionen eine Rolle spielen würden, kommen diese in vorliegender Definition nicht vor. Eine häufig vorkommende Laienvorstellung der Bedeutung von Meditation, die sich durchaus auch in wissenschaftlicher Literatur wiederfindet, scheint jedoch die Kontrolle von Emotionen zu sein. Dies impliziert eine Vorstellung, beim Training nichts oder lediglich Entspannung fühlen zu wollen. Dabei wird dann Emotionskontrolle oder Emotionsblockade als Zielvorstellung definiert. Personen, die entgegen der gegebenen Anleitung beim Üben zwar die Atemzüge zählten, jedoch versuchten, dabei nichts zu fühlen, die Emotionen und Gedanken zu blockieren und gar nichts zu denken, berichten von enormer Anstrengung und sich bereits nach wenigen Minuten einstellender Müdigkeit[93].

An dieser Stelle zeigt sich deutlich, wie wichtig es wäre, in einer Definition einer Trainingstechnik, die transkulturelle Aspekte beschreibt, neben den einzelnen Methoden und ihrer Bedeutung zuallererst auch die Haltung sich selbst gegenüber zu spezifizieren. Auf Grundlage dieser Grundhaltung, welche als *Gewährende Selbstempathie* bezeichnet werden könnte, würden zuallererst einfach alle inneren Bewegungen, insbesondere auch die Handlungsimpulse, beobachtet ohne den Impulsen nachzugehen. Insofern wäre die in laienhaftem Verständnis häufig vorkommende Kontrolle oder Blockierung am ehesten noch der Ausführung der Handlungsimpulse zuzuordnen.

Aus emischer Perspektive nun würden die eigenen Emotionen und auch die Zusammenhänge des Auftretens von Emotionen und Kognitionen beobachtet und zu einem späteren Zeitpunkt analysiert, um ganz genau die vorhandenen Kognitionen und emotionalen Komplexe als eine Grundlage für weiteres individuelles Training, nämlich einen gezielten Einsatz angemessener Trainingstechniken, zu nutzen. Da jedoch diese *Beobachtung Innerer Bewegungen* erfahrungsgemäß aus dem Ruder läuft, wenn die Aufmerksamkeit keine Verankerung in einem Aufmerksamkeitsfokus hat, wird zuallererst die *Aufmerksamkeitslenkung*, danach die *Aufmerksamkeitsverankerung* im Sinne einer *Einfachfokussierung* und erst danach die Beobachtung der inneren Befindlichkeit mithilfe von *Mehrfachfokussierung* schrittweise geübt. Personen, die bei der anfänglichen Übung versuchten, alle drei Schritte gleichzeitig zu vollziehen, beschrieben, dass sie beim Üben nicht mehr wussten, was sie gerade eigentlich machen und durcheinander kamen.[94] Dies bedeutet, dass sie versuchten drei Übungsschritte gleichzeitig zu vollziehen ohne sich die Grundlage dafür erarbeitet zu haben. Da sie die gelehrte Chronologie der Übungsschritte nicht einhielten, war die resultierende Erfahrung Verwirrtheit und sogar auch der Verlust die Bewusstheit über die inneren Vorgänge. Diese Erfahrung zeigt, dass eine gleichzeitige Einübung der graduellen Techniken nicht nur kontraproduktiv oder schädlich ist, sondern genau die Entwicklung einer Bewusstheit über die im eigenen Denken, Emotion und Körper ablaufenden Prozesse nicht mehr möglich ist. Da häufig ein Meditationstraining genutzt zu werden scheint, bei dem einfach nur alles irgendwie gleichzeitig geübt wird, ist dieser im Grunde sehr einfache und logische Punkt für den Diskurs nicht nur über die Definitionen, sondern eben auch über die Spezifität der Trainingselemente selbst und ihrer Effekte zentral.

---

[93] vgl. Attersee, A.I.M. (2014 e).
[94] vgl. Attersee, A.I.M. (2014 d).

Die einzelnen Elemente des *Kognitiven Trainings* werden in emischer Perspektive extrem detailliert sowohl für die Meditationssitzungen selbst wie auch für die Phasen zwischen diesen dargestellt. Die Zielrichtung solchen *stufenweise durchgeführten Kognitiven Trainings* wäre Bewusstheit herzustellen und vorbewusste sowie im Verlauf komplexer, fortgeschrittener Übung auch unbewusste Aspekte ins Bewusstsein zu bringen, um damit zu arbeiten.

Dies geschieht in einer *Haltung des Gewährenlassens Innerer Vorgänge*, ohne diese sofort in Handlung umzusetzen, und eines *Gewahrseins* dessen, was in einem selbst vorgeht. Somit könnte die *Zielsetzung der Einzeltechniken* selbst als Bewusstsein über Innere Vorgänge[95], Selbstanalyse und ein hieraus erwachsender Prozess der Individuation spezifiziert werden. Dabei können unterschiedliche Methoden für verschiedene Charaktere und Persönlichkeitstypen spezifiziert werden. Eine allgemein bekannte Unterscheidung wäre die in oberflächlicher Betrachtung einfach scheinende Prämisse keinen Schaden zuzufügen in den Methoden des Hīnayāna, welche jedoch, wenn dieser Schaden differenziert und bis hinein in kognitive Bewegungen spezifiziert wird, bereits zu einer herausfordernden Aufgabe anwachsen kann. Im Vergleich hierzu wäre der Wunsch zum Wohle aller Wesen zu handeln[96] die zentrale Prämisse im Mahayāna und Vajrayāna. Sie gründet auf derjenigen des Nichtschadens auf allen Ebenen. Ganz offensichtlich wird hierbei der individuelle Aspekt bei den Zielsetzungen des Trainings durch einen kollektiven Aspekt ergänzt. Diese Erweiterung der Trainingsausrichtung hat zahlreiche Vor- und Nachteile, welche bislang weder aus etischen noch emischen Perspektiven des wissenschaftlichen Diskurses zum Forschungsgegenstand analysiert wurden. Insbesondere scheint hierbei der kollektive Aspekt verklärt zu werden, indem er als eine bessere, weil umfassendere Intention dargestellt wird mit dem Argument, dass diese mit einem schnelleren Entwicklungsprozess belohnt würde. Analysiert man jedoch die konkreten Auswirkungen auf ein Individuum bei Identifikation mit solch kollektiven Zielsetzungen, wird deutlich, dass diese in funktionierenden monastischen Kontexten zwar tatsächlich förderlich sein können, jedoch sobald Machtmissbrauch und Manipulation von Menschen eintritt, umso gefahrvoller für die Psyche des Individuums wären. Da das Mahayāna immer die Hīnayāna-Prämisse nicht zu schaden zur Grundlage nimmt, dürften sich die negativen Auswirkungen genau solange in Grenzen halten wie sich die Bewusstheit eigener innerer Bewegungen entwickelt und Bewusstheit der Motivation für eigene Handlungen aufrechterhalten wird. Treten jedoch Rationalisierungen für eigene Emotionen und Handlungen in den Vordergrund und wird anstatt eines authentischen Entwicklungs- und Reifungsprozesses durch das Training vielmehr der Schein eines guten Buddhisten entwickelt, was einem Selbstbetrug gleichkommt, jedoch im Kontext der Übernahme von Rollenfunktionen in monastischen Strukturen oder buddhistischen Zentren im Westen nicht selten vorkommt,

---

[95] vgl. Madert, K.K. (2007: 274). "Das reflektierte Bewusstsein, also das Bewusstsein, das ich reflektierend über mich selbst haben kann, ist die reinste und klarste Form von Bewusstsein und ist Information über mir gegenwärtige Information. Sie steht im Prinzip allen gesunden erwachsenen Menschen zur Verfügung (Görnitz 2002). Reflektiertes Bewusstsein ist Information, die sich selbst kennt."

[96] Diese Handlungen werden spezifiziert als die Entwicklung des Gedanken des Bodhicitta (Tibetisch: *byang chub sems*, Sanskrit: *bodhicitta*) sowohl vor jedem Kognitiven Training wie auch vor alltäglichen Handlungen. (*Übers. v. Attersee, A.I.M.*)

wird genau die Forderung der Ausweitung der Motivation und Identifikation für alle Gruppenmitglieder zur Gefahr.

Obige Definition zum Begriff zur Meditation besagt: "Die Aufmerksamkeit wird auf eine monoton sich wiederholende Reizquelle (Mantra, Rhythmus) ausgerichtet (Walsh, 1983; Wallace & Benson, 1972)."[97] Zwar wäre die Aufmerksamkeitslenkung ein zentraler Faktor der Übungen, jedoch geht es dabei viel mehr um die Entwicklung der Fähigkeit der Introspektion mithilfe Einfach- oder Mehrfachfokussierung denn um das Fokusobjekt selbst. Obwohl es je nach Trainingsstufe günstige und weniger günstige Objekte für eine Aufmerksamkeitsfokussierung gäbe, wäre somit die definitorisch festgelegte "monoton sich wiederholende Reizquelle"[98] überflüssig. Da für Trainingsanfänger bereits diese willentliche, bewusste Aufmerksamkeitslenkung eine Herausforderung ist, wäre für diese vielmehr ein möglichst stabiles und beruhigendes Objekt für ihren Aufmerksamkeitsfokus sinnvoller als eine "monoton sich wiederholende Reizquelle"[99] Aus emischer Perspektive werden Śamatha mit Fokus und ohne Fokus differenziert, wobei die Fokusobjekte an Subtilität zunehmen bis hin zu einem visualisierten Fokus eines Objekts aus Licht, wie im Vajrayāna üblich. Somit könnte das Objekt, auf das der Aufmerksamkeitsfokus gerichtet wird, ein Sinnesobjekt sein oder auch eine mentale Vorstellung wie in der Visualisation von Licht im Vajrayāna. Die Definition erfasst nicht das Faktum, dass hierbei das Objekt lediglich ein Hilfskonstrukt darstellt, um die Aufmerksamkeit überhaupt in der Gegenwart halten zu können, das genau nur so lange überhaupt benötigt wird, bis es einem möglich ist die Introspektion auch ohne Fokusobjekt herzustellen. Solche trainingstechnisch sinnvolle Differenzierungen kommen in der Definition nicht vor.

Daher sollte der Terminus der Reizquelle eher durch *Objekt des Aufmerksamkeitsfokus* ersetzt und die dabei möglichen Veränderungen im Trainingsverlauf zumindest angedeutet werden. Wenn Trainingsanfänger die eigene Aufmerksamkeit auf einen Sinneseindruck oder den eigenen Atem lenken, wie dies in den in Buddhistischen Traditionen vorgeschlagen würde, dann könnten hierdurch bereits auch seine sensorische Verarbeitung und, je nach Art der Arbeit mit der Aufmerksamkeitsfokussierung, die damit verbundenen Gedankenketten und emotionalen Befindlichkeiten ins Bewusstsein gebracht oder kurz unterbrochen werden. Hierfür wären jedoch weder zusätzlich ein Rhythmus noch die im Vajrayāna in sehr fortgeschrittenen Techniken benutzten Mantras nötig. Dass diese zusätzlichen Aspekte in der Tradition des Vajrayāna erst nach dem Erreichen bestimmter Effekte und Erkenntnisschritte gezielt benutzt werden, bedeutet, dass es eine Voraussetzung für ihre sinnvolle Benutzung gibt, die abgewartet beziehungsweise entwickelt werden sollte. Anstatt einer Aufzählung von Fokusobjekten könnte in einem Definitionsversuch die Bedeutung der sensorischen Verarbeitung, der Bewusstwerdung und des Unterbrechens von Gedankenketten durch das Training sinnvoll erläutert werden. Genau diese Spezifizierung der Art und Weise der Wirkung von Techniken fehlt im bisherigen Diskurs zum Forschungsgegenstand.

Die in obiger Definition vorliegende Kennzeichnung von Meditation durch "Schweigen, Entspannung und inneres Lauschen"[100] beschreibt treffende Qualitäten vieler Stadien

[97] siehe Grawe, K., Donati, R., Bernauer, F. (1994: 618).
[98] siehe Grawe, K., Donati, R., Bernauer, F. (1994: 618).
[99] siehe Grawe, K., Donati, R., Bernauer, F. (1994: 618).
[100] siehe Grawe, K., Donati, R., Bernauer, F. (1994: 618).

meditativer Übungen. Dabei wäre jedoch von zentraler Bedeutung zu unterscheiden, ob das "Schweigen"[101] und "innere Lauschen"[102] in diesem Kontext als eine Trainingstechnik definiert würde oder aber für eine Trainingserfahrung gehalten wird. Von vielen Übenden des *Kognitiven Trainings* werden ihre Erfahrungen mithilfe genau solcher Termini bereits nach einem Monat zehnminütigem täglichen Trainings beschrieben.[103] Bei der Evaluation im Rahmen einer Tagebuchstudie[104], in der Übungserfahrungen und -effekte anhand offener Fragen zur Qualität der Veränderung abgefragt wurden, wurde bereits von Beginn des Trainings an sehr häufig die Erfahrungsqualität der *Ruhe*, häufig konnotiert mit *Zu Sich Selbst Zurückkommen*, beschrieben. Wesentlich wäre ferner, in einer Definition die Trainingserfahrungen von den Trainingseffekten klar zu unterscheiden. Falls eine Entwicklung einer psychophysischen Entspannungsreaktion vorliegt, im Gegensatz zu einer transitorischen kurzen Entspannungserfahrung, dann könnte der Begriff Entspannung auch als ein Effekt definiert werden. Die Technik der Aufmerksamkeitslenkung und die darauf folgenden Einfachfokussierung in Kombination mit anderen Techniken der Beobachterperspektive etc.[105] wären somit eine Grundlage zur Herstellung des psychophysischen Entspannungseffekts. In diesem Kontext findet sich in den qualitativen Forschungsdaten manchmal auch die Formulierung "Herunterfahren"[106], was mit einem Unterbrechen und Beruhigen des täglichen Aktivitätsstroms assoziiert wird.

Während das "Schweigen"[107] und zu etwas späterem Zeitpunkt auch die bereits erlernte kognitive und psychoemotionale "Entspannung"[108] zentrale Elemente innerhalb des Trainings von Anfängern wären, könnte das "Innere Lauschen" von einer einfachen *Haltung der Introspektion* weiterentwickelt werden und sich zu späteren Übungszeitpunkten zu einer Haltung der *Gewährenden Beobachtung* entwickeln. Genau diese Haltung scheint ein wichtiger Aspekt der Auswirkungen der Übungen auf die Arbeit von Psychotherapeuten gewesen zu sein[109].

Auf der Grundlage der induzierten Entspannungsreaktion wiederum könnten kognitive wie auch emotionale Muster in zunehmender Differenziertheit wahrgenommen werden. Durch die Wahrnehmung des Unterschieds zwischen der alltäglichen Aktivität und dem zugehörigen Stressniveau kann begonnen werden, die Modulation zwischen Stress und Entspannung gezielt einzusetzen. Bereits dieses kleine Element des Kognitiven Trainings dürfte im klinischen Anwendungsgebiet bei vielen stress- und angstbedingten Erkrankungen von den Patientinnen und Patienten selbst sinnvoll genutzt werden können. Die Fähigkeit der Modulation zwischen An- und Entspannung wie auch die Gewissheit einen vagotonen Zustand herbeiführen zu können, scheint dabei teilweise bereits starke Auswirkungen zu haben.

---

[101] siehe Grawe, K., Donati, R., Bernauer, F. (1994: 618).
[102] siehe Grawe, K., Donati, R., Bernauer, F. (1994: 618).
[103] vgl. Attersee, A.I.M. (2014 c, d, e, f).
[104] vgl. Attersee, A.I.M. (2014 e).
[105] vgl. Attersee, A.I.M. (2014 a)
[106] vgl. Attersee, A.I.M. (2014 c, d, e, f).
[107] vgl. Grawe, K., Donati, R., Bernauer, F. (1994: 618).
[108] vgl. Grawe, K., Donati, R., Bernauer, F. (1994: 618).
[109] vgl. Attersee, A.I.M. (2014 f).

Aus emischer Perspektive werden die Techniken der Meditation bereits als ein wirksames therapeutisches Instrumentar betrachtet, welches im Sinne von Salutogenese[110] ebenso wie auch zur Prävention und zur Behandlung von Erkrankungen eingesetzt werden kann. Dieser Haltung liegt die Polarisation zwischen therapeutischen und nicht-therapeutischen Konstrukten fern.

Obwohl in obiger Definition zwar einige Elemente der Meditation angesprochen werden, fehlt sowohl die Definition dieser einzelnen Elemente wie auch ihre Differenzierung als Methode, Erfahrung oder Effekt und vor allem auch die Darstellung ihrer Bedeutung im Rahmen der Anwendung. Diese wären jedoch die Grundlage eines wissenschaftlichen Diskurses. Wie auch in den zahlreichen anderen aktuellen Definitionen zum Thema Meditation fehlt insbesondere auch der Hinweis auf den möglicherweise prozessualen Charakter des Trainings.

Zur der Unterscheidung zwischen der Durchführung der Trainingstechniken selbst und den daraus resultierenden Erkenntnissen wird auf Tibetisch die Begriffskombination *sgom sgrub* benutzt. Diese Phrase beschreibt, dass das Sich-Gewöhnen (*sgom pa*) [111] mit der Erkenntnis (*sgrub pa*) kombiniert wird. Im Wörterbuch der Tibetischen Medizin[112] wird dies als "practice of meditation"[113] übersetzt, was leider die aussagekräftige Differenzierung der wörtlichen Bedeutung der Begriffskombination überhaupt nicht darzustellen vermag. Eine wörtliche Übersetzung des Begriffspaares als Meditation[114] und Ansammlung von Erkenntnis[115] bringt die Bedeutung der Phrase, nämlich die Anwendung der Technik, um die ihr entsprechenden Effekte zu erreichen, sehr viel klarer hervor. Beide Konzepte werden im Rahmen mündlicher Darlegungen zu Texten buddhistischer Philosophie ausführlich erläutert. In Anlehnung an solche begrifflichen Bedeutungsdarstellungen könnten auch bei mangelnder Fachterminologie in den Definitionen der Trainingstechniken die wesentlichen methodischen Elemente mit dem Sinn der Übung beziehungsweise den Übungseffekten kombiniert und mithilfe sinnvoller Wortkombinationen dargestellt werden. Genau eine solche aussagekräftige Verbindung der methodischen Aspekte mit ihren Effekten jedoch fehlt der vorliegenden Definition[116] von Grawe, K., Donati, R. und Bernauer, F. ebenso wie auch der von Drungtso T.T., Drungtso T.D. vorgelegten leider extrem simplifizierenden englischen Übersetzung[117] in ihrem Wörterbuch der Tibetischen Medizin. Solcherlei unbedachte Übersetzungen hatten bereits große Auswirkungen auf die derzeit üblichen Darstellungen von buddhistischer Meditation aus etischer Perspektive, was einen bedauernswerten Verlust an sprachlicher und inhaltlicher Qualität und inhaltlicher Differenziertheit bedeutet.

---

[110] vgl. Antonovsky, A. (1997).

[111] *sgom* wird häufig einfach als meditieren, *sgom pa* als Meditation übersetzt, der Begriff bedeutet jedoch wörtlich übersetzt "sich gewöhnen" (*Übers. v. Attersee, A.I.M.*).

[112] siehe Drungtso T.T., Drungtso T.D. (2005).

[113] siehe Drungtso T.T., Drungtso T.D. (2005: 101). "*sgom.sgrub* [...] Practice of meditation"; wörtliche Übersetzung: Meditation und Verwirklichung, Meditation und Ansammlung (von Erkenntnis), Ansammlung (von Erkenntnis) (aus dem) Sich-Gewöhnen (*Übers. v. Attersee, A.I.M.*).

[114] Meditation, Tibetisch: *sgom pa*, Sanskrit: *bhāvanā* (*Übers. v. Attersee, A.I.M.*); vgl. Dudjom, J.Y.D. (1991: II, 362).

[115] Erkenntnis, Verwirklichung, Tibetisch: *dngos grub*, Sanskrit: *siddhi* (*Übers. v. Attersee, A.I.M.*); vgl. Dudjom, J.Y.D. (1991: II, 333).

[116] siehe Grawe, K., Donati, R., Bernauer, F. (1994: 618).

[117] siehe Drungtso T.T., Drungtso T.D. (2005: 101).

Den von Grawe, K., Donati, R. und Bernauer, F. in der Definition erwähnten Kennzeichen "Schweigen, Entspannung und inneres Lauschen"[118] könnte die Definition des Sanskrit Terminus für eine grundlegende wie auch essentielle Technik, Śamatha, wörtlich übersetzt als Ruhiges Verweilen[119], gegenübergestellt werden. Hierbei wird bereits in der Bedeutung des Terminus ausgesagt, dass es um ein Ruhiges Verweilen[120] geht. Dieses könnte im Kontext anfänglichen Trainings vorrangig als ein *Beruhigen der eigenen Gedanken und Emotionen* mithilfe von einzelnen Techniken der Aufmerksamkeitslenkung und Einfachfokussierung interpretiert werden. Zu späteren Zeitpunkten jedoch läge der Schwerpunkt der Interpretation auf der Ressource für Stabilität und Weiterentwicklung, was durch die entwickelte Fähigkeit, dieses Ruhige Verweilen auf kognitiver und emotionaler Ebene herzustellen und insbesondere auch auf physiologischer Ebene einen vagotonen Zustand bewusst zu induzieren, bewirkt würde. In differenzierter Weise können solche Aspekte der sich entwickelnden *Ruhe* und *Gelassenheit* und ihre Integration im Rahmen alltäglichen Tätigkeit nachvollzogen werden.[121]

Obwohl durch sehr intensive Konzentration mit gleichbleibendem Fokus bei langandauernden Übungssitzungen Effekte im Bereich der konzentrativen Fähigkeiten erreicht werden könnten[122], welche in den Kategorien der Samādhis[123], Versenkungen, beschrieben würden, stellen jene jedoch keineswegs das Ziel, im Sinne einer Zielsetzung möglicher Veränderungen im Bewusstseinszustand, dar.[124] Vielmehr scheint bei den Übungen das Bewusstsein selbst, nämlich genau die Klarheit des Denkens wie auch die Weite der Perspektive, eine immer wichtigere Rolle zu spielen. Da durch eine Stagnation in Samādhis genau diese Entwicklung von Klarheit und Weite der Perspektive jedoch blockiert würde, gibt es in den Oralen Überlieferungen zahlreiche Fallbeispiele, in denen genau vor einer Suche von angenehmen Bewusstseinszuständen und Stagnation in diesen gewarnt wird.

---

[118] siehe Grawe, K., Donati, R., Bernauer, F. (1994: 618).

[119] vgl. Coleman, G., Jinpa, T. (2008: 666). "**Ruhiges Verweilen** *zhi-gnas*, Skrt. *śamatha* Ruhiges Verweilen ist die Meditationstechnik, die sämtlichen buddhistischen Traditionen gemeinsam ist; sie ist charakterisiert durch die Stabilisierung der Aufmerksamkeit auf ein inneres Objekt der Betrachtung, die mit einer Beruhigung der äußeren Ablenkungen des Geistes einhergeht. Ruhiges Verweilen ist eine wesentliche Grundlage für die Schulung des Geistes zur Hervorbringung von **Durchdringender Einsicht** (*vipaśyana*), einer authentischen analytischen Einsicht in die tieferen Aspekte eines ausgewählten Objekts, wie etwa **Leere** oder Endgültige Natur."

[120] Ruhiges Verweilen (wörtliche Übersetzung des Terminus), Śamatha, Tibetisch: *zhi gnas*, Sanskrit: *śamatha* (*Übers. v. Attersee, A.I.M.*).

[121] vgl. Attersee, A.I.M. (2014 e).

[122] vgl. Sartory, G., Comer, R.J. (2008: 520). "**Meditation** Eine Technik, um die Konzentration nach innen zu wenden und einen anscheinend veränderten Bewusstseinszustand zu erreichen."

[123] vgl. Tsepak, R. (2003: 105). "The three meditative concentrations. A. According to the generation stage practice of mahāyoga tantra in the Nyingma tradition these are: 1. [...] tathatāsamādhi/ meditative concentration of suchness 2. [...] prabhāsamādhi/ the all-apparent meditative concentration 3. [...] hetusamādhi/ the causal concentration. B. According to the generation stage practice of yoga tantra and above, the three yogas of the generation stage in general are: 1. [...] the initial preparatory meditative concentration 2. [...] the supramundane activity meditative concentration 3. [...] the supramundane maṇḍala meditative concentration."

[124] In der Oralen Überlieferung wird vielmehr davor gewarnt, dass die Sehnsucht nach Samādhi selbst und ihr Hervorrufen aufgrund der möglicherweise damit verknüpften angenehmen Empfindungen eine Sackgasse im Übungsprozess darstellen würde solange nicht verstanden sei, dass das Samādhi als Technik genutzt werden kann, wenn es auftritt, jedoch keineswegs der Endzustand der durch die Anwendung der verschiedenen Methoden möglichen Entwicklung wäre.

4.2.2 *Perspektivische Analyse* zum lateinischen Begriff *meditatio* (Benesch, H., 1995) versus den tibetischen Begriff *sgom pa* und dem Sanskrit-Begriff *bhāvanā*

Die tibetische Silbe *sgom* trägt die Bedeutung von Sich-an-etwas-Gewöhnen[125]. Das tibetische Wort *sgom pa* wird ähnlich wie der Sanskrit-Begriff *bhāvanā* häufig mit dem Substantiv Meditation oder dem Verb meditieren übersetzt. Die Bedeutung des lateinischen Begriffs *meditatio*[126] wurde von Benesch, H. als "Bedachtnahme"[127] übersetzt und interpretiert:

> "Das lateinische Wort *meditatio* (Bedachtnahme) wurde alternierend mit *exercitatio* (Einübung) verwendet. Es handelt sich bei diesen Übungen um eine bestimmte Verwendung geistiger Mittel [...] Es gibt nicht viele grundsätzliche Möglichkeiten des Verstehenlernens oder der Kognition. Es sind dies einmal (neben der rationalen Übernahme eines Studierangebotes) die Selbsterfahrungen durch das eigene Tun bei einem mehr oder weniger großen Einsatz geistiger Abstraktionsleistung (der Weg, den teilweise die Selbsterfahrungstherapien wie beispielsweise die kognitiven Verhaltensmodifikationen beschreiten), zum anderen die assoziativen Kognitionen erlebten oder erdachten psychischen Materials, verquickt mit dem Aufbau eines Deutungssystems (den Weg hauptsächlich der tiefenpsychologischen Schulen) und als dritte Möglichkeit die partielle Ausschaltung von Bewußtseinsregionen mit dem Erlebnis und der Auswirkung dieses Zustands. Diesen dritten Weg beschreiten die verschiedenen Meditationsverfahren (wobei es Kombinationen mit anderen Erlebnishaltungen, z.B. der Erumpierung, des Gruppenerlebens und auch der vier vorher erwähnten Kognitionshaltungen gibt)."[128]

Obwohl diese Alternierung der lateinischen Begriffe "*meditatio*"[129] für "Bedachtnahme"[130] und "*exercitatio*" für [131]"Einübung"[132] ähnlich wie die tibetischen Silben *sgom pa* für Sich-Gewöhnen und *sgrub pa*[133] für die daraus resultierenden Erkenntnis bereits auf einen Trainingsprozess hinweisen könnten, kommt dieses zentrale Faktum bislang nicht im Diskurs zum Forschungsgegenstand vor. Während im lateinischen Wortpaar die Einübung der Bedachtnahme angesprochen wäre, ist im tibetischen Begriff des Sich-Gewöhnens diese Innenschau bereits konnotiert und bezieht sich auf *Introspektion*, die *Aufmerksamkeits-lenkung* nach innen und das *Beobachtende Gewahrsein* innerer - kognitiver, emotionaler und somatischer - Bewegungen. Mithilfe der tibetischen Silben *sgom sgrub* wird somit eine Entwicklungsrichtung, nämlich die aus dieser Innenschau *Resultierende Erkenntnis*, nachdem das *Sich-Gewöhnen* stattgefunden hat, dargestellt. Dies impliziert bereits den durch das Sich-Gewöhnen hervorgebrachten Entwicklungsprozess. Die sich während des Prozesses des Sich-Gewöhnens entwickelnden Erkenntnisschritte wurden in den Modellen und Theorien der Buddhistischen Philosophie und Tibetischen Medizin detailliert beschrieben[134]. Der prozessuale Charakter der Übungen und ihrer Effekte wird erst in diesen Modellen der Transformation dargestellt. Dieser Trainingsaspekt ist für den

---

[125] *sgom pa*, wörtliche Übersetzung: Sich an etwas [die Haltung der Introspektion] Gewöhnen (*Übers. v. Attersee, A.I.M.*), Interpretation: sich daran gewöhnen, die Aufmerksamkeit nach innen zu lenken und die eigene Befindlichkeit - Kognition, Emotion, Gedankenbewegungen - zu beobachten und zu analysieren sowie auch die eigene Handlungsintention und -motivation zu reflektieren.

[126] siehe Benesch, H. (1995: 514).

[127] siehe Benesch, H. (1995: 514).

[128] siehe Benesch, H. (1995: 514, 515).

[129] siehe Benesch, H. (1995: 514, 515).

[130] siehe Benesch, H. (1995: 514, 515).

[131] siehe Benesch, H. (1995: 514, 515).

[132] siehe Benesch, H. (1995: 514, 515).

[133] Sich-Gewöhnen, Tibetisch: *sgom pa*; die daraus resultierenden Erkenntnis, Tibetisch: *sgrub pa* (*Übers. u. Interpret. v. Attersee, A.I.M.*).

[134] vgl. Attersee, A.I.M. (2014 b).

wissenschaftlichen Zugang zum Forschungsgegenstand insofern von zentraler Bedeutung, da nicht nur die einzelnen Trainingselemente graduell eingesetzt werden, sondern auch die Effekte graduell verlaufen.

Während in der buddhistischen Zugangsweise die Übung des Sich-Gewöhnens grundsätzlich mit einem Nicht-Handeln und einer *Reflexion der eigenen Handlungsimpulse,* basierend auf der Beobachtung und Reflexion eigener Kognition und Emotion im Sinne von *Selbstanalyse,* stattfindet, beschrieb Benesch, H. die "Möglichkeiten des Verstehenlernens"[135] einerseits im Sinne einer Selbsterfahrung durch die Reflexion der Handlung anderseits im Sinne einer tiefenpsychologischen Analyse. Es bleibt jedoch in vorliegender Definition völlig unklar, wie eine "partielle Ausschaltung von Bewusstseinsregionen"[136] überhaupt geschehen solle, außer vielleicht, wenn Meditation mit einem Zustand des Einschlafens oder Schlafes gleichgesetzt würde.

Eine anfängliche Zielsetzung des Trainings wäre, die inneren Bewegungen zuzulassen, um diese kennenzulernen und genau mit ihnen arbeiten zu können sowie auch das eigene Gewahrsein[137] über die Gedanken und emotionale Befindlichkeit sich durch das Training entwickeln zu lassen. Das *Gewahrsein* selbst wird somit durch Training erweitert und entwickelt[138], sodass mehr Informationsinhalt wahrgenommen, verstanden und verarbeitet werden kann, was sich direkt auch auf das Bewusstsein einer Person und auf ihre Fähigkeit zur Eigenverantwortlichkeit auswirkt.

In einer anderen Übersetzung des lateinischen Begriffs für Meditation von Edenfield, T.M. und Saeed, S.A. wurden völlig andere Konnotationen benutzt:

> "The word itself is derived from two Latin words "meditari" - to think, to dwell upon, or to exercise the mind, and "mederi" - to heal. The Sanskrit derivation is "medha," which means "wisdom." The practice of meditation originates in Asian cultures and is historically known as a core component in many spiritual practices (eg, Buddhism)."[139]

Zahlreiche aktuelle psychologische Definitionen ordnen die Meditation den Entspannungsverfahren zu, kategorisieren sie als Entspannungsverfahren und vergleichen diese untereinander. Im Gegensatz zur Interpretation von Krampen, G. (2006) im Handbuch zum

---

135 siehe Benesch, H. (1995: 514, 515).

136 siehe Benesch, H. (1995: 514, 515).

137 vgl. Coleman, G., Jinpa, T. (2008: 620). "**Gewahrsein** *rig-pa*, Skrt. *vidyā* Als ein gewöhnliches Verb bedeutet das tibetische Wort *rig-pa* »wissen«, »erkennen«, »sich einer Sache bewusst sein«. Als Substantiv benutzt, hat es mehrere unterschiedliche, wenn auch miteinander zusammenhängende Bedeutungen in Entsprechung zu dem Sanskrit-Begriff *vidyā*: 1. ein allgemeiner Begriff, der alle Erfahrungen von **Bewusstsein** und mentale Ereignisse umfasst; 2. Intelligenz oder Geistestüchtigkeit; 3. eine Wissenschaft oder eine auf Wissen basierende Disziplin; 4. Reines Gewahrsein. In unserem Text hat der Begriff gewöhnlich die letztere Bedeutung und ist in diesem Fall ein Synonym oder eine Abkürzung für **Inneres Gewahrsein** (*rang-rig*)".

138 vgl. Grant, J.A., Courtemanche, J., Duerden, E.G., Rainville, P., Ducan, G.H. (2010: 348). "Overall, these findings support the results of recent neurophysiological research indicating that increased *awareness* of emotional experience may attenuate emotional arousal in a laboratory context (Herwig, Kaffenberger, Jancke, & Bruhl, 2010) and suggest that longer-lasting effects may derive from more extended training and practice in the skills and techniques that support greater awareness of mental experience. These findings are consistent with the theoretical premise that meditation practice can change one's *relationship* to one's mental experience and facilitate greater awareness that mental experiences are transient and are not fundamental reflections of the self (Watkins &Teasdale, 2001; see also Shapiro, Carlson, Astin, & Freedman, 2006). While traditional cognitive therapies emphasize the importance of *changing* dysfunctional or irrational cognitions in order to improve emotions and behavior, the fundamental premise in mindfulness-based therapies is that experiential avoidance of emotional experience is at the root of many psychological disorders (Teasdale et al., 2002)."

139 siehe Edenfield, T.M., Saeed, S.A. (2012: 132).

Entspannungsfragenbogen "ASS-SYM Symptomfragebogen"[140] könnte jedoch die Meditation aus emischer Perspektive weder als eine "passive"[141] "Grundhaltung"[142] noch als "autosuggestiv[143] interpretiert werden. Das Śamatha, Ruhiges Verweilen, scheint zwar von außen betrachtet von Passivität gekennzeichnet zu sein, wäre jedoch vielmehr eine sehr wache und zunehmend *Klare Beobachtung* und *Reflexion* der übenden Person basierend auf einer Haltung des *Gewährenlassens* und der *Selbstbeobachtung*. Lediglich im Rahmen der Visualisation von verschiedenen Formen aus Licht im Vajrayāna könnten sich überhaupt Elemente finden, die von unkundigen Personen, welche diese Techniken nicht in den entsprechenden Fachsprachen sowie mithilfe einer Interpretation der Bedeutung und Art der Anwendung erlernt haben, als autosuggestiv interpretiert werden könnten. Da diese mit zunehmendem Gewahrsein konnotierten Elemente der Visualisation grundsätzlich erst nach einer bestimmten Erkenntnis, dem Śūnyatā, eingesetzt werden sollten und genau nur auf dieser Grundlage zur Vertiefung der Erkenntnis geübt werden, indem das Ziel als Weg visualisiert würde, haben sie nichts mit Autosuggestion zu tun. Da diese Erkenntnis selbst eine Auflösung der Fokussierung und eine Zunahme von Gewahrsein bedeutet, widerspricht sie bereits methodisch der Autosuggestion.

4.2.3 *Perspektivische Analyse* der Polarisierung zwischen Konzentrativer Meditation und Achtsamkeitsmeditation (Ott, U., 2004) versus den graduellen Trainingstechniken der Aufmerksamkeitslenkung, Einfach- und Mehrfachfokussierung

Ott, U. beschrieb eine Einteilung aus etischer Perspektive:

> "Innerhalb der fernöstlichen Traditionen hat sich eine Vielzahl von Meditationstechniken entwickelt. Eine gängige Einteilung orientiert sich an der Frage, ob die Aufmerksamkeit während der Meditation ausschließlich auf ein bestimmtes Objekt gerichtet („konzentrative Meditation") oder ob alle Eindrücke gleichermaßen mit einer distanzierten Haltung beachtet werden sollen („Achtsamkeitsmeditation"). Zwischen diesen Polen mit extrem eng und extrem weit gestelltem Aufmerksamkeitsfokus existiert ein breites Spektrum von Zwischenformen."[144]

Neben der Tatsache, dass diese merkwürdige Art der Kategorisierung sich in der älteren deutsch- und englischsprachigen Literatur zur Meditation zu wiederholen scheint[145], ist ihr inhaltlich wenig abzugewinnen, da sie weder von den "fernöstlichen Traditionen"[146] selbst auf eine solche Weise dargestellt wird noch wenigstens in irgendeiner Weise empirisch sinnvoll wäre.

---

[140] siehe Krampen, G. (2006).
[141] siehe Krampen, G. (2006: 14).
[142] siehe Krampen, G. (2006: 14).
[143] vgl. Krampen, G. (2006: 15). "*Meditative Praktiken* stehen nach den in Tabelle 1 berücksichtigten Merkmalen der Methodik des Autogenen Trainings am nächsten. Meditation erfolgt ebenso wie das Autogene Training autosuggestiv in einer passiven Haltung der Selbstkonzentration und des Gewährenlassens."
[144] siehe Ott, U. (2004: 178).
[145] siehe Bond, K., Ospina, M.B., Hooton, N., Bialy, L., Dryden, D.M., Buscemi, N. et al. (2009: 130). "The differences and similarities among these techniques is often explained in the Western meditation literature in terms of the direction of mental attention (Koshikawa & Ichii, 1996; Naranjo, 1971; Orenstein, 1971): A practitioner can focus intensively on one particular object (so-called *concentrative meditation*), on all mental events that enter the field of awareness (so-called *mindfulness meditation*), or both specific focal points and the field of awareness (Orenstein, 1971)."
[146] siehe Ott, U. (2004: 178).

Eine solche Kategorisierung bezüglich eines engen beziehungswiese weiten Aufmerksamkeitsfokus, welche eine Polarität auf einer Achse zwischen Konzentration und Achtsamkeit unterstellt, ist aus emischer Perspektive nicht zu finden. Da der Begriff Aufmerksamkeitsfokus eine Art von Konzentration konnotiert, stellt sich die Frage, wie die Enge und Weite des Fokus zu interpretieren sei, welchen Sinn sie im Kontext der Durchführung von Techniken hätte und auf welche Weise solcherlei Polarität überhaupt durch die übende Person selbst unterschieden werden könnte.

Da jegliche Aufmerksamkeitsfokussierung notwendigerweise auch ein Aufmerksamkeitsobjekt benötigt, bringt der Inhalt dieser Definition des "ausschließlich"[147] Richtens der Aufmerksamkeit "auf ein [...] Objekt"[148] noch keine neue Erkenntnis, sondern stellt einen Pleonasmus dar. Da eine Fokussierung bei der praktischen Anwendung überhaupt nicht ausschließlich sein kann, weil, wie die Empirie zeigt, Gedanken, Erinnerungen, Emotionen auftreten, bewirkt das Zusatzwort "ausschließlich"[149] ein Konstrukt, welches mit der Realität der übenden Person nichts mehr zu tun hat. Auch wenn man annimmt, dass man sich an dem einen Ende der beiden Pole lediglich ganz stark konzentrieren würde, bleibt der Sinn davon völlig unerschlossen. Es bleibt außerdem unklar, was eine distanzierte Haltung bezüglich Eindrücken überhaupt mit dem an dieser Stelle undefinierten Begriff "Achtsamkeit"[150] am anderen Ende der beiden Pole zu tun hätte. Hierbei öffnen sich mehr Fragen als beantwortet werden: woher diese Eindrücke kommen würden (von innen oder außen), ob oder wie der behauptete weite Aufmerksamkeitsfokus mit der Distanzierung zu tun hätte sowie auf welche Weise und zu welchem Zweck eine solche Haltung der Distanzierung, die mit dem Stichwort "Achtsamkeitsmeditation" bezeichnet würde, erlernt werden könnte.

Aus emischer Perspektive werden nach dem Erlernen der Ein- und Mehrfachfokussierung diese beiden alternierend angewandt. Da die Aufmerksamkeit sowohl bei der Einfachfokussierung wie auch bei der Mehrfachfokussierung auf das Fokusobjekt und die eigene Befindlichkeit gleichermaßen lose gehalten wird, ergibt sich jedoch daraus keineswegs eine Polarität. Genau dieses lose Halten der Aufmerksamkeit wäre insofern ein zentraler Faktor, da genau dadurch, durch das Zulassen der Introspektion und das Zulassen der inneren Bewegungen ohne diese mithilfe von Konzentration zu blockieren, Entspannung herbeigeführt wird. Die Technik der Distanzierung ist eine zusätzliche Methode, die am besten erst nach dem *Erlernen der Beobachtung* benutzt wird. Sie kann alternierend zu den Techniken des *Nicht-unmittelbar-Bewertens der Wahrnehmung* und der *Beobachterperspektive*, als würde man von oben auf die eigenen inneren Bewegungen draufsehen, geübt werden. Ihr Zweck ist das *Lösen der Intensität der Gedankenketten* und emotionalen Komplexe durch *Lockerung der Identifikation* mit den scheinbar automatischen kognitiven und emotionalen Mustern und ihrer Bewertungen. Der Faktor der Achtsamkeit[151] hingegen ist ein Effekt, der sich auf Grundlage der Übungen von Śamatha im Sinne eines zunehmenden Gewahrseins entwickeln kann. Dieser Effekt wird dann zu

---

[147] siehe Ott, U. (2004: 178).
[148] siehe Ott, U. (2004: 178).
[149] siehe Ott, U. (2004: 178).
[150] siehe Ott, U. (2004: 178).
[151] Achtsamkeit, Gewahrsein, Erinnerung, Tibetisch: *dran pa*, Sanskrit: *smṛti* (*Übers. v. Attersee, A.I.M.*).

späteren Übungszeitpunkten, beispielsweise im Rahmen von Integration der Übungseffekte im Alltag, im Sinne einer Erinnerung an die Techniken, Erfahrungen und Effekte genutzt.

4.2.4 *Perspektivische Analyse* von Effektbereichen in der Dimension Selbstkonzentration (Krampen, G., 2006) oder frei von seelischer Konzentration (Jung, C.G., 1972) versus Modell der Selbstreferenz

Der von Krampen, G. als definierender Faktor für Meditation benutzte Begriff der "Selbstkonzentration"[152], welcher jedoch weder überhaupt definiert noch interpretiert wurde, scheint durch den Text "Psychologischer Kommentar"[153] von Jung, C.G. bereits widerlegt:

> "*Der Text sagt: „Diese Meditation ist frei von seelischer Konzentration." Die übliche Annahme ist, daß Yoga hauptsächlich in intensiver Konzentration bestehe. Wir glauben zu wissen, was Konzentration heißt; aber es ist sehr schwer, zu einem wahren Verständnis der östlichen Konzentration zu gelangen. Unsere Art von Konzentration kann gut gerade das Gegenteil der östlichen sein, wie das Studium des Zen-Buddhismus zeigt. Wenn wir indessen den Satz „leer von geistiger Konzentration" wörtlich nehmen, kann das nur heißen, daß die Meditation auf nichts gerichtet ist.*"[154]

Bei der Übersetzung buddhistischer Terminologie und Phrasen ist die Begriffswahl eine große Herausforderung, da in der Fachterminologie auf Tibetisch und Sanskrit Begriffe im Bereich des Forschungsgegenstands genutzt werden, für die es weder in englischer noch deutscher Terminologie Entsprechungen gibt. C.G. Jungs Interpretation der Phrase "seelische Konzentration"[155] zeigt ein Verständnis unterschiedlicher Zugänge westlicher und östlicher Haltung und Sichtweise des Lebens, welche den etischen Perspektiven auf die dem Buddhismus entliehenen Elemente häufig fehlt. Seine Interpretation "*daß die Meditation auf nichts gerichtet ist*"[156] weist tatsächlich auf eine methodische Vorgangsweise bei der Einübung der Techniken, bei der die Fokussierung immer subtiler wird bis zu dem Punkt, an dem der Fokus aufgelöst wird. Die zu sehr fortgeschrittenen Übungszeitpunkten angewandten Techniken beziehen sich dann auf das *Lösen der Fokussierung* auf ein Objekt der Aufmerksamkeit, wobei Übungen der Fokussierung und Nicht-Fokussierung alternierend angewendet werden, um die eigenen Tendenzen der Stabilisierung in einem Zustand gezielt zu unterbrechen. Der Sinn liegt darin, sich der eigenen Muster des kognitiven und emotionalen Festhaltens bewusst zu werden und diese festgefahrenen Strukturen flexibler zu machen. Keineswegs hätte solche Technik jedoch mit einer Hingabe an das Unbewusste[157] zu tun. Vielmehr liegt nun die *Aufmerksamkeit auf dem eigenen Gewahrsein* und beinhaltet eine zunehmende Klarheit der Wahrnehmung und Differenziertheit in Reaktionen sowie auch eine durch die Übungen zunehmende *Bewusstheit über die inneren Vorgänge.* Wenn die Aufmerksamkeit auf dem eigenen Gewahrsein ruht, dann ist sie nicht an ein äußeres oder inneres Objekt der Aufmerksamkeit gebunden, sondern hat eine Qualität des Gewährenlassens.

---

[152] siehe Krampen, G. (2006: 15).
[153] siehe Jung, C.G. (1972: 53).
[154] siehe Jung, C.G. (1972: 53).
[155] siehe Jung, C.G. (1972).
[156] siehe Jung, C.G. (1972: 53).
[157] vgl. Jung, C.G. (1972: 53). "*Wenn sie kein Zentrum hat, ist sie eher wie eine Auflösung der Bewußtheit und so eine direkte Annäherung an den unbewußten Zustand. Bewußtheit setzt immer ein gewisses Maß an Konzentration voraus, ohne welche es keine Klarheit und keinerlei Bewußtheit gibt.*"

Da in vorliegender Forschung der Entspannungsfragebogen "ASS-SYM Symptomfragebogen"[158] und zugehörige Vorerhebungsbogen "ET-ANAM Fragebogen"[159] benutzt wurden, werden die im Handbuch dargelegten Dimensionen der Entspannung durch die Einzeltechniken des Trainings dargestellt und mit den dort angeführten Normwerten aus dem Autogenen Training und der Progressiven Muskelrelaxation verglichen. Die Ergebnisse in den Dimensionen der Entspannung widersprechen der Behauptung eines unzulänglichen Erreichens, welches nach einem Zulassen der Evaluation von Meditation mithilfe des Fragebogens "ASS-SYM Symptomfragebogen"[160] eine Abwertung mithilfe von Vorurteilen, die einer wissenschaftlichen Vorgangsweise lediglich schaden, impliziert.[161].

Dabei werden in der Evaluation die Zusammenhänge zwischen den einzelnen Dimensionen dieses Fragebogens und der Entwicklung von kognitiver, emotionaler und somatischer Beobachtungs- und Reflexionsfähigkeit durch das Training differenziert.

[158] siehe Krampen, G. (2006).
[159] siehe Krampen, G. (2002).
[160] siehe Krampen, G. (2006).
[161] siehe Krampen, G. (2006: 15). "Körperliche und psychische Entspannung werden durch die genuin religiöse oder thematische Orientierung der Meditation zumeist aber nur teilweise erreicht".

4.2.5 *Perspektivische Analyse* einer Zielsetzung von Selbstregulation (Ott, U., 2004) versus Selbstanalyse und Selbstreferenzentwicklung

Die allgemeine Bedeutung von Meditationstechniken wurde folgendermaßen dargestellt:

> "Die verschiedenen Meditationstechniken können - als rational begründete Methoden mentalen Trainings eingesetzt - wichtige Beiträge zur Erforschung der autonomen und affektiven Selbstregulation liefern. Neben diesen unmittelbar gesundheitsrelevanten Aspekten, rücken auch die durch Meditation induzierten Bewusstseinszustände zunehmend ins Blickfeld der neurowissenschaftlichen Forschung."[162]

Da weder die einzelnen Techniken selbst noch die Reihenfolge ihrer Anwendung oder Kombination klar definiert sind, bleiben in Folge auch ihre Bedeutung, Wirkkraft und Effekte diffus. Im Kontext ihrer klinischen Implikationen wurde Meditation in Folge dann leider als ein Entspannungsverfahren kategorisiert[163], obwohl zumindest die im Buddhismus in Originalsprachen tradierten Methoden deutlich differenziertere Effekte zu bieten hätten als das aktive Herbeiführen von Entspannung. Bereits einige Jahre lang wurde sie mithilfe des Konzepts des Wellbeings ins Balancekonzept[164] der Glückforschung eingepasst und mit fraglichen Auswirkungen in dieser Form von Amerika nach Europa transportiert. Insbesondere ist bei immer noch mangelnder definitorischer Arbeit zum Forschungsgegenstand und seinen einzelnen Trainingstechniken und dem Fehlen von Wirkzusammenhängen die enthusiastische Behauptung von Meditation als Psychotherapiemethode[165] fragwürdig. Beim Lesen von Otts Darstellung stellt sich die Frage, aus welchen Gründen eine Spezifizierung der Phrase "autonomen und affektiven Selbstregulation" für unnötig befunden wurde. Es stellen sich hier Fragen, durch welche Techniken genau und auf welche Weise eine solche Selbstregulation hergestellt werden könnte. Beim Begriff Selbstregulation[166] kann davon ausgegangen werden, dass es sich um eine von einer Person für sich selbst induzierte regulative Fähigkeit handelt. Die Entwicklung einer Regulationsfähigkeit jedoch setzt ein Gewahrsein über sich selbst, nämlich eine introspektive Beobachtung der eigenen Gedanken und Emotionen, voraus. Diese Voraussetzungen werden im Modell der Selbstreferenzentwicklung, welches ein mehrdimensionales Modell sich entwickelnder Fähigkeiten ist, dargestellt. Es versteht sich von selbst, dass es ohne die wissenschaftliche Begründung der Wirkweise im Konzept der Selbstregulation weder zu einem Diskurs des Forschungsgegenstands noch zu einer Entwicklung von Theoriebildung kommen konnte.

---

162 siehe Ott, U. (2004: 186).

163 vgl. Krampen, G. (2006).

164 vgl. Wallace, B.A., Shapiro, S.L. (2006).

165 vgl. Bond, K., Ospina, M.B., Hooton, N., Bialy, L., Dryden, D.M., Buscemi, N. et al. (2009: 129, 130). "Once thought of and practiced primarily as a spiritual exercise, meditation, especially in its Western context, has come to be viewed as a complementary therapeutic strategy to alleviate the symptoms of a variety of health-related problems (Arias, Steinberg, Banga, & Trestman, 2006; Perez de Albeniz & Holmes, 2000). This shift in focus has generated an increasing interest in conducting primary and secondary research regarding the therapeutic efficacy and effectiveness of meditation practices and techniques."

166 vgl. Margraf, J., Maier, W. (2012: 804). "**Selbstregulation** [...] Fähigkeit des Organismus, mit Hilfe selbstregulativer Mechanismen auf äußere u. innere Einflüsse zu reagieren u. ein funktionelles Gleichgewicht aufrechtzuerhalten od. wiederherzustellen; betrifft körperliche u. seelische Funktionen u. spielt eine entscheidende Rolle bei der körpereigenen Krankheitsprävention u. Genesung."

Die konkrete Einsatzmöglichkeit der Techniken im Rahmen von Klinischer Psychologie wurde von Benesch, H. (1995) im Sinne von "Selbstfindungsverfahren"[167] ohne weitere Spezifizierung von Techniken und Wirkmodellen für eine solche Selbstfindung angedeutet. In Kapitel 4.6 werden einzelne Faktoren der Entwicklung von Selbstreferenz detailliert dargestellt und anhand dieses Modells der Selbstreferenzentwicklung durch das *Kognitive Training* Hypothesen aufgestellt, welche im Rahmen der vorliegenden Studie mit eigenen und standardisierten Fragebögen überprüft wurden.

4.2.6 Emische Perspektive zum *Graduellen Kognitiven Training* im Tibetischen Totenbuch und transkulturelle Trainingsaspekte

Aus emischer Perspektive wird Meditation im Glossar der deutschen Übersetzung zum "Tibetischen Totenbuch"[168] folgendermaßen beschrieben:

> "Meditation ist definiert als ein disziplinierter geistiger Prozess, durch den eine Person die Vertrautheit mit einem ausgewählten Objekt kultiviert; es kann ein äußeres Objekt sein, etwa ein Bild, oder gar ein ganz triviales Objekt, etwa ein Kieselstein, oder aber ein inneres Objekt wie der eigene Geist oder die eigene persönliche Identität. Nach den ***Sūtras*** gibt es zwei Hauptarten der Meditation: eine, die die Fähigkeit der Stabilität und Einsgerichtetheit des Geistes betont, und eine andere, die Analyse und Unterscheidungsvermögen betont. Die erste Art der Meditation ist Versenkung, und sie führt zu einer Qualität der mentalen Verankerung und Ruhe, die **Ruhiges Verweilen** genannt wird, während Letztere, **Durchdringende Einsicht** genannt, zu einer tieferen Einsicht in die grundlegende Natur des ausgewählten Objekts führt. Im Kontext der ***Tantras*** schließt die Meditation zusätzlich noch die Techniken der **Erzeugungsphase** und der **Vollendungsphase** sowie diejenigen der **Großen Vollkommenheit** mit ein."[169]

Offensichtlich entspringt diese Definition als "disziplinierter geistiger Prozess" dem philosophisch-monastischen Zugang zum Forschungsgegenstand, denn weder in den Oralen Überlieferungen mit den zahlreichen Anleitungen zur Körperhaltung und Einsatz des Körpers noch in der Tibetischen Medizin ist der Prozess lediglich auf die Kognition beschränkt. Der Kontext solcher Definition wären die männlich dominierten monastischen Feudalsysteme. Der Begriff des Sich-Gewöhnens wird hier als "Vertrautheit mit einem ausgewählten Objekt kultiviert"[170] dargestellt. Diese Vertrautheit könnte definitorisch noch weiter differenziert werden: einerseits wird das gewählte Fokusobjekt einem freilich vertraut, indem man es wiederholt und teilweise über Stunden betrachtet oder nach der Vertrautheit mit der eigenen Sinneserfahrung ihr Erinnerungsbild im Sinne der Entwicklung einer Objektpermanenz[171] in sich wachruft. Jedoch wäre dabei der essentielle Punkt des Trainings, die Vertrautheit mit den eigenen kognitiven, emotionalen und somatischen Befindlichkeiten zu entwickeln und zu vertiefen. Durch die Entwicklung einer Objektpermanenz und subtilen Fokussierung auf diese könnten somit genau erst die subtilen Bewegungen ins Bewusstsein gebracht und analysiert werden. Somit wäre der

---

[167] siehe Benesch, H. (1995: 514). "Meditationen sind Selbstversenkungsmethoden, die in der Klinischen Psychologie als *Selbstfindungsverfahren*, d.h. als »Heilung aus dem Inneren« (Vaughan, 1993) eingesetzt werden."

[168] siehe Coleman, G., Jinpa, T. (2008).

[169] siehe Coleman, G., Jinpa, T. (2008: 649).

[170] siehe Coleman, G., Jinpa, T. (2008: 649).

[171] vgl. Häcker, H.O., Stapf, K.H. (2009: 700). "Objektpermanenz, von Piaget eingeführter Begriff zur Bezeichnung der Fähigkeit, die andauernde Existenz eines Objekts und seiner Eigenschaften (Lokation, Ausdehnung Festigkeit etc.) unabhängig von der aktuellen Wahrnehmung und Handhabung intern (mental) zu repräsentieren".

essentielle Punkt des Trainings vielmehr eine *Selbstanalyse*, basierend auf Selbstbeobachtung und Reflexion der kognitiven, emotionalen und somatischen Elemente, welche sowohl während der Meditationssitzungen durchgeführt wird wie auch zwischen ihnen im Sinne einer sich entwickelnden Haltung der Selbstbeobachtung, -analyse und Bewusstheit.

Damit wird bereits deutlich, dass eine der zentralen Wirkkräfte der Techniken direkt auf das Bewusstsein gerichtet ist, indem durch diese zuerst ein *zu sich selbst zurückkommen* initiiert und später eine *zunehmende Bewusstheit* über die eigene Befindlichkeit entwickelt werden könnte. Um den in Psychologie und Psychoanalyse benutzten Begriff des Bewusstseins vom tibetischen Begriff *rnam shes*[172] zu differenzieren, welcher oftmals unbedacht als "Bewusstsein" übersetzt wurde, jedoch eine völlig andere Kontextualisierung und Bedeutung trägt wie der Begriff Bewusstsein[173] (versus Unbewusstes) in der Psychologie oder Psychoanalyse, wird hier die Übersetzung *Bewusstheit* [über] bevorzugt. Definitorisch wird sie nach emischer Perspektive in folgende Untergruppen untergliedert:

> "**Acht Objekte (des Bewusstseins)** (*rnam-shes-kyi*) *yul brgyad* Dies sind die Objekte der acht Klassen des Bewusstseins, als da sind tiefsitzende **Gewohnheitsmäßige Neigungen** (Speicherbewusstsein), **Unstimmige Geisteszustände** (verblendetes Bewusstsein), Gedanken (mentales Bewusstsein oder Denkbewusstsein), Anblicke (visuelles oder Sehbewusstsein), Klänge (auditorisches oder Hörbewusstsein), Objekte des Geschmacks (gustatorisches oder Schmeckbewusstsein), Gerüche (olfaktorisches oder Riechbewusstsein) und physische Objekte (taktiles oder Tastbewusstsein)."[174]

Beim anfänglichen Training wird häufig die Atmung als ein Fokusobjekt der Aufmerksamkeit vorgeschlagen, welche nach obiger Definition als ein physisches Objekt kategorisiert würde. Alternativ dazu wird häufig ein visuelles Objekt etwa einen dreiviertel Meter vor der übenden Person empfohlen. Anhand der Aufmerksamkeitsfokussierung auf irgendeine Sinneserfahrung werden dann Gedanken - zugeordnet dem "mentalen Bewusstsein"[175]- welche "Gewohnheitsmäßige Neigungen"[176] - aus dem "Speicherbewusstsein"[177] - und die "Unstimmigen Geisteszustände"[178] - "verblendetes Bewusstsein"[179] - darstellen, einfach nur beobachtet.

---

172 vgl. Tsepak, R. (2003: 160). "The two types of consciousness; the two kinds of mind 1. [...] causal consciousness 2. [...] resultant consciousness"; vgl. Tsepak, R. (2003: 161). "The eight groups of consciousness; the eight consciousnesses. 1. [...] eye consciousness 2. [...] ear consciousness 3. [...] nose consciousness 4. [...] tongue consciousness 5. [...] body consciousness 6. [...] mental consciousness 7. [...] afflictive consciousness 8. [...] foundational consciousness, the mental basis of all"; vgl. Dudjom, J.Y.D. (1991: II, 156, 157). "EIGHT AGGREGATES OF CONSCIOUSNESS *rnam-shes tshogs brgyad*, Skt. *aṣṭavijñānakāya* The SIX AGGREGATES OF CONSCIOUSNESS with the addition of the consciousness of the ground-of-all (*kun-gzhi'i rnam-shes*, Skt. *ālayavijñāna*) and the consciousness of the intellect endowed with confliction emotions (*nyon-mongs-pa-can-gyi yid-kyi rnam-shes*, Skt. *kliṣṭamanovijñāna*) from which the other six arise."

173 vgl. Gekle, H. (2008: 95). "Im Begriff des Bewusstseins sind prinzipiell zwei Aspekte zu unterscheiden, ein materialer und ein formaler. Ein materialer: Denn alles Bewusstsein ist Bewusstsein von etwas, d.h. es hat eine intentionale Struktur; ein formaler: Das Bewusstsein weiß bzw. kann wissen, dass es selber es ist, das diese Inhalte hat. Letzteres wird als Selbstbewusstsein bzw. als Selbstreflektivität unterschieden. Um die prinzipielle Einheit dieser divergierenden Akte des Bewusstseins als Bewusstsein des anderen bzw. als Bewusstsein des Selbst zu garantieren, wurde in der Philosophie seit Kant ein transzendentales Ich postuliert. Die beiden Aspekte fallen weder zusammen noch liegen sie logisch auf derselben Ebene, denn es ist das Selbstbewusstsein, das den - zumeist implizit gelassenen - Rahmen bildet, innerhalb dessen die materialen Akte des Bewusstseins stattfinden."

174 siehe Coleman, G., Jinpa, T. (2008: 580).

175 siehe Coleman, G., Jinpa, T. (2008: 580).

176 siehe Coleman, G., Jinpa, T. (2008: 580).

177 siehe Coleman, G., Jinpa, T. (2008: 580).

Nach Gekles Kategorisierung von Bewusstsein würde im Modell der Selbstreferenzentwicklung der materiale Aspekt auf drei Ebenen entwickelt: das Bewusstsein von den eigenen Gedanken, den Emotionen und der körperlichen Befindlichkeit. Der formale Aspekt "das Bewusstsein weiß bzw. kann wissen, dass es selber es ist, das diese Inhalte hat. Letzteres wird als Selbstbewusstsein bzw. als Selbstreflektivität unterschieden"[180] würde im Modell der Selbstreferenzentwicklung mithilfe der Fragen zur Entwicklung von Reflexionsfähigkeit operationalisiert.

Nach C.G. Jungs Beschreibung von Bewusstsein "bewußt ist alles, was das Ich wahrnimmt und weiß"[181], hätte das traditionell buddhistische kognitive Training während der Meditationsphasen jedenfalls die Aufgabe, die Wahrnehmungskapazität des Ichs zu differenzieren und zu erweitern. Jedoch ist die Beobachtung und Analyse der Gedanken, Gedankenketten, Emotionen und sensorischen Erfahrungen beim Training kein statisches Moment. Vielmehr zeigt sich, dass durch die Vertiefung der Erfahrung mit den Techniken und die psychophysiologische Entspannung die Elemente der eigenen Psyche in einer Subtilität und Differenziertheit in einer anfangs nicht geahnten Weise zugänglich werden können. Erst im Kontext komplexer, fortgeschrittener Trainingstechniken würden, beispielsweise mithilfe von Atemtechniken, auch vorbewusste Aspekte ins Bewusstsein gebracht werden.

---

178 siehe Coleman, G., Jinpa, T. (2008: 580).

179 siehe Coleman, G., Jinpa, T. (2008: 580).

180 siehe Gekle, H. (2008: 95).

181 vgl. Hark, H. (1988: 33, 34). "**B**ewußtsein Obwohl sich Jung in seiner therapeutischen Arbeit und in seinen Schriften überwiegend mit dem Unbewußten und seinen vorherrschenden Merkmalen (→Archetypus, Bild, Symbol, Traum usw.) befaßte, hat er nicht übersehen, daß das B. dazu der notwendige Gegenbegriff ist. Welch eine hohe Bedeutung für ihn das B. hat, formulierte er nach einem beeindruckenden Reiseerlebnis [...] «Menschliches Bewußtsein hat erst objektives Sein und den Sinn geschaffen, und dadurch hat der Mensch seine im großen Seinsprozeß unerläßliche Stellung gefunden» (Erinnerungen, S. 259f.). Wenn wir uns die bewußt-unbewußte Ganzheit der Psyche im Modell einer Kugel vorstellen, so wäre das B. ein kleiner Ausschnitt aus der gesamten Oberfläche, und das Ich wäre das Zentrum dieses Feldes. Bewußt ist alles, was das Ich wahrnimmt und weiß. Es ist ein Wahrnehmungsorgan, das die vielfältigen Beziehungen zur Mitwelt registriert und deutet, sowie die Bilder und Symbole des Unbewußten assimiliert und diese in Begriffe und Worte einordnet (I). Während wir die bewußten psychischen Funktionen und Persönlichkeitsanteile relativ klar abgrenzen und bestimmen können, ist dies bei den Inhalten der unbewußten Psyche mit den archetypischen Bildern und den komplexhaften Energiefeldern nicht eindeutig möglich (2). Für Jung ist das B. ein «Orientierungsorgan», das durch die Orientierungsfunktionen der Typenpsychologie näher beschrieben wird. Mit der *Empfindungsfunktion* nehmen das Ich und das B. die Realität im Außen sowie im Inneren wahr. Dazu gehören auch alle sinnlichen Wahrnehmungen. Das *Denken* deutet das Wahrgenommene und sagt, «was» es ist. Die *Fühlfunktion* registriert, «wie» die Erfahrungen und Wahrnehmungen beschaffen sind, und bewertet diese z.B. nach angenehm - unangenehm, Lust - Unlust, gut - böse usw. (3). Hinzu kommt die *Intuition* als instinktives Erfassen. Das B. hat damit eine wichtige strukturierende und sinngebende Funktion. Es ist ferner wichtig für die Beherrschung der Antriebe und Instinkte im Menschen. Diese Funktionen könnten verglichen werden mit einem Reiter, der in einfühlsamer Weise sein Pferd leitet. In der geistigen und psychologischen Situation unserer westlichen Kultur erleben wir eine starke Vorherrschaft des B., die andere Aspekte unseres Seelenlebens unterdrückt und verdrängt, wie z.B. die Phantasietätigkeit, das bildhafte Denken sowie das Träumen. Jung hebt hervor, daß das B. in einer kompensatorischen Beziehung steht zu den verdrängten Materialien des Unbewußten wie auch zu den psychischen Inhalten, die noch nicht den Schwellenwert des B. erreicht haben."

4.2.7 Definitorische Konglomeration unterschiedlicher Trainingstechniken

Eine Zusammenfassung verschiedener Definitionen des im englischsprachigen Diskurs sehr viel differenzierter diskursivierten Begriffs der Meditation fand sich in Bond, K., Ospina, M.B., Hooton, N., Bialy, L., Dryden, D.M., Buscemi, N. et al.:

> "*Definition 1*: Any procedure that comprises: (a) a specific, clearly defined technique, that is, a "recipe" for meditation; (b) muscle relaxation in some moment of the process; (c) logic relaxation; (d) a self-induced state; and (e) a self-focus skill or anchor (Cardoso et al., 2004) (Logic relaxation is defined by the authors as "not 'to intend' to analyzing (not trying to explain) the possible psychophysical effects", "not 'to intend' to judging (good, bad, right, wrong) the possible psychophysical [effects]," „and 'not 'to intend' to creating any type of expectation regarding the process" (Cardoso et al., 2004, p. 59) *Definition* 2: A discrete, well-defined experience of "thoughtless awareness " (Crisp, Pelletier, Duffield, Adams, & Nagy, 1997; Manocha, 2000; Devananda, 1981). Techniques that fail to provide the key experience of mental silence or thoughtless awareness, including techniques that use constant repetition of syllables, visualizations, or other thought forms, are considered "quasi-meditation" (Manocha, 2000). *Definition* 3: Techniques that seem to restrict awareness to a single, unchanging source of stimulation for a definite period of time (Orenstein, 1971). *Definition* 4: An exercise in which the individual turns attention or awareness toward a single object, concept, sound, image, or experience, with the intention of gaining greater spiritual or experiential and existential insight or of achieving improved psychological well-being (West, 1987). *Definition* 5: A family of self-regulation practices that focus on training attention and awareness to bring mental processes under greater voluntary control and thereby foster general mental well-being and development and/or specific capacities such as calm, clarity, and concentration. (Walsh & Shapiro, 2006)."[182]

In der ersten Definition fällt auf, dass eine unstrukturierte Aufzählung völlig unterschiedlicher Aspekte vorliegt. Bei einer für den wissenschaftlichen Diskurs unumgänglichen inhaltlichen Strukturierung wäre jedoch eine Unterscheidung zwischen Trainingsmethoden und -grundhaltungen von Trainingserfahrungen und Trainingseffekten grundlegend. Da ohne eine Differenzierung dieser fundamentalen Aspekte ein Training nicht sinnvoll durchgeführt werden kann, ist diese grundlegende Unterscheidung nicht nur für diejenigen, die Forschungsergebnisse interpretieren, sondern bereits für die Probanden. welche die Techniken üben, eine Grundvoraussetzung, um die Vergleichbarkeit von Forschungsergebnissen zu gewährleisten.

Beim Lesen des Teils a "any procedure that comprises: (a) a specific, clearly defined technique, that is, a "recipe" for meditation"[183] wird offensichtlich, dass in der Definition selbst weitere undefinierte Teile vorliegen, was für eine Definition unzulässig ist. Somit stellt sich die Frage, wie die Formulierung ""recipe" for meditation"[184] überhaupt definiert werden könnte. Ferner bleibt die Frage, welche einzelnen Techniken unspezifisch zum Ergebnis Meditation führen sollten. Diese Definition erweckt den Anschein, als gäbe es viele Techniken, die allesamt zum gleichen Ziel, einer Art Effekt oder Zustand der Meditation führen würden. Somit wäre Meditation implizit doch eindeutig als ein Effekt oder als Zustand definiert worden, wobei jedoch diese beiden wiederum nicht unterschieden werden. Wenn man von selbst durchgeführten Techniken ausgeht, wirkt die Spezifizierung von Effekten der Trainingsmethoden als "self-induced"[185] wie ein Pleonasmus. Um einen Erkenntniszuwachs zu ermöglichen, wäre es daher sinnvoll, im

[182] siehe Bond, K., Ospina, M.B., Hooton, N., Bialy, L., Dryden, D.M., Buscemi, N. et al. (2009: 130).
[183] siehe Bond, K., Ospina, M.B., Hooton, N., Bialy, L., Dryden, D.M., Buscemi, N. et al. (2009: 130).
[184] siehe Bond, K., Ospina, M.B., Hooton, N., Bialy, L., Dryden, D.M., Buscemi, N. et al. (2009: 130).
[185] siehe Bond, K., Ospina, M.B., Hooton, N., Bialy, L., Dryden, D.M., Buscemi, N. et al. (2009: 130).

Diskurs zu den Definitionen aufzunehmen, was durch das Training bewirkt wird, entweder die einzelnen Wirkprinzipien, die Hypothesen, Erfahrungen oder Effekte.

Die einzelnen Trainingstechniken wiederum sollten in eine sinnvolle Strukturierung gebracht werden. In vorliegender Arbeit wird hierfür die chronologische Beschreibung vorgeschlagen, welche sich auf die Expertenerfahrungen mit der Anwendung der Techniken aus emischer Perspektive bezieht und auch die Chronologie des Erlernens der Techniken widerspiegelt. Dabei wird davon ausgegangen, dass die in Buddhistischer Philosophie und Tibetischer Medizin dargestellten Modelle und Theorien genau nur bei der sinnvollen chronologischen Anwendung von Techniken überhaupt als Effekte zutreffen, da ohne diese die entsprechenden Effekte nicht eintreten.

Auf Trainingstechniken scheinen sich die Punkte "a self-focus skill or anchor"[186] und "logic relaxation"[187], was definiert wird als "“not ‘to intend’ to analyzing (not trying to explain) the possible psychophysical effects”, “not ‘to intend’ to judging (good, bad, right, wrong) the possible psychophysical [effects],” „and “not ‘to intend’ to creating any type of expectation regarding the process”"[188] zu beziehen. Allerdings wäre auch hier der Klarheit halber eine strukturierende Differenzierung anstelle einer Aufzählung angebracht: während die Verankerung wie auch die Introspektion schlicht entschieden werden, kann bei ersterer noch eine Auswahl an Objekten getroffen werden, während die inneren Vorgänge ablaufen ob jemand sich nun dessen bewusst ist oder nicht.

Manche Aspekte von "logic relaxation"[189] als " “not ‘to intend’ to analyzing (not trying to explain) the possible psychophysical effects”, “not ‘to intend’ to judging (good, bad, right, wrong) the possible psychophysical [effects],” and “not ‘to intend’ to creating any type of expectation regarding the process”"[190] könnten für bestimmte, klar festgelegte Phasen eines *Kognitiven Trainings* zutreffen. Jedoch per Definition explizit die gesamten Meditationsprozesse jeglicher Intention, Analyse und Beurteilung zu entziehen, enthebt sie damit auch sowohl jeglicher Sinnbedeutung und Logik wie auch einem Zugang durch wissenschaftlichen Diskurs. Will man den Übungen einen Sinn abgewinnen, stellen sich Fragen nach der Analyse und Beurteilung von Effekten und dem möglichen Prozessverlauf nicht nur für die Probanden selbst, sondern auch für die Forschenden. Wenn jedoch per definitionem die Intention der Analyse von Effekten, die Beurteilung von Effekten und Erwartungen an einen Prozess, ausgeschlossen werden, dann wird damit auch der Forschungsgegenstand dem wissenschaftlichen Diskurs entzogen. Aus emischer Perspektive wäre eine solche Verbannung aus dem wissenschaftlichen Diskurs keineswegs nötig. Der dortige Diskurs über Trainingseffekte führte vielmehr zu einer überaus differenzierten Terminologie bei der Beschreibung von Techniken und empirisch beobachtbaren Wirkzusammenhängen.

Solange der Forschungsgegenstand selbst dem wissenschaftlichen Diskurs entzogen ist, wäre es müßig über klinische oder gar therapeutische Effizienz zu diskutieren. Im Gegensatz dazu wäre innerhalb des Trainings aus emischer Perspektive nach dem Erlernen einer introspektiven Haltung der Beobachtung genau das Bennen und Analysieren die

---

186 siehe Bond, K., Ospina, M.B., Hooton, N., Bialy, L., Dryden, D.M., Buscemi, N. et al. (2009: 130).
187 siehe Bond, K., Ospina, M.B., Hooton, N., Bialy, L., Dryden, D.M., Buscemi, N. et al. (2009: 130).
188 siehe Bond, K., Ospina, M.B., Hooton, N., Bialy, L., Dryden, D.M., Buscemi, N. et al. (2009: 130).
189 siehe Bond, K., Ospina, M.B., Hooton, N., Bialy, L., Dryden, D.M., Buscemi, N. et al. (2009: 130).
190 siehe Bond, K., Ospina, M.B., Hooton, N., Bialy, L., Dryden, D.M., Buscemi, N. et al. (2009: 130).

Grundlage für Effekte und die möglichen persönlichen Reifungsprozesse ebenso wie auch für den Diskurs aus philosophischer und medizinischer Aspekte des Trainings.

Aus emischer Perspektive ist der Begriff der *Intentionalität*, welche mit sämtlichen Techniken verknüpft wird, von zentraler Bedeutung für die langfristigen Wirkungen der Einzeltechniken. Hierbei wird die Intention für das Training in einer Analogie mit einer Kompassnadel beschrieben, die sich nach Norden ausrichtet, was bedeutet, dass die Intention die Richtung der Effekte und Auswirkungen des Trainings bestimmt. Somit hätte die Intention tatsächlich richtungsweisende Bedeutung. Sie wird im Rahmen der Lehre der emischen Perspektive differenziert dargestellt, geschult und individuell entwickelt von der allerersten Übung bis hin zu den fortgeschrittenen Techniken. Während die Intentionalität im Hīnayāna die Entwicklung einer Haltung des Nicht-Schadens impliziert, ist sie im Mahāyāna auf Wohlwollen, nämlich Selbstempathie und Empathie anderen gegenüber ausgerichtet.[191] Insbesondere anhand der auftretenden Handlungsimpulse, welche in Schwebe gehalten und beobachtet werden, wird die eigene Motivation und Intention analysiert und verfeinert. Auf der Grundlage genau solcher Selbstanalyse würden dann Handlungen mit negativen Auswirkungen überhaupt nicht ausgeführt. Obwohl die Kraft der Analyse am Anfang des Trainings zugunsten der Übung der reinen *Beobachtung* zurückgenommen wird, sind die differenzierte individuelle Beurteilung und *Selbstanalysen* zu späterem Übungszeitpunkt insofern von zentraler Bedeutung, als ohne diese der individuelle Entwicklungs- und Reifungsprozess nicht vorankommt. In emischer Perspektive ist es wichtig, mithilfe von Unterrichten eine *Beurteilung* der eigenen Übungen und der derzeitigen Lage vornehmen zu können, sodass im Laufe der Zeit auch eigenständig über die einzusetzenden Methoden für Modulation und Training entschieden werden kann.

In obiger Definition kommt der Begriff als Negativformulierung vor. Dabei stellt sich die Frage, wie denn eine Person üben können solle, etwas nicht zu intendieren. Wie die Empirie zeigt, ist ein Training, welches Nichtintention implizieren soll, wohl wenig sinnvoll. Anstatt also eine Nichtintention zum Definitionsmerkmal zu erheben, dessen anwendungstechnische Durchführbarkeit überhaupt nicht geklärt wird, wäre es sinnvoller, die auftretenden Intentionen klar zu benennen, sie darzustellen und als Einflussfaktor auf die Wirkzusammenhänge und Effekte zu analysieren.

Somit werden bereits bei kurzer Analyse der ersten Definition viele ungeklärte Fragestellungen offensichtlich. Besonders dringlich wäre die Frage nach Spezifizierung beispielsweise bei der Muskelrelaxation als Definitionsmerkmal für Meditation. Da es zahlreiche Methoden gibt, durch welche Muskelentspannung induziert werden kann, begonnen mit verschiedenen Entspannungstechniken, Yoga oder Sport, ist es nötig, das spezielle Merkmal der Meditation, mit dem sie sich von den vielen anderen Entspannungstechniken abgrenzen würde, zu definieren und diesen Entspannungseffekt zumindest auch im zeitlichen Verlauf des Trainingsprozess zu beschreiben. Wenn ein Trainingseffekt mithilfe völlig anderer Methoden genauso gut erreicht werden kann, dann wäre er entweder überhaupt nicht mehr als ein definierendes Merkmal zulässig oder er müsste spezifiziert und interpretiert werden, sodass deutlich wird, ob und auf welche Weise er sich von allen andern möglichen Entspannungstechniken abhebt. Sobald die bereits erwähnte gezielte

[191] vgl. Attersee, A.I.M. (2014 a).

Kombination von *topdown* und *bottomup* wirksamen Techniken in die Definition eingeführt und ihre Bedeutung im Detail erläutert wird, wäre diese nötige Spezifizierung vorgenommen. Die Teilnehmer der Delphi-Studie kamen zu folgender Übereinstimmung:

> "Participants on the study agreed that essential to a meditation practice is its use of (a) a defined technique, (b) logic relaxation, and (c) a self-induced state/mode. Participants also agreed that a meditation practice may (d) involve a state of psychophysical relaxation somewhere in the process; (e) use a self-focus skill or anchor; (f) involve an altered state/mode of consciousness, mystic experience, enlightenment, or suspension of logical thought processes; (g) be embedded in a religious/spiritual/philosophical context; or (h) involve an experience of mental silence."[192]

Es scheint überflüssig, die klare Definition einer Technik selbst, deren Effekte dann wissenschaftlich untersucht werden, bereits zu einem Definitionsmerkmal zu erheben. Denn jede ernstzunehmende Trainingsmethode setzt eine klare Definition ihrer Merkmale, Einzelelemente und Wirkzusammenhänge als notwendige Bedingung voraus. Im Kontext der Forschung über Trainingseffekte versteht sich von selbst, die einzelnen Merkmale und Wirkzusammenhänge zu definieren. Leider werden in der vorliegenden Delphi-Studie nur einzelne unter dem Namen Meditation zulässige Elemente aufgezählt, ohne jedoch chronologische oder sonstige Sinn- oder Wirkzusammenhänge zu beschreiben. Genau dadurch wird der Forschungsgegenstand zu wenig eingegrenzt, sodass die auf solcher Grundlage durchgeführten Studien weder sinnvoll vergleichbar sind noch bislang eine Theoriebildung hierzu entwickelt werden konnte.

Im bisherigen Diskurs zum Forschungsgegenstand wurde unreflektiert angenommen, dass es sich um *eine* Technik handelt. Die *Perspektivische Analyse* ermöglicht nun, eine Reflexion zu diesem zentralen Punkt, bei welcher auffällt, dass Meditation aus emischer Perspektive nicht als Gesamtpaket, sondern vielmehr als sinn- und wirkungsvoll genutzte Einzelelemente in einem Gesamtprozess benutzt werden könnten, welcher durch die zahlreichen in den entsprechenden Fachsprachen vorliegenden Modelle nachgezeichnet wird. Im Folgenden wird also davon ausgegangen, dass das *Kognitive Training* mehrere Techniken beinhaltet, die hintereinander erlernt werden und einzeln oder in bestimmten Kombinationen geübt werden können.[193] Genau so wurde es an die Probanden vermittelt.

Analysiert man die Vorgangsweise obiger Delphi-Studie, um zu einer Definition zu kommen, tritt die erste Irritation bereits bei der Definition von Experten auf. Dabei scheint die Vorgangsweise, die Experten für einen interdisziplinären Forschungsgegenstand nicht aus einem interdisziplinären und interkulturellen Feld zu rekrutieren, fragwürdig. Die Implikationen einer solchen Vorgangsweise und die Limitationen der dadurch bewirkten Ergebnisse wurden nicht reflektiert.

Es stellt sich ferner die Frage, wieso bei einer Expertenbefragung nicht tatsächlich auch Experten beispielsweise aus den buddhistischen Traditionen, welche so häufig als maßgeblicher Einfluss auf den Forschungsgegenstand der Meditation im Westen behauptet werden, mit Erfahrung in der Anwendung der Techniken, der Empirie sowie auch der Lehre, beispielsweise mithilfe von Experteninterviews, befragt wurden. Da die Fragestellung, wer als Experte oder Expertin zum Forschungsgegenstand gezählt wird, die möglichen Ergebnisse nicht nur bedingt sondern auch limitiert, wäre zumindest im Kontext der Einschränkungen eine Reflexion zum Zusammenhang zwischen den Befragten und den

---

[192] siehe Bond, K., Ospina, M.B., Hooton, N., Bialy, L., Dryden, D.M., Buscemi, N. et al. (2009: 132).
[193] vgl. Attersee, A.I.M. (2014 b).

erhalten Antworten nötig. Neben der nötigen Reflexion über die Festlegung von Definitions-Autorität jedoch wäre insbesondere auch eine Reflexion über die derzeit vorliegende Lücke zwischen fehlender theoretisch-wissenschaftlicher und praktischer Ausbildung zum Forschungsgegenstand sinnvoll.

Auf Basis der perspektivischen Analyse wird im weiteren Text von graduell angewandten Einzeltechniken ausgegangen. Insofern der graduelle Prozess aus systematischen, stufenweise eingeübten Einzeltechniken besteht, wäre, anstatt von einer einzigen, immer gleichbleibenden Gesamttechnik zu sprechen, jeweils der Stand der Übung darzustellen. Nur eine Darstellung des Übungsstands erlaubt überhaupt eine Vergleichbarkeit unterschiedlicher Studien. Die vollständige Delphi-Studie resultierte in folgender Arbeitsdefinition:

> "The resulting definition contains three components thought to be *essential* and five components believed to be *important but not essential* to a definition of meditation. [...] Criterion a of the working definition characterizes meditation as essentially a defined technique [...], and Criterion b characterizes meditation as one that involves an attitude of nonintention [...] The definition thus captures two important aspects of meditation: It has a specific method that is codified in some manner and it uses (or is) a mental exercise as evidenced by the requirement that one's attitude throughout the process be of a particular kind; namely, nonjudgmental and nonexpectational. The working definition also recognizes that (e) in many cases a meditative technique has important characteristics of attention being directed in a particular way [...], as well as [...] having a unique phenomenology [...] and [...] being used to achieve a particular purpose [...]. This definition also recognizes [...] that [...] a meditative state and the process that brings it about are self-induced [...]. This latter criterion clearly demarcates most meditative practices from techniques that use guided imagery and visualization and from some forms of hypnosis. The identification of psychophysical relaxation as a characteristic that is important but not essential is congruent with the fact that some researchers have argued that deactivation of the sympathetic nervous system (as seen by, e.g., a decrease in heart rate, decrease in blood pressure, decreased respiratory rate, and reduced cortisol levels) is a necessary, but not sufficient, characteristic off meditation"[194]

Die nötigen konzeptionellen, inhaltlichen wie theoretischen Differenzierungen wurden bereits im Artikel zur Studie angesprochen[195].

In der vorliegenden Arbeitsdefinition kommt keine Unterscheidung von Trainingsmethode, hieraus resultierenden Effekten oder Erfahrungen vor. Ebenso wie der durch das Training bedingte Prozess ist diese jedoch für die Strukturierung und Differenzierung des Forschungsgegenstands und insbesondere für die Eingrenzung der Forschungslücke von zentraler Bedeutung.

Bei regelmäßiger, gradueller und systematischer Durchführung der Einzeltechniken kommt es zu Veränderungen der Erfahrung und zu Effekten, die beide bestimmten Gesetzmäßigkeiten unterliegen, welche bereits in den Modellen und Theorien in fachsprachlichen Texten auf Tibetisch vorliegen und basierend auf Übersetzung und Interpretation zugänglich gemacht werden könnten. Diese graduellen Veränderungen können in einem ersten Analyseschritt als Effekte auf der Ebene des Denkens, der Emotionen und des Körpers

---

194 siehe Bond, K., Ospina, M.B., Hooton, N., Bialy, L., Dryden, D.M., Buscemi, N. et al. (2009: 132, 133).

195 siehe Bond, K., Ospina, M.B., Hooton, N., Bialy, L., Dryden, D.M., Buscemi, N. et al. (2009: 135). "Finally, Criteria 2 and 6, despite their origins in peer-reviewed articles, contain items that could be considered conceptually distinct (e.g., not to intend to analyze, not to intend to judge, and not to intend to create expectations). It may be more appropriate to decompose such complex criteria and evaluate the importance their components individually. The importance of doing so is something that should be examined in future studies."

untergliedert werden[196]. Das Modell der Selbstreferenz wird genau mithilfe von Fragestellungen zu diesen drei Ebenen operationalisiert.

Aus dieser methodisch-inhaltlichen Analyse der Bedeutung der Einzeltechniken und ihrer Effekte folgen gravierende methodische Implikationen für den Forschungsgegenstand. Diese gehen über die bisherige Vorgangsweise zu untersuchen, ob Meditation wirkt, deutlich hinaus. Wenn der prozessuale Charakter der Effekte dargestellt werden soll, dann wären nicht nur Art und Dauer des Trainings sowie auch Vorerfahrungen sehr viel genauer zu spezifizieren, sondern auch die jeweiligen Untersuchungszeitpunkte sinnvoll festzulegen. Somit sollte diese aus der perspektivischen Analyse resultierende Annahme eines graduellen Trainings und gradueller Übungseffekte einen Diskurs über die geeigneten quantitativen wie auch qualitativen Methoden solcher Prozess-Evaluation bewirken.

In den psychologischen Definitionen zu Meditation fehlt der Aspekt einer graduellen Vorgangsweise beim Training. Dieser wird in der Oralen Buddhistischen Überlieferung ebenso selbstverständlich vorausgesetzt wie auch in der stufenweisen Einführung der komplexeren Trainingstechniken, beispielsweise mithilfe der sogenannten Vorbereitenden Übungen[197], in die Techniken des Vajrayāna. Dieses fehlende Verständnis über die Unterscheidung zwischen grundlegenden Faktoren und ihrer vorbereitenden Bedeutung, den entsprechenden Grundlagentechniken, und komplexeren, hierauf aufbauenden Techniken hatte nicht nur deutlich erkennbare Auswirkungen auf die Definitionen des Forschungsgegenstands, sondern auch auf die etischen Perspektiven auf im Buddhismus überlieferte Trainingstechniken.

4.2.8 Entwicklung einer Arbeitsdefinition zum *Kognitiven Training*

Folgende Arbeitsdefinition für das *Kognitive Training* wäre für Anfänger insofern brauchbar, als sie die Intentionalität der Aufmerksamkeitslenkung betont und bereits in der Definition darstellt, dass diese Aufgabe jeden Moment neu zu entwickeln ist und nicht etwas als eine einmalige Ausrichtung bestehen bleibt. Nach der Beobachtung, dass die eigene Aufmerksamkeit keineswegs am gewählten Aufmerksamkeitsfokus ruhen bleibt, sondern, scheinbar automatisch, zu wandern beginnt, ist es für Anfänger im Sinne von Selbstregulation bereits eine Herausforderung, diese immer neu auszurichten. Eine solche

---

[196] vgl. Kapitel 12.

[197] vgl. Coleman, G., Jinpa, T. (2008: 706, 707). "**Vorbereitende Übungen** *sngon-'gro* Die Vorbereitenden Übungen sind von einem Aspiranten zu absolvieren, der die **Tantras** praktizieren möchte, bevor er oder sie sich den Hauptpraktiken der **Erzeugungsphase** und der **Vollendungsphase** der Meditation widmen kann. Es gibt die äußeren oder gewöhnlichen Vorbereitenden Übungen und die inneren oder außergewöhnlichen Vorbereitenden Übungen. Die Ersteren sind die vier analytischen Meditationen, die den Geist des Praktizierenden von den weltlichen Ablenkungen abwenden und ihn den **Heiligen Lehren** zuwenden, nämlich: 1. die Kontemplation der Natur der kostbaren Gelegenheiten, die sich mit der menschlichen Geburt bieten; 2. die Kontemplation von Tod und **Vergänglichkeit** (*anitya*); 3. die Kontemplation der Dynamik **Vergangener Taten** (*karma*) und ihrer Konsequenzen; 4. die Kontemplation des **Leidens** der Lebewesen in der **Zyklischen Existenz** (*saṃsāra*). Letztere sind die fünf Reinigungspraktiken, von denen jede einhunderttausendmal ausgeführt wird, nämlich: 1. in Verbindung mit der Ausführung von **Niederwerfungen** (welche Stolz reinigen) **Zuflucht** zu den **Drei Kostbarkeiten** nehmen; 2. in Verbindung mit der Rezitation der einschlägigen Verse (welche Neid und weltliche Ambitionen reinigt) die **Altruistische Absicht** kultivieren, zum Wohle anderer **Erleuchtung zu erlangen**; 3. die Rezitation des **Hundertsilbigen Mantra** des **Vajrasattva** (welches Abneigung reinigt); 4. das **Opfer** des **Maṇḍala** (das Anhaften reinigt); 5. die Kultivierung der Vereinigung mit den Erleuchteten Eigenschaften des **Spirituellen Lehrers** (*guruyoga*) in Verbindung mit der einschlägigen **Mantra**-Rezitation (die **Verblendung** reinigt)."

Wahrnehmung der unwillkürlichen Bewegungen der eigenen Aufmerksamkeit könnte bewusst machen, wie wenig überhaupt Selbstregulation möglich ist. Daher wäre der erste Lernschritt, selbstregulativ die Aufmerksamkeitslenkung einzusetzen. Auf dieser Stufe des Lernens würde Selbstregulation bedeuten, dass die eigene Beobachtung einfach nur auf der Fokussierung der Aufmerksamkeit liegt und dass diese, sobald sie zu wandern beginnt, auf das Fokusobjekt zurückgeführt würde (Einfachfokussierung).

> "Meditation is defined as the intentional self-regulation of attention from moment to moment.[...] It is an intentional and self-regulated focusing of attention for the purpose of relaxing and calming the mind and body."[198]

Somit wird auf dieser Stufe des Trainings dem in der Delphi-Studie definierenden Faktor einer Nicht-Intentionalität die Intentionalität der Selbstregulation entgegengehalten. Wird die Übungsintention für diese erste Trainingsphase explizit dargestellt, wird deutlich, dass es hierbei um das Erlernen von Selbstregulation der eigenen Aufmerksamkeit geht. Obwohl diese Definition für Anfänger des kognitiven Trainings eine wertvolle und korrekte Arbeitsdefinition wäre, hat das in emischer Perspektive dargestellte introspektive, *Graduelle Kognitive Training* sehr viel mehr zu bieten als die Selbstregulation der Aufmerksamkeit. Während der Begriff der Selbstregulation einen modifizierenden Faktor betont, wäre derjenige der *Aufmerksamkeitslenkung* eine Handlungsbeschreibung. Bei einem Lenken der Aufmerksamkeit wird die *Intentionalität implizit* verstanden. Da jedoch für Anfänger die beobachtende Introspektion vielmehr als der Faktor der Modulation innerer Bewegungen von zentraler Bedeutung ist und der Terminus der Selbstregulation bereits die modulativen Aspekte anzusprechen scheint und vom essentiellen Faktor des Erlernens und Entwickelns von Beobachtung wegführt, wird der Begriff der Aufmerksamkeitslenkung in der Arbeitsdefinition und Handlungsanweisung für Anfänger des Trainings beibehalten.

Erst nachdem die Beobachtungsfähigkeit und Reflexionsfähigkeit auf Grundlage von dieser entwickelt wurden und somit die *Grundlage der Selbstreferenz* geschaffen wäre, kann die Selbstregulation (für Gesunde) sinnvoll eingesetzt werden. In der Arbeit mit Patienten kann es sein, dass sich bereits gleichzeitig mit diesem Erlernen der Beobachtung zu modulierende oder unterstützende Aspekte aufdrängen oder beobachtet werden und Beachtung benötigen. Diese therapeutischen Modifikationsmöglichkeiten wären jedoch nicht unbedingt in einer Beschreibung der allgemeinen Definition des Trainings anzuführen, sondern vielmehr als Spezialfälle zu differenzieren. Zu einem Übungszeitpunkt, zu dem die Fähigkeit der Aufmerksamkeitslenkung und Einfachfokussierung wie auch Mehrfachfokussierung und die Beobachtungsfähigkeit sowohl kognitiver wie auch emotionaler und somatischer Bewegungen entwickelt wurde, kann sinnvoll mit den Beobachtungen und analysierten Aspekten gearbeitet und gezielt Methoden hierfür ausgewählt werden. An dieser Stelle könnten dann auch Übungselemente der Entwicklung von Mitgefühl und Bodhicitta besonders wirkungsvoll eingesetzt werden[199], da während

[198] siehe Edenfield, T.M., Saeed, S.A. (2012: 132).

[199] vgl. der Einsatz von Loving Kindness Meditation aus etischer Perspektive: Hutcherson, C.A., Seppala., E.M., Gross, J.J. (2008: 720). "In particular, Buddhist traditions have emphasized the importance of cultivation connection and love toward others through techniques such as *loving-kindness meditation* (LKM). This practice, in which one directs compassion and wishes for well-being toward real or imagined others, is designed to create changes in emotion, motivation, and behavior in order to promote positive feelings and kindness toward the self and others (Salzberg, 1995)."

ihres Entwickelns die Veränderungen der eigenen inneren Befindlichkeiten und Gewohnheiten von der übenden Person selbst genau beobachtet werden können und genau nur mit dieser Beobachtungsfähigkeit wahrgenommen werden kann *wie* die Technik wirkt. An dieser Stelle geht es also vielmehr um eine Beobachtung *der Art und Weise der Wirksamkeit*. Für die übende Person wäre diese Beobachtung die Grundlage, die Techniken weiter zu spezifizieren und zu modifizieren, um ihre Wirksamkeit auf sich selbst zu vertiefen und zu verstärken.

Auffällig ist, dass in keinem der Artikel, in denen die Loving-Kindness Meditation untersucht wurde, zwischen der Intention des Wohlwollens, das grundsätzlich vor den Übungssitzungen im *Kognitiven Training* entwickelt wird, und den zahlreichen, beispielsweise im Text "Bodhicaryāvatāra"[200], dargestellten Übungsserien für die alltägliche Aktivität, nämlich zwischen den Sitzungen, unterschieden wird. Da jedoch die Effekte aus den Trainingssitzungen und deren Integration im Alltag in Wechselwirkung zueinander stehen, wäre diese Differenzierung für eine Evaluation von Effekten von zentraler Bedeutung.

Geht man von einer prozessualen Beschreibung des Trainingsverlaufs aus, wird deutlich, dass bislang weder zeitliche Verläufe noch graduelle Effekte oder eben die individuellen Unterschiede dargestellt wurden, was im Kontext klinischer Arbeit eine Grundvoraussetzung an Differenzierung wäre.

Da die übende Person auf Grundlage ihrer sich entwickelnden Selbstreferenz die Erfahrungen und Effekte des Trainings beobachtet, wären Dokumentationen, die solche Prozessverläufe darzustellen vermögen, von großem Wert[201]. Eine solche methodische Zugangsweise fände sich in den narrativen Interviews und den Expertenbefragungen. Somit könnte durch die Befragung der Übenden selbst als Experten ihres eigenen Übungsprozesses und ihrer Befindlichkeit eine erste Materialerhebung erstellt werden.[202]

Trotz deutlich unterschiedlicher Definitionen und Zielsetzungen von Meditations-Training im Westen und Osten scheinen die Wirkungen von Methoden des Rückbezugs auf sich selbst und der Besinnung einem Grundbedürfnis von Menschen zu entsprechen. Dabei stellt sich die Frage, wie wichtig hierfür die methodisch-inhaltlichen Anleitungen und die Begleitung des Trainingsprozesses durch eine supervidierende Person sind. Da solche methodischen Anleitungen aus der Buddhistischen Philosophie und Tibetischen Medizin einen hohen Grad an Differenziertheit aufweisen, wurde in vorliegender Arbeit eine Vorgangsweise der Analyse gewählt, welche die emische Perspektive der etischen gegenüberstellt. Die hierdurch erzeugten Irritationen vermochten bei Reflexion zu den Einzeltechniken und ihren Effekten den Forschungsgegenstand sowohl einzugrenzen wie auch zu differenzieren. Daraus resultiert eine Arbeitsdefinition, welche den prozessualen Charakter des Trainings von Einzeltechniken betont.

---

[200] vgl. Steinkellner, E. (1997).

[201] vgl. Tagebuchstudie, Attersee, A.I.M. (2014 e).

[202] vgl. Attersee, A.I.M. (2014 c, d, e, f).

> "Gerade weil im aktuellen wissenschaftlichen Diskurs zahlreiche, völlig unterschiedliche Definitionen zum Begriff Meditation und teilweise dem Kontext entrissene Begriffsübernahmen aus asiatischen Kulturen zu finden sind, kommt den Begriffsdefinitionen und der konzeptuellen theoretischen Darstellung in vorliegendem Text große Bedeutung zu. Dies bildet die Grundlage zum Verständnis einer emischen Perspektive, welche einen enormen Beitrag zum aktuellen wissenschaftlichen Diskurs zum Forschungsgegenstand zu leisten vermag. Nicht nur vermag sie durch klare Definitionen die Grundlage für einen interdisziplinären wissenschaftlichen Diskurs herzustellen, sie öffnet auch völlig neue Perspektiven wie diejenige eines graduellen Trainings einzelner Übungselemente, welches in einem graduellen Prozess resultiert. Dies wiederum fordert eine Reflexion über die bisherige methodische Vorgansweise bei der Evaluation von Meditations-Training. Neben der Notwendigkeit den quantitativen durch qualitative Forschungszugänge zu ergänzen und für die Übungseffekte spezifische Fragestellungen zu entwickeln, anstatt mithilfe für psychologische Variablen standardisierten Fragebögen eine Evaluation zu versuchen, dürfte hierbei der Prozessforschung ebenso wie der Entwicklung von theoriebasierten spezifischen Fragebögen und hypothesengebundenen Fragestellungen und den jeweils entsprechenden Messmethoden enorme Bedeutung zukommen."[203]

Bei einer Definition des Forschungsgegenstands stünde somit zuallererst die Trainingstechnik, welche in vorliegender Forschung aus graduell anzuwendenden Einzeltechniken besteht, im Vordergrund. Dieser graduelle Charakter bei der Anwendung der Einzeltechniken kommt im bisherigen Diskurs zum Forschungsgegenstand überhaupt nicht vor. Seine aus einer emischen Perspektive gewonnene zentrale Bedeutung stellt für den Forschungsgegenstand und seinen Diskurs eine inhaltlich-methodische Bereicherung dar, welche großen Konsequenzen für die Evaluation wie auch die Theoriebildung bedeuten.

> "Durch die Breite eines Sammelbegriffs der Meditation wird eine methodische Spezifizierung in Einzeltechniken unterbunden. Dies wirkt sich sowohl auf die erzielbaren Effekte wie auch auf die Möglichkeit einer gezielten, theoriegebundenen Evaluation von Einzeltechniken und ihrer Wechselwirkungen aus. Die fehlende terminologische und inhaltliche Differenzierung und Eingrenzung des Forschungsgegenstands hat somit nicht nur Auswirkungen auf den wissenschaftlichen Diskurs zu den Trainingstechniken, sondern in Folge auch auf deren Evaluation und die Theoriebildung."[204]

Der *Prozessuale Charakter beim Erlernen der Techniken* wird bereits durch die Bezeichnung *Kognitives Training* erfasst. Die Definition und Interpretation, dass bei solcher Fokussierung das bewusste Denken die eigene Aufmerksamkeit auf ein Objekt, welches fokussiert wird, einen Fokus, lenkt, dürfte ausreichende Klarheit über dieses Element der Techniken herstellen. Im Rahmen der Lehre der kognitiven Techniken an Anfänger wäre eine Beschreibung, dass es bei der Übung anfangs darum geht einen Aufmerksamkeitsfokus[205] zu halten, sich zu fokussieren, anstatt den Gedankenketten, Emotionen und Erinnerungen einfach nur freien Lauf zu lassen, jedenfalls nachvollziehbarer als dazu anzuleiten, sich zu versenken[206]. Im Rahmen der Lehre der Probanden wurde die graduelle Anwendung der einzelnen Techniken, welche jeweils auf der Grundlage von Erfahrungen und Effekten von vorherigen Lernschritten gründen, im Sinne *Gradueller Einzeltechniken*[207] vermittelt. Somit wird anstatt des Sammelbegriffs der Meditation die Phrase *Kognitives Training* eingeführt:

---

[203] siehe Attersee, A.I.M. (2014 a: 6, 7).
[204] siehe Attersee, A.I.M. (2014 a: 42).
[205] vgl. Sahdra, B.K, MacLean, K.A. Ferrer, E., Shaver, P.R., Rosenberg, E.L., Jacobs, T.L. et al. (2011: 310). "[...] our results are among the first to suggest that increased attentional control brought about through meditation training can enhance well-being."
[206] siehe Grawe, K., Donati, R., Bernauer, F. (1994: 618).
[207] vgl. Attersee, A.I.M. (2014 a).

> "Der prozessuale Charakter dieses Trainings wird daher im Folgenden durch die Phrase *Kognitives Training* beschrieben. Auch wenn der Terminus bhāvanā mit Meditation übersetzt werden könnte, wird die Phrase *Kognitives Training* gewählt, um auf den prozessualen Charakter und den im Buddhismus argumentierten Topdown Ansatz hinzuweisen."[208]

Nachdem der prozessuale Charakter durch die Phrase *Kognitives Training* betont wurde, besteht die Notwendigkeit, die Erfahrungen von den Effekten beim Training zu unterscheiden. Genau diese zentrale Differenzierung wird in sehr vielen der allgemeinen Definitionen zum Thema Meditation vernachlässigt.

4.2.9 Effektbereich der Selbstreferenz

In vorliegender Forschung wird davon ausgegangen, dass durch dieses *Graduelle Kognitive Training* ein Prozess der Selbstanalyse zustande kommen kann.

> "Durch die im Folgenden dargestellten Techniken der Introspektion und Arbeit mit den eigenen Kognitionen und Emotionen kommt es zu einem Prozess der gründlichen und systematischen Selbstanalyse. [...] Diese innere Arbeit mit den eigenen Kognitionen und Emotionen bedingt einen Reifungsprozess, der als eine Bewusstwerdung, auch der eigenen Schattenseiten, bezeichnet werden könnte."[209]

Diese Annahme unterscheidet die Wirkweise der Techniken von bisherigen Zielvorstellungen wie *Wellbeing* durch Meditationstraining. Somit wird deutlich, dass diese differenzierten Techniken einen individuellen Lern- und Reifungsprozess ermöglichen können, was in direktem Widerspruch zur Zielsetzung eines Status von Wellbeing steht.

Die spezifischen Einzelelemente des Trainings beinhalten sowohl *bottomup* wie auch *topdown* wirksame Aspekte. Sie werden eingesetzt, um sich mit ihrer Hilfe auf sich selbst zu beziehen und mit sich selbst in einen Prozess zu kommen, also viel mehr als einen immer begrenzten Zustand des Wellbeing zu erreichen:

> "Die für die Trainingstechniken gewählte Phrase *Kognitives Training* vermag zumindest inhaltlich darauf hinzuweisen, dass es sich hierbei um einen Trainingsprozess handelt, bei dem die Kognitionen von zentraler Bedeutung sind. Aus emischer Perspektive werden die Kognitionen als ein zentraler, die Negativen Emotionen bedingender Faktor dargestellt. Die Qualitäten hingegen, Aspekte von Empathie, Mitgefühl und Bodhicitta, würden anfangs kognitiv als Motivation und Intention entwickelt bis zu einem Punkt, an dem ihre Entfaltung spontan weiterwirkt. Obwohl die Phrase *Kognitives Training* weder die beiden wichtigen topdown und bottomup wirksamen Elemente noch die prozessuale Differenzierung der im Verlauf des Trainings benutzten Einfach- und Mehrfachfokussierung beinhaltet, scheint sie sich terminologisch zumindest an eine brauchbare Arbeitsdefinition anzunähern."[210]

Somit wird mit der Phrase *Kognitives Training* zwar der prozessuale Charakter erfasst, nicht jedoch die zahlreichen Einzeltechniken und die Art ihrer graduellen Anwendung. Aufgrund dieses prozessualen Charakters jedoch, sollte die Frage nach den Effekten in einem ersten Analyseschritt zumindest in Outcome und Prozess untergliedert werden. Eine solche spezifische und graduelle Vorgangsweise impliziert notwendigerweise bereits Modelle zum sich entwickelnden Bezug zu sich selbst. Somit wurde auf der Grundlage einer perspektivischen Analyse aus unspezifischen Methodenkombinationen mit dem Namen Meditation, eine spezifische Methode des *Kognitiven Trainings*, welches aus graduell anzuwendenden Einzeltechniken besteht, ausgearbeitet.

---

[208] siehe Attersee, A.I.M. (2014 a: 42).
[209] siehe Attersee, A.I.M. (2014 a: 40).
[210] siehe Attersee, A.I.M. (2014 a: 42, 43).

Daher liegt im Gegensatz zur Sammelmethode der Meditation, welche mit verschiedensten abhängigen Variablen evaluiert wurde und genau aus diesen Gründen zu keiner psychologischen Theoriebildung[211] führen konnte, eine sehr spezifische, gezielte Vorgangsweise vor. Diese wurde auf der Basis eines Modells zur Selbstreferenzentwicklung und ihrer Operationalisierung evaluiert.

Im folgenden Kapitel wird der Diskurs zu möglichen Effekten von Meditationstraining dargestellt.

[211] vgl. Sedlmeier, P., Eberth, J., Schwarz, M., Zimmermann, D., Haarig, F., Jaeger, S. et al. (2012: 1158 b). "Unfortunately, as elaborated in the introduction of this article, the current state of theories on meditation does not allow us to derive very specific hypothesis, at least not for most of the dependent measures that have been studied in meditation research so far. However, one can derive the quite global hypothesis that positive effects should be expected on almost all psychological variables used in the current studies. Our results are consistent with such a global prediction."

4.3 Meditationseffekte im wissenschaftlichen Diskurs

Die *Perspektivische Analyse*, welche bereits im vorhergehenden Kapitel zur Darstellung der unterschiedlichen Definitionen zum Thema Meditation und Entwicklung einer Arbeitsdefinition zum *Graduellen Kognitiven Training* benutzt wurde, wird auch beim Diskurs über Meditationseffekte fortgesetzt. Da in den Meditationsstudien jedoch zumeist wenig differenzierte Angaben zu der von den Probanden benutzten Trainingstechnik vorliegen[212], lässt sich aufgrund mangelnder Transparenz auch der wissenschaftliche Diskurs bereits genau an dieser Stelle nicht weiter differenzieren.

Wie bereits im vorhergehenden Kapitel deutlich wurde, sammeln sich unter dem Begriff des Meditationstrainings verschiedenste Konzepte aus völlig unterschiedlichen kulturellen Hintergründen und Perspektiven auf diese kulturellen Kontexte, sodass sich folglich auch die unter dem *Sammelbegriff Meditation* zusammengetragenen Trainingstechniken und ihre Zielsetzungen deutlich voneinander unterscheiden. Da viele Artikel zum Thema Meditationsforschung jedoch bereits mit der Ergebnisdarstellung und sehr wenigen Sätzen der Interpretation enden[213], schien diese fehlende Transparenz über einen sehr langen Zeitraum bedeutungslos. Sie zeigt sich nicht nur in der fehlenden interpretativen Zusammenführung zwischen den von den Probanden durchgeführten Trainingstechniken und den als Studienergebnisse dargestellten Effekten, sondern auch in der hieraus resultierenden fehlenden psychologischen Theoriebildung. Genau diese interpretative Leistung wäre somit die notwendige Grundlage für die theoretische Weiterentwicklung des Forschungsgegenstands und den nötigen Diskurs über die Evaluationsmethoden[214].

Somit findet sich bei einer Analyse des aktuellen Forschungsstands zum Thema Meditation eine sehr große Datenmenge unterschiedlichster Ergebnisse[215] unter dem *Sammelbegriff der Meditation*, welche weder weiter interpretiert noch sinnvoll unter-

---

[212] vgl. Sahdra, B.K, MacLean, K.A. Ferrer, E., Shaver, P.R., Rosenberg, E.L., Jacobs, T.L. et al. (2011: 308). "In a longitudinal study, we examined whether intensive meditation training would produce measurable changes in attentional control (as assessed with a response inhibition task) and whether these changes would predict improvements in adaptive functioning"; Kemeny, M.E., Foltz, C., Cullen, M., Jennings, P., Gillath, O., Wallace, B.A. et al. (2012: 346). "The evidence presented here indicates that a novel, intensive 8-week training program integrating secular forms of meditation practice, with information and techniques derived from the scientific study of emotion, can alter cognitive and emotional states and traits relevant to personal well-being and social cohesion."

[213] vgl. Davidson, R.J., Kabat-Zinn, J., Schumacher, J., Rosenkranz, M., Muller, D., Santorelli, S.F. et al. (2003: 569). "To our knowledge, this is the first demonstration of a reliable effect of meditation on an in vivo measure of immune function. The finding may reflect a relatively more rapid peak rise in antibody titers among the meditators compared with the controls. [...] Our findings indicate that a short training program in mindfulness meditation (MBSR) has demonstrable effects on brain and immune function and underscores the need for additional research on the biological consequences of this intervention."

[214] zum Thema Universalismus-Bildung vgl. Poortinga, Y.H. (2007: 313). "Von einer Position des psychologischen Universalismus aus, die eine speziesweite Geltung menschlicher psychologischer Funktionen impliziert, ist eine Bereichsidentität von Konzepten und sogar eine kulturübergreifende Validität von Operationalisierungen für Messungen jedoch nicht von vornherein auszuschließen, sondern dies wird zu einer Frage der empirischen Evidenz."

[215] vgl. Sedlmeier, P., Eberth, J., Schwarz, M., Zimmermann, D., Haarig, F., Jaeger, S. et al. (2012: 1139 a, b). "Numerous studies have been conducted to search for effects of meditation, yet there is an even more surprising lack of elaborate psychological theories that make sound predictions about what to expect if one meditates."

einander verglichen werden können. Die terminologische und inhaltliche Ungenauigkeit[216] führte notwendigerweise zu sich summierenden Bewertungsfehlern bei der Analyse der evaluierten Trainingseffekte und hatte gravierende Auswirkungen auf den wissenschaftlichen Diskurs. Trotz dieser Datenansammlungen ohne eine zugrundeliegende psychologische Theoriebildung jedoch wird Meditation derzeit in englischsprachigen Journalen bereits als Psychotherapieverfahren[217] angepriesen und in dieser Form auch zitiert. Obwohl bereits seit 197 Studien zum Zusammenhang zwischen Meditationstraining und Schlüsselsymptomen, insbesondere aus dem Angstspektrum[218], publiziert wurden, zeichnen sich die aktuellen Publikationen aus den zahlreichen aus dem MBSR erwachsenden undefinierten Technikkombinationen, durch Vorschläge der Förderung weiterer Forschung im Sinne von Werbung und forschungs- und ausbildungspolitischer Einflussnahme, die sich von einer differenzierten wissenschaftlichen Darstellung von Forschungsergebnissen in wissenschaftlichen Artikeln weit entfernt, aus anstatt eine Interpretation der Forschungsergebnisse vorzunehmen. Ferner wurde Meditation in den letzten Jahren wiederholt als Verfahren in der Psychotherapeutenausbildung vorgeschlagen[219].

Obwohl sich in älterer deutschsprachiger Literatur die Empfehlung eines Einsatzes von Meditation in der Psychotherapie noch deutlich vorsichtiger[220] gestaltete, wurde diese Vorsicht in den aktuellen englischsprachigen Artikeln zum Thema nicht fortgesetzt. Der

---

216 siehe Davidson, R.J., Kabat-Zinn, J., Schumacher, J., Rosenkranz, M., Muller, D., Santorelli, S.F. et al. (2003: 564, 569).

217 siehe Bond, K., Ospina, M.B., Hooton, N., Bialy, L., Dryden, D.M., Buscemi, N. et al. (2009: 129, 130). "Once thought of and practiced primarily as a spiritual exercise, meditation, especially in its Western context, has come to be viewed as a complementary therapeutic strategy to alleviate the symptoms of a variety of health-related problems (Arias, Steinberg, Banga, & Trestman, 2006; Perez de Albeniz & Holmes, 2000). This shift in focus has generated an increasing interest in conducting primary and secondary research regarding the therapeutic efficacy and effectiveness of meditation practices and techniques."; vgl. Walsh, R., Shapiro, S.L. (2006: 236). "**Emotional intelligence**. Meditative traditions aim for a twofold process of emotional rebalancing. Like Western therapies, they aim to reduce destructive emotions. Going beyond most Western therapies, the also aim to cultivate positive affects such as joy, love, and compassion, even to the point where they become nonexclusive and unconditional"; vgl. Davis, D.M., Hayes, J.A. (2011: 204). "Mindfulness as a metacognitive skill has been proposed as a necessary component of psychotherapy training (Bruce, Manber, Shapiro, & Constantino, 2010; Fauth, Gates, Vinca, Boles, & Hayes, 2007; Vinca, 2009). As research on therapists' mindfulness continues to emerge, should therapists' mindfulness demonstrate a meaningful relationship with measurable outcomes in the therapeutic relationship and treatment outcomes, psychotherapy training could include mindfulness training. [...] perhaps mindfulness could be measured in training programs as a necessary specific competency. Research support is needed to influence policy changes and changes in psychotherapy training program requirements"; vgl. Smith J.C. "It has been widely argued that meditation has psychotherapeutic potential. Research on meditation has yielded three sets of findings".

218 vgl. Smith, J.C. (1975: 562), Goldman, B.L., Domitor, P.J., Murray, E.J. (1979).

219 vgl. Boellinghaus, I., Jones, F.W., Hutton, J. (2013: 274). "Given the need for fostering self-awareness, self-care, and compassion in TTs, clinical training programs may consider offering LKM as an option for trainees to further their personal and professional development. In particular, LKM would appear to have the potential to help at least some TTs develop to meet the American Psychological Association's benchmark competencies of self-care and reflection (American Psychological Association, 2012)."

220 vgl. Grawe, K., Donati, R., Bernauer, F. (1994: 625, 626). "Meditation ist als Therapiemethode im deutschen Kulturkreis bisher wenig verbreitet. Von ihrer therapeutischen Wirksamkeit her ist dies unbegründet. Meditationstechniken sind nach den bisher vorliegenden Ergebnissen jedenfalls therapeutisch wirkungsvoller als das im deutschen Sprachraum weit verbreitete Autogene Training. Für Patienten und Therapeuten, die den mit Meditationstechniken in der Regel verbundenen östlich-kulturellen Zielen und Inhalten zuneigen, kann Meditation eine interessante Alternative zum Biofeedback, zur Progressiven Muskelentspannung und zur Hypnose sein, die dem Autogenen Training unter dem Wirksamkeitsaspekt allesamt vorzuziehen sind."

Mainstream der Meditationsforschung bewegt sich trotz fehlender Theoriebildung zu einer Interpretation allesumfassender Wirkkraft von Meditation[221], was aus den unterschiedlichsten Forschungsergebnissen, die aus den Studien unter dem *Sammelbegriff der Meditation* vorliegen, zwar unschwer gefolgert werden kann. Doch wird an dieser Stelle deutlich, welche Gefahren fehlende Reflexion der wissenschaftlichen Vorgangsweise und unzulässige Schlussfolgerungen bergen. Daher wäre eine Eingrenzung und Differenzierung des Forschungsgegenstands auf eine sinnvolle Größe eine notwendige Grundlage für weitere wissenschaftliche Forschung zum Forschungsthema. Hierauf aufbauend könnte die Interpretation von Zusammenhängen zwischen den durchgeführten Techniken und den Ergebnissen möglich werden.

Die im bisherigen wissenschaftlichen Diskurs zum Forschungsgegenstand der Meditation dargestellten Effekte beruhen also auf einem *Sammelbegriff der Meditation.* Obwohl in der Metaanalyse[222] versucht wurde, im Nachhinein Kategorisierungen zu bilden, scheint diese Vorgangsweise wenig sinnvoll, da dabei weder einbezogen werden konnte, welche Trainingsanleitung im Rahmen der jeweiligen Studien gegeben wurde noch was die Probanden tatsächlich geübt haben, was sich von der Trainingsanleitung selbst durchaus deutlich unterscheiden kann. Die fehlende Transparenz bei der Ergebnisdarstellung zum Forschungsgegenstand hat somit auch auf mögliche Kategorisierungen in Metaanalysen erhebliche Auswirkungen.

Somit ist der Forschungsgegenstand unter dem *Sammelbegriff Meditation* zu weit gefasst, um überhaupt noch sinnvoll interpretierbare Ergebnisse zu erlauben. Dies wird bereits darin sichtbar, dass die Ergebnisse zwar dargestellt, aber häufig nur mehr rudimentär auf das Training bezogen interpretiert werden konnten. Genau die fehlende Interpretation jedoch hat eine zentrale Auswirkung auf die Theoriebildung zum Forschungsgegenstand und auf den hierzu möglichen Diskurs. In vorliegender perspektivischer Analyse wird eine Theoriebildung mithilfe der Alternation von emischer Perspektive Buddhistischer Trainingstechniken und psychologischer Perspektive entwickelt. Die Grundlage hierfür bietet die Spezifizierung der Trainingstechnik als *Graduelles Kognitives Training* analog der emischen Perspektive und eine hierzu vorliegende Arbeitsdefinition. Obwohl das in vorliegender Studie benutzte Śamathatraining als ein *Graduelles Training* unterrichtet wurde und auch als solches interpretiert wird, wären die Studienergebnisse am ehesten mit den aus der ZEN-Meditation bekannten Śamathatechniken zu vergleichen, vorausgesetzt, sie wurden in einer Weise unterrichtet und durchgeführt, die der emisch-buddhistischen Perspektive entspricht ohne sich zahlreichen anderen Techniken zu assimilieren.

Die psychologische Theoriebildung wurde anhand einer Unterscheidung zwischen Effekten und transienten Erfahrungen, einer Strukturierung der im Trainingsverlauf auftretenden Effekte in notwendige und hinreichende Bedingungen für den Einsatz weiterer Techniken sowie einer Analyse von Schlüsselpunkten auf trainingstechnischer ebenso wie theoretischer Ebene entwickelt.

---

[221] vgl. Davidson, R.J., Kabat-Zinn, J., Schumacher, J., Rosenkranz, M., Muller, D., Santorelli, S.F. et al. (2003: 564, 569). "Our findings indicate that a short training program in mindfulness meditation (MBSR) has demonstrable effects on brain and immune function and underscores the need for additional research on the biological consequences of this intervention."

[222] Sedlmeier, P., Eberth, J., Schwarz, M., Zimmermann, D., Haarig, F., Jaeger, S. et al. (2012).

Die folgende Darstellung und Diskursivierung zu den im aktuellen wissenschaftlichen Diskurs vorliegenden Meditationseffekten dient folglich als ein Hintergrund für die weitere Differenzierung des Forschungsgegenstands mithilfe der *perspektivischen Analyse* ohne den Anspruch eine differenzierte Analyse von Trainingseffekten sein zu können. Diese Analysemethode ermöglichte bereits die Spezifizierung des Forschungsgegenstands auf trainingstechnischer Ebene als ein *Graduelles Kognitives Training* und die Entwicklung einer Arbeitsdefinition. Gleichzeitig wurde dadurch bereits eine Eingrenzung vorgenommen, welche mithilfe weiterer Differenzierung zwischen transienten Erfahrungen und Effekten und deren Spezifizierung noch weiter fortgesetzt wird. Im folgenden Kapitel wird dieser nun nicht nur hinsichtlich seiner Effektgruppen und Erfahrungen differenziert, sondern insbesondere auch hinsichtlich der Wirksamkeitsprinzipien und möglicher Veränderungsstrukturen im Trainingsprozess.

Zum Forschungsgegenstand der Meditation liegen unter diesem Sammelbegriff zahlreiche Erhebungen sowohl mithilfe psychologischer Variablen wie auch der in der Neurophysiologie benutzten Techniken des EEG und fMRT oder der Messungen physiologischer Stressparameter vor. Insofern die Trainingstechniken der Probanden unter dem *Sammelbegriff Meditation* selbst jedoch sehr allgemein gehalten wurden, sind diese Ergebnisse wenig interpretierbar und können weder miteinander verglichen noch zur größeren Gruppen zusammengefasst und analysiert werden. Da sich über das Training der Probanden selbst in den zahlreichen Ergebnisveröffentlichungen häufig kaum mehr als ein Stichwort oder wenige Sätze finden, bleibt unklar, was diese wie häufig geübt haben und welchen Kenntnisstand sie bereits vor Beginn des Trainings in ähnlichen Verfahren hatten. Somit wurden sehr spezifische Messverfahren auf ein extrem breites trainingsmethodisches Feld angewandt, ohne diese Anwendung theoretisch zu begründen oder interpretativ zu erklären. Obwohl die Ergebnisfülle auf den Leser beeindruckend wirkt, findet dieser trotz oder genau wegen dieser weder eine spezifische Interpretation der Wirkzusammenhänge noch eine psychologische Theoriebildung. Die differenziertesten Untersuchungen scheinen im Bereich der Aufmerksamkeitslenkung im Zusammenhang mit Emotionen[223] vorzuliegen. Daher stagniert die Forschung zu diesem Gegenstand aufgrund des zu breiten unspezifizierten trainingsmethodischen und theoretischen Hintergrunds, was sich in der fehlenden spezifischen Theoriebildung trotz des Vorliegens sehr umfangreicher unterschiedlichster Ergebnisse zeigt.

In zahlreichen Artikeln werden zwar die unter dem *Sammelbegriff der Meditation* benutzten Trainingstechniken mit ZEN (ZEN-Meditation), TM (Transzendentale

[223] vgl. Mobini, S., Grant, A. (2007: 458). "Although the implications of these experimental findings for clinical work have so far been relatively slight, experimental research on attentional bias has provoked particular interest in developing scientifically rigorous models of emotional disorder. These information-processing models can help us refine or develop behavioral and cognitive interventions in order to modify and correct dysfunctional attentional processing effectively. However, it remains to be seen whether cognitive therapy interventions targeting more voluntary, strategic information processing can have a positive therapeutic impact on automatic, involuntary processing involved in attentional bias."

Meditation) oder MBSR (Mindfulness Based Stress Reduction)[224] noch spezifiziert, jedoch wird mit einer solchen Bezeichnung der tatsächliche Trainingsinhalt der Probanden genauso wenig klar wie die Anleitung oder das Verständnis des Forschers. Solche terminologische und inhaltliche Ungenauigkeit[225] führt notwendigerweise zu sich summierenden Bewertungsfehlern bei der Analyse der evaluierten Trainingseffekte und hatte gravierende Auswirkungen auf den wissenschaftlichen Diskurs. Dabei bewirkte die Tabuisierung diese Fehlerquellen eine Stagnation des wissenschaftlichen Diskurses und stellte die nötige Theoriebildung zum Forschungsgegenstand in den Schatten. Zur Entwicklung einer psychologischen Theoriebildung wäre daher neben einer präzisen Darstellung und Reflexion über die tatsächlichen Trainingstechniken der Probanden ihre inhaltliche Reflexion, insbesondere bezüglich der Reihenfolge ihrer Anwendung und der Analyse der Zeitpunkte möglicher Kombinationsmöglichkeiten, von zentraler Bedeutung.

Eine Operationalisierung von "Mindfulness"[226] fand sich in Jacobs et al. im Kontext eines "Shamatha Meditation Retreat"[227] mithilfe von "mindful acting"[228], "mindful observing"[229] und "mindful non-reacting"[230]. Die Analyse dieser Operationalisierung[231] beinhaltet die Feststellung einer Korrelation zwischen obigen drei Faktoren. Da der Begriff der Oberkategorie bereits in allen Untergruppen vorhanden ist, ist die Korrelation wenig verwunderlich, vielmehr wäre interessant, wie diese Unterkategorien an die Probanden vermittelt wurden. Denn eine Handlung kann sich nur auf die Alltagsaktivität und nicht auf eine Trainingssitzung beziehen, während das Nicht-Reagieren wohl eher eine Trainingstechnik wäre als eine Handlung im Alltag. Somit fehlt eine Erklärung und Interpretation des Zusammenhangs zwischen Nicht-Reagieren und Handeln ebenso wie eine Begründung ihrer Kategorisierung als Achtsamkeit, außer dass alle Faktoren bereits das Adjektiv achtsam beigefügt haben. Der aus diesen drei Faktoren gebildete Indikator mit der Bezeichnung Achtsamkeit hat somit ähnlich summierende Funktion wie der *Sammelbegriff der Meditation* und wurde vor und nach dem "Shamatha-Meditation Retreat"[232] dargestellt. Dass in der Diskussion desselben Artikels das in der Überschrift als "Shamatha-Meditation Retreat"[233] bezeichnete Training jedoch dann unspezifisch als "mindfulness training"[234]

---

[224] vgl. Bishop, S.R. (2002: 71). "Mindfulness-Based Stress Reduction (MBSR) is a clinical program, developed to facilitate adaptation to medical illness, which provides systematic training in mindfulness meditation as a self-regulatory approach to stress reduction and emotion management"; vgl. Davidson, R.J., Kabat-Zinn, J. (2004: 150). "[...] mindfulness, defined as moment-to-moment nonjudgmental awareness, serves as the overarching unifying factor across the various elements of the intervention, [...]".

[225] siehe Davidson, R.J., Kabat-Zinn, J., Schumacher, J., Rosenkranz, M., Muller, D., Santorelli, S.F. et al. (2003: 564, 569).

[226] vgl. Jacobs, T.L., Shaver, P.R., Zanesco, A.P., Aichele, S.R., Rosenberg, E.L., King, B.G. et al. (2013: 1106).

[227] vgl. Jacobs, T.L., Shaver, P.R., Zanesco, A.P., Aichele, S.R., Rosenberg, E.L., King, B.G. et al. (2013: 1104).

[228] siehe Jacobs, T.L., Shaver, P.R., Zanesco, A.P., Aichele, S.R., Rosenberg, E.L., King, B.G. et al. (2013: 1106).

[229] siehe Jacobs, T.L., Shaver, P.R., Zanesco, A.P., Aichele, S.R., Rosenberg, E.L., King, B.G. et al. (2013: 1106).

[230] siehe Jacobs, T.L., Shaver, P.R., Zanesco, A.P., Aichele, S.R., Rosenberg, E.L., King, B.G. et al. (2013: 1106).

[231] siehe Jacobs, T.L., Shaver, P.R., Zanesco, A.P., Aichele, S.R., Rosenberg, E.L., King, B.G. et al. (2013: 1106). "Changes in mindful acting, mindful observing, and mindful non-reacting were all intercorrelated [...] These facets were averaged for a more reliable indicator of meditation-related changes, hereafter referred to as *mindfulness*. Mindfulness increased from pre-retreat ($M = 5.16$, $SD = .77$) to post-retreat ($M = 5.76$), $SD = .72$), $F(1, 56) = 36{,}20$, $p < .001$, as similarly reported (Jacobs et al., 2011)."

[232] vgl. Jacobs, T.L., Shaver, P.R., Zanesco, A.P., Aichele, S.R., Rosenberg, E.L., King, B.G. et al. (2013: 1104).

[233] vgl. Jacobs, T.L., Shaver, P.R., Zanesco, A.P., Aichele, S.R., Rosenberg, E.L., King, B.G. et al. (2013: 1104).

[234] siehe Jacobs, T.L., Shaver, P.R., Zanesco, A.P., Aichele, S.R., Rosenberg, E.L., King, B.G. et al. (2013: 1106).

bezeichnet wurde, zeigt die bereits erwähnte Undifferenziertheit in der Darstellung und Bezeichnung von Trainingstechniken, was sich direkt auf die fehlende Spezifizität in der Interpretation der Effekte auswirkt. Ferner stellt sich die Frage, ob die Retreatteilnahme der Probanden unter dem Begriff Mindfulness-Training vorgenommen wurde, da dies direkte Auswirkung auf die Beantwortung aller Faktoren mit dem Adjektiv "mindful", die als Nomen "mindfulness" operationalisiert wurden, hätte.

Das breite Feld der methodisch nicht spezifizierten Trainingstechniken zum *Sammelbegriff der Meditation* wurde also bislang im wissenschaftlichen Diskurs aus verschiedenen Blickwinkeln betrachtet mit der Fragestellung, ob mit den methodischen Vorgangsweisen der jeweiligen Fächer Ergebnisse zu gewinnen wären. Wie zu erwarten, resultierten jene in einer Fülle verschiedenster Ergebnisse. Die Fragestellung, ob Meditation positive Effekte hätte, die sich ebenso breit wie der *Sammelbegriff der Meditation* gestaltet und somit der Breite des Forschungsgegenstands durchaus angemessen erscheint, konnte in der Metaanalyse von Sedlmeier, P., Eberth, J., Schwarz, M., Zimmermann, D., Haarig, F., Jaeger, S. et al. positiv beantwortet werden. Hierbei wurde die Wirkung von Meditation bei Gesunden mit der Wirkung von Psychotherapie bei Psychotherapiepatienten verglichen:

> "Does meditation work in principle, that is, does it have positive effects? The evidence accumulated in the present meta-analysis [...] yields a clear answer: yes. As for the overall size of the effect, is it practically meaningful? This question is hard to answer, but a comparison with other fields of study might be of some help here. The overall mean effect size Lipsey and Wilson (1993) found in 302 meta-analyses of psychological, educational, and behavioral treatments, including psychotherapy, was d = 0.50, and estimates for the population effect of psychotherapy go up to d = 0.80 (Wampold, 2001). We reported our results as correlative effect sizes, but if one recalculates them (assuming equal sample sizes for meditation and control groups) in terms of standard deviation units one obtains d = 0.58 for the overall effect (r = .28) and d = 0.56 for the effect found only in the journal articles (r = .27). Even if one takes the results in the dissertations as a lower bound, it still results in d = 0.45 (r = .22). Thus, the impact of meditation on (healthy) practitioners is quite comparable to the impact of behavioral treatments and psychotherapy on patients".[235]

Jedoch bereits die zentrale Fragestellung *wie* diese einzelnen Trainingstechniken wirken mögen, sei es bei Gesunden oder im Kontext von Psychotherapie, ging in diesen zahlreichen Studien zu Meditationseffekten, deren Fokus auf den quantifizierbaren Ergebnissen lag, verloren. Somit stellt sich die Frage, ob bereits durch die Auswahl der exklusiv quantitativen Forschungsmethodik der Blick von einer Differenzierung der Qualität der Veränderung und dem Prozess der Veränderung im Trainingsverlauf abgelenkt wird. Dieser Verlust an inhaltlicher Differenzierung bei der Evaluation und hieraus resultierenden Effektdarstellung mag dazu beigetragen haben, dass es bislang noch zu keiner psychologischen Theoriebildung zum Forschungsgegenstand kam. Da im bisherigen wissenschaftlichen Diskurs zum Forschungsgegenstand bislang kaum Reflexion über die Auswahl der Evaluationsinstrumente stattfand, wurden psychologische Effekte, welche mit psychologischen Parametern aus den psychologischen Fragebögen, die nur in einem psychologischen Kontext validiert wurden, unhinterfragt als Meditationseffekte[236] bezeichnet.

---

[235] siehe Sedlmeier, P., Eberth, J., Schwarz, M., Zimmermann, D., Haarig, F., Jaeger et al. (2012: 1158 a, b).

[236] vgl. Sedlmeier, P., Eberth, J., Schwarz, M., Zimmermann, D., Haarig, F., Jaeger, S. et al. (2012: 1162 a, b). "Almost all the studies that went into the meta-analysis used conventional questionnaires and tests that were not specifically developed for meditation research. Even the self-actualizing person figuring prominently in Shostrom´s (1966) Personal Orientation Inventory, which was used as the main measure of self-actualization (as seen in Western context), might not fully fit with the predictions contained in theories about meditation."

Somit zeigte sich bei einer Analyse der Definitionen und Forschungsergebnisse zum *Sammelbegriff Meditation*, dass eine Eingrenzung des extrem breit gefächerten Forschungsgegenstands[237] dringend nötig ist, um zu interpretierbaren spezifischen Ergebnissen zu kommen und eine psychologische Theoriebildung entwickeln zu können. Dabei stellt sich die Frage, aus welchen Gründen trotz fehlender psychologischer Theoriebildung die methodische Zugangsweise zur Evaluation bislang kaum hinterfragt wurde, obwohl die Methoden der qualitativen Sozialforschung eine differenzierte Darstellung und Reflexion des Felds sowie auch die nötige Kontextualisierung fremdsprachlicher Termini erleichtern würden. Neben Experteninterviews könnte der narrative Ansatz hier einen Beitrag leisten.

Diese Eingrenzung des Forschungsgegenstands wird mithilfe der *Perspektivischen Analyse* bis zur Entwicklung des *Dynamischen Selbstreferenzmodells* weiter spezifiziert. Somit wurde eine psychologische Theoriebildung entwickelt, welche sich direkt auf das *Graduelle Kognitive Training*, mit welchem der Forschungsgegenstand trainingstechnisch bereits differenziert wurde, bezieht. Unter Einbeziehung der emischen Perspektive werden in das *Dynamische Selbstreferenzmodell* Termini technici und die graduelle Vorgangsweise beim Training eingeführt sowie auch die Vorgangsweise bei der Evaluation so differenziert, dass neben dem Outcome auch der Trainingsprozess einbezogen werden könnte. Darüber hinaus wird die psychologische Darstellung von Trainingstechniken und -effekten mithilfe der in emischer Perspektive dargestellten Veränderungsstrukturen weiter differenziert.

Obwohl das Forschungsthema Meditation wiederholt als ein interkulturelles Thema postuliert wurde und insbesondere asiatische Begriffe in den Diskurs einbezogen, wurden bislang die seltenen Beiträge, in denen die nötige Kontextualisierung zu Termini und Konzepten differenziert wurde[238], im Diskurs nicht weiter aufgegriffen. Der Beitrag der *Perspektivischen Analyse* zur nötigen Differenzierung des Forschungsgegenstands und der Darstellung des Beitrags der emischen Perspektive sowohl auf trainingstechnischer wie auch auf theoretischer Ebene mag eine Grundlage für einen interkulturellen Diskurs herstellen.

4.3.1 Darstellung von Trainingseffekten in der aktuellen psychologischen Forschung

In der psychologischen Forschung wurden Meditationseffekte einerseits mithilfe abhängiger Variablen aus verschiedensten Fragebögen, andererseits auch mit neurowissenschaftlichen Techniken wie EEG und fMRT oder der Messung von neurophysiologischen Stressparametern dargestellt[239]. Jedoch blieb das Feld der gemessenen abhängigen Variablen aufgrund aller unter einem *Sammelbegriff Meditation* zusammengetragenen Techniken in unspezifischer Breite bestehen. Die Rechtfertigung dieser Breite aus

[237] vgl. Malinowski, P. (2013: 9). "Specific conclusions can be drawn, because the study was confined to one specific, simple meditation practice, rather than the more complex or varied forms of meditation that were the focus of the majority of previous longitudinal studies into meditation. It seems that mindfully focusing on the somatosensory experiences of breathing leads to specific improvements to core processes of attentional control [...]."

[238] vgl. Grossman, P. (2011).

[239] vgl. Edenfield, T.M., Saeed, S.A. (2012: 132). "Western cultures have popularized the techniques over the last few decades, and, since the 1960s, there has been increasing research attention paid to meditative practices. Various physical and psychological health changes (eg, increased cerebral blood flow; reductions in metabolic activity, heart and respiratory rates, blood pressure, oxygen consumption, and muscle tension; decreased depression and anxiety symptoms) have been empirically linked to the practice of meditation".

dem Jahr 2004 "[...] we simply wished to determine whether there is any effect of the intervention as it is typically administered"[240] wurde erst im Jahr 2012 in der Metaanalyse in Frage gestellt: "Yet, apart from general methodological deficiencies, one central methodological problem in meditation research concerns measurement."[241] Dabei wurde insbesondere die Frage der Art und Weise der Effekte und Wirkzusammenhänge betont:

> "It now remains to be discovered what exactly the effects are, when and why they occur, how they relate to what we already know in psychology, and what we might learn from them to augment and enrich current psychological theories."[242]

In der Metaanalyse von Sedlmeier, P., Eberth, J., Schwarz, M., Zimmermann, D., Haarig, F., Jaeger, S. et al. wurde eine Kategorisierung der breitgefächerten Ergebnisse in den sehr unterschiedlichen psychologischen Variablen durchgeführt:

> "Even if there are no clear hypotheses about differential effects for different dependent measures, the studies performed to date contain a huge variety of dependent measures, and therefore, we also explored the effects obtained for those variables. The effect size estimates for the 21 categories identified by us revealed a substantial variation across these dependent measures. A first tentative interpretation of the results might be that meditation has its largest effects in reducing negative emotions and neuroticism, which might be connected to the surprisingly large effect in the category of interpersonal that relates to relationship issues. Smaller effects were obtained in measures that express different aspects of cognition. The effects for measures of attention (the two broad categories of attention and mindfulness) were medium sized. [...] Rather, these results might indicate that meditation affects cognitive variables by reducing conterproductive emotions and feelings. Note, however, that differences in effect sizes should not be overinterpreted - small causes sometimes can have huge effects; that is, small changes in cognition might yield huge changes in emotional variables."[243]

Doch genau aufgrund der Breite der Ergebnisse war auch mit einer Metaanalyse keine Entwicklung einer psychologischen Theoriebildung möglich[244]. Insbesondere aufgrund der interdisziplinären Postulate zum Forschungsgegenstand stellte sich auch an dieser Stelle am Beispiel der Konzepte der negativen Emotionen und des Neurotizismus die Frage nach präzisen Definitionen, wozu auch die Durchsicht der zur Studie anforderbaren Unterkategorien zu diesen einundzwanzig Kategorien keine Abhilfe schuf.

Aus emischer Perspektive werden *Zwei Gruppen Emotionaler Verblendungen*[245] differenziert. Als fünf zentrale Faktoren[246], aus denen sich alle weiteren *Negativen Emotionen* entfalten, werden die Faktoren der Anhaftung, Ablehnung, Unwissenheit, Stolz und Eifersucht definiert.[247] Diese konstituieren sich auf der Grundlage der *Mentalen*

---

[240] vgl. Davidson, R.J., Kabat-Zinn, J. (2004).
[241] siehe Sedlmeier, P., Eberth, J., Schwarz, M., Zimmermann, D., Haarig, F., Jaeger, S. et al. (2012: 1162 a).
[242] siehe Sedlmeier, P., Eberth, J., Schwarz, M., Zimmermann, D., Haarig, F., Jaeger, S. et al. (2012: 1163 a).
[243] siehe Sedlmeier, P., Eberth, J., Schwarz, M., Zimmermann, D., Haarig, F., Jaeger, S. et al. (2012: 1158 b, 1159 a).
[244] vgl. Sedlmeier, P., Eberth, J., Schwarz, M. Zimmermann, D., Haarig, F., Jaeger, S. et al. (2012: 1139 a, b). "Numerous studies have been conducted to search for effects of meditation, yet there is an even more surprising lack of elaborate psychological theories that make sound predictions about what to expect if one meditates."
[245] vgl. Tsepak, R. (2003: 97). "Kleśāvaraṇa/ Delusive obscurations."
[246] vgl. Tsepak, R. (2003: 98). "The five delusive poisons; the five poisonous delusions. 1. [...] desire-attachment 2. [...] hatred-anger 3. [...] ignorance 4. [...] pride 5. [...] jealousy."
[247] vgl. Attersee, A.I.M. (2014 b).

Faktoren[248]. Neben den Emotionen zugehörigen Geisteszuständen[249] werden auch die Folgewirkungen, in wörtlicher Übersetzung als Fehler bezeichnet[250], sowie die Objekte[251], um sich durch Training von diesen zu befreien, sowie die entsprechenden mit ihnen zusammenhängenden kognitiven Verblendungen[252] detailliert beschrieben. Somit mag deutlich werden, dass negative Emotionen in der Psychologie weit entfernt vom Bedeutungskontext der in Buddhistischer Philosophie und Tibetischer Medizin definierten Bedeutung von *Negativen Emotionen* liegen und ihre Zusammenfassung unter einem Begriff im Bereich der Meditationsforschung unzulässig ist.

In der Theoriebildung der Buddhistischen Philosophie wird klar strukturiert dargestellt, auf welche Weise das Training diese *Negativen Emotionen* zu verringern sucht, welches die Schlüsselpunkte im Trainingsverlauf wären und anhand welcher Strukturen diese Prozesse verlaufen[253], welche Übungen dabei durchgeführt und welche Effekte auf der jeweiligen Stufe erreicht werden können. Somit können die durch das Training bedingten Veränderungsprozesse mithilfe der Beschreibung der Zehn Bhūmis differenziert dargestellt werden. Bereits im Mahāyāna werden hierfür Faktoren wie Mitgefühl und Bodhicitta oder die *Vier Unermesslichen* eingeführt, welche jedoch im Gegensatz zur psychologischen Perspektive aus der emischen Perspektive nicht als Emotionen bewertet würden. Die Entfaltung dieser Faktoren wäre dabei vielmehr als eine Zielsetzung des Trainings definiert, welche mit der Reduktion der in emischer Perspektive klar definierten zahlreichen *Negativen Emotionen* vor sich geht[254]. Diese kurzen Gegenüberstellung der Bedeutung des Begriffs Emotionen aus emischer und psychologischer Perspektive macht nicht nur die Notwendigkeit der Kontextualisierung von Begriffen und Phrasen bei Einnahme eines interdisziplinären Forschungsansatzes deutlich, sondern deutet bereits auch an, wohin fehlende Kontextualisierung führt.

Ferner stellte sich die Frage, auf welcher Grundlage es in obigem Zitat zu einer Kategorisierung zwischen "attention"[255] und "mindfulness"[256] gekommen ist und weshalb die logisch und wissenschaftlich unzulässige Vorgangsweise, eine Unterkategorie mit demselben Begriff der "attention"[257] zu bezeichnen wie bereits die Oberkategorie, nicht korrigiert wurde. Die Zusammenfassung der umfangreichen Metaanalyse brachte folgendes ernüchterndes Ergebnis:

---

[248] siehe Tsepak, R. (2003: 286). "Fifty-one secondary mental factors; fifty one secondary minds accompanying a primary mind. 1-5. [...] the five omnipresent mental factors (see kun-'gro-lnga) 6-10. [...] the five determinants (see yul-nges lnga) 11-16. [...] the six root delusions (see rtsa-nyon drug) 17-36 [...] the twenty near-delusions (see nye-nyon nyi-shu) 37-47. [...] the eleven virtuous mental factors (see dge-ba bcu-gcig) 48-51. [...] the four changeable mental factors (see gzhan-'gyur bzhi)."

[249] vgl. Tsepak, R. (2003: 98).

[250] vgl. Tsepak, R. (2003: 98).

[251] vgl. Tsepak, R. (2003: 98).

[252] vgl. Tsepak, R. (2003: 61). "jñānāvaraṇa".

[253] Zehn Bhūmis, vgl. Tsepak, R. (2003: 279) "Daśa bhūmayaḥ".

[254] vgl. Attersee, A.I.M. (2014 b).

[255] siehe Sedlmeier, P., Eberth, J., Schwarz, M., Zimmermann, D., Haarig, F., Jaeger, S. et al. (2012:1159 a).

[256] siehe Sedlmeier, P., Eberth, J., Schwarz, M., Zimmermann, D., Haarig, F., Jaeger, S. et al. (2012:1159 a).

[257] siehe Sedlmeier, P., Eberth, J., Schwarz, M., Zimmermann, D., Haarig, F., Jaeger, S. et al. (2012:1159 a).

"Indeed, its specific effects are not fully clear, and even less so are the mechanisms that yield the effects. We believe that apart from a need to improve the methodological skills of many in the field, the two issues of theorizing and measurement are most important and warrant researchers´ attention. [...] It now remains to be discovered what exactly the effects are, when and why they occur, how they relate to what we already know in psychology, and what we might learn from them to augment and enrich current psychological theories."[258]

An dieser Stelle wurden einige zentrale Vorschläge für weitere Forschung im Fachgebiet angesprochen. Die erste Frage ist diejenige nach der Darstellung von Wirkmechanismen. Da eine solche Darstellung jedoch aus den bislang benutzten quantitativen Verfahren kaum entnommen werden kann, könnte hieraus bereits auch auf die Notwendigkeit einer Erweiterung der Evaluationstechniken geschlossen werden. Da ferner Wirkmechanismen nicht durch Outcomeforschung, sondern mithilfe von Prozessforschung feststellbar sind, würde dies bedeuten, genau die Prozessforschung auf den Forschungsgegenstand anzuwenden, um diese Wirkmechanismen überhaupt darstellen und interpretieren zu können.

Um die Effekte eines Verfahrens festzustellen, wäre es jedoch nötig, dieses zuerst in seinen Wirkelementen möglichst präzise zu definieren. Obwohl diese Präzision in originalsprachlichen Texten aus emischer Perspektive vorliegt und die interkulturelle Zugangsweise zum Forschungsgegenstand manches Mal postuliert wurde, wurden jene jedoch bislang nicht in den Diskurs einbezogen. Um die Informationsfülle der kondensierten philosophischen originalsprachlichen Texte, welche sich als Theoriebildung zur empirischen Ebene des Trainings verstehen, erfassen zu können, wäre bei der Übersetzung solcher Texte ihre elaborierte Interpretation, genau wie sie auch im monastischen Kontext vorgenommen wird, von zentraler Bedeutung. Aus diesem Grund stellt sich die Frage einer interdisziplinären Zusammenarbeit mit dem Ziel einer Theoriebildung zum Forschungsgegenstand.

Erst nachdem der Forschungsgegenstand auf klar definierte und spezifizierte Techniken eingegrenzt worden ist, wäre eine Zusammenfassung von verschiedenen Studien, welche tatsächlich einzig nur dieselbe Trainingstechnik nutzen würden, zulässig. Und erst nach einem solchen trainingstheoretischen Vorgang wäre somit auch derjenige Vergleich von unter verschiedenen Gesichtspunkten und Fragestellungen durchgeführten Studien möglich, welcher maßgeblich zur psychologischen Theoriebildung beitragen könnte.

[258] siehe Sedlmeier, P., Eberth, J., Schwarz, M., Zimmermann, D., Haarig, F., Jaeger, S. et al. (2012: 1163 a).

4.3.2 Analyse der Evaluationsmethoden und ihrer Implikationen

Zur Evaluation von Meditationseffekten wurden bislang überwiegend bis ausschließlich quantitative Forschungszugänge gewählt. Da jedoch noch keine psychologische Theoriebildung zum Forschungsgegenstand vorliegt, auf deren Grundlage eine deduktive Vorgangsweise nachvollziehbar und eine Entwicklung und Prüfung theoriegeleiteter Hypothesen möglich wäre, stellt sich die Frage, ob eine Methodentriangulation[259] zum Zweck der Darstellung von Trainingseffekten und der nötigen Theorieentwicklung sinnvoll sein könnte.

Somit wurde bislang vorwiegend versucht, die Quantität von Veränderungen vielmehr als die Art der Veränderungen beim Training und Wirkmechanismen zu evaluieren.

> "These methods (such as the questionnaires used in most of the present studies) that follow the ideal of measurement in the natural sciences are sometimes referred to as third-person methods because, in principle, any (third) person can perform the measurement (third person is seen in contrast to first person, i.e., the meditator him- or herself, or second person, who is related to the first person in a special way). However, if the predictions, say, about experiences in different states of meditation, are to be measured by interpreting the meditator´s utterances, an arbitrary third person will not do. There are at least three reasons for this. First, it is not possible to devise a general fixed procedure of interrogation as would be required for a third-person approach. Second, important information might not be disclosed if there is not good rapport between the persons involved in this kind of research (see also Vermersch, 1999). Third, the meditator´s utterances might not be understandable to an arbitrary third person because this person might lack adequate knowledge to interpret them. To overcome these problems, the first person could do the work him- or herself. This, however, raises serious issues of reliability. Moreover, for individuals who are not really well trained in introspection, simply directing their attention to their own mental states will usually change these states (Vermersch, 1999). Therefore, second-person methods might be most fruitful in further meditation research. These methods require a second person who is both knowledgeable in the subject matter and well trained in a suitable method of eliciting valid introspection from the meditator (e.g., Varela & Shear, 1999; Velmans, 2001)."[260]

Diese Forderung der "second-person methods"[261], welche eine bereits ausgebildete und erfahrene Person voraussetzen würde, die Meditationserfahrungen und -effekte sowohl unterscheiden als auch bewerten und interpretieren können sollte, scheitert in Amerika und Europa bereits am Prozess der Qualifizierung. Zwar könnte eine Fragestellung nach der Qualifikation aus der emischen Perspektive durch die vor Ort im monastischen Kontext vorliegenden klaren Ausbildungsstrukturen, welche sowohl ein Studium der Theoriebildung wie auch supervidierte Praxiserfahrung beinhalten, beantwortet werden, doch fehlt eine Qualitätssicherung solch umfassender Art in Amerika und Europa. Denn die Kurzkurse zur Ausbildung von Trainern ohne die nötige supervidierte Praxiserfahrung oder Theoriebildung können hierzu ebenso wenig Antworten bieten wie jene zahlreichen

---

[259] vgl. Mey, G., Mruck, K. (2010: 279). "Der Ansatz der Triangulation wurde ursprünglich im Kontext der Psychologie in die allgemeine Methodendiskussion eingeführt durch die Arbeiten von Campbell und Fiske (1959) [...]. Ausgangspunkt war der Gedanke, dass der untersuchte Forschungsgegenstand (auch) von den zu seiner Untersuchung eingesetzten Methoden konstituiert wird. Zum damaligen Zeitpunkt stand jedoch eher die negative Lesart dieses Sachverhalts im Vordergrund: Dass der Untersuchungsgegenstand von den eingesetzten Methoden möglicherweise verfälscht wird, die Ergebnisse somit als Artefakte zu betrachten wären. [...] Daran knüpften Überlegungen an, wie einer solchen Verfälschung vorzubeugen sei. Entsprechend wurden „nichtreaktive (unobstrusive) Messverfahren“ [...] gefordert. Eine Strategie wurde dabei die Kombination unterschiedlicher Messverfahren und Methoden im Rahmen der sog. *multitrait-multimethod-matrix* (Campbell & Fiske 1959)."

[260] siehe Sedlmeier, P., Eberth, J., Schwarz, M., Zimmermann, D., Haarig, F., Jaeger, S. et al. (2012: 1162 b).

[261] siehe Sedlmeier, P., Eberth, J., Schwarz, M., Zimmermann, D., Haarig, F., Jaeger, S. et al. (2012: 1162 b).

Seminare durch östliche Lehrer im Westen, die genauso ohne Theorievermittlung auszukommen scheinen. Werden die Seminare für spätere Ausbilder und selbsternannte Meditationslehrer unter dem Aspekt des Mythos Tibet analysiert[262], dann treten rasch die bislang unreflektiert gebliebenen Idealisierungen[263] eines männlich dominierten Feudalsystems und seine Implikationen in das Zentrum der Aufmerksamkeit.

An diesem Punkt der Entwicklung einer Theoriebildung zum Forschungsthema könnte ein qualitativer Forschungszugang sowohl zur nötigen Spezifizierung des Forschungsgegenstands wie auch zur Frage nach den zentralen Wirkfaktoren im Trainingsprozess auf inhaltlicher wie auch methodischer Ebene wesentliche Beiträge leisten.

> "*Hypothesenfindung und Theoriebildung* Dies ist ein klassischer Bereich qualitativer Forschung, der nur sehr selten infrage gestellt wird. Zum einen beinhaltet er die Aufdeckung der für den jeweiligen Gegenstand relevanten Einzelfaktoren, zum anderen die Konstruktion von möglichen Zusammenhängen dieser Faktoren."[264]

Obwohl der qualitative Zugang einen wesentlichen Beitrag zur Spezifizierung von Einzelfaktoren und der Darstellung ihrer Wirkzusammenhänge leisten kann, setzt die Präzision bei der Gegenüberstellung von Effekten und transienten Erfahrungen oben erwähnte Erfahrungs- und Ausbildungsvoraussetzungen voraus. Vorliegende Arbeit bezieht sich daher auf die bereits vorliegenden qualitativen Daten zum *Graduellen Kognitiven Training*[265].

Bei der Analyse der Vorgangsweisen im Rahmen der Untersuchung von Meditationstechniken stellte sich somit heraus, dass bereits die fehlende Systematik beim Training selbst wie auch die mangelnde Transparenz, dieses in die Studiendarstellung miteinzubeziehen, eine Vielzahl von Fragen zum Forschungsgegenstand und seiner Eingrenzung aufwerfen. Obwohl es in den kurzen Artikeln, die Studienergebnisse präsentieren, scheint, als ob es sich hierbei jeweils um eine klar festgelegte, inhaltlich nicht zu diskursivierende Methodik handeln würde, finden sich hierzu durchaus auch kritische Anmerkungen[266]. Dabei gibt es zum *Sammelbegriff der Meditation* weder Einigkeit zwischen seinen zentralen versus den nebensächlichen trainingstechnischen Aspekten[267] noch zur Abgrenzung von ähnlichen, jedoch nicht in dieses Fachgebiet fallenden Techniken. Somit ist die Spezifizierung von Einzeltechniken und die Darstellung der Reihenfolgen ihrer Durchführung eine notwendige Bedingung für die Interpretation von Studienergebnissen. Daher stellt sich für weitere Forschung im Fachgebiet die Frage nach einer differenzierten Darstellung der Trainingstechniken, der Chronologie ihrer Anwendung ebenso wie ihrer Effekte und Wirkzusammenhänge. Die *Perspektivische Analyse* ermöglichte mithilfe einer

---

262 vgl. Kollmar-Paulenz, K. (2006).

263 Sobald jedoch die zahlreichen Lebensgeschichten von Menschen, die an solchen Strukturen zerbrachen, dokumentiert und analysiert würden, könnte die in vielen Gruppen übernommene Struktur ins Bewusstsein gebracht und auch diese Schattenseite betrachtet werden.

264 siehe Mayring, P. (2010: 22)

265 vgl. Attersee, A.I.M. (2014 c, d, e, f).

266 vgl. Smith, J.C. (2004).

267 vgl. Bond, K., Ospina, M.B., Hooton, N., Bialy, L., Dryden, D.M., Buscemi, N. et. al. (2009: 135). "[...] three main criteria have been defined as essential to any medication [meditation, sic Attersee, A.I.M.] practice: the use of a defined technique, logic relaxation, and a self-induced state/mode. Other criteria deemed important involve a state of psychophysical relaxation, the use [of, sic Attersee, A.I.M.] a self-focus skill or anchor, the presence of a state of suspension of logical thought processes, a religious/spiritual/philosophical context, or a state of mental silence."

Darstellung der emischen Perspektive die graduellen Trainingstechniken zu spezifizieren und damit den Forschungsgegenstand einzugrenzen. Somit wäre eine differenzierte Darstellung der Trainingsmethodik bereits für die Probanden die nötige theoretische Grundlage, um zu einem späteren Zeitpunkt die Effekte mithilfe qualitativer oder quantitativer Methoden spezifizieren zu können.

Solange jedoch der für Lernprozesse eingängigen graduellen und systematischen Vorgangsweise beim Training kein Wert beigemessen wird, wird es weiterhin zu inhaltlich bedauernswerten Feststellungen, wie derjenigen, dass die Trainingsdauer keine Verbesserung der Effekte bewirken könne, kommen:

> "We are quite unprepared to find that the length of meditation experience seemingly did not have a monotonously increasing long-term effect."[268]

Jedoch stehen dieser sehr erstaunlichen Feststellung in der Metaanalyse, welche jegliche Sinnhaftigkeit langjährigem Meditationstrainings in Ost wie West in Frage stellen würde, bereits aktuelle neurophysiologische Forschungsergebnisse aus der Meditationsforschung[269] entgegen, welche in die Metaanalyse und ihre Interpretation nicht einbezogen worden waren.

Insbesondere stellt sich an dieser Stelle die Frage, ob ein scheinbarer Verlust von Langzeiteffekten nicht ganz genau durch die sich summierenden Fehler bei der Forschung selbst und dieser Art der Analyse bedingt sein würde, beginnend beim *Sammelbegriff der Meditation* und den ungeklärten Fragen, was genau die Probanden der in vorliegender Metaanalyse ausgewählten Studien wie lange und wie oft geübt haben, über das Messinstrumentar, das nicht die Meditationseffekte, sondern psychologische Effekte gemessen hatte, bis hin zu der in der Metaanalyse vorgenommenen willkürlichen Kategorienbildung[270]. Bevor hieraus Schlussfolgerungen, die jeglichen einfachen Lernvorgängen und Lernprozessen entgegenstehen würden, gezogen werden, wäre es wichtig, diese Fragen zu beantworten.

Ferner würde sich die Frage stellen, aus welchem Grund eine trainingstechnische Polarisierung zwischen Konzentration und Achtsamkeit als scheinbar ordnendes Konstrukt eingeführt wurde, obwohl dieses weder auf Erfahrung gründet noch im deutschen oder englischen Sprachgebrauch schlüssig oder in der emischen Perspektive Buddhistischer Philosophie oder Tibetischer Medizin zu finden ist, und wie dieses sich auf die Ergebnisse auswirkt. Diesem Konstrukt fehlt nicht nur eine theoretische Zuordnung, sondern derselbe Begriff der Konzentration wird sogar auch in einem anderen Konstrukt, das eine Achse zwischen Konzentration und Gewahrsein darstellen soll, wieder benutzt ohne eine weitere Erklärung des vorliegenden Zusammenhangs zwischen den beiden vorliegenden

---

[268] siehe Sedlmeier, P., Eberth, J., Schwarz, M., Zimmermann, D., Haarig, F., Jaeger, S. et al. (2012: 1160 a).

[269] vgl. Williams, J.M.G. (2010: 6)."[...] longer meditation training changes the structure of the brain: long-term practitioners are different in understandable ways from novices, yet even 8 weeks' mindfulness practice brings about changes in the way emotion is processed that shows that participants can be trained to uncouple the sensory, directly experienced self from the "narrative" self-representation that contains the memories and inferences from which our sense of "self" is constructed and then defended."

[270] vgl. Sedlmeier, P., Eberth, J., Schwarz, M., Zimmermann, D., Haarig, F., Jaeger, S. et al. (2012: 1141). "Some distinctions are frequently mentioned in the literature, such as the type of attention cultivated (concentration vs. awareness) and the relationship to cognitive processes (e.g., simply observing cognitions vs. deliberately modifying them [...]). A primary distinction is that between concentrative and mindfulness techniques [...], although the two techniques are often used together in actual approaches to meditation such as Zen meditation".

Konstrukten. Vor der Bildung von Konstrukten scheint es eine zentrale Aufgabe in vorliegendem Forschungsgebiet, die für die Forschung nötigen Begriffsanalysen und entsprechenden Kontextualisierungen zu beginnen, wie es beispielsweise bei den Konnotationen des Worts Konzentration aus psychologischer und emischer Perspektive von C.G. Jung angedeutet[271] wurde.

Obwohl die Interpretation der neuropsychologischen Untersuchung von Williams, J.M.G. im Jahr 2010 bereits den entscheidenden Hinweis auf die Art der Veränderung bei längerem Training gab, wurde dieser im Diskurs von Sedlmeier, P., Eberth, J., Schwarz, M. Zimmermann, D., Haarig, F., Jaeger, S. et al. im Jahr 2012 nicht aufgegriffen:

> "[...] changes in the way emotion is processed that shows that participants can be trained to uncouple the sensory, directly experienced self from the "narrative" self-representation that contains the memories and inferences from which our sense of "self" is constructed and then defended."[272]

Bei Durchsicht der Darstellung von Forschungsergebnissen zum Forschungsgegenstand der Meditation aus den verschiedenen oben erwähnten Forschungsbereichen und der wenigen inhaltlich-methodischen Beiträge zum Diskurs fällt auf, dass wiederholt wertvolle Beiträge nicht in den Diskurs aufgenommen wurden. Solcherlei mangelnde Beachtung wissenschaftlicher Beiträge zum Forschungsgegenstand scheint den mangelndem Erkenntniszuwachs und die immer noch fehlende Theoriebildung teilweise erklären zu können.

Genau die im Beitrag von Williams, J.M.G. beschriebene Entkopplung der gegenwärtigen Wahrnehmung von den eigenen Gedankenketten und emotionalen Komplexen ist ein wesentlicher Aspekt des *Graduellen Kognitiven Trainings* insofern als die Modifikationsprozesse genau erst nach dem Erreichen dieser Fähigkeit der Entkopplung ansetzen könnten. Während bei der Übung der Aufmerksamkeitslenkung, der Entwicklung von Einfachfokussierung bis hin zur Mehrfachfokussierung die Beobachtung der eigenen Gedanken und Emotionen im Vordergrund ist, werden in der Trainingsphase der Entkopplung von den Gedankenketten und emotionalen Komplexen diese Beobachtungen benannt, differenziert und moduliert bis hin zu dem Punkt, an welchem das eingeprägte Selbstbild und Körperbild sich durch die gegenwärtige Erfahrung zu differenzieren beginnt. Somit wäre dies die Darstellung eines sehr spezifischen Trainingseffekts mithilfe der Darlegung der hierzu führenden prozessualen Übungsschritte.

Obwohl die Notwendigkeit besteht, den Forschungsgegenstand zu spezifizieren, um Forschungslücken benennen zu können, interpretierbare Ergebnisse zu erhalten und eine Theoriebildung hierzu entwickeln zu können, wurde er durch Hinzufügen diverser Beiträge aus dem Buddhismus sogar noch immer weiter ausgeweitet. Sowohl die Notwendigkeit der Differenzierung der emischen versus etischen Sichtweisen auf den Forschungsgegenstand der Meditation, die von Walsh, R., Shapiro, S.L. bereits im Jahr 2006[273] angesprochen wurde, wie auch der vernichtende Kritikpunkt eines Konglomerats von Techniken von

---

[271] vgl. Jung, C.G. (1972: 53). "*Der Text sagt: „Diese Meditation ist frei von seelischer Konzentration." Die übliche Annahme ist, daß Yoga hauptsächlich in intensiver Konzentration bestehe. Wir glauben zu wissen, was Konzentration heißt; aber es ist sehr schwer, zu einem wahren Verständnis der östlichen Konzentration zu gelangen. Unsere Art von Konzentration kann gut gerade das Gegenteil der östlichen sein, wie das Studium des Zen-Buddhismus zeigt.*"

[272] vgl. Williams, J.M.G. (2010: 6).

[273] siehe Walsh, R., Shapiro, S.L. (2006: 227).

Smith, J.C. (2004) [274] gegenüber der MBSR (Mindfulness Based Stress Reduction)[275] blieben seither ohne wesentliche Resonanz und ohne die nötigen Folgen im weiteren wissenschaftlichen Diskurs zum Forschungsgegenstand. Stattdessen wurden ohne Konsequenzen oder Theoriebildung zur Mindfulness Based Stress Reduction weitere Neologismen, beispielsweise das Mitgefühlstraining (LKM, Loving-Kindness Meditation)[276], das wiederum unter dem *Sammelbegriff der Meditation* geführt wird, und ebenso wie das MBSR buddhistische Termini und Konzepte dekontextualisiert, eingeführt.

Die Notwendigkeit der perspektivischen Differenzierung des Begriffs Achtsamkeit wurde von Grossman, P. (2011) anhand folgender Fragestellungen in den Diskurs eingebracht:

> "Western academic psychology has recently embraced aspects of the Buddhist construct of mindfulness, especially over the last 5-6 years, and a number of psychologists have attempted to operationalize and measure mindfulness via self-report assessment. Usually, there is an explicit or implicit claim that such operationalizations and definitions closely conform to Buddhist and MBI constructs. In this commentary, I address a few key questions: Are the developers of these self-report scales actually inventing their own definitions and at the same time draping them in the orange robes of Buddhism by citing partial and incomplete definitions of Buddhist scholars? Is this process already leading to a denaturing and decontextualisation of the original Buddhist construct of mindfulness in Western thought? What is the empirical basis for the putative measurements of mindfulness?"[277]

Dieser sehr präzise Beitrag im Jahr 2011 jedoch blieb im Diskurs ohne Resonanz und ohne Antwort. Stattdessen wurden seither ohne vorliegende Theoriebildung immer neue Methoden und weitere Neologismen wie LKM (Loving-Kindness Meditation) eingeführt, wobei ihre Evaluation keineswegs vor klinischer Forschung Halt macht.

In der Mindfulness Based Stress Reduction (MBSR) und Loving-Kindness Meditation (LKM) werden Termini wie Achtsamkeit mit dem *Sammelbegriff der Meditation* gleichgesetzt[278], wodurch der Forschungsgegenstand anstatt der für die psychologische Theoriebildung und Interpretation von Evaluationsergebnissen nötigen Spezifizierung immer noch breiter, allumfassender konstruiert wird.

> "Just 10 years ago, the Buddhist construct of mindfulness was hardly a topic of mainstream scientific discourse. Today, insufficient care with a concept still so novel to most Western psychologists may act as a major impediment to acquiring an understanding of the Buddhist phenomenological approach (see Grossman, 2010). Denaturing, distortion, and banalization of the term *mindfulness* will deprive psychologists of possibilities to appreciate and, possibly, bridge fundamental differences in Buddhist and Western approaches to mind and body. Our apparent rush to measure and reify mindfulness - before attaining a certain depth of understanding - may prevent us from transcending worn and familiar views and concepts that only trivialize and limit what we think mindfulness is. The scientific method, with its iterative process of reevaluation and improvement, cannot correct such fundamental conceptual misunderstandings but may actually serve to fortify them."[279]

Durch die gezielte Implementierung buddhistischer Elemente scheint dieser Vorgang der Vereinnahmung nicht nur gerechtfertigt, sondern begründet zu werden. Dabei scheint die

---

274 siehe Smith, J.C. (2004: 148). "Few, if any, studies have cautioned that the Kabat-Zinn system is not pure mindfulness, but an amalgam of mindfulness meditation, concentrative meditation, passive breathing exercises, yoga stretching, and even a bit of imagery, autogenic training, and Buddhist psychology. Elsewhere I have proposed that this system should be viewed as a "combination approach"".

275 siehe Smith, J.C. (2004).

276 vgl. Frederickson, B.L., Coffey, K.A., Pek, J., Cohn, M.A., Finkel, S.M. (2008: 1057).

277 siehe Grossman, P. (2011: 1035).

278 vgl. Attersee, A.I.M. (2014 b).

279 siehe Grossman, P. (2011: 1038).

Dekontextualisierung mit Interkulturalität hinreichend begründet zu werden. Eine solche Vorgangsweise degradiert die spezifischen, im Buddhismus tradierten und graduell einsetzbaren Einzeltechniken und ihre ebenso spezifischen Effekte in einer für wissenschaftlichen Diskurs unzulässigen Weise. Somit verlieren die in originalsprachlichen Texten vermittelten spezifischen, klar definierten Termini und Techniken und die vorliegenden theoretischen Modelle zu Trainingsverläufen ihre Differenziertheit unter dem Deckmantel des neuen Buddhismus im Westen. Dabei sind bereits die Unterscheidung des Wesentlichen vom Unwesentlichen, die Unterscheidung von Ursache und Wirkung, verloren gegangen. Diese für den wissenschaftlichen Diskurs zentralen Elemente jedoch könnten lediglich mithilfe kommentierter Übersetzungen korrigiert werden, an denen wenig Interesse zu bestehen scheint, weil sie anders als das MBSR oder LKM zeitintensive Unterfangen wären und keine schnellen Effekte versprechen können.

Nicht nur werden die dem Kontext entrissenen inhaltlichen Sinnzusammenhänge nicht mehr dargestellt, auch die Tiefgründigkeit und Differenziertheit in der Darstellung der Effekte und Trainingsverläufe wird durch diese Vereinnahmung buddhistischer Fachtermini ohne Definitionen und Kontextualisierung zunichte gemacht. Durch eine veränderte Zugangsweise zur Technik selbst und der Anwendung der Methoden, welche aus der buddhistischen Perspektive als eine individuelle Erfahrung und Entwicklung gefordert wären, ohne die Notwendigkeit der im Westen üblichen Gruppenveranstaltungen und Gruppenzugehörigkeiten, wurden essentielle Veränderungen in der Perspektive auf den Forschungsgegenstand kritiklos hingenommen.

Durch die Einbeziehung der emischen Perspektive Buddhistischer Philosophie und Tibetischer Medizin aus kommentierten und interpretierten originalsprachlichen Quellen hingegen könnten Kernpunkte zur Entschlüsselung von Trainingseffekten sowie auch die dahinterliegende bislang im Diskurs überhaupt nicht dargestellte Theoriebildung zugänglich gemacht werden[280].

Folgende Differenzierung zeigt einen zentralen Kritikpunkt am derzeitigen Mainstream zur Meditationsforschung, die unter dem Begriff Achtsamkeitsforschung subsummiert wird.

> "I argue that Western psychologists' definitions and operationalizations of mindfulness may, in fact, be near-enemies of the original Buddhist construct. At the very first glance, these operationalizations may resemble that of the MBI definition, but, in reality, we may be talking about two profoundly different things. The Buddhist construct is the result of a 2,500-year development of a phenomenological approach oriented toward a gradual understanding of direct experience. The other, Western-psychologist-defined versions are less-than-10-year-old attempts to objectify and quantify mindfulness by employing operationalizations that can be understood by and generally have been validated with people untrained in mindfulness practices. The dangers of distortion and reification would seem apparent. These are no trivial concerns, because of their impact upon the very meaning of mindfulness in the psychological literature and, in turn, the development of mindfulness-based interventions and related research. Given the current reliance on questionnaire data and *not* direct behavioral investigations in much of modern psychological research [...], a clear danger is that mindfulness will become known and understood by way of questionnaire definitions, and will be presumed by many to reflect its original Buddhist meaning. This may also result in lost opportunities for a serious integration of the very distinct, contrasting Buddhist and Western psychological paradigms and traditions (Grossman, 2010)."[281]

[280] vgl. Köttl, M. (2009); Attersee, A.I.M. (2014 b).
[281] siehe Grossman, P. (2011: 1035).

Diese Argumentation impliziert die Frage, zu welchen Operationalisierungen und Validierungen Experten im Feld kommen würden. Hieraus ergibt sich die Frage nach einer Definition von Experten in diesem Forschungsfeld, welche wiederum aus den verschiedenen Perspektiven, aus denen dieser Forschungsgegenstand betrachtet wird, unterschiedlich beantwortet werden könnte. Aus emischer Perspektive werden zwei Gruppen von Experten unterschieden, nämlich die Professoren der Tradition, welche die Buddhistische Philosophie, nämlich die Modelle und theoretischen Grundlagen für das Training, lehren, indem sie die entsprechenden Texte kommentieren und interpretieren und die Meditationsmeister, die nicht nur die Trainingstechniken erlernten, sondern insbesondere durch die authentische Aktualisierung von Effekten Verwirklichung[282] erlangt haben. Es stellt sich die Frage, aus welchen Gründen diese für den Forschungsgegenstand zentralen Fragestellungen, deren Beantwortung nicht nur den präzisen wissenschaftlichen Umgang fördern, sondern auch die fehlende Theoriebildung ermöglichen würden, seither ohne Reaktion im Diskurs blieben.

Wenn Auswirkungen von Mindfulness Meditation als "improved subjective well-being, reduced symptoms of psychological distress, decreased emotional reactivity, and enhanced regulation of behavioral responses"[283] beschrieben werden, dann stellt sich die Frage, ob sich dieses subjektive Wohlfühlen bereits genau bei Einsetzen der Entspannungsantwort und der sich damit entwickelnden Fähigkeit der Stressregulation entwickeln würde. Sowohl psychisch bedingter Stress und die physiologische Stressantwort wie auch die emotionale Reaktivität kann mithilfe von gezielt eingesetzten Techniken wie dem innerpersönlichen Perspektivenwechsel im Sinne der Entwicklung einer *Beobachterperspektive* und der dadurch bedingten zunehmenden *Desidentifikation* mit den eigenen Gedanken, Emotionen und physischen Ereignissen deutlich verringert werden.

---

[282] vgl. Coleman, G., Jinpa, T. (2008: 698). "**Verwirklichung** *rtogs-pa*, Skrt. *adhigama* Dieser Begriff bezieht sich auf die spirituellen Erfahrungen, zu denen ein Praktizierender auf dem Pfad zur **Erleuchtung** durch Einsicht in das geistige Kontinuum und dessen Umwandlung gelangt, sowie auch auf die daraus resultierende Erlangung von **Befreiung** oder **Buddhaschaft**"; Coleman, G., Jinpa, T. (2008: 637). "**Kontinuum des Grundes** *gzhi´i rgyud*, Skrt. *āśrayatantra* Das Kontinuum des Grundes wird mit dem ursprünglich gegenwärtigen **Reinen Gewahrsein** und mit der **Wahren Wirklichkeit** oder **Leere** identifiziert, die sich in Übereinstimmung mit den resultierenden Aspekten der **Buddhaschaft** befindet. Nach den ***Tantras*** ist das Kontinuum des Grundes (*gzhi´i rgyud*) die Grundlage, auf der sich das **Kontinuum des Pfades** *(lam-gyi rgyud)* vollständig als das **Kontinuum des Resultats** (*´bras-bu´i rgyud*) manifestiert"; Coleman, G., Jinpa, T. (2008: 638). "**Kontinuum des Pfades** *lam-gyi rgyud*, Skrt. *mārgatantra* Nach den ***Tantras*** ist das Kontinuum des Pfades das Mittel, durch das sich das **Kontinuum des Grundes** (*gzhi´i rgyud*) vollständig als das **Kontinuum des Resultats** (*´bras-bu´i rgyud*) manifestiert. **Kontinuum des Resultats** *´bras-bu´i rgyud*, Skrt. *phalatantra* Nach den ***Tantras*** ist das Kontinuum des Resultats die Frucht oder das Endergebnis, das erreicht wird, wenn sich das ***Kontinuum des Grundes*** (*gzhi´i rgyud*) vollständig durch das **Kontinuum des Pfades** (*lam-gyi rgyud*) manifestiert."

[283] siehe Edenfield, T.M., Saeed, S.A. (2012: 135); vgl. Keng, S.L., Smoski, M.J., Robins, C.J. (2011).

4.3.3 Bedeutung von Trainingseffekten in der neuronalen Plastizität

Wiederholt wurden Veränderungen in der neuronalen Plastizität durch Meditationstraining beschrieben[284]. Solange die einzelnen Techniken nicht definiert und spezifisch angeführt sind, sind auch in diesem Fachgebiet keine Interpretationen zu den Zusammenhängen spezifischer Trainingselemente und den festgestellten Effekten der Veränderung in der neuronalen Plastizität möglich[285]. Da eine Veränderung der Plastizität[286] bei jeglichen Lernprozessen stattfindet, wäre hiermit auch noch kein spezifischer Effektbereich festgelegt.

Bezüglich der spezifischen Trainingseffekte kann davon ausgegangen werden, dass bereits die Beobachtung der Handlungsimpulse ohne ihre sofortige Umsetzung Veränderungen bewirken kann. Insbesondere jedoch dürften diejenigen Trainingstechniken, welche die Lösung der Identifikationsstärke mit den eigenen Gedanken und Emotionen fördern, nach langfristigen Übungsverläufen die hier skizzierten Veränderungen der neuronalen Plastizität ermöglichen. Die Techniken des Nicht-Benennens und Nichtbewertens dürften sich ebenso wie die Entwicklung des innerpersönlichen Perspektivenwechsels bei gleichzeitiger Blockierung der Handlungsimpulse langfristig auf dieser Ebene auswirken können.

Im Kontext der Beschreibung von Auswirkungen von Meditationstraining auf neuronaler Plastizität betonten Grant, J.A., Courtemanche, J., Duerden, E.G., Rainville, P., Ducan, G.H. die Regenerationsfähigkeit nach Stress und emotionalen Bedrohungen:

[284] vgl. Fox, K.C.R., Nijeboer, S., Dixon, M.L., Floman, J.L., Ellamil, M., Rumak, S.P. et al. (2014: 48). "Anatomical likelihood estimation (ALE) meta-analysis found eight brain regions consistently altered in meditators, including areas key to meta-awareness (frontopolar cortex/BA 10), exteroceptive and interoceptive body awareness (sensory cortices and insula), memory consolidation and reconsolidation (hippocampus), self and emotion regulation (anterior and mid cingulate; orbitofrontal cortex), and intra- and interhemispheric communication (superior longitudinal fasciculus; corpus callosum). Effect size meta-analysis (calculating 132 effect sizes from 16 studies) suggests a global 'medium' effect size [...]. Publication bias and methodological limitations are strong concerns, however. Further research using rigorous methods is required to definitively link meditation practice to altered brain morphology."

[285] vgl. Thomas, J.W., Cohen, M. (2014: 1). "Despite over 50 years of research into the states of consciousness induced by various meditation practices, no clear neurophysiological signatures of these states have been found. Much of this failure can be attributed to the narrow range of variables examined in most meditation studies, with the focus being restricted to a search for correlations between neurophysiological measures and particular practices, without documenting the content and context of these practices. We contend that more meaningful results can be obtained by expanding the methodological paradigm to include multiple domains including: the cultural setting ("the place"), the life situation of the meditator ("the person"), details of the particular meditation practice ('the practice'), and the state of consciousness of the meditator ("the phenomenology"). Inclusion of variables for all these domains will improve the ability to predict the psychophysiological variables ("the psychophysiology") associated with specific meditation states and thus explore the mysteries of human consciousness."

[286] Xue, S.W., Tang, Y.Y., Tang, R., Posner, M.I. (2014: 5). "[...] we have provided the empirical support for meditation induced network plasticity. Our results indicate the network topological pattern during resting state is altered by short-term IBMT, and may provide an interpretation of improvement of information processing in the brain."

"The present findings add to the literature by suggesting plasticity in the recovery trajectory following stressors and emotional threats that is amenable to augmentation via meditation-based interventions. It is important to note that findings point to a greater impact of such interventions on recovery rather than reactivity to emotional provocation. These findings are consistent with very early studies conducted by Davidson, Goleman, and Schwartz (Goleman &Schwartz, 1976; Davidson & Schwartz, 1976) supporting the impact of meditation on recovery, habituation, and related processes. This pattern of results may be due to enhanced emotion regulation, involving a reduction in strong identification with the task-induced emotional reaction, thereby reducing its prolongation following termination of the emotional provocation (see Davidson, 2010). Reductions in overidentification with emotional experience is described in the meditation literature as a major goal of the practice of meditation (Wallace, 2005). Given the physical health consequences of maladaptive patterns of psychobiological responses to stress, including impaired recovery (McEwen, 1998), these findings could have health implications."[287]

4.3.4 Analyse der Chronologie von Trainingseffekten im Trainingsverlauf

Durch die emische Perspektive auf den Forschungsgegenstand wird die Analyse des Forschungsgegenstands mithilfe der Differenzierung der Trainingstechniken als ein *Graduelles Kognitives Training* und der Spezifizierung der Trainingseffekte als graduell verlaufende Veränderungsstrukturen bereichert.[288] Somit wird dieser durch die *Perspektivische Analyse* spezifiziert, was in Folge diejenigen Stellen verdeutlicht, an welchen Übergeneralisierung vorliegt. Dabei könnte das Aufgreifen aktueller Diskurse zwischen Buddhistischen Philosophischen Schulen über Meditationseffekte und die entsprechenden Modellbildungen den Diskurs aus psychologischer Perspektive bereichern. Somit könnten erst genau nach einer Spezifizierung des Forschungsgegenstands auf trainingstechnischer wie auch theoretischer Ebene Forschungslücken überhaupt sinnvoll dargestellt werden. Mithilfe der Einführung einer Theoriebildung sollte es dabei möglich werden, die zahlreichen unspezifischen Effekte zumindest teilweise einem theoretischen Fundament zuzuführen. Obwohl die in der Psychologie übliche Kategorisierung von Meditation als Entspannungstechnik den Forschungsgegenstand zu eng auf einen einzigen Effektbereich begrenzt, könnte dabei dieser Effektbereich der Entspannungsreaktion als ein grundlegender Faktor zur Entwicklung von Beobachtungs- und Reflexionsfähigkeiten innerhalb des *Dynamischen Selbstreferenzmodells* interpretiert werden.

Daher wären bezüglich des Forschungsgegenstands mehrere Diskurse zu führen. Die Grundlage für eine psychologische Theoriebildung wird dabei bereits durch einen Diskurs, welcher mithilfe einer Definition und Spezifizierung von Techniken und einer Darstellung ihrer Wirkzusammenhänge zur Definition und Spezifizierung von Trainingstechniken führen sollte, gelegt.

Da sich aus einer emischen Perspektive der Faktor des Gewahrseins basierend auf den spezifischen graduellen Trainingstechniken während wie auch zwischen den Meditationssitzungen entwickelt[289], sollte es möglich sein, an diesem Faktor den prozessuale Charakter des Trainings deutlich zu machen. Auf terminologischer Ebene wird in den originalsprachlichen Texten diese Differenzierung eines Entwicklungsprozesses deutlich gemacht,

[287] siehe Grant, J.A., Courtemanche, J., Duerden, E.G., Rainville, P., Ducan, G.H. (2010: 347).

[288] unter Einbeziehung interdisziplinärer Fragestellungen könnten interdisziplinäre Diskurse zu verschiedenen angrenzenden Themenkomplexen dargestellt werden, wie beispielsweise anhand der Diskursivierung des Begriffs des Bewusstseins; vgl. Lati, R., Napper, E. (2011).

[289] vgl. Attersee, A.I.M. (2014 a, b, c, d, e, f).

indem er zuerst als Kraft und zu einem späteren Zeitpunkt im Übungsprozess, nach seiner weiteren Entfaltung, als Macht konnotiert wird.

Da die Reihenfolge und Art der Kombination der Einzeltechniken grundlegend verschiedene Effekte bewirkt, ist eine differenzierte Analyse der chronologischen Vorgangsweise beim Training von zentraler Bedeutung für die Trainingseffekte. Trotz der für Lernprozesse eingängigen schrittweisen Vorgangsweise, fehlt diese im aktuellen Diskurs zum Forschungsthema. Anhand einer Darstellung der chronologisch sinnvollen Reihenfolge des Einsatzes von Trainingselementen für die entsprechenden Lernprozesse, könnte der Untersuchungsverlauf in seiner Chronologie und somit auch der Verlauf der Trainingsprozesse der Probanden dokumentiert und verglichen werden.

Dem Diskurs über die psychologischen Effekte von Meditationstraining fehlt bislang eine Analyse der Bedeutung des zentralen Faktors der Integration von Übungseffekten in den Alltag, was nicht nur die Effekte verstärkt, sondern zu wesentlichen Wechselwirkungen beiträgt. Diese könnten stressbezogen im Sinne der Entwicklung der Fähigkeit einen vagotonen Zustand zu induzieren oder ressourcenorientiert analysiert und systematisiert werden.

4.3.5 Wirkspektrum des Effekts der Selbstregulation und Arbeit mit den eigenen Emotionen

Durch die Durchführung der Trainingstechnik werden die den Skandhas[290] zugeordneten Bewusstheiten nicht lediglich beobachtet, sondern die Art der Verarbeitung kann immer differenzierter reflektiert werden. Während die Verarbeitung der sensorischen Wahrnehmung ebenso wie auch die genau dabei scheinbar automatisch auftretenden kognitiven und emotionalen Verarbeitungs- und Assoziationsmuster beobachtet werden, ist es möglich, die dabei auftretenden Gedankenketten und emotionalen Reaktionen ebenso wie die dabei auftretenden Handlungsimpulse zu analysieren. Diese Qualität der Selbstanalyse beinhaltet nicht nur eine Impulskontrolle, sondern gleichzeitig damit entwickelt sich auf der Grundlage der Reflexion auch die Fähigkeit eines differenzierteren Umgangs mit den eigenen Emotionen. Diese Differenzierung im Umgang mit den eigenen Emotionen setzt jedoch nicht nur die Entspannungsreaktion und die Entwicklung subtiler Beobachtungsfähigkeit, sondern auch das Erlernen von Trainingstechniken voraus, welche diese Modulation ermöglichen. Während Williams, J.M.G. ein Ausschalten emotionaler Systeme als Zielsetzung von Meditation darstellte[291], was einer Konnotation von Blockierung emotionaler Wahrnehmung und Abläufe bei der Meditation gleichkommt, welche in emisch-buddhistischer Perspektive nicht vorkommt, beschrieb Madert, K.K. vielmehr das Lösen der emotionalen Abwehr mithilfe von Meditation und deutet hiermit auch einen sehr viel umfassenderen Prozess als eine lediglich kurzfristig effektive Emotionsblockierung an:

---

[290] vgl. Tsepak, R. (2003: 171). "Pañca skandhāḥ The five aggregates."

[291] siehe Williams, J.M.G. (2010: 6). "[...] emotion is a signaling system that has evolved to be sensitive to environmental contingencies. Many emotional problems arise from a failure to switch off emotional systems once they have been activated. This may be partly due to individual differences in basic, genetically determined extinction processes, but we have focused here on the extent to which the failure to switch-off is due to the habitual activation of mental models or simulations, representations (images and thoughts) of present, past, and future that are created independently of the external contingencies, and continue to affect the evolutionary older systems that, unless trained to do so, fail to discriminate the simulation from things as the actually are."

> "Deshalb gehört es zur Selbstverständlichkeit meditativer Erfahrung, dass sich Emotionen lösen, die bisher als Körpererinnerung bewusstseinsfern abgewehrt, »somatisiert« waren. In der Meditation entladen sie sich kathartisch in Form von Zittern, Weinen, Seufzen, Stöhnen, Schluchzen, Zucken, Schütteln, Schwitzen, Gähnen oder auch »nur« als tiefer, befreiender Atem. Der Körper reinigt sich von allen Konditionierungen, von allem, was nicht »Ich-Selbst« ist, von allem, was der Verwirklichung des Wesenskerns, des individuellen quantischen Lebenskernprozesses entgegensteht."[292]

Diese Beschreibung meditativer Erfahrung impliziert nicht nur einen Aspekt der Selbstaktualisierung, der mit der emisch-buddhistischen Perspektive übereinstimmt, sondern beschreibt auch die möglichen Erfahrungen aus psychologischer und psychotherapeutischer Perspektive. Im Gegensatz zu einer nur kurzfristig möglichen und wirksamen Blockierung von sich selbst unterhaltenden Gedankenketten oder Emotionskomplexen, deutet sie gleichzeitig auch die durch das Training möglichen längerfristigen Entwicklungsprozesse an.

Wird obige Darstellungsweise einer etischen Perspektive auf den Buddhismus von Williams, J.M.G. mit der emischen Perspektive verglichen, sind folgende zwei Kernpunkte essentiell unterschiedlich: Der zweifache Prozess, der aus der etischen Perspektive als "emotional rebalancing"[293] bezeichnet, jedoch im Folgenden nicht näher definiert wurde, ist auch aus der emischen Perspektive betrachtet ein Prozess. Dieser bezieht sich auf die zwei Ebenen der Emotion und der Kognition, welche in wörtlicher Übersetzung die als *Emotionale und Kognitive Verblendungen* bezeichneten Untergruppen darstellen.

Die individuelle Arbeit an den eigenen Emotionen und Gedankenabläufen mithilfe der Trainingstechniken, welche sich auf die beiden Ebenen der Entwicklung von Beobachtungs- und Reflexionsfähigkeit auf einer kognitiven und emotionalen Ebene auswirken und somit auf die oben erwähnten Untergruppen der *Emotionalen und Kognitiven Verblendung* beziehen, ist eine systematische und subtile Arbeit mit sich selbst. Analysiert man den Ablauf von und den Umgang mit den eigenen Emotionen, so ist dies nur auf Grundlage der neuronalen Verarbeitungsmuster möglich, welche nicht durch einen kognitiven Akt des Ausschaltens[294] zugänglich sind. Bei praktischer Arbeit mit den evolutionär älteren Systemen des menschlichen Gehirns zeigt sich, dass genau hierbei die kognitive Beeinflussungsmöglichkeit, welche hier als Ausschalten bezeichnet wird, fehlschlägt. An dieser Stelle der Verarbeitung wäre vielmehr der gezielte Einsatz von *topdown* mit *bottomup* wirksamen Elementen von zentraler Bedeutung.

Dieser Prozess der Beobachtung und Selbstanalyse, welcher zu Modulation führen kann, wird durch Begriffe wie *Balance* und den im weiteren Text vorgeschlagenen Terminus des *Wellbeing* kaum angemessen erfasst. Vielmehr macht es den Anschein, wie wenn der Prozess lediglich auf Balance von negativen zu positiven Emotionen abzielen würde. Obwohl aus emischer Perspektive die vollständige Klärung der *Zweifachen Verblendung*, welcher die Gruppe, die als *Negativen Emotionen* definiert wird, zugeordnet würde, bei gleichzeitig gleichsam automatischer Entfaltung von *Positiven Qualitäten* eine Zielsetzung wäre, ist es jedoch bereits nicht mehr zulässig, diese als eine Haltung im Buddhismus zu definieren, da in den Vajrayāna Techniken sehr gezielt zornvolle Aspekte im Training benutzt werden. Die Zielsetzung aus emischer Perspektive wäre vielmehr ein

[292] siehe Madert, K.K. (2007: 267).
[293] siehe Walsh, R., Shapiro, S.L. (2006: 236).
[294] vgl. Williams, J.M.G. (2010: 6). "failure to switch off emotional systems".

auf Selbstanalyse und Modulation gründender Entwicklungsprozess denn ein demonstrierbares beobachtbares Verhalten.

Daher zeigt sich an dieser Stelle deutlich, dass aus etischer Perspektive die Meditation nicht nur als eine kognitive Technik betrachtet wird, sondern auch ein Wirkspektrum behauptet, dem Erfahrungswerte und ein Grundwissen über neuronale Verarbeitungsmuster im Gehirn bereits entgegenstehen. Während aus der emischen Perspektive die Haltung der Introspektion und Selbstanalyse zu einer Klärung und später zur Modulation führen könnten, wird aus der etischen Perspektive ein Balancekonzept für die Zielsetzung des *Wellbeing* entworfen und rasche Effekte mithilfe von Emotionsblockierung versprochen.

Somit steht dem Effektbereich der langfristig möglichen Modulation auf Grundlage von Selbstanalyse aus emischer Perspektive ein Effektbereich des *Wellbeing* auf der Grundlage von *Balance* aus etischer Perspektive gegenüber. Die sehr deutlich hervortretenden Unterschiede im Effektbereich der beiden Perspektiven auf buddhistisches Meditationstraining scheinen nicht nur in der Zielsetzung und Haltung, sondern insbesondere im Kernpunkt einer graduellen Vorgangsweise beim Training begründet zu sein. Diese differenzierte graduelle Vorgangsweise beim Training, die in emischer Perspektive als selbstverständlich angenommen wird, stellt jedoch jene sehr allgemein gehaltene Annahme einer *Balance-Theorie*[295] in Frage. Diese Unterschiedlichkeit in der Vorgangsweise beim Erlernen von Techniken wiederum beinhaltet unterschiedliche Implikationen wie dasjenige Effektspektrum, das nicht lediglich während der Trainingsphase als Balance auftritt, sondern weit über den Trainingszeitraum hinaus bestehen bleiben könnte[296].

Somit wurde aufgezeigt, wie unterschiedlich das Wirkspektrum des Effekts der Selbstregulation und des Umgangs mit den Emotionen aus den beiden Perspektiven auf buddhistisches Meditationstraining dargestellt wird.

In der Theoriebildung des *Dynamischen Selbstreferenzmodells* gründet die Selbstregulation auf der Entwicklung der Entspannungsreaktion und die darauf folgende Entwicklung von Beobachtungs- und Reflexionsfähigkeit. Die Arbeit mit den eigenen Emotionen wiederum kann mithilfe einer Haltung der Introspektion auf Grundlage der

---

[295] vgl. Wallace, B.A., Shapiro, S.L. (2006: 699). "The possibilities for mutual enrichment between Buddhist teachings and Western psychology are numerous. The intention of this article is to present an innovative model in an attempt to bridge the ancient Buddhist system of mental development and contemporary scientific approaches to mental health and well-being. Specifically, we introduce a theory of well-being and the means of achieving it through the systematic cultivation of four types of mental balance: conative, attentional, cognitive, and affective. Our intention is for this article to catalyze rigorous innovative research into the potential mutual enrichment of Buddhism and current psychological theory, research, and practice. We believe Buddhist insights can continue to be developed, enhanced, and adapted by Western psychological theory, expanding the horizons of both disciplines for the benefit of all."

[296] vgl. Grant, J.A., Courtemanche, J., Duerden, E.G., Rainville, P., Ducan, G.H. (2010: 346). "Most of the effects observed at posttest that were also examined 5 months after the end of the training period were maintained. A number of recent randomized controlled clinical trials of meditation/mindfulness interventions have demonstrated psychological benefits that extend beyond the immediate postintervention period (e.g., Grossman, D'Souza, Mohr, Penner, & Steiner, 2010; Segal et al., 2010; see Teasdale et al., 2002, for a series of clinical trials on long-term prevention of depression relapse). The current work complements and extends these findings, and suggests that such interventions can also have long-term behavioral and biological effects in healthy individuals (see also Davidson et al., 2003, for a randomized controlled trial with longer term neurophysiological effects). These extended emotional and physiological effects may explain some of the immune and other health benefits that have been observed in other studies of mindfulness-based interventions (e.g., Carlson, Speca, Patel, & Goodey, 2003)."

Selbstanalyse, für welche die Beobachtungs- und Reflexionsfähigkeit grundlegend wären, entwickelt werden.

4.3.6 Wirkspektrum des Effekts der Selbstempathie

Die aus der emischen Perspektive beschriebenen graduellen introspektiven Trainingstechniken gründen auf Selbstempathie. Auf dieser Grundlage wird die Selbstanalyse durchgeführt. Die nur im Mahayāna- und Vajrayāna-Buddhismus betonten Aspekte von Bodhicitta und Mitgefühl beinhalten ferner zahlreiche Trainingselemente für die Trainingssitzungen ebenso wie auch für den Alltag, welche auf Empathie und Perspektivenwechsel beruhen. Somit ist die Haltung der Selbstempathie ein zentraler Faktor beim Erlernen der Trainingstechniken, was sich bereits vermittels der Entspannungsreaktion auf den chronischen Stress und die Stressregulation[297] auswirkt. Jedoch stellt sich an dieser Stelle die Frage, ob die von Roesner, R.W., Schonert-Reichl, K.A., Jha, A., Cullen, M., Wallace, L. und Wilensky, R. et al. behauptete Wirksamkeit von Selbstempathie auf die Stressregulation nicht vielmehr im Sinne einer Grundlage der Selbstempathie für die Trainingstechniken, welche sich aufgrund ihrer physiologischen Effekte auch auf die Stressregulation auswirken würden, interpretiert werden könnte. Ebenso wie bereits bei den Definitionen zu Trainingselementen, bleibt die Haltung der Selbstempathie, welcher im Mahāyāna-Buddhismus zahlreiche Übungen zugeordnet werden können, im Diskurs über Meditationseffekte nur spärlich definiert.

Wenn Selbstakzeptanz als eine Obergruppe für Selbstempathie im Sinne einer wohlwollenden Haltung sich selbst gegenüber dargestellt zu werden scheint, dann stellt sich nicht nur die Frage nach klarer Definition, sondern auch die Frage, welche weiteren Faktoren neben der Selbstempathie der Selbstakzeptanz zugeordnet würden:

> "Self-acceptance seemed closely related to taking a kind and compassionate attitude toward oneself, particularly in response to self-critical thoughts".[298]

Ferner stellt sich an dieser Stelle die Frage, ob eine Haltung der Selbstempathie, die in obiger Studie unter der Rubrik "Impact on the Self"[299] angeführt wird, tatsächlich als Impact behauptet werden kann, wenn bereits die Trainingsmethoden selbst von Beginn des Trainings an diesen Impact, nämlich die Akzeptanz der eigenen Gedanken und Emotionen, voraussetzen. Es ist logisch nicht zulässig, eine Methode gleichzeitig als Impact anzuführen.

Insofern wäre diese erwähnte Selbstakzeptanz vielmehr eine Grundeinstellung für Anfänger des Trainings, welche möglicherweise durchaus nicht bei allen Personen vorausgesetzt werden kann. Da sie somit als eine Grundlage für die Durchführung der einzelnen Trainingstechniken dient, wäre ihre Interpretation als ein Effekt und Impact irreführend.

In den aktuellen Diskurs zum Thema Gesundheitspsychologie und Meditation wird ein weiterer Faktor aus der Buddhistischen Terminologie, das Mitgefühl, eingeführt:

---

[297] vgl. Roesner, R.W., Schonert-Reichl, K.A., Jha, A., Cullen, M., Wallace, L., Wilensky, R. et al. (2013: 16). "[...] mindfulness and occupational self-compassion emerged as key self-regulatory resources that increased after MT [Mindfulness Training] and that appeared to partially mediate the stress-reduction impacts of the MT over time."

[298] siehe Boellinghaus, I., Jones, F.W., Hutton, J. (2013: 272).

[299] siehe Boellinghaus, I., Jones, F.W., Hutton, J. (2013: 272).

> "[...] there is a growing body of research that asserts that self-compassion is a construct that is distinct from other self-themes and is associated with psychological health. There is also a nascent literature that examines the potential ability of various interventions to raise self-compassion or its components, including mindfulness. As research on self-compassion and interventions for self-compassion are at early stages of development, more research is needed to develop the construct validity of self-compassion, its component elements, how these are associated with various aspects of distress and well-being, and how self-compassion and its various aspects can be fostered, cultivated, and raised in treatment. [...] Future research should also employ other methodologies than correlational analysis (including experience sampling and experimental studies) to determine the directionality of the relationship between self-compassion and psychological health."[300]

Das Konstrukt des Selbstmitgefühls wird jedoch weder weiter in seinen Faktoren definiert noch seine Bedeutung für die psychische Gesundheit analysiert. Weitere Untersuchungen, die sehr häufig in der Literatur zum Thema Meditation vorgeschlagen werden, sind nur auf der Grundlage klarer Definitionen, Faktorendarstellung des Konstrukts und einer theoriebasierten Hypothesendarstellung und -prüfung sinnvoll. Die emische Perspektive des Mahāyāna könnte zahlreiche Techniken aus der originalsprachlichen Literatur zur Entwicklung von Selbstempathie und Empathie anderen gegenüber und zum Thema Mitgefühl[301] beitragen[302].

Dieser assoziative Schreibstil, einen Faktor mit einem anderen unspezifisch in Verbindung zu bringen, beispielsweise Mitgefühl mit Achtsamkeit, trug dazu bei, dass der unter dem *Sammelbegriff der Meditation* auffindbare Themenbereich sich immer weiter ausdehnte und bislang trotz des Vorliegens zahlreicher Evaluationen keine Theoriebildung vorgenommen werden konnte.

Der Begriff Mitgefühl ist ein zentraler Faktor im Mahayāna- und Vajrayāna-Buddhismus und somit gilt dieses als zentrales Übungselement, das sowohl während der Meditationssitzungen wie auch im Alltag mithilfe vieler verschiedener Techniken entwickelt werden kann. Dabei *bestimmt das Mitgefühl die Intentionalität des Trainings*, was bedeutet, dass es sich direkt auf die Art und die Stärke der Trainingseffekte auswirkt. Da diese Auswirkung auf der Intentionalität beruht, wäre es nötig, die Trainingseffekte folglich genau anhand dieser Intentionalität zu analysieren und zu interpretieren. Da der Begriff Selbstmitgefühl auf Tibetisch nicht vorkommt, gibt es in emischer Perspektive kein Konzept, dem dieser Begriff überhaupt zugeordnet werden könnte, obwohl die Selbstempathie als eine zentrale Grundhaltung für sämtliche Trainingstechniken beschrieben werden könnte.

Daher ist es fraglich, welchen Sinn es macht, neben Mitgefühl auch noch Selbstmitgefühl als Neologismus einzuführen ohne Begründung seiner Spezifität und Art der Zuordnung. Aufgrund der Notwendigkeit den Forschungsgegenstand zu spezifizieren, um Ergebnisse überhaupt noch interpretieren und eine Theoriebildung vornehmen zu können, schaden solcherlei terminologische wie auch inhaltliche Unklarheiten dem wissenschaftlichen Diskurs über das Thema mehr als sie nutzen.

Bei den in den originalsprachlichen Manualen und Theorietexten dargestellten Übungen des Gebens und Nehmens[303] wird zuerst eine Erfahrung von Mitgefühl sich selbst gegenüber ins Bewusstsein gebracht und im nächsten Schritt als fühlbare Erinnerung

---

[300] siehe Barnard, L.K., Curry, J.F. (2011: 302).

[301] Mitgefühl, Tibetisch: *snying rje*, Sanskrit: *karuṇā* (*Übers. v. Attersee, A.I.M.*).

[302] vgl. Attersee, A.I.M. (2014 b).

[303] vgl. die zahlreichen Techniken des *Tonglen*.

wachgerufen, um genau mit dieser Empfindung des Mitgefühls in sich selbst arbeiten zu können und es in sich weiterzuentwickeln. Diese Weiterentwicklung wird dann insbesondere über die zahlreichen Techniken des *Tonglens*, welches Serien von kognitiven Übungen beinhaltet, die wiederum wie auch die anderen Trainingstechniken graduell erlernt werden, vorangetrieben. Zentraler Punkt hierbei wäre jedoch nicht die Trainingstechnik selbst, sondern zuallererst die Notwendigkeit des Verlebendigens der Erfahrung von Mitgefühl in sich selbst. Diese Qualität der Aktualisierung kann nicht nur Ressourcen und emotionale Qualitäten ansprechen, sondern bedeutet, sich selbst eine über das Spiegelneuronsystem gespeicherte physiologische Erfahrungsqualität zugänglich zu machen. Genau darin liegt die Wirkkraft der Trainingstechniken. Auf einer Grundlage von Mitgefühl kann der Faktor Bodhicitta[304] entwickelt werden, welcher keine Entsprechung in westlichen Sprachen und psychologischen Konzepten hat und die Intensität und Reichweite von Mitgefühl um ein Vielfaches übertrifft. Eine Stufe vor dem Training von Mitgefühl[305] jedoch liegt der zentrale Faktor der Empathie, welcher in Selbstempathie und Empathie anderen gegenüber differenziert werden könnte. Empathie unterscheidet sich insofern von Mitgefühl, als hierbei als psychologischer Faktor ein grundsätzliches Wohlwollen[306] von zentraler Bedeutung ist. In emischer Perspektive wird dieses ebenso wie das Mitgefühl den vier Faktoren, die als *Vier Unermessliche*[307] bezeichnet werden, zugeordnet. Somit werden diese vier Faktoren der *Vier Unermesslichen* als ein Trainingsaspekt[308] definiert, welcher im Mahāyāna und Vajrayāna als ein zentrales Trainingselement genutzt wird.

Das zu Selbstempathie führende Wohlwollen wäre somit ebenso wie auch Mitgefühl ein Trainingsfaktor. Durch die Entwicklung von Trainingseffekten ist es möglich diesen Faktor auszuweiten, wozu in originalsprachlicher Literatur zahlreiche Techniken beschrieben werden. Da ein Trainingselement nicht gleichzeitig ein Trainingseffekt sein kann, stellt sich die Frage, wie der in der westlichen aktuellen Literatur zum Thema behauptete Effekt von Mitgefühl operationalisiert würde und welche Faktoren diesen Effekt bewirken sollen. Diese fehlende Operationalisierung kann nicht durch eine Zuordnung zu positiven Emotionen ersetzt werden.

Der in emischer Perspektive vorhandenen Differenzierung einer im Verlauf des Übungsprozesses eintretenden Entwicklung von Qualitäten[309] durch die Klärung von *Negativen Emotionen* und anderen als *Verblendungen* bezeichneten Elementen mithilfe der Anwendung der einzelnen Trainingselemente wird durch eine aus westlicher Perspektive dargestellte Polarisierung zwischen negativen und positiven Emotionen weder inhaltlich noch methodisch Information beigefügt. Durch die Darstellung von Trainingselementen als Effekte jedoch wird nicht nur der Unterschied zwischen emischen und etischen Perspektiven auf den Forschungsgegenstand deutlich, sondern auch die Notwendigkeit von Begriffsklärung und Operationalisierung von Konstrukten aus der etischen Perspektive.

[304] Bodhicitta, Tibetisch: *byang chub kyi sems*, Sanskrit: *bodhicitta* (*Übers. v. Attersee, A.I.M.*).
[305] im Sinne des tibetischen Wortes.
[306] Wohlwollen, manchmal auch übersetzbar als Liebe, Gütigkeit, Tibetisch: *byams pa*, Sanskrit: *maitrī* (*Übers. v. Attersee, A.I.M.*).
[307] Vier Unermessliche, Tibetisch: *tshad med bzhi*, Sanskrit: *caturaprameya* (*Übers. v. Attersee, A.I.M.*); vgl. Attersee, A.I.M. (2014 b).
[308] Da diese Aspekte Trainingsfaktoren sind, haben sie weder mit einer demonstrativen Herablassung anderen gegenüber noch mit einem aus westlicher Perspektive häufig konnotierten Aktivismus zu tun.
[309] Qualitäten, Tibetisch: *yon tan*, Sanskrit: *guṇa* (*Übers. v. Attersee, A.I.M.*).

Anstatt die Trainingseffekte ohne Operationalisierung des Konstrukts *Wellbeing* diesem zuzuordnen, könnten Diskurse sowohl über die Bedeutung von Ressourcenaktivierung[310] in diesem Kontext, wie beispielsweise den veränderten Umgang mit Stress, einen wesentlichen Beitrag zur Theoriebildung leisten.

Da die Übersetzung und Kommentierung der in der emischen Perspektive beschriebenen Qualitäten, welche nicht lediglich mit positiven Emotionen aus psychologischer Perspektive gleichgesetzt werden können, einen Beitrag aus der emischen Perspektive zur Operationalisierung von Langzeiteffekten beitragen könnten, kann die vorliegende *Perspektivische Analyse* auch zur Analyse, Operationalisierung und Darstellung von Langzeiteffekten einen wertvollen Beitrag leisten.

[310] vgl. Fredrickson, B.L., Coffey, K.A., Pek, J., Cohn, M.A., Finkel, S.M. (2008: 1057). "The broaden-and-build theory [...] states that, over time, recurrent experiences of positive emotions allow people to build consequential personal resources. The data reported here provide the first experimental test of the build hypothesis. The findings are clear cut: The practice of LKM [Loving-Kindness Meditation, ergänzt v. Attersee, A.I.M.] led to shifts in people's daily experiences of a wide range of positive emotions, including love, joy, gratitude, contentment, hope, pride, interest, amusement, and awe. These increases in positive emotions were evident both within the trajectories of change in daily emotions over the span of 9 weeks and within a detailed analysis of a given morning 2 weeks after formal training ended. This shift in positive emotions took time to appear and were not large in magnitude, but over the course of 9 weeks, they were linked to increases in a variety of personal resources, including mindful attention, self-acceptance, positive relations with others, and good physical health. Moreover, these gains in personal resources were consequential: They enabled people to become more satisfied with their lives and to experience fewer symptoms of depression. Simply put, by elevating daily experiences of positive emotions, the practice of LKM led to long-term gains that made genuine differences in people's lives."

4.3.7 Bedeutung von Trainingseffekten im klinischen Kontext

Die Operationalisierung von Trainingseffekten und die theoriegebundene Hypothesenprüfung ist die Grundlage für den bereits begonnenen Diskurs über Meditation als Therapiemethode.

> "Meditation ist als Therapiemethode im deutschen Kulturkreis bisher wenig verbreitet. Von ihrer therapeutischen Wirksamkeit her ist dies unbegründet. Meditationstechniken sind nach den bisher vorliegenden Ergebnissen jedenfalls therapeutisch wirkungsvoller als das im deutschen Sprachraum weit verbreitete Autogene Training. Für Patienten und Therapeuten, die den mit Meditationstechniken in der Regel verbundenen östlich-kulturellen Zielen und Inhalten zuneigen, kann Meditation eine interessante Alternative zum Biofeedback, zur Progressiven Muskelentspannung und zur Hypnose sein, die dem Autogenen Training unter dem Wirksamkeitsaspekt allesamt vorzuziehen sind."[311]

Eine Anwendung von Meditation im Gesundheitsbereich jedoch setzt die bislang fehlende Differenzierung von Trainingstechniken, eine für Lernprozesse angemessene Theoriebildung zum graduellen Trainingsinhalt wie auch eine systematische Untersuchung der Trainingseffekte und Wirkzusammenhänge und eine fundierte Theoriebildung bezogen auf den klinischen oder psychotherapeutischen Kontext voraus. Eine Aufzählung der Effektgebiete[312], die sich aus der Evaluation unter dem Sammelbegriff ergeben konnten, ohne Theoriebildung, kann keinen Einsatz mit Patienten begründen. Insbesondere wäre es für eine Theoriebildung bezogen auf klinischen und psychotherapeutischen Kontext sinnvoll, die Veränderungen in der Qualität der Wahrnehmung, des Erlebens und Verhaltens, in der Verarbeitung von Eindrücken und Erfahrungen sowie insbesondere auch die Entwicklung der Persönlichkeit durch das Training darzustellen.

In einem Review stellte Smith, J.C. beispielsweise bereits 1975 Veränderungen durch Meditationstraining innerhalb des angstbezogenen Spektrums[313] fest. Dieser Erkenntnisstand könnte als Grundlage zur Beschreibung der Effektivität einzelner Techniken und Operationalisierung in Bezug auf das angstbezogene Spektrum dienen. Nicht nur die Faktoren der Selbstwirksamkeit und Ressourcenaktivierung und die Auswirkungen der bewussten Induktion eines vagotonen Zustands auf die Fähigkeiten der Stressmodulation im vegetativen Nervensystem, sondern auch die Verarbeitung im Sinne einer Ordnungsbildung[314] wären dabei für den Diskurs über die Trainingseffekte von zentraler Bedeutung.

> "Die Qualität dieser Erfahrung schlägt sich nicht nur nieder in der besseren psychischen Stabilität Meditierender, sondern sogar messbar in deren Hirnstrombild. Langjährig Meditierende zeigen eine anhaltende Gammaaktivität um 25 bis 42 Hertz mit hoher Amplitude als Zeichen eines hohen Synchronisationsgrades, besonders in lateralen frontoparietalen Bereichen. Das Gammaband wird mit

[311] siehe Grawe, K., Donati, R., Bernauer, F. (1994: 625, 626).

[312] vgl. Sedlmeier, P., Eberth, J., Schwarz, M., Zimmermann, D., Haarig, F., Jaeger, S. et al. (2012: 1158 b). "Even if there are no clear hypotheses about differential effects for different dependent measures, the studies performed to date contain a huge variety of dependent measures, and therefore, we also explored the effects obtained for those variables. The effect size estimates for the 21 categories identified by us revealed a substantial variation across these dependent measures. A first tentative interpretation of the results might be that meditation has its largest effects in reducing negative emotions and neuroticism, which might be connected to the surprisingly large effect in the category of interpersonal that relates to relationship issues".

[313] vgl. Smith, J.C. (1975: 562). "Without exception the studies reviewed show the regular practice of meditation to be associated with decrements in psychopathology, particularly anxiety, over a period of rime usually ranging from 4 - 10 weeks. The effects of meditation persist when controls are included for initial group differences, passage of time, therapist support and reassurance, individual contact with therapist, and interpersonal contact with practicing peers. [...] Two main possibilities not controlled for in the studies reviewed are (a) expectation of relief and (b) the regular practice of sitting quietly."

[314] vgl. Madert, K.K. (2007: 264).

> Funktionen der Aufmerksamkeit, des Arbeitsgedächtnisses, des Lernens, der bewussten Wahrnehmung und der Gestaltbildung (Generierung mentaler Repräsentationen) in Verbindung gebracht (Lutz et al. 2004, Haken und Schiepek 2006). Meditierende sind also nicht in Trance (Theta-Band mit 3-5 Hertz), sondern hellwach auf neurobiologischer Ebene mit den Prozessen mentaler Ordnungsbildung beschäftigt."[315]

Die bereits mehrfach erwähnte Notwendigkeit, das im Buddhismus tradierte Wissen um Meditationstechniken und Theoriebildung zu den Trainingseffekten in den Diskurs einzubeziehen[316], schien an den Übersetzungen wie auch dem zeitlichen und inhaltlichen Aufwand monastischer und universitärer Studien, um sich ein Verständnis der entsprechenden Konzepte aus emischer Perspektive anzueignen, zu scheitern. Im folgenden Kapitel werden die Trainingseffekte aus emischer Perspektive dargestellt, wobei diese Darstellung die in zehnjährigem Studium in den Fachsprachen erlernten Übersetzungen und Interpretationen von Trainingstechniken und den Modellen, die den Trainingsprozess nachzeichnen, beinhaltet[317].

---

[315] siehe Madert, K.K. (2007: 264).

[316] vgl. Sedlmeier, P., Eberth, J., Schwarz, M., Zimmermann, D., Haarig, F., Jaeger, S. et al. (2012: 1162 a). "Because the practice of meditation has been closely connected with Indian theoretical approaches for millennia, we believe every effort should be made to extract precise psychological theories that are relevant for meditation from both the Hindu and Buddhist approaches."

[317] vgl. Attersee, A.I.M. (2014 a, b).

> "Moreover, research findings have been interpreted almost exclusively within Western psychological frameworks, ignoring meditation's complementary psychological and philosophical perspectives. This has been widely described as a necessary "decontextualisation", but is actually far more. It is also a major recontextualisation and revisioning of the practices within an exclusively Western psychological and philosophical framework. In anthropological terms, this is the trap of adopting a purely etic (outsider) perspective rather than both etic and emic (insider or native) perspectives"
>
> Walsh, R., Shapiro, S.L. (2006: 227, 228)

4.4 Beitrag eines *Graduellen Trainings* von Einzeltechniken aus der emischen Perspektive zum Diskurs über Meditationseffekte

Bei der Darstellung der emischen Perspektive auf kognitives Training, die Trainingseffekte und entsprechende Theoriebildung wird auf wörtliche Übersetzungen zurückgegriffen, da bereits diese häufig die implizite Bedeutung zusammenfassen. Somit können bereits aus einer wörtlichen Übersetzung und Interpretation tibetischer Silben wie beim Begriff *Buddha*[318], dessen erste Silbe die *Klärung* (*sangs*) *Zweifacher Verblendung* und die zweite die parallel dazu stattfindende *Entwicklung* (*rgyas*) *von Qualitäten* im Verlauf des Trainingsprozesses beinhaltet und somit einzig mit zwei Silben den gesamten Trainingsprozess kondensiert, zusammenfasst sowie auch auf den Endpunkt hinweist, wichtige Gesamtzusammenhänge dargestellt werden. Einige Aspekte von Kognition und Emotion aus emischer Perspektive wurden bereits dargestellt.[319].

Wie bereits im tibetischen Begriff für Buddha[320] spezifiziert, wäre die in emischer Perspektive definierte Zielsetzung des Trainings eine vollständige *Klärung der Zweifachen Verblendung*[321], wodurch sich im Verlauf des Trainingsprozesses *Qualitäten*[322] und Aspekte von *Weisheit*[323] entfalten können. Im Verlauf dieses Trainingsprozesses, der als die chronologisch hintereinander verlaufenden *Fünf Pfade*[324] dargestellt wird, wird eine *Zweifache Ansammlung*[325] entwickelt. Dabei gelten die *Zehn Bhūmis*[326] als eine Darstellung

---

318 Buddha, Tibetisch: *sangs rgyas*, Sanskrit: *buddha* (*Übers. v. Attersee A.I.M.*).

319 siehe Attersee, A.I.M. (2014 b).

320 siehe Dudjom, J.Y.D. (1991: II, 338). "Buddha *sangs-rgyas*: defined as one, such as Śākyamuni, who has utterly purified obscurations (*sangs*) and developed pristine cognition (*rgyas*)."

321 siehe Dudjom, J.Y.D. (1991: II, 107). "TWO OBSCURATIONS *sgrib gnyis* The obscuration of conflicting emotions (*nyon-mongs-pa'i sgrib-ma*, Skt. *kleśāvaraṇa*) and the obscuration concerning the knowable (*shes-bya'i sgrib-ma*, Skt. *jñeyāvaraṇa*)."

322 Qualitäten, Tibetisch: *yon tan* (*Übers. v. Attersee A.I.M.*); vgl. Tsepak, R. (2003: 252). "Twelve sets of a hundred qualities; qualities attained by a Bodhisttva [Bodhisattva, sic Attersee, A.I.M.] on the first ground, i.e. on the path of seeing."

323 Weisheit, Tibetisch: *ye shes* (*Übers. v. Attersee A.I.M.*); vgl. Tsepak, R. (2003: 251).

324 Fünf Pfade, Tibetisch: *lam lnga* (*Übers. v. Attersee A.I.M.*); vgl. Attersee, A.I.M. (2014 b); vgl. Tsepak, R. (2003: 264). "path of accumulation [...] path of preparation [...] path of seeing [...] path of meditation [...] path of no-more learning."

325 siehe Dudjom, J.Y.D. (1991: II, 107). "TWO PROVISIONS *tshogs gnyis*, Skt. *sambhāradvaya* The provision of merit (*bsod-nams-kyi tshogs*, Skt. *puṇyasambhāra*) and the provision of pristine cognition (*ye-shes-kyi tshogs*, Skt. *jñānasambhāra*)."

326 Zehn Bhūmis, Tibetisch: *sa bcu* (*Übers. v. Attersee A.I.M.*); vgl. Attersee, A.I.M. (2014 b); vgl. Tsepak, R. (2003: 279).

der ab dem *Dritten Pfad* verlaufenden Veränderungsstrukturen. Genau der Endpunkt des Trainingsprozesses, an welchem eine vollständige *Klärung der Zweifachen Verblendung* und gleichzeitige Entfaltung der *Qualtäten* und *Weisheitsaspekte* erreicht wurde, wird in allen *drei buddhistischen Yānas*[327] als *Erleuchtung*[328] bezeichnet.

Entgegen der Darstellung aus etischer Perspektive wäre es bei einer Beschreibung von Trainingseffekten aus emischer Perspektive nötig, die unterschiedliche Zielsetzung im Hīnayāna-, Mahāyāna- und Vajrayāna-Training und die daraus resultierende unterschiedliche Trainingstechnik anzusprechen. In vorliegender Studie wurde mit dem *Graduellen Kognitiven Training* der allen Traditionen gleichermaßen zukommende grundlegende Aspekt des *Śamathatrainings* analog der Oralen Buddhistischen Überlieferungen eingeführt. Dabei wurden für die Probanden das *Śamatha* mit Fokus auf der eigenen Atmung sowie ein speziell im Vajrayāna benutzter Aspekt von *Śamatha* mit Fokus auf visualisiertem Licht eingeführt. Beides sind grundlegende Techniken für Trainingsanfänger, auf denen komplexeres Training wie eine Nutzung von Elementen des Perspektivenwechsels oder des Mitgefühls, die im Mahāyāna gelehrt werden, aufbauen könnte, jedoch erst nach grundlegenden Effekten mit dem *Śamatha* sinnvoll genutzt werden können.[329]

Die essentiellen Unterschiede zwischen dem Hīnayāna- und Mahāyāna-Training[330], dass das Mitgefühl und *Bodhicitta* von letzterem auf der Gewaltlosigkeit des ersteren beruht und dieses impliziert. Somit werden die Techniken charakterspezifisch definiert und auf der Grundlage einer Zielsetzung weder sich noch anderen in Worten, Handlungen oder auch Gedanken zu schaden kann überhaupt erst das Mitgefühlstraining sinnvoll eingesetzt werden, weil es die Grundlage hierfür bildet.

Mithilfe von *Śamatha*, das in allen buddhistischen Traditionen die Grundlage für weiteres Training ist, kann eine Erfahrung des *Gleichmuts*[331] hergestellt werden. Dieser *Gleichmut* wiederum dient unter anderem als eine Grundlage für die Übungen von Mitgefühl und *Bodhicitta*. Bei einer Operationalisierung und Prüfung von Trainingselementen auf dieser Ebene sollte er somit bereits mit den Stufen der Entwicklung des *Nichtschadens* (auf allen drei Ebenen, sowohl sich selbst wie auch anderen) korrelieren.

Im Verlauf regelmäßigen *Śamathatrainings* ist es der übenden Person möglich, ihre eigenen Erfahrungen und Einsichten[332] immer differenzierter zu beobachten. Somit wird im Verlauf des Trainings aufgrund der mentalen Stabilität und des induzierten vagotonen Zustands eine Subtilität der Beobachtung und Reflexion entwickelt, die zuvor gar nicht vorstellbar war. Dabei sollten im Verlauf eines langfristigen Trainings aus emischer Perspektive folgende Effekte bewirkt werden: eine *Klärung der Zweifachen Verblendung*, die sich als stufenweise *Klärung aller Negativen Emotionen* und etwas zeitversetzt dazu

---

[327] vgl. Attersee, A.I.M. (2014 b).

[328] Befreiung, Freiheit, Tibetisch: *thar pa*, Sanskrit: *nirvāna* (*Übers. v. Attersee, A.I.M.*); vgl. Tsepak, R. (2003: 120). "Mokṣa/ Nirvāṇa; state of liberation. Freedom from the sufferings of cyclic existence through overcoming the obscurations to liberation (nyon-sgrib). A state of peace, and the primary goals of the Śrāvakas and Pratyeka buddhas."

[329] vgl. Attersee, A.I.M. (2014 a).

[330] vgl. Attersee, A.I.M. (2014 b).

[331] siehe Dudjom, J.Y.D. (1991: II, 350). "equanimity *btang-snyoms*, Skt. *upekṣā*".

[332] siehe Tsepak, R. (2003: 93). "Experiences and insights; spiritual realization gained through proper meditation practices."

auch als eine *Klärung der Kognitiven Verblendung* (des Festhaltens an Konzepten über das Ego und *Greifen* nach inneren und äußeren Erfahrungen, was als Unwissenheit definiert wird) definiert. Während im Hīnayāna bereits dies als zentraler Prozess gilt, wird im Mahāyāna Bedacht auf eine Entwicklung von Mitgefühl und *Bodhicitta* gelegt, was wiederum ein aus diesen bedingtes Effektspektrum, dessen Endpunkt als Weisheit definiert wird, ermöglicht. Im Vajrayāna, das die Zielvorstellung als Trainingselement mit aufnimmt und somit eine völlig andere Vorgangsweise wie die beiden anderen *Yānas* vorschlägt, wäre dieses Effektspektrum noch durch die aus Mitgefühl erwachsende Kapazität, welche mithilfe unterschiedlicher *Buddha-Aktivitäten* symbolisiert wird, erweitert.

Da echte Effekte[333] sich bei Integration nicht nur für die übende Person selbst zeigen, sollten nach längerfristigem Training auch Veränderungen in die Fremdwahrnehmung festgestellt werden können, was aus emischer Perspektive sogar zu einem Kernmerkmal guten Trainingsverlaufs erhoben wird. Häufig wird dies aus Mahāyāna- und Vajrayāna-Perspektive folgendermaßen dargestellt: "Wenn jemand im Laufe des Trainings mitfühlender wird, dann wird deutlich, dass das Training wirkt. Ist dies nicht der Fall, ist am Training etwas falsch".[334] Somit sollten langfristige Trainingseffekte auch in der Fremdwahrnehmung beschrieben und operationalisiert werden können, wobei dabei jedoch von jahrelang bestehenden Bezogenheiten, die Veränderungen beobachten können, ausgegangen wird.

Für die übende Person selbst ist es von Beginn des Trainings an wesentlich, zwischen Übungserfahrung und Übungseffekt klar unterscheiden zu lernen. Diese Unterscheidung kann am gründlichsten erlernt werden, indem man sich mit den Anleitungen der originalsprachlichen Texte beschäftigt und die hierin beschriebenen Trainingsstufen und Veränderungsstrukturen so genau verstehen lernt, dass man sie beim Auftreten von Erfahrungen und Effekten identifizieren und zuzuordnen kann, ähnlich wie ein guter Musiker beim Hören von Musik die Tonhöhe und Tonart differenziert beschreiben kann. Somit bekommt man mit den orginalsprachlichen Texten und ihren schriftlichen und mündlichen Kommentaren eine Art Landkarte innerer Prozesse und Veränderungsstrukturen zur Hand, die nicht nur Orientierung vermittelt, sondern insbesondere den Blick auf die wesentlichen Aspekte lenkt und die Unterscheidung von Wesentlichem und Unwesentlichem im Verlauf von Trainingsprozessen erleichtert.

Da die Trainingsmotivation in originalsprachlichen Texten als richtungsweisender Faktor für die Übungseffekte beschrieben wird, sollte dieser im Mahāyāna als *Zweifache Einstellung bezüglich Erleuchtung* (Praṇidhicittotpāda und Prasthānacittotpāda)[335] bezeichnete Faktor in die Theoriebildung zu den Trainingseffekten einbezogen werden. In den Oralen Buddhistischen Überlieferungen wird sie in der Analogie einer Kompassnadel, welche sich nach Norden ausrichtet, als richtungsweisend für sämtliche langfristigen

---

[333] diese Erörterung bezieht sich auf die tibetische Phrase *nyams rtogs*; siehe Fußnote 333.

[334] zitiert und übersetzt aus Oraler Überlieferung 1998-2008 (*Übers. v. Attersee, A.I.M.*).

[335] siehe Dudjom, J.Y.D. (1991: II, 106). "TWOFOLD PRECIOUS ENLIGHTENED ATTITUDE *rin-chen sems-bskyed gnyis* The attitude of aspiration (*smon-pa'i sems-bskyed*, Skt. *praṇidhicittotpāda*) and the attitude of engagement or entrance (*'jug-pa'i sems-bskyed*, Skt. *prasthānacittotpāda*). Alternatively, the absolute enlightened attitude (*don-dam byang-chub-sems*, Skt. *pāramārthikabodhicitta*) and the relative enlightened attitude (*kun-rdzob byang-chub-sems*, Skt. *sāṃketikabodhicitta*). The former division represents the two aspects of the relative enlightened attitude."

Trainingseffekte dargestellt. Dabei wird das Trainingsziel als eine Überwindung der *Sechs Arten des Leidens*[336] im *Saṃsāra*, dem Kreislauf der Wiedergeburten[337], definiert.

Diese wiederum beziehen sich direkt auf die *Wahrheit des Leidens*[338], welche eine der von Buddha Śākyamuni gelehrten *Vier Wahrheiten*[339] ist. Während die Lehre der *Zwölf Glieder abhängigen Entstehens*[340] Wirkzusammenhänge[341] darstellt beschreibt die *Wahrheit des Weges* als eine der *Vier Wahrheiten* die Möglichkeit der Transzendierung des Zyklus der Wiedergeburten mithilfe von Training und der Disziplin[342] eines stufenweisen Trainings. Zum anfänglichen Training wird vorwiegend der *Achtfache Pfad*[343] benutzt, wobei sein siebenter Faktor als *Korrektes Gewahrseins* (*Samyaksmṛti*) bezeichnet wird. In Kommentaren zu diesem manches Mal mit dem Begriff der Achtsamkeit in Verbindung gebrachten Faktors[344] wird dargestellt, dass er beinhaltet, sich an die einzelnen Trainingstechniken und -effekte auch zu Integrationszwecken zu erinnern und im Alltag zu benutzen. Daher hat dieser Begriff die Konnotationen von Erinnerung und wiederholter Anwendung der *Acht Faktoren*. Genau dadurch sollte sich der *Achte Faktor* des *Achtfachen Pfades*, nämlich das die Meditationserfahrung des *Samādhi*, welche wiederum in sehr vielen

---

336 *sdug bsngal drug*; siehe Tsepak, R. (2003: 148). "Ṣaḍ duḥkhatāḥ/ Six types of suffering. The six miseries within cyclic existence. 1. [...] suffering of uncertainty 2.[...] suffering of dissatisfaction 3. [...] suffering of discarding one's body time and again 4. [...] suffering of frequent conception 5. [...] suffering of frequent change of status 6. [...] suffering of loneliness."

337 Saṃsāra, Tibetisch: *'khor ba*, Sanskrit: *saṃsāra* (*Übers. v. Attersee, A.I.M.*); siehe Tsepak, R. (2003: 31). "Saṃsāra/ Cyclic existence (saṃsāra). The vicious beginningless cycle of rebirth, fraught with sufferings of birth, sickness, aging and death, arising from ignorance as contrast to the state of peace, liberation."

338 Acht Arten der Wahrheit des Leidens, Tibetisch: *sdug bsngal brgyad*, Sanskrit: *aṣṭa duḥkhatāḥ* (*Übers. v. Attersee, A.I.M.*); vgl. Tsepak, R. (2003: 148). "Aṣṭa duḥkhatāḥ/ Eight kinds of suffering. The eight sufferings that Buddha introduced while explaining the faults of the truth of suffering 1. [...] jāti duḥkham/ suffering of birth 2. [...] jarā duḥkham/ suffering of aging 3. [...] vyādhi duḥkham/ suffering of sickness 4. [...] maraṇa duḥkham/ suffering of death 5. [...] priya viprayogo duḥkham/ suffering of separation from cherished objects 6. [...] apriya saṁprayogo duḥkham/ suffering of meeting with revolting objects 7. [...] yad apīcchaya paryeṣamāno na labhate tadapi duḥkham/ suffering of not finding desired objects 8. [...] saṃkṣepanam pañcoskandha duḥkham/ the suffering of the five aggregates."

339 siehe Dudjom, J.Y.D. (1991: II, 139). "FOUR TRUTHS *bden-pa rnam bzhi*, Skt. *caturāryasatya* The truth of suffering (*sdug-bsngal-gyi bden-pa*, Skt. *duḥkhasatya*), the truth of the origin of suffering (*kun-'byung-gi bden-pa*, Skt. *samudayasatya*), the truth of its cessation (*'gog-pa'i bden-pa*, Skt. *nirodhasatya*) and the truth of the path (*lam-gyi bden-pa*, Skt. *mārgasatya*). The three times to which they pertain are the present, future and past."

340 Zwölf Glieder des abhängigen Entstehens, Tibetisch: *rten 'brel yan lag bzhi* (*Übers. v. Attersee, A.I.M.*); siehe Tsepak, R. (2003: 109). "The four links of dependent origination: 1. [...] projecting causes being ignorance, connecting karma and consciousness. 2. [...] projected results being name and form, sources of perception, contact and feeling. 3. [...] the materializing causes being craving, grasping and existence. 4. [...] materialized results being birth, aging and death."

341 Karma, Tibetisch: *las*, Sanskrit: *karma* (*Übers. v. Attersee, A.I.M.*); siehe Tsepak, R. (2003: 267). "Karma; law of causality."

342 disziplinierte Übung zum Zweck der Erleuchtung, Tibetisch: *tshul khrims kyi mthar gyis sbyor ba*, Sanskrit: *śīlānupurva prayoga* (*Übers. v. Attersee, A.I.M.*); siehe Tsepak, R. (2003: 218). "Śīlānupurva prayoga/ Serial training in the perfection of morality. The bodhisattva paths from the path of accumulation up to the moment before complete enlightenment."

343 siehe Dudjom, J.Y.D. (1991: II, 159). "EIGHTFOLD PATH (*'phags-)lam (yan-lag) brgyad*, Skt. *aṣṭāṅgamārga* Correct view (*yang-dag-pa'i lta-ba*, Skt. *samyagdṛṣṭi*), correct thought (yang-dag-pa'i rtog-pa, Skt. *samyaksaṃkalpa*), correct speech (*yang-dag-pa'i ngag*, Skt. *samyagvāk*), correct limits to activity (*yang-dag-pa'i las-kyi mtha'*, Skt *samyakkarmānta*), correct livelihood (*yang-dag-pa'i 'tsho-ba*, Skt. *samyagājīva*), correct effort (*yang-dag-pa'i rtsol-ba*, Skt. *samyagvyāyāma*), correct recollection or mindfulness (*yang-dag-pa'i dran-pa*, Skt. *samyaksmṛti*) and correct contemplation (*yang-dag-pa'i ting-nge-'dzin*, Skt. *samyaksamādhi*)".

344 zitiert und übersetzt aus Oraler Überlieferung 1998 -2008 (*Übers. v. Attersee, A.I.M.*).

verschiedenen Schichten abläuft, entwickeln können. Die vorherigen Stufen des *Achtfachen Pfades* wären somit jeweils notwendige Bedingungen für die nächste Trainingsebene und beziehen sich auf die damit bereits gewonnenen Erkenntnisse oder Einsichten[345]. Somit steht diese Darstellung aus emischer Perspektive dem aus etischer Perspektive genutzten Argument, es würde kein Graduelles Training durchgeführt[346], direkt entgegen. Genau erst und nur das graduelle Training beginnend beim ersten Faktor ermöglicht diejenigen Effekte, welche die Grundlage für das weitere Training darstellen.

Die *Siebenunddreißig Aspekte von Erleuchtung*[347], denen dieser *Achtfache Pfad*[348] zugeordnet wird, erläutern detailliert alle im Trainingsprozess wesentlichen Aspekte. Dabei beziehen sich die *Vier Essentiellen Erinnerungen*[349] auf den Bezug zum Denken, Gefühlen und Körper sowie auf die *Dharmas* im Sinne einer Analyse aller vier Gruppen. Somit wären die *Vier Korrekten Handlungen*[350] in Bezug auf die *Vier Essentiellen Erinnerungen* anzuwenden. Die *Vier Unterstützungen für Emanation*[351] umspannen die Effekte von Meditation. Auch bei den *Fünf Kraftvollen*[352] wäre als vierter Faktor der Begriff *-Smṛti*, welcher manchmal mit dem Wort Achtsamkeit übersetzt wird, enthalten.

---

345 Einsicht, Tibetisch: *rtogs pa* (*Übers. v. Attersee, A.I.M.*).

346 siehe Sedlmeier, P., Eberth, J., Schwarz, M., Zimmermann, D., Haarig, F., Jaeger, S. et al. (2012: 1143 b). "In actual practice, the eight parts both in the Yoga Sutras and in the Eightfold Path are not followed in a strict order, because all the parts are interdependent".

347 siehe Dudjom, J.Y.D. (1991: II, 184). "THIRTY-SEVEN ASPECTS OF ENLIGHTENMENT *byang-chub-kyi chos sum-cu-rtsa-bdun*, Skt. *saptatriṃśadbodhipakṣadharma* These are the FOUR ESSENTIAL RECOLLECTIONS, the FOUR CORRECT TRAININGS, the FOUR SUPPORTS FOR MIRACULOUS ABILITY, the FIVE FACULTIES, the FIVE POWERS, the SEVEN BRANCHES OF ENLIGHTENMENT and the EIGHTFOLD PATH."

348 siehe Fußnote 344.

349 siehe Dudjom, J.Y.D. (1991: II, 129). "FOUR ESSENTIAL RECOLLECTIONS *dran-pa nyer-gzhag bzhi*, Skt. *catuḥsmṛtyupasthāna* The recollection of the body (*lus dran-pa nyer-gzhag*, Skt. *kāyasmṛtyupasthāna*), the recollection of feeling (*tshor-ba dran-pa nyer-gzhag*, Skt. *vedanāsmṛtyupasthāna*), the recollection of mind (*sems dran-pa nyer-gzhag*, Skt. *cittasmṛtyupasthāna*) and the recollection of phenomena (*chos dran-pa nyer-gzhag*, Skt. *dharmasmṛtyupasthāna*)."

350 siehe Dudjom, J.Y.D. (1991: II, 127). "FOUR CORRECT TRAININGS *yang-dag spong bzhi*, Skt. *catuḥsamyakprahāṇa* The aspiration that sinful, non-virtuous attributes, which have not arisen, may not be developed; the aspiration that sinful, non-virtuous attributes, which have arisen may be renounced; the aspiration that virtuous attributes which have not arisen may be developed; and the aspiration that virtuous attributes which have arisen may remain and be unchanging and entirely perfect in the future."

351 siehe Dudjom, J.Y.D. (1991: II, 138). "FOUR SUPPORTS FOR MIRACULOUS ABILITY *rdzu-'phrul rkang bzhi*, Skt. *catvārarddhipādāḥ* The support for miraculous ability which combines the contemplation of aspiration with the volition to renounce (*'dun-pa'i ting-nge-'dzin spang-ba'i 'du-byed-dang ldan-pa'i rdzu-'phrul-gyi rkang-pa*, Skt. *chandasamādhiprahāṇasaṃskārasamanvāgatarddhipāda*); the support for miraculous ability which combines the contemplation of the mind with the volition to renounce (*sems-kyi ting-nge-'dzin spang-ba'i 'du-byed-dang ldan-p"i rdzu-'phrul-gyi rkang-pa*, Skt. *cittasamādhiprahāṇasaṃskārasaman-vāgatarddhipāda*); the support for miraculous ability which combines the contemplation of perseverance with the volition to renounce (*brtson-'grus-kyi ting-nge-'dzin spang-ba'i 'du-byed-dang ldan-pa'i rdzu-'phrul-gyi rkang-pa*, Skt. *vīryasamādhiprahāṇasaṃskārasamanvāgatarddhipāda*); and the support for miraculous ability which combines the contemplation of scrutiny with the volition to renounce (*dpyod-pa'i ting-nge-'dzin spang-ba'i 'du-byed-dang ldan-pa'i rdzu-'phrul-gyi rkang-pa*, Skt. *mīmāṃṣāsamādhiprahāṇasaṃskārasaman-vāgatarddhipāda*)".

352 siehe Dudjom, J.Y.D. (1991: II, 144). "FIVE FACULTIES *dbang-po lnga*, Skt. *pañcendriya* Faith (*dad-pa*, Skt. *śraddhā*), perseverance (*brtson-'grus*, Skt. *vīrya*), recollection or mindfulness (*dran-pa*, Skt. *smṛti*), contemplation (*ting-nge-'dzin*, Skt. *samādhi*) and discriminative awareness (*shes-rab*, Skt. *prajñā*)".

Da *Smṛti* aus den *Sieben Zweigen der Erleuchtung*[353] einen Wandlungsprozess zu den *Fünf Kraftvollen*[354] und durch weiteres Training zu den *Fünf Kräften* durchläuft, welche wiederum als ursächliche Grundlage für *Samādhi* beschrieben werden, kommt eine aus etischer Perspektive konstruierte Begriffskombination "Achtsamkeits-Meditation" weder der methodischen noch inhaltlichen Komplexität und Differenziertheit der Trainingselemente und -effekte nahe.

Im Kontext des *Achtfachen Pfads* bedeutet der Begriff für Meditation *Samādhi*, was eine bestimmte, vorwiegend auf loser Konzentration mit Fokussierung beruhende Meditationserfahrung bezeichnet. Das *Gewahrsein*, das hier als siebentes Element erwähnt wird, wäre somit eine Erinnerung einerseits im Sinne von Integration und andererseits auch die Erinnerung der Lehren bezüglich der Sichtweise und des korrekten Verhaltens, was sich insbesondere auf die vorhergehenden sechs Elemente des *Achtfachen Pfades* bezieht. Genau nur die Anwendung der *Sieben Elemente* führt zum *Achten Element*, dem *Samādhi*, in dem Sinne, dass die vorhergehenden Übungen dieses ermöglichen und verstärken. Die Beschreibung der Aufgabe von *Faktoren*[355] durch die *Wahrheit des Weges* fasst bereits die Effektgruppen des umfangreichen graduellen Trainings zusammen.

Da das Training selbst als ein kognitives Training definiert wird, sollten zwei zentrale Begriffe für den Geist, das menschliche Denken - *sems*[356] und *yid*[357] - unterschieden werden. Während *sems* auf das argumentative Denken und den konzeptuellen Geist hinweist, wird das Bewusstsein über *Negative Emotionen* als ein Bewusstsein von yid[358] bezeichnet. Trainingseffekte kommen sowohl im Bereich von *sems* wie auch im *yid* zustande. Die diskursiven und analytischen Fähigkeiten des *sems* werden im Rahmen der *Analytischen Meditation* als Unterscheidung der von Kognitionen auf Emotionen und danach auf Handlungen wirkenden Effekte sowie auch später auf einen selbst zurückfallenden Effekte[359] dargestellt. Während der Geist und seine Kognitionen trainiert

---

[353] siehe Dudjom, J.Y.D. (1991: II, 153). "SEVEN BRANCHES OF ENLIGHTENMENT *byang-chub yan-lag bdun*, Skt. *sapta-bodhyaṅga* These are recollection or mindfulness (*dran-pa yang-dag byang-chub-kyi yan-lag*, Skt. *smṛtisambhodhyaṅga*), doctrinal analysis (*chos rab-tu rnam-par 'byed-pa*, Skt. *dharmapravicaya*), perseverance (*brtson-'grus*, Skt. *vīrya*), delight (*dga'-ba*, Skt. *prīti*), mental and physical refinement (*shin-tu sbyangs-pa*, Skt. *praśrabdhi*), contemplation (*ting-'dzin*, Skt. *samādhi*) and eqanimity (*btang-snyoms*, Skt. *upekṣā*)."

[354] siehe Dudjom, J.Y.D. (1991: II, 147). "FIVE POWERS *stobs lnga*, Skt. *pañcabala* Faith (*dad-pa'i stobs*, Skt. *śraddhābala*), perseverance (*brtson-'grus-kyi stobs*, Skt. *vīryabala*), recollection or mindfulness (*dran-pa'i stobs*, Skt. *smṛtibala*), contemplation (*ting-'dzin-gyi stobs*, Skt. *samādhibala*) and discriminative awareness (*shes-rab-kyi stobs*, Skt. *prajñābala*); [...] These are intensifications of the FIVE FACULTIES."

[355] Die Acht Faktoren, die am Weg aufgegeben werden, Tibetisch: *lam bden gyi spang bya brgyad* (*Übers. v. Attersee, A.I.M.*); siehe Tsepak, R. (2003: 265). "The eight abandonments of the noble truth of the path. The abandonments to be eliminated by virtue of attaining the noble truth of the path within the desire realm. 1. [...] ignorance 2. [...] desire-attachment 3. [...] hatred-anger 4. [...] pride 5. [...] doubt 6. [...] wrong view 7. [...] holding wrong views as superior 8. [...] holding wrong discipline and morality as superior."

[356] Geist, Tibetisch: *sems*, Sanskrit: *citta* (*Übers. v. Attersee, A.I.M.*); siehe Tsepak, R. (2003: 283). "Citta/ Mind; primary consciousness, e.g. eye consciousness." Siehe Dudjom, J.Y.D. (1991: II 363). "mind *sems*, Skt. *citta*: i.e. of an ordinary being, [...] see also under *component(s)* and *consciousness* in Abhidharma: this refers in particular to the dominant mind, i.e. consciousness, which is contrasted with peripheral mental events".

[357] siehe Dudjom, J.Y.D. (1991: II, 363). "mind *thugs*, Skt. *citta*: see *buddha-mind*, *mind-as-such* and *pristine cognition(s)*".

[358] siehe Dudjom, J.Y.D. (1991: II, 363). "mind [...] which apprehends emotionally conflicted thoughts *nyong-mongs-pa-can yid-kyi rnam shes*, Skt. *kliṣṭamanovijñāna*".

[359] Karma, Effekte, Tibetisch: *las*, Sanskrit: *karma* (*Übers. v. Attersee, A.I.M.*)

werden, wirkt sich dies somit sowohl auf die Emotionen wie auch auf die kognitive Befindlichkeit und die Konzepte, die jemand von sich selbst und von der Umwelt entwickelt, aus.

Da während des gesamten Trainings die Effekte in alltägliche Aktivität integriert werden, wird hierauf[360] großer Wert gelegt. In den originalsprachlichen Texten werden Zwei Effektgruppen[361] des Trainings, die *gewöhnlichen und die höchsten Effekte*[362], unterschieden. Diese kommen auf allen Ebenen der *Fünf Pfade* mithilfe einer *Ansammlung von Verdienst und Weisheit*[363], welche sich auf den verschiedenen Ebenen unterschiedlich gestaltet, zustande. Dabei werden die *Vier Arten von Segen*[364] als Trainingswirkungen interpretiert. Die Trainingseffekte werden als Entwicklung von *Qualitäten* definiert und beispielsweise als *Zwölf Hunderter-Gruppen positiver Eigenschaften von Bodhisattvas am ersten Bhūmi*[365] für jedes einzelne *Bhūmi* differenziert beschrieben. Dabei werden die *Fünf Weisheiten*[366] als langfristige Trainingseffekte dargestellt.

Zur Darstellung der Veränderungen auf kognitiver, emotionaler und somatischer Ebene bei *Śamathatraining* wurden eigene Fragebögen entwickelt.[367] Dabei wurde das Selbstreferenzmodell mithilfe von Faktoren der Beobachtungsfähigkeit und Reflexionsfähigkeit auf kognitiver, emotionaler und somatischer Ebene operationalisiert. Die Prüfung erfolgt mithilfe einer Faktorenanalyse sowie auch neben der Darstellung von Outcome einer

---

360 Drei Arten von Disziplin, Tibetisch: *tshul khrims rnam gsum* (*Übers. v. Attersee, A.I.M.*); siehe Tsepak, R. (2003: 218). "Three types of morality.A [...] Three moralities of a Bodhisattva: 1. [...] duṣkṛta saṁvara śīla/ morality of abstention from misbehaviour 2. [...] kuśala dharma saṃgraha śīla/ morality of integrating virtues 3. [...] sattva kṛtya śīla/ morality for the welfare of other sentient beings. B. In general: 1. [...] morality giving protection from fear 2. [...] morality of admiration in virtues 3. [...] morality of seeking freedom from cyclic existence."

361 siehe Dudjom, J.Y.D. (1991: II, 105). "TWO BENEFITS *don gnyis* Benefit for oneself (*rang-don*, Skt. *svārtha/ātmahita*) and benefit for others (*gzhan-don*, Skt. *parārtha/parahita*)."

362 siehe Dudjom, J.Y.D. (1991: II, 105). "*grub gnyis* The supreme and common accomplishments (*mchog-dang thun-mong-gi dngos-grub*)."

363 siehe Dudjom, J.Y.D. (1991: II, 107). "TWO PROVISIONS *tshogs gnyis*, Skt. *sambhāradvaya* The provision of merit (*bsod-nams-kyi tshogs*, Skt. *puṇyasambhāra*) and the provision of pristine cognition (*ye-shes-kyi tshogs*, Skt. *jñānasambhāra*)."

364 vier Arten von Segen, Tibetisch: *byin rlabs bzhi* (*Übers. v. Attersee, A.I.M.*); siehe Tsepak, R. (2003: 185). "The four types of blessings. 1. [...] blessing of the truth 2. [...] blessing of giving 3. [...] blessing of ultimate peace 4. [...] blessing of wisdom."

365 Qualitäten, Tibetisch: *yon tan brgya phrag bcu gnyis* (*Übers. v. Attersee, A.I.M.*) siehe Tsepak, R. (2003: 252). "Twelve sets of a hundred qualities; qualities attained by a Bodhisttva on the first ground, i.e. on the path of seeing: 1. [...] seeing a hundred Buddhas in a single instant 2. [...] knowing that he is being blessed and inspired by a hundred Buddhas 3. [...] sending a hundred emanations 4. [...] travelling to a hundred Buddha fields in a single instant 5. [...] seeing the past and future rebirths over a hundred aeons 6. [...] remaining absorbed and rising in a hundred concentrations in one instant 7. [...] maturing a hundred disciples 9. [...] shaking a hundred Buddha fields 10. [...] illuminating a hundred Buddha fields 11. [...] opening a hundred entrances to dharma 12. [...] manifesting a hundred physical forms, each of which are surrounded by a hundred Bodhisattva disciples."

366 siehe Dudjom, J.Y.D. (1991: II, 147). "FIVE PRISTINE COGNITIONS *ye-shes lnga*, Skt. *pañcajñāna* The pristine cognition of the expanse of reality (*chos-dbyings-kyi ye-shes*, Skt. *dharmadhātujñāna*), the mirror-like pristine cognition (*me-long-gi ye-shes*, Skt. *ādarśajñāna*), the pristine cognition of discernment (*so-sor-rtog-pa'i ye-shes*, Skt. *pratyavekṣaṇajñāna*), the pristine cognition of sameness (*mnyam-nyid-kyi ye-shes*, Skt. *samatājñāna*) and the pristine cognition of accomplishment (*bya-ba grub-pa'i ye-shes*, Skt. *kṛtyānuṣṭhānajñāna*)."

367 siehe Kapitel 12.

Prozessdarstellung von Trainingsverläufen. Zur Abklärung von Motivation und Zielsetzung wurde der Fragebogen "ET-ANAM Fragebogen"[368] benutzt.

Während die Art der Wirkung mit qualitativen Verfahren erhoben wurde[369], wurde ihre Stärke mithilfe eigener Fragebögen evaluiert[370]. Somit sollten unspezifische Aussagen wie ein allgemeiner Zusammenhang zwischen Aufmerksamkeit, Emotion und Kognition auf der Grundlage psychologischer Theoriebildung mithilfe des Selbstreferenzmodells differenziert werden können:

> "Our results hint at contingencies among attentional, emotional and cognitive variables. To understand such possible contingencies better, it is necessary to first construct testable models of these contingences [sic. contingencies, Attersee, A.I.M.] and then to test them against each other. [...] To test such specific hypotheses, single-case experimental designs (e.g., Barlow, Nock, & Hersen, 2009) appear to be more promising than conventional group comparisons."[371]

---

[368] siehe Krampen, G. (2002).
[369] vgl. Attersee, A.I.M. (2014 c, d, e, f).
[370] vgl. Kapitel 12.
[371] Sedlmeier, P., Eberth, J., Schwarz, M., Zimmermann, D., Haarig, F., Jaeger, S. et al. (2012: 1162 a).

4.5 Theoretische Überlegungen zu den Effekten des *Graduellen Kognitiven Trainings*

Die theoretischen Modelle aus der emischen Perspektive[372] stellen phänomenologische Beschreibungen der Veränderungsstrukturen und -prozesse beim Training dar, welche über Jahrhunderte immer wieder an der Erfahrung geprüft und revidiert wurden. Dabei wurden nicht lediglich die Erfahrungen von Mönchen und Nonnen im monastischen Kontext verwertet, sondern insbesondere auch Fallgeschichten von Meditationsmeistern ebenso wie die Informationen aus der Krankenbehandlung im Kontext Tibetischer Medizin. Da sie auf einer trainingstheoretischen Ebene die psychologischen Aspekte der Beobachtung und Reflexion von Kognition, Emotion und Körper beinhalten, wurden diese als Faktoren im *Dynamischen Selbstreferenzmodell* operationalisiert.

Während trotz zahlreicher Studienergebnisse die Kategorisierung der abhängigen Variablen aus 163 Studien zum Forschungsgegenstand der Meditation in 21 Codes[373] in der Meta-Analyse, die basierend auf der Häufigkeit der untersuchten Effekte vorgenommen wurde, zur Feststellung einer fehlenden psychologischen Theoriebildung führte, liegen somit aus emischer Perspektive auf diesen Forschungsgegenstand zahlreiche für die Theoriebildung bislang ungenutzte Modelle in originalsprachlichen Quellen[374] vor.

Mit dem *Dynamischen Selbstreferenzmodell* wurde somit auf der Grundlage qualitativer Forschungsdaten[375] eine psychologische Theoriebildung vorgenommen und überprüft[376]. Insofern sich das *Graduelle Kognitive Training* selbst direkt auf die in der emischen Perspektive vermittelten Trainingsinhalte bezieht, könnten bei der Interpretation der qualitativen wie auch der quantitativen Daten die Theorien aus emischer Perspektive als Vergleichsparameter und Grundstrukturen über die entsprechenden Prozesse herangezogen werden. Im Sinne einer Triangulation[377] wurden im Trainingsverlauf Ergebnisse aus unter-

[372] vgl. Fünf Pfade, Zehn Bhūmis, Siebenunddreißig Aspekte des Bodhisattvapfads.

[373] siehe Sedlmeier, P., Eberth, J., Schwarz, M., Zimmermann, D., Haarig, F., Jaeger, S. et al. (2012: 1147, Table 1).

[374] Diese beziehen sich auf die schriftlichen Quellen der Buddhistischen Philosophie und zugehörigen Kommentarschriften und die schriftlichen Quellen der Tibetischen Medizin und zugehörige Kommentarschriften sowie insbesondere die Orale Buddhistische Überlieferung in den verschiedenen Übertragungslinien, die Termas und die mündlichen Interpretationen, die als Kommentare zu den schriftlichen Praxis- und Behandlungsanleitungen ebenso wie den theoretischen Schriftstücken gegeben werden.

[375] vgl. Attersee A.I.M. (2014 c, d, e, f); vgl. Köttl, M. (2009).

[376] vgl. Mayring, P. (2010: 20). "Das heißt, dass am Anfang wissenschaftlichen Vorgehens immer ein qualitativer Schritt steht. Ich muss erst wissen, *was* ich untersuchen will, ich muss es benennen (Nominalskalenniveau). Dies lässt sich sehr schön am inhaltsanalytischen Vorgehen zeigen. In ihrem Zentrum steht ja fast immer die Anwendung eines Kategoriensystems auf das zu untersuchende Material. Diese Kategorien müssen erst erarbeitet werden, müssen am Material ausprobiert werden. Das ist ein Hauptbestandteil inhaltsanalytischer Arbeit, ein Vorgehen, das eindeutig qualitativer Art ist. Von diesem qualitativen Anfangsschritt hängen entscheidend die Ergebnisse der Inhaltsanalyse ab. Erst auf dieser Basis können quantitative Analyseschritte vorgenommen werden, sofern sie angestrebt werden (vgl. zum Folgenden auch Mayring 1978)".

[377] vgl. Lamnek, S. (2005: 158). "**Validierung durch Triangulation.** Begriff und Idee der Triangulation sind der Trigonometrie entlehnt, innerhalb derer eine unbekannte Größe von unterschiedlichen Messpunkten aus betrachtet wird, um sie genauer zu bestimmen. Man versucht durch Variation des Messvorgangs bzw. der Bezugspunkte das zu Messende präziser zu bestimmen, weil die Wahrnehmung des Forschungsgegenstandes von der gewählten Methode des Messens beeinflusst bzw. verzerrt wird."

schiedlichen Messverfahren genutzt[378]. Auf Grundlage dieser Methodenkombination aus qualitativen und quantitativen Verfahren lässt sich eine Theoriebildung ausarbeiten, welche die Trainingserfahrung und -effekte direkt widerspiegelt anstatt hypothetisch[379] zu sein.

Da bei sehr vielen der vorliegenden Studien eine Analyse des Einflusses der sozialen Erwünschtheit bezüglich der Trainingseffekte trotz Gruppentrainings fehlt, jedoch noch in der Metaanalyse der Beziehungsaspekt in den Trainingseffekten auffällig groß erscheint[380], bedeutet dies nicht nur, dass die jeweiligen Effekte mit Bedacht interpretiert werden sollten. Um diesen Einfluss der sozialen Erwünschtheit für das *Graduelle Kognitive Training* möglichst auszuschalten, wurde in vorliegender Evaluation lediglich ein einziger Blockunterricht durchgeführt und die Umsetzung des Trainings selbst jeder einzelnen Person überlassen. Somit konnten sich weder Gruppenzugehörigkeit noch etwaige Anpassungsleistungen an die Erwartungshaltungen aus der Gruppe ausbilden. Zwar konnten die Probanden bei Fragen im Rahmen des Trainings Kontakt im Sinne von Supervision aufnehmen, jedoch wurde mit der Struktur der Evaluation die Verantwortung für das Training bei jeder einzelnen Person belassen. Dies bedeutet, dass den Probanden von Anfang an die Eigenverantwortlichkeit für die Strukturierung ihres Tagesablaufs, die Durchführung der Trainingselemente und die Unterscheidung zwischen Übungseffekten und -erfahrungen zugemutet wurde. Dies schien im Sinne der Selbstreferenzentwicklung sinnvoll und stimmt zwar mit der Individualisierung von Training aus emischer Perspektive nicht jedoch mit dem Mainstream in buddhistischen Gruppierungen im Westen[381] überein.

Obwohl der zwischenmenschliche Umgang als eine Kategorie im Sinne einer abhängigen Variable ein zentraler positiver Effekt mit der stärksten Effektstärke zu sein scheint[382], wird in der Bewertung der wesentlichen Frage der sozialen Erwünschtheit trotz Vorliegens von Gruppentrainings nicht nachgegangen. Da sich bei der Interpretation von Studienergebnissen Fragestellungen zur Art der Lehre, den trainingstechnischen Details wie auch der Art und Häufigkeit des Trainings aufdrängen, sollten diese, wenn eine psychologische Theoriebildung zum Forschungsgegenstand entwickelt werden soll, in den entsprechenden Artikeln zum Forschungsgegenstand detailliert erwähnt und diskursiviert werden.

---

378 Die Ergebnisse der Daten mithilfe qualitativer Methoden werden in diesem Text nicht analysiert, sie finden sich in Attersee, A.I.M. (2014 c, d, e, f).

379 vgl. Blanton, H., Jaccard, J. (2006: 27).

380 vgl. Sedlmeier, P., Eberth, J., Schwarz, M., Zimmermann, D., Haarig, F., Jaeger, S. et al. (2012: 1158 b). "A first tentative interpretation of the results might be that meditation has its largest effects in reducing negative emotions and neuroticism, which might be connected to the surprisingly large effect in the category of interpersonal that relates to relationship issues"; Sedlmeier, P., Eberth, J., Schwarz, M., Zimmermann, D., Haarig, F., Jaeger, S. et al. (2012: 1158 b).

381 an dieser Stelle sollte erwähnt werden, dass es eine nahe Korrelation zwischen der sozialen Erwünschtheit in buddhistischen Gruppen im Westen und den darin geförderten Abhängigkeiten geben dürfte.

382 siehe Sedlmeier, P., Eberth, J., Schwarz, M., Zimmermann, D., Haarig, F., Jaeger, S. et al. (2012: 1156, Figure 7).

4.5.1 Das *Kognitive Training* bewirkt drei Prozesse auf kognitiver, psychoemotionaler und neurophysiologischer Ebene

Die Anwendung der essentiellen Einzelelemente des *Graduellen Kognitiven Trainings* bewirkt drei Prozesse, die sich auf die kognitive, psychoemotionale und neurophysiologische Ebene beziehen und nach aktuellen neurophysiologischen Erkenntnissen in Wechselwirkung[383] zueinander stehen.

Der kognitive Prozess wäre durch die kognitiven Trainingselemente angesprochen und bewirkt nach einer zunehmenden Beruhigung und Stabilisierung mentaler Bewegungen zuallererst ein erhöhtes Gewahrsein über die individuellen kognitiven, emotionalen und somatischen Ereignisse. Der psychoemotionale Prozess wird *topdown* wie *bottomup*, sowohl über die kognitiven als auch über die körperbetonten Aspekte des Trainings, angesprochen, wobei sich genau durch eine gezielte Kombination von *topdown* mit *bottomup* wirksamen Elementen die Wirkkraft verstärken kann[384], weil dadurch unterschiedliche Gedächtnisinhalte[385] und neuronale Verarbeitungsmuster angesprochen werden.

Der neurophysiologische Prozess wird anfangs vorwiegend durch die spontane Vertiefung und Verlangsamung des Atemrhythmus angesprochen. Er zeigt sich unter anderem in der Verlangsamung des Herzschlags[386] und einer Entwicklung von Modulationsfähigkeit zwischen Anspannung und Entspannung, die ihre Entsprechungen im vegetativen Nervensystem[387] hat. Das *Kognitive Training* bewirkt einen neurophysiologischen Prozess, welcher bei Trainingsanfängern durch den wiederholt hergestellten vagotonen Zustand induziert wird und später durch die Integration der Übungseffekte verstärkt werden kann. Cahn, B.R. und Polich, J. dokumentierten die Art der durch Meditation induzierten Entspannung mithilfe elektrophysiologischer Messungen als Alpha und Theta-Wellen.[388] Diese Unterscheidung zwischen Entspannungsreaktionen und schlafähnlichen Zuständen jedoch ist unschwer zu treffen und sollte baldmöglichst auch vom

[383] vgl. Iacobini, M. (2011: 23). "Die Aktivitätsmuster von Spiegelneuronen und kanonischen Neuronen im Areal F5 zeigen deutlich, dass Wahrnehmung und Handlung im Gehirn nicht als getrennte Prozesse vorliegen. Sie sind schlicht zwei Seiten einer Medaille und unauflöslich miteinander verknüpft."

[384] vgl. Attersee, A.I.M. (2014 b).

[385] vgl. Madert, K.K. (2007: 73). "Wir unterscheiden zwei Gedächtnissysteme: 1. Das explizite Informationsverarbeitungssystem verarbeitet in einem eher langsamen Prozess faktisches Wissen bis zu Herstellung von bewusstseinsfähigen Einordnungslandkarten, sogenannten *cognitive maps*. [...] 2. Diese primär unbewussten Prozesse werden als Prozedur im nichtdeklarativen, motorischen, impliziten Gedächtnissystem als Abfolge neuronaler, insbesondere motorischer Erregungsmuster gespeichert [...] Das ist auch jenes Gedächtnissystem, in dem das Hintergrundempfinden abgespeichert ist"; vgl. Madert, K.K. (2007: 77). "Der ventromediale präfrontale Kortex ist für das Bewerten von Erlebtem, für Bedeutungszuschreibung und autobiografische Einordnung zuständig. [...] Für die emotionale Bewertung werden Vergleichswerte aus dem impliziten, vorwiegend nichtsprachlichen, sensomotorischen Langzeitgedächtnis herangezogen [...] Der rechtsseitige Regionenkomplex aus Amygdala und frontalem Kortex kann als entscheidend für den Abruf gefühlsgeladener autobiografischer Informationen angesehen werden."

[386] vgl. Klinke, R., Pape, H.C., Kurtz, A., Silbernagl, S. (2010).

[387] vgl. Klinke, R., Pape, H.C., Kurtz, A., Silbernagl, S. (2010: 624-862); Huppelsberg, J., Walter, K. (2009: 227-247, 265-277, 361-379); Behrends, J.C., Bischofberger, J., Deutzmann, R., Ehmke, H., Frings, S., Grissmer, S. et al. (2010: 22-56, 558-580,754-779); Schandry, R. (2006: 156-173, 587-593).

[388] siehe Cahn, B.R. Polich, J. (2006: 180). "Electroencephalographic measures indicate an overall slowing subsequent to meditation, with theta and alpha activation related to proficiency of practice."

Trainingsanfänger selbst entwickelt werden können, damit er beim Training Entspannung und nicht Schlaf induziert.[389]

Bei gezieltem Einsatz von *bottomup* und *topdown* wirksamen Techniken des *Kognitiven Trainings* und Integration der Übungseffekte können sich diese drei Ebenen von Veränderungen in den Aspekten der Kognition, Emotion und Körper gegenseitig verstärken. Somit könnte dieser Ablauf obiger drei Prozesse auf kognitiver, emotionaler und somatischer Ebene nicht einzig nur als eine Bewegung in linearer Abfolge, sondern vielmehr als komplexe Wechselwirkung der Dimensionen interpretiert werden.

4.5.2 Zusammenhang zwischen den kognitiven und emotionalen abhängigen Variablen

Da der Zusammenhang zwischen kognitiven und emotionalen abhängigen Variablen im Diskurs wiederholt aufgegriffen wurde[390] und nicht nur für die klinische Arbeit bedeutungsvoll ist, wird der psychoemotionale Prozess im Folgenden genauer beschrieben: das *Graduelle Kognitive Training* bewirkt einen psychoemotionalen Prozess, welcher vorwiegend als Beruhigung kognitiver Bewegungen bei gleichzeitig entspannter Sitzhaltung und Stabilisierung im Sinne des Aufrechterhaltens eines vagotonen Zustands bei wacher Aufmerksamkeit auf die inneren kognitiven, emotionalen und physischen Bewegungen bezeichnet werden könnte. Diese Übungen des *Śamatha* dienen anfangs (durch das Halten des Fokus auf dem gewählten Objekt mithilfe des Zählens der Atemzüge) unmittelbar einer Zunahme in der Fokussierung und Konzentration. Durch die Introspektion, die häufig als eine Erlaubnis, sich Zeit für sich selbst zu nehmen und sich den eigenen Bedürfnissen zuzuwenden, beschrieben wurde (was eine Erlaubnis, für eine bestimmte Zeit nicht auf äußere Reize reagieren zu müssen, beinhaltet)[391], entwickelt sich zunehmend eine Erfahrung von *Innerer Ruhe* sowie häufig ein Empfinden von Zufriedenheit oder *Gelassenheit*[392]. Mithilfe der Integration der Trainingseffekte in den Alltag könnten diese noch deutlich verstärkt werden.

Insbesondere die zwei emotionalen Grundtendenzen, welche in der Tibetischen Medizin und Buddhistischen Philosophie als *Anhaftung* und *Ablehnung*[393] bezeichnet werden,

---

[389] siehe Cahn, B.R., Polich, J. (2006: 2002). "A major challenge for basic meditation research is the clear quantitative differentiation and topographic mapping of the difference between meditation and early sleep stages. The most widely found state effects of meditation-periods of alpha and theta enhancement - overlap significantly with early drowsing and sleep states [...] The increases in theta power observed in some long-term meditators may be related to learning to hold awareness at a level of physiological processing similar, but not identical, to sleep Stage I. Awareness maintenance practice may enhance awareness even as deep sleep develops, thereby affecting associated neurophysiological markers. [...] The theta typically seen at the transition from Stage I to Stage II sleep is less stable across time and also originates from more widespread sources. A comprehensive empirical distinction of these two increased theta states could provide a much-needed differentiation between the phenomenology of meditative experience and that of sleep."

[390] vgl. Sedlmeier, P., Eberth, J., Schwarz, M., Zimmermann, D., Haarig, F., Jaeger, S. et al. (2012: 1162 a). "Our results hint at contingencies among attentional, emotional and cognitive variables. To understand such possible contingencies better, it is necessary to first construct testable models of these contingences [sic contingencies, Attersee, A.I.M.] and then to test them against each other. [...] To test such specific hypotheses, single-case experimental designs (e.g., Barlow, Nock, & Hersen, 2009) appear to be more promising than conventional group comparisons."

[391] vgl. Attersee, A.I.M. (2014 c, d, e, f).

[392] vgl. Attersee, A.I.M. (2014 e).

[393] vgl. drei Gifte, drei Grundlegende Emotionsgruppen; vgl. Attersee, A.I.M. (2014 b).

können (durch die Übung des wertungsfreien Beobachtens ohne die Beobachtungen weiterzuverfolgen, im Sinne von sie nicht festzuhalten) nicht nur differenzierter wahrgenommen werden, sondern lassen durch die Entkopplung scheinbar automatischer Reaktionsmuster bei Anfängern und die Verringerung der Identifikationsstärke bei Fortgeschrittenen bei einer jeweils gleichzeitigen Aufrechterhaltung eines vagotonen Zustands in der Kraft ihres Aufwallens nach.

4.5.3 Verstärkung der Wirkstärke der Effekte durch Integration der Übungseffekte

Die Fähigkeit zur Integration hängt zusammen mit der emotionalen Stabilität, der kognitiven, emotionalen und körperlichen Ruhe, der individuellen (sich im Verlauf des Trainings entwickelnden) Fähigkeit zur Reflexion bei vermehrtem Gewahrsein subjektiver kognitiver, emotionaler und somatischer Ereignisse und der individuellen Fähigkeit, sich von eigener Empfindung und Wahrnehmung sowie Emotionen soweit zu distanzieren, dass sie wertungsfrei beobachtet werden könnten und die Prozesse ihrer Entwicklung und ihres Abnehmens durch Beobachtung und Analyse verstanden werden .

Für die Wirkstärke der Effekte wäre die Integration der individuellen Trainingseffekte von zentraler Bedeutung. Durch eine wiederholte Herstellung eines vagotonen Zustands, das Aufrechterhalten von entwickeltem Gewahrsein und der sich entwickelnden Reflexions- und Analysefähigkeit werden diese verstärkt. Integration könnte anfangs beispielsweise durch eine kurze Erinnerung an den Zustand beim *Kognitiven Training*, ein Wiederherstellen dieses Zustands oder eine gezielte Serie von Übungen, wie die *Vier Unermesslichen Faktoren*[394] in Sinne einer Durchführung von minimalen Übungssequenzen im Alltag hergestellt werden. Die Dokumentation empirischer Erfahrung zeigt, dass gezielte Integration eine Vertiefung des durch das Training induzierten Prozesses bewirkt[395].

Dieser Prozess, das *Kognitivem Training* mit der *Integration von Übungseffekten zu alternieren,* kann durch die Entwicklung unparteilicher, altruistischer Motivation, beispielsweise mithilfe von Übungsschritten des *Tonglen* oder der *Vier Unermesslichen Qualitäten*, welche als ein sinngebendes Konzept bezeichnet werden könnten, sehr effektiv auf den emotionalen Gesamtzustand einer Person wirken. Die dabei bedingten Wirkzusammenhänge zwischen Selbstreferenz und Selbstempathie sowie Empathie anderen gegenüber könnten für die klinische Forschung und die Psychotherapieforschung bedeutungsvoll sein.

Die Auswirkung des *Kognitiven Trainings* auf die Entspannungsreaktion wäre, dass sich bei den Übungen ein vagotoner Zustand herstellt, indem sich die Atmung spontan vertieft

[394] Vier Unermesslichen Faktoren (*tshad med bzhi*, Skt. *caturaprameya*); siehe Dudjom, J.Y.D. (1991: II, 132). "FOUR IMMEASURABLES *tshad-med bzhi*, Skt. *caturaprameya* Loving kindness (*byams-pa*, Skt. *maitrī*), compassion (*snying-rje*, Skt. *karuṇa*), sympathetic joy (*dga'-ba*, Skt. *muditā*) and equanimity (*btang-snyoms*, Skt. *upekṣā*)."

[395] vgl. Attersee A.I.M. (2014 c, d, e, f).

und verlangsamt und in Folge davon die Herzfrequenz sinkt[396]. Dieser durch das Training induzierte vagotone Zustand[397] wird meist als sehr angenehm empfunden.

4.5.4 Selbstreferenz

In den vorhergehenden Abschnitten wurde die graduelle Vorgangsweise beim *Kognitiven Training* basierend auf der emischen Perspektive dargestellt und aufgezeigt, welche Aspekte diese für den aktuellen Diskurs zum Forschungsgegenstand beizutragen vermag. Genau diese graduelle Vorgansweise führte zu einer Arbeitsdefinition, die den Forschungsgegenstand bereits auf trainingstechnischer Ebene spezifiziert und eingrenzt. Somit stellte bereits diese trainingstechnische Vorgangsweise eine Forschungslücke dar.

Die mit dieser Spezifizierung und Eingrenzung des Forschungsgegenstands verbundene trainingstechnische Differenzierung jedoch hat sowohl für die Analyse von Effekten wie auch die entsprechende Theoriebildung weitreichende Konsequenzen, auch wenn die Effektdarstellung nicht mehr lediglich auf einfache Kausalzusammenhänge[398] beschränkt werden kann, da hiermit weder der prozessuale Aspekt des *Graduellen Kognitiven Trainings* noch das *Dynamische Selbstreferenzmodell*, das auf einer Entwicklung von Fähigkeiten gründet, dargestellt werden könnten. Somit würde eine Einschränkung der Effektdarstellung auf Kausalzusammenhänge die Theoriebildung unmöglich machen.

Ferner verlangte eine Evaluation solch graduellen Trainings, über die bislang üblichen Erhebungen mithilfe psychologischer Fragebögen, welche genau die im Fragebogen für einen anderen Kontext evaluierten psychologische Variablen und Dimensionen messen, hinauszugehen. Daher wird das theoretische Modell zur Selbstreferenzentwicklung durch die *Graduellen Techniken Kognitiven Trainings*[399] auch mithilfe eigener Fragebögen evaluiert. Dazu wurden nach einer Analyse der einzelnen Wirkfaktoren und Operationalisierung der Effekte im Selbstreferenzmodell qualitative wie auch quantitative Evaluationsmethoden benutzt. Nach der Analyse der qualitativen und quantitativen Ergebnisse aus dem Pilotprojekt wurde der eigene Fragebogen modifiziert[400], sodass ein katamnestischer Einsatz des Fragebogens bereits vor dem Training sowie auch nach einem Monat und teilweise auch nach drei und sechs Monaten Training möglich war. Auf diese Weise konnte sowohl das Erlernen von wichtigen Trainingstechniken, die Art und Häufigkeit des

---

[396] Diese der Entspannungsreaktion zugeordneten Effekte - Verringerung der Herzfrequenz, Atemfrequenz und Metabolismus - wurden bereits in zahlreichen Studien dargestellt; vgl. Edenfield, T.M., Saeed, S.A. (2012: 134)."With a basic understanding of the relationship between stress and the nervous system, it is easier to understand the relaxation response or the physiological state in which the PNS is activated, which results in a drop in heart, metabolic, and breathing rates. [Zitat Nr. 2, welches auf die Referenzen in den Endnoten hinweist: "Benson H, Klipper MZ. *The Relaxation Response*. New York, NY: Harpertorch; 1975."]".

[397] vgl. Edenfield, T.M., Saeed, S.A. (2012: 134). "The act of intentionally activating the relaxation response counteracts activation of the sympathetic nervous system in favor of the parasympathetic nervous system. Meditation involves the intentional and repeated practice of intentionally activating the body's relaxation response and has shown potential to improve one's ability to manage stress, which has been shown to underlie various physical and psychological illnesses. [...] Regular elicitation of the relaxation response was found to prevent and compensate for the damage that is incurred by frequent activations of the sympathetic nervous system, which may cause the body to unnecessarily remain in a state of hypervigilance or hyperarousal. [Zitat Nr. 2, welches auf die Referenzen in den Endnoten hinweist: "Benson H, Klipper MZ. *The Relaxation Response*. New York, NY: Harpertorch; 1975."]".

[398] vgl. Attersee, A.I.M. (2014 a, b, c).

[399] vgl. Attersee, A.I.M. (2014 a).

[400] vgl. Kapitel 12.

Trainings, die Integration der Trainingseffekte wie auch die Entwicklung von Beobachtungsfähigkeit auf kognitiver, emotionaler und somatischer Ebene und Reflexionsfähigkeit dargestellt werden. Dadurch sollten einzelne Aspekte dieser Selbstreferenzentwicklung evaluiert werden können.

Da ein *Graduelles Training* Evaluationsmethoden der Prozessforschung[401] fordert, änderte sich somit auch der Forschungszugang zu dem auf oben beschriebene Weise bereits spezifizierten Forschungsgegenstand. Da die prozessbeschreibenden Modelle nicht nur den Trainingsverlauf, sondern auch die Entwicklungen von Menschen differenzierter als Outcome abzubilden vermögen, wurde bei vorliegender Forschung neben dem Outcome auf die Prozessdarstellung besonderer Wert gelegt. Daher werden in vorliegender Studie der Outcome nach einem Monat Training sowie auch einige Aspekte des längerfristigen Prozessverlaufs analysiert.

[401] vgl. Garnitschnig, K. (2014).

> "It seems likely that many Western psychologists may have little frame of reference and consequently may respond with a degree of incredulousness toward this introspective approach, especially given the claims that years are needed merely to begin to master it and that processes are cast together in fully unfamiliar ways (e.g., combining cognitive and ethical domains; Grossman, 2010). Still, these ideas need not be taken on faith, although neither can they be decided upon by rational thinking alone. Fundamental to the Buddhist approach is practical experience, and only the practice of mindfulness can put such notions to the test. A commitment to this practical experience may, in fact, be the real challenge and opportunity for psychologists. Perhaps, this is the only way we will learn to discern mindfulness from its near-enemies."
>
> Grossman, P. (2011: 1039)

4.6 Die Entwicklung der Fähigkeit von Selbstreferenz

Das psychologische Modell der Selbstreferenzentwicklung durch das *Graduelle Kognitive Training* von Einzelelementen beruht auf der Grundlage von Introspektion, welche nicht nur im Kontext buddhistischer Meditationstechniken und Tibetischer Medizin zu finden ist, sondern auch in der Psychotherapie und Psychoanalyse. Aufgrund des zentralen Stellenwerts dieser *Haltung der Introspektion und Selbstanalyse* wurde zur Evaluation der Trainingstechniken neben den quantitativen Verfahren auch eine phänomenologische Zugangsweise[402] gewählt. Sie sollte es ermöglichen, die inneren Bewegungen, das Erleben der übenden Person selbst beim Training, anhand gezielter Fragestellungen zu dokumentieren. Jedoch versteht sich von selbst, dass eine Analyse und Interpretation der Bedeutung solcher Protokolle und Datenblätter nur durch eine Fachperson mit Erfahrung genau darin wie auch einem theoretischen Wissen zu den graduellen Elementen des Trainings differenziert durchgeführt werden könnte. Denn von dieser könnten nicht nur Effekte von den transienten Erfahrungen unterschieden, sondern in den Verlaufsprotokollen auch die allgemeinen Grundstrukturen von Veränderungsprozessen erkannt und interpretiert werden.

Durch eine präzise Protokollierung der Probandenaussagen ohne willkürliche Weglassung von Aussagen[403] könnten bislang nicht analysierte Elemente[404] reflektiert

[402] vgl. Mey, G., Mruck, K. (2010: 75). "Forschungspersonen, die sich heuristischer Forschung bedienen, können sich zwar auf große Praxisnähe der Methoden verlassen, müssen aber nach wie vor akademischer Zurückhaltung gewärtig sein. Die Integration der Verfahren in die akademische Psychologie bleibt gleichwohl ein bedeutendes Anliegen, umso mehr, als frühere Reaktionen auf offensichtliche Defizite in der Psychologie eher zu einer Abspaltung der Lösungswege und der Methoden geführt haben als zu einer Einbeziehung in den akademisch gelehrten Korpus, wie am Beispiel der Psychoanalyse, der Gestalt-, Denk- oder phänomenologischen Psychologie erkennbar ist."

[403] vgl. Attersee, A.I.M. (2014 c, d, e, f).

[404] siehe Grossman, P. (2011: 1038, 1039) "Greater emphasis, perhaps, should be placed on qualitative investigations (e.g., Mason & Hargreaves, 2001) and research employing interview methods (e.g., Teasdale et al., 2002). Although certainly more labor intensive for researchers and study participants than completion of a 5-min self-report questionnaire, these methods are likely to afford greater insights into the psychological mechanisms and characteristics related to the practice of mindfulness. Such open-ended approaches may also result in the creation of novel, as yet unconsidered, categories of psychological effects associated with mindfulness and MBIs".

werden, welche für eine umfassende psychologische Theoriebildung zum Forschungsgegenstand von zentraler Bedeutung sein dürften. Die in vorliegender Arbeit gewählte Analyse quantitativer Daten, welche die Stärke der Veränderung dokumentieren, stimmt in zentralen Aspekten völlig mit den bislang vorliegenden Protokollen zum *Kognitiven Training*[405], mithilfe derer die Art der Veränderung dokumentiert wurde, überein. Dabei knüpft ein Forschungsansatz, der von der Erfahrung selbst und ihrer Analyse und Reflexion ausgeht, direkt an die über Jahrhunderte tradierte Vorgangsweise zum Zweck von Interpretation von Erfahrungsqualitäten und subtilen Selbst- und Fremdbeobachtungen in den buddhistischen Traditionen und der Tibetischen Medizin an. Genau damit eröffnet sich die Möglichkeit, die Theoriebildung zum Forschungsgegenstand in einer Weise auf der Erfahrung zu gründen, dass sie die Strukturen der Veränderungs- und Entwicklungsprozesse abbildet sowie auch die Modelle wiederholt an der Erfahrung prüfen und dadurch modifizieren zu können.

Die Forschungslücke eines *Graduellen Kognitiven Trainings* differenziert das Thema Meditation, indem es dieses in sinnvolle, chronologisch anzuwendende Einzeltechniken strukturiert. Genau diese Strukturierung ist die nötige Grundlage bei der Evaluation und zur Interpretation von Forschungsergebnissen. Da sie auch den Probanden als Grundlage und Orientierung dient, wäre die Lehre der Einzeltechniken selbst und das hierbei entwickelte Verständnis der Probanden zur Art und Reihenfolge der Übungen von zentraler Bedeutung. Eine Darstellung der Einzeltechniken des *Kognitiven Trainings* findet sich im Skriptum *Graduelles Kognitives Training. Eine Darstellung von Einzelelementen und Prozessverläufen aus emischer Perspektive*[406]. Eine Analyse der qualitativen Forschungsergebnisse aus der Pilotstudie liegt in *Selbstreferenz-Entwicklung durch Graduelles Kognitives Training. Eine Analyse qualitativer Forschungsdaten*[407] vor.

Im vorangegangenen Diskurs zu den Definitionen zum Forschungsgegenstand wurde deutlich, dass die Trainingstechniken selbst den Forschungsgegenstand zwar in einem hohen Ausmaß bestimmen, da diese jedoch sehr unterschiedlich und häufig lediglich rudimentär definiert werden, die Forschungslücke, nämlich die Frage was die Probanden beim Meditationstraining genau üben, gleichwohl viel zu groß ist. Dies wirkt sich nicht nur auf die Vergleichbarkeit von Ergebnissen, sondern eben auch bereits auf die möglichen Resultate selbst aus.

Daher stellt sich die Frage, wie bei deren Evaluation eine höhere Aufmerksamkeit darauf gelegt werden könnte, wie lange, wie häufig, in welcher Reihenfolge und Kombination sie geübt wurden. In vorliegender Forschung wurden diese Aspekte mithilfe von Fragebögen, in denen die Probanden über die Länge und Häufigkeit ihres tatsächlichen Trainings und die Integration der Übungseffekte Selbstauskunft gaben[408], evaluiert. Um ein noch klareres „Bild über Wirkzusammenhänge zwischen der tatsächlichen Art und Länge des Trainings, den Erfahrungsverläufen und Trainingseffekten zu erhalten, könnte eine

[405] vgl. Attersee, A.I.M. (2014 c, d, e, f).
[406] siehe Attersee, A.I.M. (2014 a).
[407] siehe Attersee, A.I.M. (2014 c).
[408] siehe Kapitel 12.1-12.3 *Fragebogen zur Häufigkeit und Art der Durchführung der Meditation und Integration* [*während der vergangenen vier Wochen* oder *während der vergangenen drei Monate*].

solche rückblickende Selbstauskunft mithilfe von Tagebuchstudien[409] in Form täglicher Protokolle noch weiter differenziert werden.

Die spezifische Reihenfolge und Kombination der Übungselemente wurde bereits bei der Lehre der Trainingstechniken vorgegeben. Aus ökonomischen Gründen wurde zwar die Art der Fokussierung[410], nicht jedoch die tatsächliche Anwendung aller einzelnen Trainingsdetails evaluiert. Dennoch wurden diejenigen Grundelemente[411], welche für eine Voraussetzung zur Entwicklung der Faktoren des Modells der Selbstreferenz gehalten wurden, mithilfe der eigenen Fragebögen[412] in der Stärke ihrer Entwicklung evaluiert. Da sich die wesentlichen Faktoren des Modells der Selbstreferenzentwicklung auf die Trainingseffekte beziehen, war deren Unterscheidung von den transienten Trainingserfahrungen vor der seiner Operationalisierung nötig.

Während in einer ersten Analysephase der Outcome nach einem Monat Training dargestellt und katamnestische Aussagen zu den Effekten im Bereich der Entspannungsreaktion und dem chronischen Stress gemacht werden sollten, beinhaltet die zweite Analysephase eine Faktorenanalyse des Selbstreferenzmodells. Da bereits ein *Graduelles Kognitives Training* eine Forschungslücke füllt, jedoch auch die Art der Wirkmechanismen bei Meditationstraining bislang kaum dargestellt wurde, ist neben einer Darstellung des Outcomes die Prozessdokumentation ein zentrales Element für die Theoriebildung zum Forschungsgegenstand. Um die Wirkmechanismen des Trainings und ihre inhaltliche Komplexität in einer psychologischen Theoriebildung darstellen zu können, werden daher Vorgangsweisen zur Evaluation, bei welcher quantitative mit qualitativen Daten[413] gezielt kombiniert werden, für unumgänglich gehalten.

Nachdem die trainingsmethodische Forschungslücke durch das graduelle *Kognitive Training* spezifiziert wurde, wäre es nötig, die Evaluationsmethoden der Art des Forschungsgegenstands selbst und den zentralen Fragen zum Trainingsprozess und -verlauf anzupassen, indem nicht nur der Outcome, sondern auch Prozessverläufe beim *Kognitiven Training* dokumentiert und interpretiert würden. Anhand von Fragestellungen nach der Art und Qualität sowie auch der Stärke von Veränderung bestimmter Aspekte wurde eine solche Dokumentation mithilfe qualitativer wie auch quantitativer Daten vorgenommen. Unter Bezugnahme auf die vorliegenden qualitativen Daten wird der quantitative Aspekt nach einem Monat Training als Outcome dargestellt und seine Bedeutung im Verlauf von

---

[409] vgl. Attersee, A.I.M. (2014 e).

[410] Śamatha mit Fokus auf dem Zählen der Atemzüge und/ oder Śamatha mit Fokus auf Licht.

[411] Im Einzelnen wären diese Techniken die Fähigkeit, die Aufmerksamkeit (während der Meditation) zu sich selbst zurückzubringen, die Fähigkeit, mentale Ereignisse (während der Meditation) ohne unmittelbare Bewertung zu beobachten, die Fähigkeit, das mentale Greifen nach Gedankenketten (während der Meditation) zu lösen und die Fähigkeit, das mentale Greifen nach Emotionen oder das Festhalten an stark emotionsbeladenen Erinnerungen (während der Meditation) zu lösen.

[412] vgl. Kapitel 12.1-12.3 *Fragebogen zur Häufigkeit und Art der Durchführung der Meditation und zur Integration* [*während der vergangenen vier Wochen* und *während der vergangenen drei Monate*]; vgl. Kapitel 12.7 *Vorerhebungs- und Katamnesefragebogen.*

[413] vgl. Mey, G., Mruck, K. (2010: 263). "*Mixed Methods* (im Folgenden: MM) bezeichnet im weitesten Sinne die Kombination von Elementen eines qualitativen und eines quantitativen Forschungsansatzes innerhalb einer Untersuchung oder mehrerer aufeinander bezogener Untersuchungen. Die Kombination kann sich dabei auf die zugrunde liegende wissenschaftstheoretische Position und die Fragestellung, auf die Methoden der Datenerhebung oder der -auswertung oder auch auf die Verfahren der Interpretation und der Qualitätssicherung beziehen (Definition in Anlehnung an Johnson, Onwuegbuzie & Turner 2007, S. 123)."

dreimonatigem Training im Hinblick auf die Zielsetzung einer psychologischen Theoriebildung zum *Graduellen Kognitiven Training* interpretiert. Trotz fehlender Wartegruppenkontrolle wären solche Längsschnittprotokolle aus drei Monaten Training somit ein rudimentärer Beginn der Darstellung von Trainingsverläufen im Sinne von Prozessforschung.

Als eine Spezifizierung der Forschungslücke mag bereits die Eingrenzung der Trainingstechniken auf ein *Graduelles Kognitives Training von Einzeltechniken*, welche auf der emischen Perspektive Buddhistischer Philosophie, Oraler Überlieferungen und Tibetischer Medizin gründen, einen Beitrag zum Diskurs der Trainingstechniken bewirken. Doch ist der hieraus folgende Beitrag, den diese Differenzierung des Forschungsgegenstands auf die Evaluationsmethoden bedeutet, von noch größerer Bedeutung. Denn dadurch wird deutlich, dass nach Veränderungsstrukturen und Modellen, die diese abbilden, vielmehr denn nach statischen Konzepten gesucht werden sollte. Vorliegendes Modell der Selbstreferenz bezieht sich also auf die Entwicklung von Selbstreferenz im Trainingsverlauf.

Da dabei angenommen wurde, dass diese Selbstreferenz sich aus einer sich zunehmend entwickelnden Beobachtungs- und Reflexionsfähigkeit bildet, wären die Elemente der Beobachtung und Reflexion seine zentralen Wirkfaktoren. Obwohl in der nötigen großen Studiengruppe die Selbstauskünfte zu deren Evaluation die tragfähigste Basis zu sein schienen, wären in anderen Kontexten, wie klinischer Forschung, durchaus auch Fremdauskünfte hierzu sinnvoll.

Im folgenden Abschnitt werden die aus den Trainingstechniken resultierenden Effektgruppen beschrieben.

4.6.1 Zusammenhang zwischen Trainingstechniken, -methoden und Effektgruppen

Für das *Kognitive Training* könnten als essentielle Trainingsmethoden[414] die *Entwicklung einer Haltung der Introspektion* (M1), die *Aufmerksamkeitsführung* (M2) und die *Einfach- beziehungsweise Mehrfachfokussierung* (M3, M4) beschrieben werden. Im Selbstreferenzmodell wurden vier zu Beginn des Trainings zentrale Techniken operationalisiert: die *Aufmerksamkeitslenkung* (T1), die *Wertungsfreie Beobachtung* (T2), das Lösen des *Greifens nach Gedankenketten* (T3) und das Lösen des *Greifens nach Emotionen* (T4). Bereits früh nach dem Erlernen der Einfachfokussierung sollten die beiden Trainingselemente der *Wertungsfreien Beobachtung* und die *Beobachterperspektive* gezielt genutzt werden, da die Arbeit mit ihnen das Erlernen des Aufrechterhaltens einer Mehrfachfokussierung über einen längeren Zeitraum erleichtert. Sie bewirken eine Verringerung der Stärke des Festhaltens an den eigenen Gedanken, Gedankenketten und Gefühlskomplexen.

Nach dem Erlenen dieser Grundlagen wären die *Einnahme einer Beobachterperspektive* und *innerpersönlicher Perspektivenwechsel* wesentliche zusätzliche Trainingselemente, da sie das Lösen scheinbar automatisch ablaufender Gedankenketten ebenso wie auch die Modifikation der Struktur emotionaler Komplexe erleichtern und somit eine Grundlage für *Selbstanalyse* und mögliche Entwicklungsprozesse im Trainingsverlauf darstellen. Somit wäre das mithilfe dieser Techniken mögliche Lösen starker Identifikationen genau die Grundvoraussetzung für eine erfolgreiche Durchführung von Mehrfachfokussierung. Im

[414] vgl. die Darstellung aus emischer Perspektive in Attersee, A.I.M. (2014 a).

Verlauf des längerfristigen *Kognitiven Trainings* bilden genau diese Aspekte auch eine Grundlage für die Analyse und Bewertung von Kausalzusammenhängen zwischen Kognition, Emotion, Körper[415] und den eigenen Handlungsimpulsen.

Somit bedingt genau nur der systematische, graduelle Einsatz dieser Einzeltechniken des *Kognitiven Trainings* die für das Selbstreferenzmodell zentralen Faktoren der Beobachtungs- und Reflexionsfähigkeit. Dabei könnten diese Faktoren jeweils als aus der Übung der Techniken resultierende Fähigkeiten gewertet werden:[416]: die *Fähigkeit die Aufmerksamkeit zu sich selbst zurückzubringen* (Hinweis auf den Lernerfolg in T1), die *Fähigkeit mentale Ereignisse ohne unmittelbare Bewertung zu beobachten* (Hinweis auf den Lernerfolg in T2), die *Fähigkeit das mentale Greifen nach Gedankenketten zu lösen* (Hinweis auf den Lernerfolg in T3) und die *Fähigkeit das mentale Greifen nach Emotionen oder das Festhalten an stark emotionsbeladenen Erinnerungen zu lösen* (Hinweis auf den Lernerfolg in T4).

In diesem Kontext stellt sich die Frage, auf welche Weise genau diese Fähigkeiten mit der Entwicklung der Beobachtungs- und Reflexionsfähigkeit zusammenhängen. Die Evaluation solcher Zusammenhänge scheint für die psychologische Theoriebildung von zentraler Bedeutung zu sein. Da genau die Fähigkeit die Aufmerksamkeit zu lenken und zu sich selbst zurückzubringen die notwendige Grundlage für die im Śamatha benutzte Fokussierung darstellt, wird diese als erstes erlernt und geübt[417]. Nach dem Erlernen der Aufmerksamkeitslenkung wird Einfachfokussierung und erst nach dem Erlernen der oben dargestellten Techniken die Mehrfachfokussierung hergestellt. Dabei ist grundsätzlich darauf zu achten, dass die Aufmerksamkeit lose bleibt und nicht in eine Fixierung im Sinne von fester, unverrückbarer Konzentration auf ein Objekt gleitet, was mit den neuronalen Verarbeitungsmustern zu tun haben dürfte.

Im Laufe des *Kognitiven Trainings* kann sich dabei die Introspektion zu einer Haltung entwickeln. Genau diese wäre die Grundlage dafür, das Übungselement der Integration der Trainingserfahrungen und -effekte aufmerksam und sinnvoll einsetzen zu können. Sie stellt eine der vier essentiellen Trainingsmethoden (M1) dar:

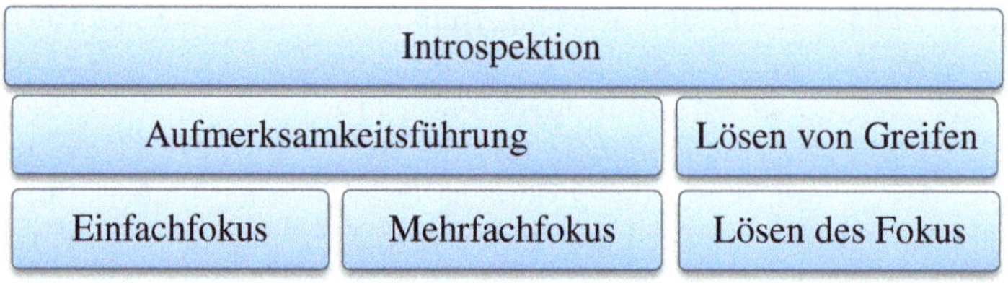

Abbildung 15
Entwicklung von Selbstreferenz -Trainingsmethoden zur Entwicklung von Effekten

[415] vgl. Drei Sphären der Aktivität, Drei Tore, Tibetisch: *sgo gsum* (*Übers. v. Attersee, A.I.M.*); vgl. Tsepak, R. (2003: 58) "The three gates of activity [...] Body, speech and mind."

[416] siehe Kapitel 12.1-12.3.

[417] Sie wurde auch mit den folgenden drei Fragestellungen evaluiert: *Wie stark hat sich während der Meditation Ihre Fähigkeit die Aufmerksamkeit zu sich selbst zurückzubringen verändert? Wie stark hat sich während der Integration der Meditationserfahrung in alltägliche Aktivität Ihre Fähigkeit die Aufmerksamkeit zu sich selbst zurückzubringen verändert? Wie stark hat sich während alltäglicher Aktivität Ihre Fähigkeit die Aufmerksamkeit zu sich selbst zurückzubringen verändert?* vgl. Kapitel 12.4-12.6.

Die systematische graduelle Übung der Techniken (T1-T4) ermöglicht diese Trainingsmethoden (M1-M4), die selbst bereits jeweils als einzelne transkulturelle Modelle dargestellt werden könnten, zu nutzen. Hieraus resultieren die zentralen Faktoren des Selbstreferenzmodells: Beobachtungs- und Reflexionsfähigkeit sind Fähigkeiten, welche als Lernerfolge aus der Übung der Techniken (T1-T4) bezeichnet werden könnten. Diese Fähigkeiten werden im Selbstreferenzmodell als Effektgruppen (E1-E8) operationalisiert.

4.6.2 Bedeutung der durch das Training induzierten Entspannungsreaktion

Aus der emischen Perspektive wurde beschrieben, auf welche Weise mithilfe der Fokussierung der Aufmerksamkeit auf ein inneres oder ein äußeres Objekt alle *Drei Sphären der Aktivität*[418] zur Ruhe kommen und in Ruhe verweilen könnten. Genau diese Qualität der Ruhe und des Verweilens in Ruhe beinhaltet die Entspannungsreaktion. Dabei ist wesentlich, dass hierfür die Dauer der Übung ausschlaggebend ist. Während es zu Beginn des Trainings darum geht, sich einfach nur mit den einzelnen Elementen vertraut zu machen, bevor sie sinnvoll in Kombination miteinander und alternierend genutzt werden könnten, stellt sich zu späteren Zeitpunkten, zumeist in einer Zeitspanne von zehn Minuten Training, bereits eine Entspannungsreaktion her. Sobald dies möglich ist, wäre es wichtig, nicht nur diese Übungssitzungen zweimal täglich aufrechtzuerhalten, sondern genau diesen Entspannungseffekt im Alltag zu nutzen. Solche Integrationsleistung kann individuell sehr unterschiedliche Formen annehmen. Vorwiegend geht es darum den Effekt zu vertiefen, indem beispielsweise die eigenen Aktivitätsmuster mithilfe von Introspektion und Entspannung ganz kurz unterbrochen werden, was zu deutlichen Wechselwirkungen mit denjenigen Elementen, die während der Trainingssitzungen im Vordergrund stehen, führt.

Obwohl es die Grundregel gibt, dass Trainingsanfänger aus verschiedensten Gründen am besten kurze und häufige Übungssitzungen machen würden, ist es in derjenigen Trainingsphase, in der Trainingsanfänger mithilfe der einzelnen Techniken eine Entspannungsreaktion herbeiführen, wichtig, dass die Trainingssitzung genauso lange durchgeführt wird, bis diese eingetreten ist. Denn wenn der übenden Person genau diese Entspannungsreaktion fühlbar wird und sie bestenfalls auch noch zusätzlich ihre eigenen Konnotationen mentalisiert[419], dann entsteht zumeist eine intrinsische Motivation und es wird weniger Überwindung bedeuten, diese anfangs ungewohnten Übungen durchzuführen. Ferner wird dadurch eine Modulation zwischen Anspannung und Entspannung erlernt, die im Laufe der Zeit auch bewusst induziert werden kann, was häufig einen Zuwachs an Selbstwirksamkeitserwartung in den Gebieten der Entspannungsregulation und Stressverarbeitung bedeutet. Obwohl die Geschwindigkeit der Modulation im Laufe der Übungen und Erfahrung mit den Techniken sehr deutlich zunimmt, ist sie grundsätzlich durch die physiologischen Abläufe begrenzt.

Dieses theoretische Modell der Induktion von Ruhe durch das Training aus der emischen Perspektive, welches in Bezug auf die drei Aspekte von Körper, Sprache und Geist dargestellt wurde, konnte im Kontext der phänomenologischen Beschreibungen der Probanden zu ihren Erfahrungen beim Training bereits bestätigt werden[420]. Dabei wird

[418] Die Drei Sphären sind: Körper, Sprache und Denken.
[419] eine Anregung dieses Prozesses ist im Rahmen von Tagebuchstudien wirkungsvoll.
[420] siehe Attersee, A.I.M. (2014 c).

diese Ruhe häufig mit dem Aspekt des *Zu Sich Selbst Zurückfindens* oder der Qualität der Entwicklung von zunehmender *Gelassenheit* konnotiert[421]. Manches Mal wird dabei auch der Begriff *Entschleunigung* oder *Herunterfahren* [aus der ununterbrochenen Aktivität] benutzt, was auf eine Qualität der Verlangsamung bei gleichzeitiger Intensivierung der Wahrnehmungsdichte innerer Bewegungen[422] hinzuweisen scheint.

An dieser Stelle wird bereits deutlich, dass bereits das sehr einfache *Ruhige Verweilen mit einem innerem oder äußerem Fokus* (M1-M4), Śamatha, das als methodische Grundlage komplexerer Trainingstechniken gilt, weit über jene Konzepte von *Wellbeing*[423], mentaler und sonstiger Balance, hinausreicht. Denn die Qualitäten des *Zu Sich Selbst Zurückfindens* und der *Intensivierung der Wahrnehmungsdichte innerer Bewegungen* sind nicht notwendigerweise einzig nur angenehm. Und obwohl die zunehmende Gelassenheit, Entschleunigung und Herunterfahren als positiv gewertet wurden[424], scheinen sie, wie aus den Konnotationen der Probanden zu entnehmen ist, als Zielrichtung vielmehr das *Zu Sich Selbst Zurückkommen* sowie auch die Wahrnehmung eigener Befindlichkeit und Bedürfnisse zu haben wie einfach nur Wellbeing, welches bereits per Definition unerwünschte Gefühle ausschließt.[425]

Somit zeigt sich bereits in den vorliegenden qualitativen Forschungsdaten, dass durch die Anwendung der Trainingstechniken (T1-T4) ein Zugang zu sich selbst entwickelt wird, der bestenfalls im Verlaufe des Trainings zu einem Prozess mit sich selbst gestaltet werden könnte, wohingegen eine fälschlicherweise angenommene Blockierung von Gefühlen beim Üben als extrem anstrengend gewertet[426] wurde.

Da die Entwicklung der Fähigkeit der *bewussten Induktion eines vagotonen Zustands*[427] von außerordentlicher Bedeutung nicht nur für die Entwicklung der Selbstwirksamkeits-

[421] vgl. Attersee, A.I.M. (2014 c, d, e, f).

[422] Aussagen aus den qualitativen Forschungsdaten, die hierauf hinweisen, wären beispielsweise: *Es scheint, als ob die Zeit langsamer abläuft*; vgl. Attersee, A.I.M. (2014 c, d, e, f).

[423] siehe Sedlmeier, P., Eberth, J., Schwarz, M., Zimmermann, D., Haarig, F., Jaeger, S. et al. (2012: 1161 b). "The Western theoretical approaches to meditation are generally less concerned with enlightenment than with well-being".

[424] vgl. Attersee, A.I.M. (2014 c, d, e, f).

[425] Ein solcher Ausschluss nicht erwünschter Gefühle ist in sehr vielen buddhistischen Gruppierungen und buddhistischen Meditationskursen im Westen zu finden, wobei mit Stereotypen eines *Guten Buddhisten* ein Zielbild von demonstrierbarer Zugehörigkeit geschaffen wird, das einem inneren Entwicklungsprozess direkt entgegensteht.

[426] siehe Attersee A.I.M. (2014 e).

[427] vgl. Klinke, R., Pape, H.C., Kurtz, A., Silbernagl, S. (2010: 811). "Einen besonders stark aktivierenden Einfluss auf parasympathische Neurone im Nucleus ambiguus haben die Afferenzen von Pressorezeptoren und arteriellen Chemorezeptoren, die damit beide eine sehr ausgeprägte **Bradykardie** auslösen können. Der **Grundtonus** des Parasympathikus ist ebenso wie der des Sympathikus teils atemsynchron moduliert. In den kardialen Vagusfasern findet sich eine Aktivitätszunahme in der Exspiration, die zur **respiratorischen Arrhythmie** führt, einer Verlangsamung der Herzfrequenz in der Ausatmungsphase."

erwartung[428], sondern auch für die Fähigkeit des Umgangs mit Gedankenkreisen oder Rumination[429] und hoher emotionaler Ladung zu sein scheint, könnte bereits dieser auf sehr einfache Weise herstellbare Trainingseffekt (E8) sowohl im Rahmen von Stressforschung und der Behandlung von stressbedingten Erkrankungen wie auch im Rahmen klinischer und psychotherapeutischer Behandlungsverfahren bedeutungsvoll sein.

Diese durch die systematische graduelle Übung der Techniken (T1-T4) induzierbare psychophysiologische Entspannungsreaktion (E8) wird als die essentielle Grundlage für die Entwicklung der einzelnen Effekte (E1-E6) gewertet. Insofern E7 die Beobachtung äußerer Bewegungen operationalisiert, die im Vergleich zum introspektiven Spektrum (E1-E6) in der westlichen Kultur bereits deutlich ausgeprägt ist, sind hier E1-E6 als Effektebereiche genannt. Auch wenn die Effekte des *Kognitiven Trainings* weit über die Entspannungseffekte hinausreichen und diese nicht lediglich als ein Entspannungsverfahren gewertet werden könnten, wäre diese psychophysiologische Entspannungsreaktion bereits auch für die psychologische Theoriebildung von grundlegender Bedeutung.

Während eine der wesentlichen Zielsetzungen des *Kognitiven Trainings* aus emischer Perspektive als ein sich entwickelnder Zugang zur Bewusstheit[430] interpretiert werden könnte, einem sich ausweitenden Gewahrsein, würde genau dieses Gewahrsein aus der psychologischen Perspektive über die Selbstreferenzentwicklung entwickelt. Das *Kognitive Training* selbst wird dabei als der ausgearbeitete transkulturelle Aspekt bewertet. In solcher Analyse mag einerseits deutlich werden, wie nahe die auf Erfahrung gründenden Modelle einander stehen, andererseits, dass es einen außerordentlichen Aufwand an Übersetzungs-, Kommentar- und Interpretationsarbeit bedeuten wird, diese beiden Perspektiven tatsächlich detailliert und fachkundig in perspektivischen Analysen vergleichen zu können.

Wenn diese psychophysische Entspannungsreaktion (E8) mithilfe der Techniken (T1-T4) wiederholt induziert werden kann, dann kommt es zu einer zunehmenden Bewusst-

[428] vgl. Margraf, J., Maier, W. (2012: 806). "**Selbstwirksamkeit**; (engl.) *perceived self efficacy* [...] für die Überzeugung einer Person, in einer bestimmten Situation ein Verhalten erfolgreich ausführen zu können; **Theorie**: das Verhalten einer Person wird bestimmt von **1.** der Einschätzung, dass ein best. Verhalten zu einem best. Ergebnis führen wird (Ergebniserwartung); **2.** der Überzeugung einer Person, dieses wirksame Verhalten auch ausführen zu können (Kompetenzerwartung od. **Selbstwirksamkeitserwartung**). Dies beeinflusst Motivation u. Leistungen einer Person. [...] **Klin. Bedeutung:** Menschen mit hoher Kompetenzerwartung können besser mit psychischer Belastung, Krankheiten od. Schmerzen umgehen, da sie eine optimistischere Grundeinstellung haben u. aktiver in ihre Situation eingreifen. Möglicherweise ist eine Steigerung der Selbstwirksamkeit daher ein prinzipieller Wirkfaktor* der Psychotherapie*"

[429] vgl. Margraf, J., Maier, W. (2012: 373). "Grübeln: (engl.) *to ruminate, to worry*; Perseveration des Denkens mit ständiger Wiederkehr von negativen, belastenden Gedankeninhalten [...], ohne dass dabei eine Lösung erreicht wird, u. chronischen u. unangemessenen Sorgen; umfasst z.T. neben dem Aspekt der Sorgen auch den Aspekt der Angst (sog. Worrying); **Vork.:** häufig bei Depression* u. generalisierter Angsstörung* oder nach kritischen Lebensereignissen*."

[430] Weltliches Wissen, Bewusstheit, [wird manchmal auch als Bewusstsein übersetzt] Tibetisch: *rnam par shes pa*, Sanskrit: *vijñāna* (*Übers. v. Attersee, A.I.M.*); siehe Coleman, G., Jinpa, T. (2008: 587, 588). "Im Buddhismus wird Bewusstsein definiert als »ein Gewahrsein, das wissend und leuchtend ist«. Es ist nicht physischer Natur und kann deshalb durch nichts behindert und eingeschränkt werden. Es hat weder Form noch Farbe; man kann es erfahren, aber nicht äußerlich als ein Objekt wahrnehmen. Kurz gesagt: Es umfasst sowohl die bewussten kognitiven Abläufe als auch die unterbewussten Aspekte des Geistes, durch den wir die Welt wahrnehmen und erkennen, und ebenso die Gefühle. Man unterscheidet zwischen dem weltlichen Bewusstsein (*vijñāna*) der **Fühlenden Wesen** und dem **Reinen Erkennen** (*jñāna*) der **Buddhas**." An dieser Stelle wurde die Übersetzung Bewusstheit gewählt, da der Begriff Bewusstsein im psychologischen Sprachgebrauch eindeutig anders konnotiert ist.

werdung innerer Bewegungen, welche zuerst beobachtet und hiernach reflektiert werden könnten (E1-E6). Daher wäre aus psychologischer Perspektive auf das *Kognitive Training* die psychophysiologische Entspannungsreaktion als Grundvoraussetzung für die Selbstreferenzentwicklung von zentraler Bedeutung.

Wenn Coleman, G. und Jinpa, T. definieren, das Bewusstsein (hier übersetzt aus Tibetisch: *rnam par shes pa*, kurz: *rnam shes*, Sanskrit: *vijñāna*) "umfasst [...] die unterbewussten Aspekte des Geistes"[431], Jung, C.G. hingegen genau die Unterscheidung zwischen den beobachtbaren Prozessen des Bewusstseins und dem nicht in direktem Zugang beobachtbaren Unbewussten hervorhebt[432], wird deutlich, dass mit demselben Begriff einmal das Unbewusste eingeschlossen, in psychologischer Perspektive dieses jedoch abgegrenzt oder ausgeschlossen wird. Bedenkt man die außerordentlichen Implikationen dieser beiden divergierenden Aussagen, wird zuallererst deutlich, dass im Kontext von Übersetzungen aus dem Tibetischen nicht nur Begriffsdefinitionen, sondern auch deren konzeptuelle Zuordnung und Interpretation von zentraler Bedeutung sind.

Denn genau an diesem Punkt entstehen wichtige Fragestellungen dazu, was direkt beobachtbar ist, was sich im Verlauf von Training der Beobachtung erschließen oder nur indirekt geschlossen werden kann und was sich der Beobachtung entzieht. Diese theoretischen Grundlagen haben nicht nur weitreichende Implikationen für die Interpretation von Beobachtungen. Auch die Gefahren naiver Annahmen, dass, wie im Vajrayāna, ein als Buddha betrachteter Lehrender jedenfalls allwissend sei und daher sein Gewahrsein Bewusstsein wie auch Unbewusstes umschließen würde, dieses Umschließen also folglich jedenfalls ein angestrebtes Ziel wäre, sind ob der großen Gefahr der Identifikation mit dem kollektivem Unbewusstem für die Psyche des Menschen nicht zu unterschätzen. Der Sanskrit Begriff *jñāna*, der häufig als Weisheit übersetzt wird, scheint jedenfalls viel eher als seine Übersetzungen als Bewusstsein auf die Zielrichtung der Entfaltung der Persönlichkeit, welche durch das Meditationstraining erreicht werden soll, zu weisen.

Im folgenden Kapitel werden die durch die Trainingstechniken induzierten Effekte und Erfahrungen beschrieben.

---

[431] siehe Coleman, G., Jinpa, T. (2008: 587, 588).

[432] siehe Jung, C.G. (2011: 49) "Die unbewussten Prozesse sind somit nicht direkt beobachtbar; jene ihrer Produkte aber, die die Bewusstseinsschwelle überschreiten, können wir in zwei Kategorien einteilen. Die erste Kategorie enthält Material, das als eindeutig persönlichen Ursprungs erkennbar ist; diese Inhalte sind persönliche Aneignungen oder Erzeugnisse von Instinktvorgängen, die zur Gesamtpersönlichkeit gehören. Ferner gehören hierzu vergessene oder verdrängte sowie schöpferische Inhalte. Es ist nichts besonders Merkwürdiges an ihnen. Bei einigen Menschen mögen diese Dinge, die bei anderen im Unbewussten liegen, bewusst sein. Manche Menschen sind sich über Dinge bewusst, über die andere es nicht sind. Ich nenne diese Kategorie von Inhalten die unterbewusste Psyche oder das *persönliche Unbewusste*, da es, soweit wir es beurteilen können, ausschließlich aus persönlichen Elementen zusammengesetzt ist, Elementen, welche die menschliche Persönlichkeit als Ganzes ausmachen."

4.6.3 Trainingstechniken (T) bewirken Effekte (E) und Erfahrungen (ER)

4.6.3.1 Trainingstechniken (T1-T4)

Die Kriterien der Prozessevaluation des *Kognitiven Trainings* aus den Einzeltechniken (T1-T4) der Modelle (M1-M4) wie *Introspektion*, *Aufmerksamkeits*führung, *Einfach- und Mehrfachfokussierung* oder zu fortgeschrittenen Trainingszeitpunkten auch die *Beobachtende und Analytische Meditation*[433] wurden im *Fragebogen zur Anwendung der Meditation, Meditationserleben und Integration der Meditationserfahrung*[434] evaluiert. In diesem Fragebogen können Veränderungen in der Stärke von Trainingstechniken (T1-T4), Trainingseffekten (E1-E8) und Trainingserfahrungen (ER1-ER16) seit Trainingsbeginn dargestellt werden. Der *Vorerhebungs- und Katamnesefragebogen*[435], der eine vereinfachte Version dieses Meditationsfragebogens darstellt, erlaubt hingegen den Vergleich der entsprechenden Werte, die bereits vor dem Training zum ersten Mal evaluiert werden, und ihre katamnestische Darstellung im Prozessverlauf.

Die Techniken (T1-T4) beziehen sich auf *Aufmerksamkeitslenkung* (T1) mit der Frage 1 (im Katamnesefragebogen) beziehungsweise den Fragen 1 bis 3 (im Meditationsfragebogen), auf die *Wertungsfreie Beobachtung* (T2) mit der Frage 10 (im Katamnesefragebogen) beziehungsweise die Fragen 16 und 17 (im Meditationsfragebogen), auf das Lösen des *Greifens nach Gedankenketten* (T3) mit der Frage 27 (im Katamnesefragebogen) beziehungsweise die Fragen 50 und 51 (im Meditationsfragebogen) und auf das Lösen des *Greifens nach Emotionen* (T4) mit der Frage 28 (im Katamnesefragebogen) beziehungsweise den Fragen 52 und 53 (im Meditationsfragebogen).

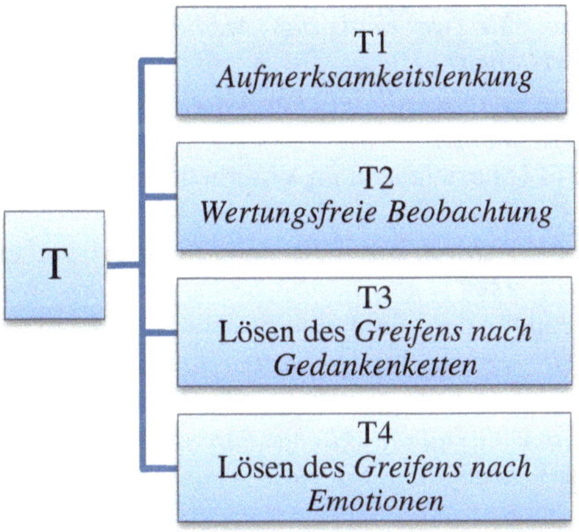

Abbildung 16
Trainingstechniken (T1-T4)

433 vgl. Attersee, A.I.M. (2014 a).

434 siehe Kapitel 12.4-12.6 *Fragebogen zur Anwendung der Meditation, Meditationserleben und Integration der Meditationserfahrung* (*während der vergangenen vier Wochen* oder *während der vergangenen drei Monate*).

435 siehe Kapitel 12.7 *Vorerhebungs- und Katamnesefragebogen*.

Aufmerksamkeitslenkung (T1) bezieht sich im Vorerhebungs- und Katamnesefragebogen auf die Frage:

1. *Wie stark können Sie Ihre Aufmerksamkeit zu sich selbst zurückbringen?*

Im Fragebogen zur Anwendung der Meditation bezieht sie sich auf die Fragen:

1. *Wie stark hat sich während der Meditation Ihre Fähigkeit die Aufmerksamkeit zu sich selbst zurückzubringen verändert?*
2. *Wie stark hat sich während der Integration der Meditationserfahrung in alltägliche Aktivität Ihre Fähigkeit die Aufmerksamkeit zu sich selbst zurückzubringen verändert?*
3. *Wie stark hat sich während alltäglicher Aktivität Ihre Fähigkeit die Aufmerksamkeit zu sich selbst zurückzubringen verändert?*

Wertungsfreie Beobachtung (T2) bezieht sich im Vorerhebungs- und Katamnesefragebogen auf die Frage:

10. *Wie stark können Sie Ihre eigenen Gedanken beobachten, ohne sie unmittelbar zu bewerten?*

Im Fragebogen zur Anwendung der Meditation bezieht sie sich auf die Fragen:

16. *Wie stark hat sich Ihre Fähigkeit während der Meditation mentale Ereignisse ohne unmittelbare Bewertung zu beobachten entwickelt?*
17. *Wie stark hat sich Ihre Fähigkeit während alltäglicher Aktivität mentale Ereignisse ohne unmittelbare Bewertung zu beobachten entwickelt?*

Greifen nach Gedankenketten (T3) bezieht sich im Vorerhebungs- und Katamnesefragebogen auf die Frage:

27. *Wie stark können Sie sich von Ihren eigenen Gedankenabläufen distanzieren?*

Im Fragebogen zur Anwendung der Meditation bezieht sie sich auf die Fragen:

50. *Wie stark haben Sie während der Meditation das mentale Greifen nach Gedankenketten lösen können?*
51. *Wie stark haben Sie während alltäglicher Aktivität das mentale Greifen nach Gedankenketten lösen können?*

Greifen nach Emotionen (T4) bezieht sich im Vorerhebungs- und Katamnese-Fragebogen auf die Frage:

28. *Wie stark können Sie sich von Ihren eigenen Emotionen und emotionsbeladenen Erinnerungen distanzieren?*

Im Fragebogen zur Anwendung der Meditation bezieht sie sich auf die Fragen:

52. *Wie stark haben Sie während der Meditation das mentale Greifen nach Emotionen oder das Festhalten an stark emotionsbeladenen Erinnerungen lösen können?*
53. *Wie stark haben Sie während alltäglicher Aktivität das mentale Greifen nach Emotionen oder das Festhalten an stark emotionsbeladenen Erinnerungen lösen können?*

4.6.3.2 Effekte (E1-E8)

Die Effekte (E1-E8) können in folgende Effektgruppen untergliedert werden:

1. Effektgruppe der *Beobachtenden Introspektion* (E1-E3),
2. Effektgruppe der *Reflexion* auf kognitiver (E4), emotionaler (E5) und somatischer (E6) Ebene,
3. Effekte in der *Beobachtung äußerer Bewegungen* (E7).

Der Effekt E8 bezieht sich auf die Entspannungsreaktion und wird als Grundlage für die anderen Effekte (E1-E7) gewertet. Die Effekte (E1-E8) beziehen sich auf *Beobachtende Introspektion* (E1-E3) mit den Fragen 2, 3 und 4 (im Katamnesefragebogen) beziehungsweise den Fragen 4, 5, 6 (im Meditationsfragebogen), auf *Reflexion* auf *kognitiver* Ebene (E4) mit der Frage 7 (im Katamnesefragebogen) beziehungsweise den Fragen 10 und 11 (im Meditationsfragebogen), auf *emotionaler* Ebene (E4) mit der Frage 8 (im Katamnesefragebogen) beziehungsweise den Fragen 12 und 13 (im Meditationsfragebogen) und auf *somatischer* Ebene (E5) mit der Frage 9 (im Katamnesefragebogen) beziehungsweise den Fragen 14 und 15 (im Meditationsfragebogen) sowie auf *Beobachtung äußerer Bewegungen* (E 7) mit der Frage 5 (im Katamnesefragebogen) beziehungsweise der Frage 7 (im Meditationsfragebogen) und die *Entspannungsreaktion* (E8) mit der Frage 18 (im Katamnesefragebogen) beziehungsweise den Fragen 32 und 33 (im Meditationsfragebogen).

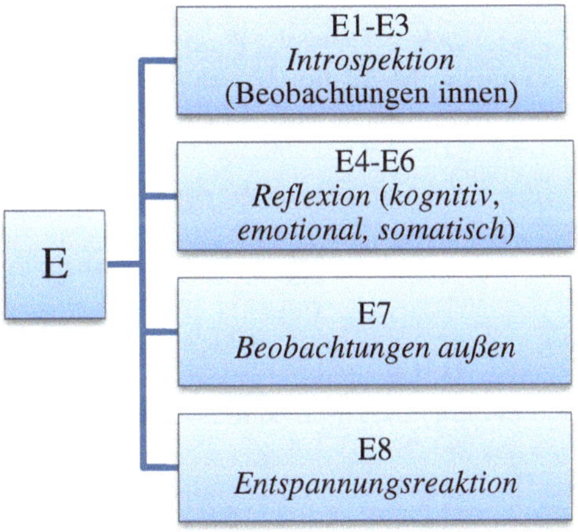

Abbildung 17
Trainingseffekte (E1-E8)

Beobachtende Introspektion (E1-E3) bezieht sich im Vorerhebungs- und Katamnesefragebogen auf die Fragen:

2. *Wie stark können Sie mentale Bewegungen beobachten*?
3. *Wie stark können Sie emotionale Bewegungen beobachten*?
4. *Wie stark können Sie somatische Bewegungen beobachten*?

Im Fragebogen zur Anwendung der Meditation bezieht sie sich auf die Fragen:

4. *Wie stark hat sich Ihre Beobachtungsfähigkeit mentaler Bewegungen verändert?*
5. *Wie stark hat sich Ihre Beobachtungsfähigkeit emotionaler Bewegungen verändert?*
6. *Wie stark hat sich Ihre Beobachtungsfähigkeit somatischer Bewegungen verändert?*

Reflexion auf *kognitiver* Ebene (E4) bezieht sich im Vorerhebungs- und Katamnesefragebogen auf die Frage:

7. *Wie stark können Sie Ihre eigenen Gedanken reflektieren?*

Im Fragebogen zur Anwendung der Meditation bezieht sie sich auf die Fragen:

10. *Wie stark hat sich Ihre Fähigkeit mentale Ereignisse während der Meditation zu reflektieren differenziert?*
11. *Wie stark hat sich Ihre Fähigkeit mentale Ereignisse während alltäglicher Aktivität zu reflektieren differenziert?*

Reflexion auf *emotionaler* Ebene (E5) bezieht sich im Vorerhebungs- und Katamnesefragebogen auf die Frage:

8. *Wie stark können Sie Ihre eigenen Gefühle reflektieren?*

Im Fragebogen zur Anwendung der Meditation bezieht sie sich auf die Fragen:

12. *Wie stark hat sich Ihre Fähigkeit emotionale Ereignisse während der Meditation zu reflektieren differenziert?*
13. *Wie stark hat sich Ihre Fähigkeit emotionale Ereignisse während alltäglicher Aktivität zu reflektieren differenziert?*

Reflexion auf *somatischer* Ebene (E6) bezieht sich im Vorerhebungs- und Katamnesefragebogen auf die Frage:

9. *Wie stark können Sie über Ihre körperliche Wahrnehmung reflektieren?*

Im Fragebogen zur Anwendung der Meditation bezieht sie sich auf die Fragen:

14. *Wie stark hat sich Ihre Fähigkeit somatische Ereignisse während der Meditation zu reflektieren differenziert?*
15. *Wie stark hat sich Ihre Fähigkeit somatische Ereignisse während alltäglicher Aktivität zu reflektieren differenziert?*

Beobachtung äußerer Bewegungen (E7) bezieht sich im Vorerhebungs- und Katamnesefragebogen auf die Frage:

5. *Wie stark können Sie was um Sie herum geschieht beobachten?*

Im Fragebogen zur Anwendung der Meditation bezieht sie sich auf die Frage:

7. *Wie stark hat sich die Beobachtungsfähigkeit äußerer Ereignisse während alltäglicher Aktivität verändert?*

Die *Entspannungsreaktion* (E8) bezieht sich im Vorerhebungs- und Katamnesefragebogen auf die Frage:

18. *Wie stark können Sie wache Entspannung empfinden?*

Im Fragebogen zur Anwendung der Meditation bezieht sie sich auf die Fragen:

32. *Wie stark haben Sie während der Meditation wache Entspannung empfunden?*
33. *Wie stark haben Sie während alltäglicher Aktivität wache Entspannung empfunden?*

Die im vorliegenden Fragebogen in ihrer Stärke evaluierten Erfahrungen (ER1-ER16) gliedern sich im Fragebogen zur Anwendung der Meditation in folgende Untergruppen:

1. *Konzentration* (Frage 8 und Frage 9), 2. *Ruhe* (Frage 18 und Frage 19), 3. *Wachheit* (Frage 20 und Frage 21), 4. *Stille* (Frage 26 und Frage 27), 5. *Konzentrierte Kraft* (Frage 28 und Frage 29), 6. *Geistige Klarheit* (Frage 30 und Frage 31), 7. *Wohlgefühl*

(Frage 34 und Frage 35), 8. *Innere Weite* (Frage 36 und Frage 37), 9. *Helligkeit von Licht* (Frage 38 und Frage 39), 10. *Bewegliche Leichtigkeit* (Frage 40 und Frage 41) und 11. *Freude* (Frage 54 und Frage 55).

Im Vorerhebungs- und Katamnesefragebogen wurden sie nicht evaluiert.

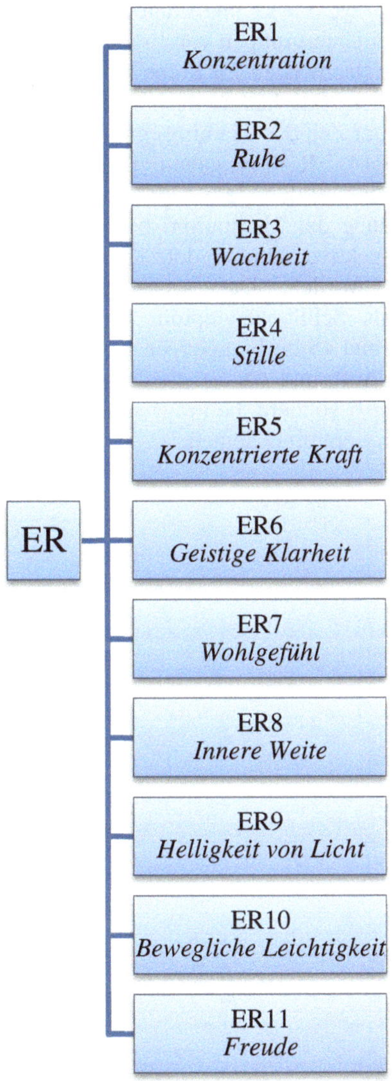

Abbildung 18
Erfahrungen (ER1-ER11)

Alle diese Erfahrungen wurden als transiente Ereignisse im Rahmen der Durchführung der Trainingstechniken (T1-T4) definiert. Die Entwicklung von Modellen zu ihren Ursachen wie auch den Zeitpunkten ihres Auftretens oder ihrer Wirkkraft würde am besten mithilfe einer detaillierten Dokumentation von Trainingsprozessen im Rahmen qualitativer Erhebungen durchgeführt. Innerhalb der Gesamtgruppe der transienten Erfahrungen sollten zwei Gruppen gesondert interpretiert werden: ER12 *Sinken* und *Schläfrigkeit* versus ER13 *Agitation* und *Überladung* (Frage 22/ 23 und Frage 24/25 im Fragebogen zur Anwendung der Meditation [...]) sind zwei Untergruppen von Erfahrungen, die keinem Trainingsprozess unterliegen. Sie könnten als Nachwehen im Sinne psychophysiologischer Reaktionen auf die vorhergehenden alltäglichen Aktivitäten interpretiert werden, die sowohl bei Trainingsanfängern wie auch nach langer Zeit des Trainings gleichermaßen aufzutreten scheinen.

Die beiden Elemente (ER14, ER15) hingegen, die als ER14 *Aggression* (Frage 46 und 47 im Fragebogen zur Anwendung der Meditation) und ER15 *Begierde* (Frage 48 und 49 im Fragebogen zur Anwendung der Meditation) bezeichnet wurden, sind zur Evaluation direkt aus der emischen Perspektive, nämlich dem Konzept der Anhaftung, Ablehnung und Unwissenheit, entnommen worden. Das sechzehnte Element (ER16) wurde aus verschiedensten Gründen als Schlüsselsymptom für Depression mit der Frage nach *Aussichtslosigkeit* (Frage 44 und 45 im Fragebogen zur Anwendung der Meditation) in den Fragebogen aufgenommen. Aufgrund der relativ hohen Zahl von Depressionsdiagnosen würde sich an dieser Stelle insbesondere die Frage stellen, welchen Einfluss die Techniken (T1-T4) auf dieses Schlüsselsymptom bedeuten.

4.6.4 Operationalisierung von Selbstreferenz

Die Faktoren (E1-E8), die sich im Trainingsprozess des *Kognitiven Trainings* entwickeln, können mithilfe des Modells der Selbstreferenz dargestellt werden. Die graduelle Anwendung der Einzelelemente (T1-T4) wäre die hierzu notwendige Bedingung. Da das Selbstreferenzmodell selbst kein statischer Zustand ist, der zu einem bestimmten Zeitpunkt des Trainings erreicht würde, bedeutet eine methodische Herausforderung in der Evaluation der Trainingstechniken und ihrer Interpretation.

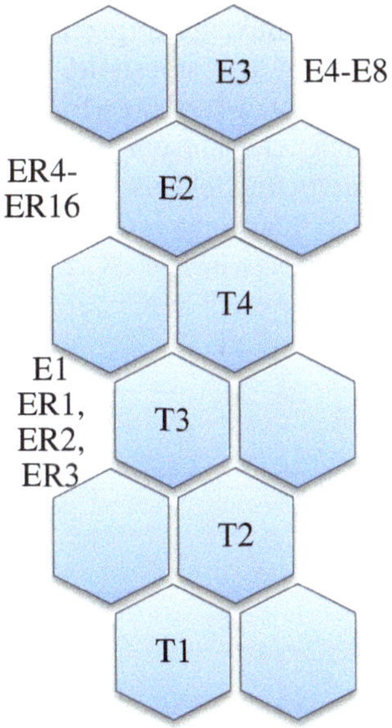

Abbildung 19
Einzelfaktoren zur Entwicklung der Fähigkeit der Selbstreferenz

In obiger Abbildung wurden die Effekte (E1-E8) zu den drei theoretischen Effektgruppen der *Beobachtungsfähigkeit*, *Reflexionsfähigkeit* und *Fähigkeit das Greifen nach Gedanken und Emotionen zu lösen* zusammengefasst. Dabei wird jedoch davon ausgegangen, dass diese sich im Trainingsverlauf nicht in solchen Gruppen entwickeln, sondern vielmehr je nach Entwicklung der einzelnen Techniken (T1-T4) und Integration der Trainingseffekte durch das Individuum entwickeln würden.

Da davon ausgegangen wurde, dass es durch die Entwicklung der einzelnen Faktoren der Beobachtungs- und Reflexionsfähigkeit (E2-E6) zu einem persönlichen Entwicklungsprozess kommen würde, hätte auch das Modell der Selbstreferenz vielmehr einen dynamischen, prozessualen als einen statischen Charakter. Die methodische Herausforderung bei der Evaluation bestand insbesondere darin, nach einer Darstellung der Ergebnisse nach einem Monat Training und einem Vergleich der Ergebnisse mit der Wartegruppe und den Werten vor dem Training und einer Faktorenanalyse zu versuchen, den prozessualen Charakter zu erfassen.

Somit wäre auf der Grundlage der theoretischen wie auch anwendungsbezogenen emischen Perspektive zum *Graduellen Kognitiven Training* sowie auch der vorliegenden qualitativen Forschungsdaten das Modell der Selbstreferenzentwicklung der Vorschlag des Anfangs einer psychologischen Theoriebildung. Da die Fähigkeiten (E1-E7) zur Theorie der Selbstreferenzentwicklung bereits von Beginn des Trainings an entwickelt werden können, schien der Versuch, sie darzustellen lohnenswert, auch wenn das Modell selbst vielmehr ein dynamisches als ein statisches ist und daher Outcome- im Vergleich zur nötigen umfangreichen Prozessforschung immer rudimentär wirkt.

In vorliegender Studie wurden die einzelnen sich entwickelnden Aspekte der kognitiven und emotionalen Beobachtungs- und Reflexionsfähigkeit insbesondere in Bezug zur psychophysiologischen Entspannungsreaktion dargestellt und analysiert. Neben dem Modell der Selbstreferenzentwicklung könnten für längerfristiges Training jedoch weitere Modelle wie zum sich entwickelnden Gewahrsein über kognitive und emotionale Vorgänge, zur Veränderung der Körperbefindlichkeit sowie zu dem im Laufe der Zeit zunehmendem Erfassen der eigenen Handlungsmotivation, der Motivation für Handlungsimpulse und der Kausalzusammenhänge zwischen Kognition, Emotion und Körper entwickelt und geprüft werden.

4.6.5 Prozessverlauf - die Stufen der Entwicklung von Selbstreferenz

Im Modell der Entwicklung der Fähigkeit der Selbstreferenz wird davon ausgegangen, dass diese sich aus den Faktoren der Beobachtungsfähigkeiten von Kognition, Emotion und Körper und den daraus im Laufe des Trainings resultierenden Reflexionsfähigkeiten entwickelt.

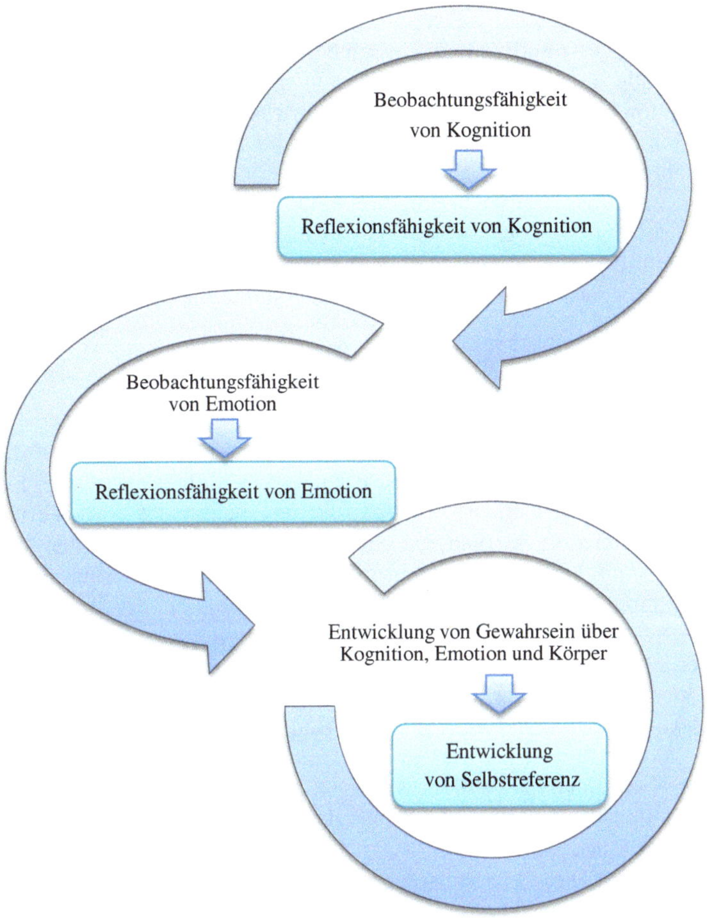

Abbildung 20
Stufen der Entwicklung von Selbstreferenz

Die Effekte der Entwicklung von kognitiver, emotionaler und somatischer Beobachtungsfähigkeit stehen in Wechselwirkung zueinander und bedingen bei weiterem Training die Effekte der jeweils entsprechenden Reflexionsfähigkeit. Diese sechs Ebenen gemeinsam bilden die Grundlage für die Entwicklung der Fähigkeit von Selbstreferenz. Obwohl trainingstechnisch die gezielte Kombination von *topdown* mit *bottomup* wirksamen Aspekten nicht nur die Wirkkraft verstärkt, sondern manche Prozesse erst ermöglicht, was sich an Veränderungen des Körperbilds zeigt, ist dieser Aspekt in obiger Abbildung der Einfachheit halber nicht dargestellt.

In vorliegender Studie wurde davon ausgegangen, dass die Entspannungsreaktion, die gezielte und bewusste wiederholte Induktion eines vagotonen Zustands, eine Bedingung für die Weiterentwicklung der Fähigkeiten der Beobachtung und Reflexion darstellt. Diese Überlegung basiert auf der empirischen Erfahrung, dass bei Anspannung diese in den Vordergrund der Wahrnehmung tritt und andere Elemente sich dadurch der Beobachtung und Reflexion entziehen. Die empirische Erfahrung mit den kognitiven Techniken, insbesondere der Kombination von *topdown* mit *bottomup* wirksamen Elementen zeigte, dass sich im Verlauf der sich entwickelnden Entspannungsreaktion auch die Beobachtungsfähigkeit und Reflexionsfähigkeit differenzieren und verfeinern können bis zu einem Grad, der zuvor überhaupt nicht vorstellbar oder gar zugänglich war.

Da zur Prüfung eines solchen Modells jedoch kein quantitatives Verfahren vorliegt, wurden diese Annahmen mithilfe qualitativer Methoden in ihrer Veränderungsqualität und der Entwicklung eines Fragebogens, welcher die Veränderungsstärke darzustellen vermag, überprüft[436].

4.6.6 Notwendige, fördernde und mögliche hindernde Bedingungen für den Entwicklungsprozess

In emischer Perspektive wird davon ausgegangen, dass bestimmte Effekte genau erst die Grundlage für weiteres Training wären. Beispielsweise kann eine Mehrfachfokussierung nur dann sinnvoll geübt werden, wenn die Einfachfokussierung beherrscht wird. Ferner macht eine Modulation von inneren Vorgängen genau erst nach dem Erlernen der *Wertungsfreien Beobachtungsfähigkeit* und der darauf folgenden *Selbstanalyse* Sinn, da sie ansonsten ihr Ziel verfehlt, ähnlich wie eine therapeutische Behandlung, die der Diagnostik entbehrt.

Bei einer Analyse der Effekte sollte von Wechselwirkungen zwischen den einzelnen Faktoren ausgegangen werden. Dieser komplexe Vorgang wurde bereits durch die Modellbildung zu den *Zehn Bhūmis* und *Fünf Pfaden* in Buddhistischer Philosophie und Tibetischer Medizin abgebildet. Obwohl im Verlauf des Trainings ein komplexer Prozess aus Wirkungen und Wechselwirkungen abgebildet wird, gibt es zentrale Wirkfaktoren und Effekte. Eine dieser essentiellen Strukturen wird hier als das Modell der Entwicklung der Fähigkeit der Selbstreferenz beschrieben.

Während die Grundbedingung zum Erfassen solcher Kausalbeziehungen und Wechselwirkungen in der emische Zugangsweise zum Forschungsgegenstand die eigene empirische Arbeit mit den Techniken sowie ihr theoretisches Studium wären, sind beide in der etischen Perspektive nur rudimentär vorhanden. Diese mangelnde Ausbildungsstruktur wirkt sich

---

[436] vgl. Mayring, P. (2010: 20, 21). "Darin besteht oft die Krux quantitativer Analysen, dass Verfahren angewandt bzw. übernommen werden, ohne deren qualitative Voraussetzungen zu überprüfen. Oft führt dies dann zu differenzierten, aber eben völlig verzerrenden, am Gegenstand vorbeilaufenden Ergebnissen. Denn durch die Übernahme eines quantitativen Instruments werde alle vorausgehenden qualitativen Analyseergebnisse implizit übernommen, sofern sie nicht eigens thematisiert werden."

direkt auf den Differenziertheitsgrad der Theoriebildung und hypothesengeleiteten Forschung aus.

4.7 Vier Hypothesen zur Entspannungsreaktion, zu Chronischem Stress und dem Modell der Entwicklung von Selbstreferenz

Da sich in den qualitativen Forschungsdaten die Qualität der Veränderungen in den Faktoren, die das Selbstreferenzmodell operationalisieren, zeigt[437], wurde in vorliegendem Text die Quantifizierung derselben Fragestellungen mithilfe eigener wie auch zweier standardisierter Fragebögen vorgenommen.[438]

In vorliegender Forschung wurden folgende Hypothesen überprüft:
Die erste Hypothese lautet: Das *Kognitive Training* bewirkt eine psychophysische Entspannungsreaktion ["ASS-SYM-G" (Krampen, G., 2006)].
Die zweite Hypothese lautet: Das *Kognitive Training* bewirkt eine Reduktion des Chronischen Stress ["SSCS" (Schulz, P., Schlotz, W., Becker, P., 2004)].
Die dritte Hypothese lautet: Die psychophysische Entspannungsreaktion ["ASS-SYM-G" (Krampen, G., 2006)] wirkt sich positiv auf den Chronischen Stress ["SSCS" (Schulz, P., Schlotz, W., Becker, P., 2004)] aus.
Die vierte Hypothese lautet: Das *Kognitive Training* bewirkt eine Entwicklung von Selbstreferenz.

Das *Graduelle Kognitive Training* (T1-T4) bewirkt eine Entwicklung von *Beobachtender Introspektion* (E1-E3), eine *Entspannungsreaktion* (E8) sowie die Entwicklung von *Reflexion* auf *kognitiver* Ebene (E4), *emotionaler* Ebene (E4) und *somatischer* Ebene (E5). Das Modell der Selbstreferenz wurde mit diesen Faktoren operationalisiert und für den Effektbereich der *Beobachtung äußerer Bewegungen* (E7) wurde angenommen, dass sich mögliche Veränderungen darin mitteln. Er wurde jedoch als zweiter Pol der Dichotomie Beobachtung von inneren im Vergleich zur Beobachtung äußerer Bewegungen in den Fragebogen aufgenommen.

---

[437] siehe Attersee, A.I.M. (2014 c).

[438] vgl. Mayring, P. (2010: 21). "Entscheidend für ein »sauberes« quantitatives Vorgehen ist, dass genau die Punkte im gesamten Analyseprozess bezeichnet werden, an denen quantitative Operationen einsetzen. Denn diese können ja nicht für sich stehen, sondern sind Hilfsmittel, um zu Aussagen über den Gegenstand zu gelangen. Das heißt aber auch, dass die Ergebnisse quantitativer Analyseschritte wieder rückgeführt werden müssen an ihren Ausgangspunkt. Sie müssen interpretiert werden, auf die vorausgehende Fragestellung bezogen werden."

Folgende Abbildung stellt die vier Hypothesen[439] dar:

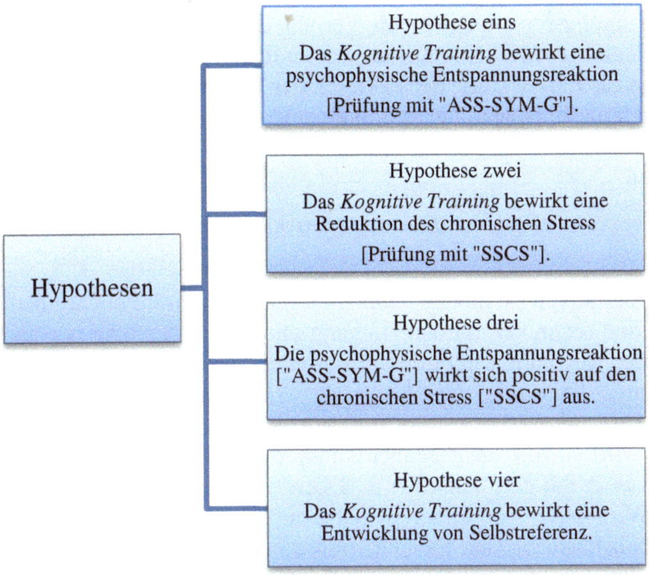

Abbildung 21
Hypothesen zum auf der Entspannungsreaktion und Reduktion von Chronischem Stress beruhenden Prozess der Entwicklung von Selbstreferenz

4.7.1 Hypothese eins: Das *Kognitive Training* bewirkt eine psychophysische Entspannungsreaktion

Die vorliegende Studie gliedert sich in die Evaluation der durch das Training induzierten Entspannungsreaktion mithilfe des standardisierten Fragebogens "ASS-SYM Symptomfragebogen"[440]. Diese bezieht sich auf die Hypothese, dass das *Kognitive Training* (T1-T4) bereits bei Anfängern eine Entspannungsreaktion zu bewirken vermag. Der Fragebogen ermöglicht sowohl eine Evaluation in der Summenskala "ASS-SYM-G"[441] wie auch ihre Differenzierung in sechs unterschiedlichen Dimensionen. Dabei kann der "ASS-SYM Symptomfragebogen"[442] sowohl als ein Instrument zum Erfassen der Ebenen der Entspannungseffekte des *Kognitiven Trainings* wie auch zur Katamnese[443] genutzt werden.

---

[439] Prüfinstrumente "ASS-SYM" von Krampen, G. (2006) und "SSCS" von Schulz, P., Schlotz, W., Becker, P. (2004).

[440] siehe Krampen, G. (2006).

[441] siehe Krampen, G. (2006).

[442] siehe Krampen, G. (2006).

[443] siehe Krampen, G. (2006: 31). "ASS-SYM kann nach Abschluss der Einführung in ein systematisches Entspannungsverfahren und auch bei der Katamnese erneut vorgegeben werden und dient dann der ergebnisorientierten indirekten Veränderungsmessung."

Ferner kann auch ein Vergleich mit den im Handbuch angeführten Ergebnissen aus dem Autogenem Training und der Progressiven Muskelrelaxation nach sechs Wochen Training durchgeführt werden.

Da sich die Entspannungsreaktion (E8) im Verlauf des Trainings zu einem zentralen und grundlegenden Faktor entwickeln dürfte, wurde davon ausgegangen, dass sie die notwendige Bedingung zur Entwicklung der Faktoren der Selbstreferenz (E1-E6) wäre.

Um Vorerfahrungen in Entspannungstechniken und Teilnahmemotivation evaluieren sowie Kontraindikation abklären zu können, wurde zusätzlich der Fragebogen "ET-ANAM Fragebogen"[444] benutzt.

4.7.2 Hypothese zwei: Das *Kognitive Training* bewirkt eine Reduktion des Chronischen Stress

In der Erhebung mit qualitativen Methoden[445] und den Interviews mit Patientinnen[446] wurde häufig die Bedeutung der Techniken für den Umgang mit Stress im Alltag wie auch für die Modulation, nämlich der Regulation mithilfe der durch die Techniken (T1-T4) induzierten Ruhe und Entspannung, die direkt den Alltagsaktivitäten entgegenzuwirken schienen, betont.

An dieser Stelle wird davon ausgegangen, dass die Wirkkraft bei einer gezielten Kombination der *bottomup* mit dem *topdown* wirksamen Techniken am größten wäre. Da sich die Art dieser Wirkungen vor allem in subtilen Veränderungen der Körperwahrnehmung zeigen, die beispielsweise auch an der spontanen Vertiefung oder Verlangsamung der Atmung wahrgenommen werden können, wären Folgestudien zur Evaluation der entsprechenden neurophysiologischen Parameter sinnvoll. Dabei wäre die systematische Dokumentation der Veränderung der neurophysiologischen Stressparameter im Trainingsverlauf im Kontext von Stressforschung und Behandlung stressbedingter Erkrankungen sinnvoll. Insbesondere sollten dabei beispielsweise die Veränderungen in der Herzfrequenz durch das *Kognitive Training* im Kontext klinischer Forschung dokumentiert werden.

Im Rahmen vorliegender Arbeit wird die Wirkung des *Kognitiven Trainings* auf Chronischen Stress mithilfe einer Darstellung der Summenskala aus der "Screening Skala für chronischen Stress"[447] analysiert.

4.7.3 Hypothese drei: Die psychophysische Entspannungsreaktion wirkt sich positiv auf den Chronischen Stress aus

Die Hypothese, dass eine wiederholt induzierte Entspannungsreaktion den Chronischen Stress zu reduzieren vermag, wurde mit dem "TICS Fragebogen SSCS"[448], der Screening Skala des "TICS Trierer Inventar zum chronischen Stress"[449] geprüft.

Da davon ausgegangen wurde, dass die introspektive Technik, nämlich das *Zurückbringen der Aufmerksamkeit zu sich selbst*, eine wesentliche Grundlage für die Entwicklung der Entspannungsreaktion ist, wurde diese trainingstechnische Komponente im eigenen

---

444 siehe Krampen, G. (2002).
445 vgl. Attersee, A.I.M. (2014 c, d, e, f).
446 vgl. Attersee, A.I.M. (2014 f).
447 siehe Schulz, P., Schlotz, W., Becker, P. (2004).
448 siehe Schulz, P., Schlotz, W., Becker, P. (2004).
449 siehe Schulz, P., Schlotz, W., Becker, P. (2004).

Fragebogen mithilfe von drei Fragen evaluiert[450]. Vorliegende Hypothese basiert somit auf der Prämisse der Entwicklung der Fähigkeit der Aufmerksamkeitslenkung durch das Training. Sie lautet, dass sich durch die wiederholte Induktion der Entspannungsreaktion die Beobachtungs- und Reflexionsfähigkeit auf mentaler, emotionaler oder somatischer Ebene entwickeln können. Dies wurde durch die entsprechenden vier Fragen zur Beobachtungsfähigkeit[451] und sechs Fragen zur Reflexionsfähigkeit[452] geprüft.

Da sich der Trainingsaspekt des *Wertungsfreien Beobachtens* direkt auf die Entwicklung der Beobachtungsfähigkeit auswirkt, wurde er zusätzlich mithilfe zweier Fragen[453] evaluiert.

4.7.4 Hypothese vier: Das *Graduelle Kognitive Training* bewirkt Selbstreferenzentwicklung

Wie bereits dargestellt, stehen in der Tibetischen Medizin die drei Ebenen von Kognition, Emotion und Körper in enger Wechselwirkung miteinander. Alle Diagnose- wie auch Behandlungsmethoden[454] sind hierauf abgestimmt. Daher ist ein Ergebnis eines Zusammenhangs zwischen Aufmerksamkeit, Kognition und Emotion wenig überraschend[455]. In vorliegender Forschung werden die Introspektion, die Aufmerksamkeitslenkung, die Einfachfokussierung und Mehrfachfokussierung als Techniken des Trainings viel weiter gefasst als lediglich Effekte verstanden. Der angenommene Zusammenhang wäre, dass es durch eine systematische graduelle Anwendung der weiter oben dargestellten Einzeltechniken zu Effekten auf kognitiver, emotionaler und somatischer Ebene kommen würde. Somit wäre die Art des Zusammenhangs zwischen Trainingstechniken und den sich im Laufe des Prozesses entwickelnden Trainingseffekten ein kausaler. Da jedoch damit noch keine Qualität der Zusammenhänge beschrieben wäre, ermöglicht das Modell der Selbstreferenz genau diese qualitative und prozessuale

---

[450] siehe Anhang 12.4-12.7: 1. *Wie stark hat sich während der Meditation Ihre Fähigkeit die Aufmerksamkeit zu sich selbst zurückzubringen verändert?* 2. *Wie stark hat sich während der Integration der Meditationserfahrung in alltägliche Aktivität Ihre Fähigkeit die Aufmerksamkeit zu sich selbst zurückzubringen verändert?* 3. *Wie stark hat sich während alltäglicher Aktivität Ihre Fähigkeit die Aufmerksamkeit zu sich selbst zurückzubringen verändert?*

[451] siehe Anhang 12.4-12.7: 4. *Wie stark hat sich Ihre Beobachtungsfähigkeit mentaler Bewegungen verändert?* 5. *Wie stark hat sich Ihre Beobachtungsfähigkeit emotionaler Bewegungen verändert?* 6. *Wie stark hat sich Ihre Beobachtungsfähigkeit somatischer Bewegungen verändert?* 7. *Wie stark hat sich die Beobachtungsfähigkeit äußerer Ereignisse während alltäglicher Aktivität verändert?*

[452] siehe Anhang 12.4.-12.7: 10. *Wie stark hat sich Ihre Fähigkeit mentale Ereignisse während der Meditation zu reflektieren differenziert?* 11. *Wie stark hat sich Ihre Fähigkeit mentale Ereignisse während alltäglicher Aktivität zu reflektieren differenziert?* 12. *Wie stark hat sich Ihre Fähigkeit emotionale Ereignisse während der Meditation zu reflektieren differenziert?* 13. *Wie stark hat sich Ihre Fähigkeit emotionale Ereignisse während alltäglicher Aktivität zu reflektieren differenziert?* 14. *Wie stark hat sich Ihre Fähigkeit somatische Ereignisse während der Meditation zu reflektieren differenziert?* 15. *Wie stark hat sich Ihre Fähigkeit somatische Ereignisse während alltäglicher Aktivität zu reflektieren differenziert?*

[453] siehe Anhang 12.4.-12.7: 16. *Wie stark hat sich Ihre Fähigkeit während der Meditation mentale Ereignisse ohne unmittelbare Bewertung zu beobachten entwickelt?* 17. *Wie stark hat sich Ihre Fähigkeit während alltäglicher Aktivität mentale Ereignisse ohne unmittelbare Bewertung zu beobachten entwickelt?*

[454] vgl. Attersee, A.I.M. (2014 b).

[455] vgl. Sedlmeier, P., Eberth, J., Schwarz, M., Zimmermann, D., Haarig, F., Jaeger, S. et al. (2012: 1162 a). "Our results hint at contingencies among attentional, emotional and cognitive variables. To understand such possible contingencies better, it is necessary to first construct testable models of these contingences and then to test them against each other."

Beschreibung der Zusammenhänge zwischen den einzelnen Ebenen der Beobachtungs- und Reflexionsfähigkeit. Somit werden diese Aspekte nicht nur als lineare Effekte, sondern vielmehr als sich im Laufe des Trainings entwickelnde persönliche Fähigkeiten interpretiert. Ob und inwieweit sich genau diese Fähigkeiten auf Entwicklung und Persönlichkeitsreifung auswirken, bleibt in Folgestudien zu evaluieren.

Dies bedeutet auch, dass diese Fähigkeiten bis zu einem gewissen Grad erlernbar wären. Sollte dies der Fall sein, dann könnten daraus Schlussfolgerungen nicht nur für die Ausbildung von Personen, die mit Menschen arbeiten, sondern im Sinne einer gesundheitsfördernden Maßnahme und zur Prävention von Burnout und stressbedingten Erkrankungen im Kontext von Bildung abgeleitet werden.

Die zentrale Hypothese vorliegender Studie gründet auf dem Modell der Selbstreferenzentwicklung. Dabei könnten Entwicklungsschritte an der Veränderung der einzelnen Variablen oder Faktoren dargestellt und durch eine katamnestische Beschreibung des Trainingsprozesses auch bereits dem prozessualen Charakter dieses Modells entsprochen werden. Dieses Modell der Selbstreferenzentwicklung bezieht sich auf die Entwicklung einzelner Wirkfaktoren (Beobachtungs- und Reflexionsfähigkeit auf allen Ebenen). Dabei dürften die Wechselwirkungen zwischen diesen einzelnen Ebenen die Grundlage für einen Entwicklungsprozess darstellen. Daher ist der graduellen trainingstechnischen Vorgangsweise, wie sie in emischer Perspektive beschrieben wird, bereits auch auf der Ebene psychologischer Modellbildung entsprochen. Dabei wird die Entspannungsreaktion als nötige Grundlage für die Entwicklung subtiler Beobachtung und Reflexion betrachtet. Somit wurde mithilfe von "*Valenz- und Intensitätsanalysen*"[456] der aus der Pilotstudie[457] analysierten Meditationserfahrungen und -effekte[458] eine Modellbildung entwickelt, welche in vorliegender Studie evaluiert wurde.

[456] vgl. Mayring, P. (2010: 15, 16). "**Ablaufschritte von Valenz- und Intensitätsanalysen** • Formulierung der *Fragestellung* • Bestimmung der *Materialstichprobe* • Aufstellen und Definition der *Variablen*, die untersucht werden sollen • Bestimmung der *Skalenpunkte* (Ausprägungen pro Variable); bei Valenzanalysen bipolar (z. B. plus - minus), bei Intensitätsanalysen mehrstufig (z. B. sehr stark - stark - mittel - weniger stark - gar nicht) • *Definition* und eventuell Anführen von Beispielen für die Skalenpunkte der Variablen (Variablen und Skalenpunkte stellen zusammen das Kategoriensystem dieser Analysearten dar) • Bestimmung der *Analyseeinheiten* (Kodiereinheit, Kontexteinheit, Auswertungseinheit) • *Kodierung*, d. h. Skalierung der Auswertungseinheiten nach dem Kategoriensystem • *Verrechnung*, d. h. Feststellen und Vergleichen der Häufigkeiten der Skalierungen, eventuell weitere statistische Verarbeitung • *Darstellung und Interpretation* der Ergebnisse".

[457] siehe Mayring, P. (2010: 23). "Dass Pilotstudien zu Hauptuntersuchungen ein ausgezeichnetes Gebiet für qualitative Analysen sind, ist mittlerweile unbestritten. Hier geht es ja darum, den Gegenstandsbereich ganz offen zu erkunden, Kategorien und Instrumente für Erhebung und Auswertung zu konstruieren und zu überarbeiten. Das ganze Instrumentarium qualitativer Analyse kommt hier zum Einsatz."

[458] siehe Attersee, A.I.M. (2014 c).

5 Methodischer Teil

5.1 Studiendesign

Vorliegende Studie wurde an verschiedenen Bildungsinstitutionen mit 83 Probanden wartegruppenkontrolliert durchgeführt. Da das Pilotprojekt am Verein zur Förderung der klinischen Verhaltenstherapie München mit Psychotherapeuten noch ohne Kontrollgruppe stattfand, hat jene eine etwas kleinere Teilnehmerzahl als die Probandengruppe. Während die größte Probandengruppe aus Teilnehmern im Peer To Peer Mentoring Programm des Center for Leadership an Peoplemanagement der Ludwig-Maximilians-Universität München resultierte, kamen weitere Probanden und Wartegruppenteilnehmer aus den Fachhochschulen Salzburg und Tirol, dem Studentenwohnheim München und der Volkshochschule Landsberg. Da bei der Entgegennahme von Anmeldungen von interessierten Personen nach der Studienausschreibung lediglich mögliche Kontraindikationen mithilfe des "ET-ANAM Fragebogen"[459] geprüft wurden, bestand keine Vorselektion der Teilnehmer.

Nachdem die Fragebögen zur Vorerhebung vier Wochen vor Kursbeginn per Post an die Teilnehmer zugestellt worden waren mit der Bitte, diese auszufüllen und zum Kurstermin mitzubringen, wurden direkt vor dem Unterricht abermals Fragebögen ausgefüllt. Dieser beinhaltete eine theoretische und praktische Einführung in die Trainingstechniken und wurde für alle Probanden inhaltlich und strukturell in derselben Weise mithilfe einer Powerpoint-Präsentation und gemeinsamen Übung der Techniken durchgeführt. Am Ende des Kurstags wurden den Probanden die Fragebögen zum Ausfüllen nach einem Monat Training in einem frankierten und beschrifteten Kuvert ausgehändigt, wobei vor dem Ablauf der vier Wochen Training per Email auch eine Erinnerung zum Ausfüllen und Retournieren dieser Fragebögen zugeschickt wurde. Obwohl für die Trainingsphase das Angebot für alle Probanden bestanden hatte, sich mit auftretenden Fragen an die Studienleitung zu wenden, wurde diese Gelegenheit selten genutzt. Die Fragebögen zum Ausfüllen nach drei Monaten Training, beim Pilotprojekt auch nach sechs Monaten Training, wurden per Post mit einem beschrifteten und frankierten Kuvert zur Rücksendung zugestellt.

Während also im Pilotprojekt lediglich ein Vergleich[460] der Ergebnisse der Längsschnittuntersuchung[461] zwischen den Werten vor dem Training, nach einem, drei und sechs Monaten Training möglich war, konnte durch die Modifikation des evaluierten Zeitraums wie auch die Entwicklung des Katamnesefragebogens und die Wartegruppenkontrolle eine viel differenziertere Dateninterpretation vorgenommen werden.

---

[459] vgl. Krampen, G. (2002).

[460] vgl. Bortz, J., Schuster, C. (2010: 583). "**Messwiederholung:** An einer Stichprobe wird dasselbe Merkmal bei jeder Versuchsperson mehrmals gemessen (z.B. zu zwei Zeitpunkten, vorher-nachher); solche Stichproben bezeichnet man als verbunden."

[461] vgl. Bortz, J., Lienert, G.A. (2008: 24). "Ein häufiger Sonderfall zweier (oder mehrerer) abhängiger Stichproben liegt bei Untersuchungen mit Messwiederholung bzw. bei *Längsschnittuntersuchungen* vor. Man misst ein Merkmal an ein- und derselben Zufallsstichprobe von Individuen zwei- oder mehrmals (möglicherweise) unter verschiedenen Bedingungen (Behandlungen), so dass mehrere voneinander abhängige (Daten-)Stichproben entstehen."

Teilnehmer, die nur kurz oder "andere Meditationstechniken"[462] übten oder die Fragebögen nicht genau nach vier Wochen beziehungsweise drei Monaten Training ausfüllten, wurden nicht in die Auswertung einbezogen. Die vorliegenden Ergebnisse der 83 Probanden beruhen somit tatsächlich auf dem *Graduellen Kognitiven Training*, dessen Anwendungshäufigkeit gesondert abgefragt wurde. Diejenigen Personen, die sich angemeldet, jedoch dann doch nicht teilgenommen hatten, wurden, sofern sie zuvor zwei Mal im Abstand von vier Wochen Fragebögen ausgefüllt hatten, als Wartegruppe in die Auswertung einbezogen. Da die Effekte der tatsächlichen Übungsdauer und -art erfasst werden sollten, war die Anweisung an die Studienteilnehmer zwei Mal täglich zehn Minuten zu üben und ihre tatsächliche Übungsdauer und Integrationshäufigkeit auf den Fragebögen nach vier Wochen und drei Monaten Training anzugeben[463], wobei sich herausstellte, dass der größte Teil der Gruppe das Training weniger als zehn Minuten täglich durchgeführt hatte und dem *Śamathatraining* mit Fokussierung auf die Atmung der Vorzug gegeben wurde.

Nach umfassender Reflexion über transkulturelle Trainingsaspekte und der Entscheidung, einen anwenderbezogenen Unterricht gemäß emischer Perspektive der Buddhistischen Philosophie, Oraler Überlieferung und Tibetischer Medizin anzubieten, beruhten die methodischen Überlegungen zur Vorgangsweise bei der Studiendurchführung auf einer Analyse der *Graduellen Einzeltechniken* des *Kognitiven Trainings*. Da die Art des Trainings, Trainingshäufigkeit und Integration von zentraler Bedeutung für die Trainingseffekte sind, wurde hierfür ein Fragebogen[464] konzipiert und die Entwicklung von Trainingselementen [T1-T4] im Verlauf des Trainings im Meditationsfragebogen[465] evaluiert. Bereits bei einer ersten Analyse der Häufigkeit der Übung und der Integration der Übungseffekte konnte somit festgestellt werden, dass die tatsächliche Durchführung von der Übungsanleitung, zweimal täglich zehn Minuten zu üben, weit entfernt lag und sich viele Personen erst im Laufe des ersten Monats mit der Integration der Übungseffekte vertraut machen konnten. Diese Evaluation der tatsächlichen Übungsart und -häufigkeit ermöglicht somit eine präzise Ergebnisinterpretation. Obwohl im Sinne von Prozessforschung eine engmaschige Evaluation für das *Graduelle Kognitive Training* sinnvoll erscheinen würde, wurden aufgrund der Größe der Probandengruppe und Durchführungsökonomie Evaluationszeitpunkte nach vier Wochen, drei und nur für das Pilotprojekt auch nach sechs Monaten festgelegt. Während eine vierwöchige Studienteilnahme die minimale Verpflichtung für die Probanden war, blieb die Option über einen längeren Zeitraum

---

[462] siehe Kapitel 12.1-12.3 *Fragebogen zur Häufigkeit und Art der Durchführung der Meditation und zur Integration* [*während der vergangenen vier Wochen* oder *während der vergangenen drei Monate*].

[463] vgl. Kapitel 12.1-12.3. *Fragebogen zur Häufigkeit und Art der Durchführung der Meditation und zur Integration* [*während der vergangenen vier Wochen* oder *während der vergangenen drei Monate*].

[464] vgl. Kapitel 12.1-12.3. *Fragebogen zur Häufigkeit und Art der Durchführung der Meditation und zur Integration* [*während der vergangenen vier Wochen* oder *während der vergangenen drei Monate*].

[465] vgl. Kapitel 12.5-12.6 *Fragebogen zur Anwendung der Meditation, Meditationserleben und Integration der Meditationserfahrung* [*während der vergangenen vier Wochen* oder *während der vergangenen drei Monate*], 12.7 *Vorerhebungs- und Katamnesefragebogen*.

teilzunehmen. Zur Evaluation wurden im Sinne von *Mixed Methods*[466] quantitative wie auch qualitative Verfahren genutzt, wobei in vorliegender Arbeit der quantitative Teil dargestellt und an zentralen Punkten der Argumentation auf die qualitativen Ergebnisse, welche als Arbeitspapiere[467] vorliegen, mithilfe von Fußnoten Bezug genommen wird.

Aufgrund der bislang fehlenden Operationalisierung eines *Graduellen Kognitiven Trainings* kamen neben standardisierten psychologischen Fragebögen[468] auch eigene Fragebögen[469] zur Anwendung. Veränderungen in den Dimensionen der Entspannung werden in vorliegender Arbeit mithilfe des Fragebogens "ASS-SYM Symptomfragebogen"[470] und diejenigen des Chronischen Stress mithilfe des Fragebogens "TICS Fragebogen SSCS"[471] dargestellt. Dabei wurde davon ausgegangen, dass die bereits relativ früh im Trainingsverlauf eintretende Entspannungsreaktion die Grundlage für die Differenzierung der eigenen Beobachtung innerer Bewegungen auf kognitiver, emotionaler und somatischer Ebene wäre. Um einen möglichst breiten Rahmen kultureller wie auch transkultureller und klinischer Aspekte abdecken zu können, beinhalten die eigenen Fragebögen[472] sowohl Fragen zur Entwicklung der Trainingstechniken [T1-T4], der Effekte [E1-E8] und Erfahrungen [ER1-ER11] wie auch einige Begriffe aus den im Buddhistischer Philosophie und Tibetischer Medizin tradierten Modellen der Anhaftung und Abneigung und das Kernsymptom für Depression, Aussichtslosigkeit. Nach der Durchführung des Pilotprojekts wurde ein Katamnesefragebogen entwickelt, in welchem die beiden Aspekte während des Trainings und im Alltag nicht mehr differenziert werden. Dieser kann sowohl zur Vorerhebung wie auch zur Darstellung von Entwicklungen währende des Trainingsverlaufs genutzt werden. Dabei wurden die hierin dargestellten Effekte [E1-E8] als ein *Dynamisches Selbstreferenzmodell* interpretiert, wobei davon ausgegangen wurde, dass in verschiedenen Übungsphasen die Entwicklung der einzelnen Techniken [T1-T4] und jeweils bestimmte Erfahrungen [ER1-ER11] mit diesen korrelieren würden. Bei den

---

466 siehe Mey, G., Mruck, K. (2010: 271). "In ihrem Überblicksbeitrag zu MM-Studien in der Psychologie identifizieren Waszak und Sines (2003) zwei dominierende Untersuchungsanlagen: experimentelle Untersuchungen unter Verwendung qualitativer oder einer Kombination qualitativer und quantitativer Daten (wie beispielsweise in der Triangulationsstudie von Sherif et al. 1961; s. oben) sowie inhaltsanalytische Untersuchungen, bei denen qualitative Daten im Anschluss an die inhaltsanalytische Auswertung durch Häufigkeitsbestimmungen quantifiziert werden, woran sich ggf. weitere (inferenz-)statistische Auswertungsschritte anschließen (vgl. etwa die Untersuchungsbeispiele zu MM in Mayring et al. 2007, z.B.: Huber 2007; Schweizer, Pächter & Weidemann 2007). In beiden Fällen handelt es sich um Design, in denen der quantitative Ansatz dominiert, die qualitativen den quantitativen Elementen untergeordnet sind. Zu vergleichbaren Schlussfolgerungen gelangen auch Powell et al. (2008) in ihrer empirischen Analyse von MM-Studien in der Pädagogischen Psychologie aus den Jahren 2001-2005. Mehr als 75 Prozent der Studien waren so angelegt, dass ein Forschungsansatz dominierte, und dies war - bis auf zwei Ausnahmen - der quantitative Ansatz. Soweit also in der Psychologie MM-Studien realisiert werden, handelt es sich dabei mehrheitlich um Untersuchungen, die letztlich im quantitativen Paradigma verhaftet bleiben."

467 siehe Attersee, A.I.M. (2014 c, d, e, f).

468 siehe Krampen, G. (2006); Schulz, P., Schlotz, W., Becker, P. (2004).

469 diese Fragebögen wurden seit dem Jahr 2009 entwickelt und überarbeitet, siehe Kapitel 12.

470 siehe Krampen, G. (2006).

471 siehe Schulz, P., Schlotz, W., Becker, P. (2004).

472 vgl. Kapitel 12.1-12.3 *Fragebogen zur Häufigkeit und Art der Durchführung der Meditation und zur Integration* [*während der vergangenen vier Wochen* und *während der vergangenen drei Monate*]; vgl. Kapitel 12.7 *Vorerhebungs- und Katamnesefragebogen.*

Faktorenanalysen wurden diese Korrelationen für den Zeitpunkt vor dem Training mit dem Zeitpunkt nach vier Wochen Training miteinander verglichen.

Somit werden in vorliegender Arbeit Ergebnisse aus den Bereichen der Entspannung, des Chronischen Stress und der Selbstreferenzentwicklung dargestellt und interpretiert. Aufgrund der derzeit fehlenden psychologischen Theoriebildung zum Forschungsgegenstand[473] kann die Operationalisierung des Selbstreferenzmodells und hieraus resultierende Faktorenanalyse einen Beitrag zum Diskurs und der Modellbildung anbieten, in welcher die emische wie auch die psychologische Perspektive auf trainingstechnischer wie auch auf theoretischer Ebene einbezogen wurden.

Da sehr viele Fragestellungen aus dem *Modell der Selbstreferenzentwicklung* in den qualitativen Daten in ihrer Erlebensqualität mit der Frage *Wie* [...] und in den quantitativen Daten in ihrer Erlebensstärke mit der Frage *Wie stark* [...] über Skalen zwischen 0% und 100% erfasst wurden, ergab sich genau durch die methodische Kombination eine Vergleichsmöglichkeit von Erlebnisqualität und ihren Konnotationen mit der Erlebensstärke. Solche Differenzierung erlaubte eine Theoriebildung auf der Grundlage eines phänomenologischen Zugangs[474], um Grundstrukturen der Veränderungen durch das *Graduelle Kognitive Training* im Sinne von Prozessbeschreibungen detailliert und umfassend dokumentieren zu können. Um dabei kulturspezifische Aspekte und Konnotationen von den transkulturellen Elementen unterscheiden zu können und die bereits in der Buddhistischen Philosophie und Tibetischen Medizin vorliegende Theoriebildung einbinden zu können, scheint es sinnvoll, auch im Verlauf der Interpretation nach einer Durchführung der Faktorenanalyse zum *Modell der Selbstreferenzentwicklung* weiterhin die weiter oben eingeführte *Perspektivische Analyse* zu nutzen.

Die vorliegenden Analysen wurden nach dem "Entscheidungsbaum statistischer Methoden"[475] geplant. Das Signifikanzniveau[476] wurde auf $\alpha = 0.05$ festgelegt. Während die Veränderungen in den Dimensionen der Entspannung mithilfe des Fragebogens "ASS-SYM Symptomfragebogen"[477] und des chronischen Stress mithilfe des Fragebogens "TICS Fragebogen SSCS"[478] somit zuerst mit T-Tests[479] für verbundene Stichproben im Sinne von

---

[473] vgl. Sedlmeier, P., Eberth, J., Schwarz, M., Zimmermann, D., Haarig, F., Jaeger, S. et al. (2012: 1139 a, b). "Numerous studies have been conducted to search for effects of meditation, yet there is an even more surprising lack of elaborate psychological theories that make sound predictions about what to expect if one meditates."

[474] vgl. Awasthi, B. (2013: 7) "Attempts to include the phenomenological account of meditation will help ascertain and formulate a clear and operational definition for making progress. In agreement with Lutz and Thompson (2003), it might be useful to adopt a neurophenomenological approach that can be used to guide the study of physiological processes. An integration of traditional ontology, first-person phenomenological reports and neuroscientific findings will enable the development of more comprehensive models of the mind to help find common grounds for scientific research with the contemplative traditions. It will foster better study designs, leading to conclusive findings that could potentially be developed into systematic therapeutic interventions, besides fostering an interesting and important avenue of research into the mind-body problem."

[475] siehe Bühner, M., Ziegler, M. (2009: 5, Abbildung 1.1).

[476] vgl. Rasch, B., Friese, M., Hofmann, W., Naumann, E. (2010 a: 57). "Die Wahl des Signifikanzniveaus ist willkürlich und von inhaltlichen Überlegungen abhängig. Je nach Fragestellung kann ein hohes (liberales) oder strenges (konservatives) Signifikanzniveau sinnvoll sein. Per Konvention liegt es meist bei $\alpha = 0.05$ bzw. 5%. Ein auf dem 5%-Niveau signifikantes Ergebnis wird in der Literatur in der Regel mit einem Stern (*) gekennzeichnet, ein auf dem 1%-Niveau signifikantes Ergebnis mit zwei Sternen (**)."

[477] siehe Krampen, G. (2006).

[478] siehe Schulz, P., Schlotz, W., Becker, P. (2004).

Outcome-Messung dargestellt werden, werden die Analysen des "Within-Subject-Design"[480] aufgrund der Komplexität[481] mit Friedman Test und der einfaktoriellen ANOVA[482] fortgesetzt. Das Selbstreferenzmodell wird mit der Faktorenanalyse analysiert. Alle statistischen Berechnungen wurden mit SPSS 22 durchgeführt.

5.1.1 Analyse der Dimensionen von Entspannung

Da davon ausgegangen wurde, dass die Entspannungsreaktion einen zentralen Faktor für den weiteren Trainingsprozess und die Entwicklung der Faktoren der Selbstreferenz darstellt, wurde der bereits für Entspannungsverfahren standardisierte Fragebogen "ASS-SYM Symptomfragebogen"[483] und der zugehörige Vorerhebungs-Fragebogen "ET-ANAM Fragebogen"[484] benutzt. Da die Methode der Meditation im Handbuch "ASS-SYM Änderungssensitive Symptomliste zu Entspannungserleben, Wohlbefinden, Beschwerden- und Problembelastungen"[485] als eine "systematische Entspannungsmethode"[486] gewertet und der zugehörige Fragebogen "ASS-SYM Symptomfragebogen"[487] als für "Einführungen in systematische Entspannungsmethoden geeignet"[488] beschrieben wurde, schien er ein geeignetes Instrument zum Erfassen der Parameter von Entspannung beim *Graduellen Kognitiven Training*.

Im Handbuch zum Fragebogen beschrieb Krampen, G. die Effektbereiche von Entspannungstraining folgendermaßen:

---

[479] vgl. Rasch, B., Friese, M., Hofmann, W., Naumann, E. (2010 a: 59). "Für den t-Test gibt es drei mathematische Voraussetzungen: 1.) Das untersuchte Merkmal ist intervallskaliert. 2.) Das untersuchte Merkmal ist in der Population normalverteilt. 3.) Die Populationsvarianzen, aus denen die beiden Stichproben stammen, sind gleich (Varianzhomogenität)."

[480] siehe Bühner, M., Ziegler, M. (2009: 347)."Im Falle der Messwiederholung sind jedoch die Unterschiede relevant, die innerhalb der Personen über die Zeit auftreten. Daher wird auch von einem *within-subject-Design* gesprochen."

[481] vgl. Bühner, M., Ziegler, M. (2009: 328). "Wie bereits erläutert, kann mit dem t-Test auf einen Unterschied zwischen zwei Gruppen getestet werden. Die Varianzanalyse hingegen prüft den Einfluss einer oder mehrerer unabhängiger Variablen auf eine (oder auch mehrere) abhängige Variablen."

[482] vgl. Bühner, M., Ziegler, M. (2009: 326). "Die univariante Varianzanalyse, auch ANOVA (**An**alysis **o**f **V**ariance) genannt, ist die Methode der Wahl für Versuchspläne, die mehr als eine unabhängige Variable haben oder bei denen die unabhängige Variable mehr als zwei Stufen hat. Darüber hinaus bezieht sich „univariant" darauf, dass nur eine abhängige Variable vorliegt. Da solche Versuchspläne sehr häufig in der experimentellen Forschung gewählt werden, ist die ANOVA das klassische Verfahren zur Analyse von Experimenten. Der bereits behandelte t-Test kann auch als Spezialfall der Varianzanalyse verstanden werden. Hier liegt nur eine unabhängige Variable vor, die zweifach gestuft ist".

[483] siehe Krampen, G. (2006).

[484] Der Vorerhebungsbogen für Entspannungstechniken "ET-ANAM Fragebogen" (Krampen, G., 2002) sollte dazu dienen, Motivation, Vorerkrankungen und Medikation sowie auch die Bedeutung der Vorerfahrung in Entspannungstechniken zu evaluieren.

[485] siehe Krampen, G. (2006).

[486] siehe Krampen, G. (2006: 14).

[487] siehe Krampen, G. (2006).

[488] siehe Krampen, G. (2006: 5).

> "Die allgemeinen, d.h., störungsübergreifenden Ziel- und Effektbereiche systematischer Entspannungstrainings und -therapien beziehen sich auf 1. die körperliche und seelische Erholung und Entspannung; 2. die „Selbstruhigstellung" oder emotionale Harmonisierung durch innere Lösung und Gelassenheit; 3. die Selbstregulation willkürlicher und ansonsten „unwillkürlicher" (autonomer) Körperfunktionen; 4. die Leistungssteigerung durch eine Verbesserung der Ausnutzung eigener Fähigkeiten; 5. die Schmerzabstellung (oder Schmerzverhinderung, nicht aber Schmerzunterdrückung); 6. die Erhöhung der Selbstbestimmung durch die Ausweitung eigener Handlungsressourcen und -optionen (etwa in Belastungssituationen); 7. die Erhöhung der Selbstkontrolle und Selbsterkenntnis durch Verbesserungen der Selbstwahrnehmung (etwa im Bereich der Interozeption) und selbstregulativer Kompetenzen."[489]

Somit sollte der Einfluss des *Graduellen Kognitiven Trainings*[490] auf die abhängige Variable, die Entspannung, mithilfe des Gesamtwerts aus der Summation aller Einzelwerte des Fragebogens "ASS-SYM Symptomfragebogen"[491] geprüft werden. Der "ASS-SYM-G"[492] setzt sich somit aus folgenden sechs Dimensionen zusammen:

Tabelle 6
Die Sechs Dimensionen des "ASS-SYM Symptomfragebogen" (Krampen, G., 2006)

Sechs Dimensionen des "ASS-SYM Symptomfragebogen"[493]
Dimension "Körperliche und psychische Erschöpfung"
Dimension "Anspannung und Nervosität"
Dimension " Psychophysiologische Dysregulationen"
Dimension "Leistungs- und Verhaltensschwierigkeiten"
Dimension "Schmerzbelastungen"
Dimension "Probleme in der Selbstbestimmung"
Summenskala "Allgemeine Symptom- und Problembelastung"

5.1.2 Analyse zur ersten Hypothese

Die erste Hypothese lautet: Das *Kognitive Training* bewirkt eine psychophysische Entspannungsreaktion ["ASS-SYM-G" (Krampen, G., 2006)]. In einem ersten Analyseschritt sollen Vergleiche zwischen dem "ASS-SYM-G"[494]-Wert vor dem Training und nach vier Wochen Training mithilfe eines T-Tests für verbundene Stichproben durchgeführt und diese Werte mit den Werten der Kontrollgruppe verglichen werden. Mithilfe des Friedman Tests wird ein Vergleich der Mittelwerte der Studiengruppe über drei Monate Training dargestellt.

Im zweiten Analyseschritt wird der katamnestische Verlauf im "ASS-SYM-G"[495] mithilfe des Friedman Tests dargestellt.

---

[489] siehe Krampen, G. (2006: 29).
[490] vgl. Attersee, A.I.M. (2014 a).
[491] siehe Krampen, G. (2006).
[492] siehe Krampen, G. (2006).
[493] siehe Krampen, G. (2006).
[494] siehe Krampen, G. (2006: 35). "In ASS-SYM sind jeweils acht Items eindeutig einem der sechs Indikationsbereiche des Autogenen Trainings zugeordnet, woraus die Möglichkeit resultiert, neben einem *Gesamtwert für die Problembelastetheit und Beschwerden* (*ASS-SYM-G*; Summenwert über alle 48 Items) sechs indikationsspezifische Teilsummenwerte der Problembelastung zu bestimmen."
[495] siehe Krampen, G. (2006).

Im dritten Analyseschritt werden die Werte in den sechs Dimensionen des "ASS-SYM Symptomfragebogen"[496] mithilfe von T-Tests für verbundene Stichproben zwischen dem Zeitpunkt vor dem Unterricht und demjenigen nach vier Wochen Training dargestellt. Diese sechs Dimensionen des "ASS-SYM Symptomfragebogen"[497] wurden im Handbuch folgendermaßen dargestellt:

> "Diese *ASS-SYM Subskalen* mit jeweils acht (in Blocks zusammen vorgegebenen) Items beziehen sich auf (1) *körperliche und psychische Erschöpfung (ASS-SYM-ERSCHÖ)*, abgeleitet aus dem Ziel- und Effektbereich der körperlichen und seelischen Erholung; (2) *Nervosität und innere Anspannung (ASS-SYM-ANSPAN)*, abgeleitet aus dem Ziel- und Effektbereich der „Selbstruhigstellung" oder emotionalen Harmonisierung durch innere Lösung und Gelassenheit; (3) *psychophysiologische Dysregulation (ASS-SYM-DYSREG)*, abgeleitet aus dem Ziel- und Effektbereich der Selbstregulation willkürlicher und ansonsten autonomer Körperfunktionen; (4) *Leistungs- und Verhaltensschwierigkeiten (ASS-SYM-LEISTU)*, abgeleitet aus dem Ziel- und Effektbereich der Leistungssteigerung durch die bessere Ausnutzung eigener Fähigkeiten; (5) Schmerzbelastungen (*ASS-SYM-SCHMER*), abgeleitet aus dem Ziel- und Effektbereich der Schmerzabstellung und -verhinderung; (6) *Probleme in der Selbstbestimmung und -kontrolle (ASS-SYM-SELBST)*, abgeleitet aus den Ziel- und Effektbereichen der Erhöhung der Selbstbestimmung durch die Ausweitung eigener Handlungsressourcen und -optionen sowie die Erhöhung von Selbstkontrolle und -erkenntnis durch die Verbesserung der Selbstwahrnehmung (etwa der Interozeption) und selbstregulativer Kompetenzen."[498]

Obwohl im Handbuch Meditation als eine Entspannungstechnik angeführt wurde, stimmen weder die Grundhaltung noch die Zielsetzung des hier untersuchten *Kognitiven Trainings*, welches ein aktives Training im Sinne aktiver Aufmerksamkeitslenkung und Beobachtung beinhaltet, mit den für Meditation benutzten Kriterien von Krampen, G.[499] überein. Diese Diskrepanz in der Begriffsdefinition behindert jedoch die Evaluation des *Kognitiven Trainings* mit jenem für Entspannungsverfahren standardisierten Instrument nicht. Daher wurde die Verwendung des Messinstruments der Entspannung entschieden, obwohl die Klassifikationen von "Meditation"[500] in der "Klassifikation von Entspannungsmethoden"[501] in "Tabelle 1"[502] nicht auf das *Kognitive Training* zutrifft. Insbesondere die im Handbuch erwähnte Vorgangsweise einer "Zusammenstellung eigener (institutionsspezifischer) Vergleichs- und Normwerte, die dann als Ergänzung einer ohnehin populationsunabhängigen, kriterienorientierten und intraindividuell vergleichenden Interpretation der Befunde aus ASS-SYM [...] dienen können"[503] ließ diese Option offen. Da im Kontext "primäre Entspannungsreaktion"[504] sowohl die körperlichen wie auch die psychischen Entspannungsreaktionen bezüglich Meditation als "teilweise realisiert"[505] dargestellt wurden, sollte sich in den Forschungsergebnissen zeigen, inwieweit dies für das *Kognitive Training* zutreffen würde.

---

[496] siehe Krampen, G. (2006).
[497] siehe Krampen, G. (2006).
[498] siehe Krampen, G. (2006: 35).
[499] siehe Krampen, G. (2006: 15). "*Meditative Praktiken* stehen nach den in Tabelle 1 berücksichtigten Merkmalen der Methodik des Autogenen Trainings am nächsten. Meditation erfolgt ebenso wie das Autogene Training autosuggestiv in einer passiven Haltung der Selbstkonzentration und des Gewährenlassens. Körperliche und psychische Entspannung werden durch die genuin religiöse oder thematische Orientierung der Meditation zumeist aber nur teilweise erreicht [...]."
[500] siehe Krampen, G. (2006: 14).
[501] siehe Krampen, G. (2006: 14).
[502] siehe Krampen, G. (2006: 14).
[503] siehe Krampen, G. (2006: 66).
[504] siehe Krampen, G. (2006: 14).
[505] siehe Krampen, G. (2006: 14).

> "Vergleichsstudien zu den Effekten des Autogenen Trainings und verschiedener fernöstlicher *Meditationstechniken* weisen in der Regel auf ähnliche Erfolge bei der Initiierung subjektiver Entspannungsreaktionen hin".[506]

Die Dimensionen des "ASS-SYM Symptomfragebogen"[507] beinhalten folgende Items:
Erste Dimension

Tabelle 7
Erste Dimension "Körperliche und psychische Erschöpfung" (Krampen, G., 2006)

	0	1	2	3
1. "Gefühl, nicht abschalten zu können"				
2. "Erschöpfung, Müdigkeit"				
3. "Körperliche Verspannungen, Verkrampfungen"				
4. "Innere Unruhe (Hektik, Gefühl des Gehetztseins)"				
5. "Energielosigkeit (Schwäche, Mattigkeit)"				
6. "Ein- und Durchschlafstörungen"				
7. "Sich abgespannt und „gerädert" fühlen"				
8. "Gefühl des Unwohlseins, Missbefinden"				

Zweite Dimension

Tabelle 8
Zweite Dimension "Anspannung und Nervosität" (Krampen, G., 2006)

	0	1	2	3
9. "Reizbarkeit, leichte Erregbarkeit"				
10. "Innere Anspannung, Nervosität"				
11. "Gefühl der Unausgeglichenheit"				
12. "Angstgefühle"				
13. "Gefühl der Schwermütigkeit"				
14. "Neigung zum Weinen"				
15. "Trübe Gedanken"				
16. "Leicht ärgerlich und verletzt sein"				

[506] siehe Krampen, G. (2006: 19).
[507] siehe Krampen, G. (2006).

Dritte Dimension

Tabelle 9
Dritte Dimension "Psychophysiologische Dysregulationen" (Krampen, G., 2006)

	0	1	2	3
17. "Schwindelgefühl, Kreislaufstörungen"				
18. "Verdauungsstörungen"				
19. "Appetitlosigkeit"				
20. "Herzklopfen, -stolpern, -jagen"				
21. "Atemnot, Luftmangel (bei Aufregung)"				
22. "Kälteempfindlichkeit, Frieren, kalte Füße"				
23. "Aufsteigende Hitze, Hitzewallungen, Schwitzen"				
24. "Leichtes Erröten oder Zittern (bei Aufregung)"				

Vierte Dimension

Tabelle 10
Vierte Dimension "Leistungs- und Verhaltensschwierigkeiten" (Krampen, G., 2006)

	0	1	2	3
25. "Angst vor Prüfungen/ Leistungssituationen"				
26. "Konzentrationsschwierigkeiten, -schwächen"				
27. "Vergesslichkeit, Erinnerungsschwierigkeiten"				
28. "Mangelnde Ausdauer, Ablenkbarkeit"				
29. "Sprachschwierigkeiten (bei Aufregung)"				
30. "Leistungsschwäche, Lernschwierigkeiten"				
31. "Umgangsschwierigkeiten, Kontaktprobleme"				
32. "Gefühl nicht zu leisten was man könnte"				

Fünfte Dimension

Tabelle 11
Fünfte Dimension "Schmerzbelastungen" (Krampen, G., 2006)

	0	1	2	3
33. "Kopfschmerzen, Druck im Kopf"				
34. "Bauchschmerzen, Magendruck, Unterleibsschmerzen"				
35. "Gelenk- oder Gliederschmerzen"				
36. "Nacken-, Kreuz- oder Rückenschmerzen"				
37. "Herzstiche, Herzschmerzen"				
38. "Ohrenschmerzen, Ohrgeräusche"				
39. "Augenflimmern, Schmerzen in den Augen"				
40. "Allgemeine, diffuse Schmerzen"				

Sechste Dimension

Tabelle 12
Sechste Dimension "Probleme in der Selbstbestimmung" (Krampen, G., 2006)

	0	1	2	3
41. "Entschlusslosigkeit, Entscheidungsprobleme"				
42. "Selbstunsicherheit, Selbstzweifel"				
43. "Schüchternheit"				
44. "Mangelndes Selbstvertrauen"				
45. "Angstzustände ohne Anlass"				
46 "Gefühl, unausgefüllt zu sein"				
47 "Hoffnungslos in die Zukunft blicken"				
48. "Gefühl des gestörten inneren Gleichgewichts"				

In einem vierten Analyseschritt werden die Veränderungen in der "Häufigkeit von Drei"[508], nämlich die Veränderungen in der Menge der angekreuzten höchsten Itemwerte, mithilfe von T-Tests für verbundene Stichproben zwischen den Werten vor dem Training (d1) und nach vier Wochen Training (d2) analysiert.

Da der "ASS-SYM Symptomfragebogen"[509] lediglich nach den Veränderungen während der vergangenen zwei Wochen fragt, wurden nach dem Pilotprojekt zusätzlich zur Be-

[508] vgl. Krampen, G. (2006: 49). "Das Gleiche gilt für die Symptome in ASS-SYM, die bei der Vorher- und/oder Nachher-Messung vom Teilnehmer mit „3“ als „sehr stark/sehr häufig auftretend“ beantwortet wurden. Neben der idiografisch orientierten und auf intraindividuelle Veränderungen abhebenden (symptom-spezifischen) Interpretation dieser Befunde können dazu unterstützend ggf. die in Tabelle 7 aufgeführten Itemmittelwerte von ASS-SYM herangezogen werden."
[509] siehe Krampen, G. (2006).

fragung des Zeitraums der jeweils vergangenen zwei Wochen auch die Veränderungen innerhalb der vergangenen vier Wochen und nach drei Monaten evaluiert, um spezifisch die gesamten Trainingszeiträume zu erfassen und mit dem Zeitraum vor dem Training vergleichen zu können. Da davon ausgegangen wird, dass die Effekte durch das Training in einem Prozess verlaufen, lagen somit dann für jeden Probanden Entspannungswerte in den sechs Dimensionen während der vergangenen vier Wochen ebenso wie während der vergangenen zwei Wochen vor, was die Darstellung eines intraindividuellen Prozessverlaufs der Entspannungsreaktion ermöglicht. Trotz der Möglichkeit der gezielten Evaluation einer Entspannungsreaktion im Verlauf von *Kognitivem Training* jedoch ist für die Interpretation dieses Effektbereichs wesentlich, dass dieser Fragebogen basierend auf psychologischen Hypothesen und Kriterien zur Entspannung entwickelt wurde und daher genau nur diese psychologischen Kriterien auf das *Kognitive Training* angelegt werden.. Eine solche Vorgangsweise war somit genau nur unter der Bedingung, lediglich die psychophysiologische Entspannungsreaktion des *Kognitiven Trainings* zu analysieren, zulässig.

5.1.3 Analyse zur zweiten Hypothese

Die zweite Hypothese lautet: das *Kognitive Training* bewirkt eine Reduktion des Chronischen Stress ["TICS Fragebogen SSCS" Schulz, P., Schlotz, W., Becker, P. (2004)]. Die Wirkung des *Kognitiven Trainings* auf den Chronischen Stress wird ähnlich wie die Entspannungsreaktion mit einem mithilfe psychologischer Variablen standardisierten Fragebogen evaluiert. Während bei der Evaluation der Entspannungsreaktion durch das *Kognitive Training* der "ASS-SYM Symptomfragebogen"[510] benutzt wurde, wird zur Prüfung der zweiten Hypothese die Summenskala aus dem "TICS Fragebogen SSCS"[511] mithilfe eines T-Tests für verbundene Stichproben analysiert. Der Fragebogen "TICS Fragebogen SSCS"[512] beinhaltet folgende Items, deren Rohwerte zu einer Summenskala zusammengeführt werden können.

Tabelle 13
Fragebogen "TICS Fragebogen SSCS" (Schulz, P., Schlotz, W., Becker, P., 2004)

1. "Befürchtung, dass irgendetwas Unangenehmes passiert"
2. "Ich bemühe mich vergeblich, mit guten Leistungen Anerkennung zu erhalten"
3. "Zeiten, in denen ich zu viele Verpflichtungen zu erfüllen habe"
4. "Zeiten, in denen ich sorgenvolle Gedanken **nicht** unterdrücken kann"
5. "Obwohl ich mein Bestes gebe, wird meine Arbeit nicht gewürdigt"
6. "Erfahrung, dass alles zu viel ist, was ich zu tun habe"
7. "Zeiten, in denen ich mir viele Sorgen mache und nicht damit aufhören kann"
8. "Zeiten, in denen ich nicht die Leistung bringe, die von mir erwartet wird"
9. "Zeiten, in denen mir die Verantwortung für andere zur Last wird"
10. "Zeiten, in denen mir die Arbeit über den Kopf wächst"
11. "Befürchtung, meine Aufgaben nicht erfüllen zu können"
12. "Zeiten, in denen mir die Sorgen über den Kopf wachsen"
Summenskala

In einem ersten Analyseschritt wird mithilfe eines T-Tests für verbundene Stichproben ein Vergleich der Summenskala des "TICS Fragebogen SSCS"[513] zwischen dem Wert der Baseline und dem Wert nach vier Wochen Training durchgeführt und diese Werte mit der Kontrollgruppe verglichen. Diese Evaluation wird durch die längsschnittliche Erhebung der Veränderungen mithilfe des Friedman Tests nach drei Monaten Training ergänzt, indem zum Zweck einer Prozessevaluation auch ein Vergleich zwischen der Summenskala des

[510] siehe Krampen, G. (2006).
[511] siehe Schulz, P., Schlotz, W., Becker, P. (2004).
[512] siehe Schulz, P., Schlotz, W., Becker, P. (2004).
[513] siehe Schulz, P., Schlotz, W., Becker, P. (2004).

"TICS Fragebogen SSCS"[514] zwischen dem Wert der Baseline und dem Wert nach drei Monaten Training durchgeführt wird.

5.1.4 Analyse zur dritten Hypothese

Die dritte Hypothese lautet: Die psychophysische Entspannungsreaktion ["ASS-SYM-G" (Krampen, G., 2006)] wirkt sich positiv auf den Chronischen Stress ["TICS Fragebogen SSCS" (Schulz, P., Schlotz, W., Becker, P., 2004)] aus.

In einem zweiten Analyseschritt zum "TICS Fragebogen SSCS"[515] wird die dritte Hypothese geprüft. Diese beschreibt einen Zusammenhang zwischen der psychophysischen Entspannungsreaktion, die mithilfe des "ASS-SYM-G"[516] operationalisiert wurde, und dem Chronischen Stress, welcher mithilfe des "TICS Fragebogen SSCS"[517] operationalisiert wurde. Als Analysezeitpunkt wird der Zeitpunkt nach vier Wochen Training gewählt.

In einer einfaktoriellen ANOVA[518] wird die Auswirkung der Entspannung mithilfe des "ASS-SYM-G"[519] auf den Chronischen Stress, evaluiert mit dem "TICS Fragebogen SSCS"[520], zum Zeitpunkt nach vier Wochen Training dargestellt.

Da im Fragebogen "TICS Fragebogen SSCS"[521] nach den vergangenen drei Monaten gefragt wird, wurde nach Durchführung der Pilotstudie eine Differenzierung der Zeiträume vorgenommen und sowohl die Werte in Bezug auf die vergangenen vier Wochen wie auch in Bezug auf die vergangenen drei Monate erhoben.

5.1.5 Analyse zur vierten Hypothese

Die vierte Hypothese lautet: Das *Kognitive Training* bewirkt eine Entwicklung von Selbstreferenz. Während im *Meditationsfragebogen*[522] und *Katamnesefragebogen*[523] sowohl die Durchführung der Trainingstechniken (T1-T4) wie auch Trainingseffekte (E1-E8) und Trainingserfahrungen (ER1-ER16) evaluiert werden, bezieht sich der *MedArt-Fragebogen*[524] auf die Art und Häufigkeit des Trainings und Integration der Übungseffekte.

Zur Operationalisierung des Modells der Selbstreferenz werden die Trainingseffekte (E1-E6 und E8] analysiert. Der Faktor E7 wurde, wie bereits erwähnt, lediglich aufgenommen, um die polare Achse innerer und äußerer Bewegungen darstellen zu können. Er wird nicht dem Modell der Selbstreferenzentwicklung zugerechnet, da es sich hier um der

[514] siehe Schulz, P., Schlotz, W., Becker, P. (2004).
[515] siehe Schulz, P., Schlotz, W., Becker, P. (2004).
[516] siehe Krampen, G. (2006).
[517] siehe Schulz, P., Schlotz, W., Becker, P. (2004).
[518] siehe Rasch, B., Friese, M., Hofmann, W., Naumann, E. (2010 b: 6). "Die Varianzanalyse ist ein Auswertungsverfahren, das die Nachteile des t-Tests überwindet: erstens vergleicht sie mehrere Mittelwerte simultan miteinander. Für die Betrachtung beliebig vieler Mittelwerte ist also nur noch ein Test nötig, es tritt keine α-Fehlerkumulierung auf. Zweitens gehen in diesen Test gleichzeitig die Werte aller Versuchspersonen mit ein, die Teststärke dieses Tests ist sehr viel höher als die einzelner t-Tests."
[519] siehe Krampen, G. (2006).
[520] siehe Schulz, P., Schlotz, W., Becker, P. (2004).
[521] siehe Schulz, P., Schlotz, W., Becker, P. (2004).
[522] siehe Kapitel 12.4-12.6 *Fragebogen zur Anwendung der Meditation, Meditationserleben und Integration der Meditationserfahrung* [*während der vergangenen vier Wochen* oder *während der vergangenen drei Monate*].
[523] siehe Kapitel 12.7 *Vorerhebungs- und Katamnesefragebogen.*
[524] siehe Kapitel 12.1-12.3 *Fragebogen zur Häufigkeit und Art der Durchführung der Meditation und zur Integration* [*während der vergangenen vier Wochen* oder *während der vergangenen drei Monate*].

Beobachtung äußerer Ereignisse handelt und davon ausgegangen wird, dass sich Veränderungen darin bei der Evaluation mitteln würden. Die Beschreibung der Trainingseffekte (E1-E8) und ihre Zuordnung zu den entsprechenden Fragen in den Fragebögen[525] wurde bereits in Kapitel 4.6.3 vorgenommen. Der Dreiergruppe (E1-E6) ist im Modell der Selbstrefenzentwicklung gemeinsam, dass sie als innere Bewegungen im Vergleich zu E7 gewertet wurde. Dabei wird davon ausgegangen, dass sie genau durch den Faktor der Introspektion (T1) individuell besser zugänglich würde.

In vorliegender Arbeit wird eine Analyse der Übungseffekte anhand des Selbstreferenzmodells durchgeführt. Hierfür wird eine Faktorenanalyse des Meditationsfragebogens mithilfe verschiedener Rotationsmethoden durchgeführt. Dieser Fragebogen wurde von der gesamten Probandengruppe ausgefüllt. Zusätzlich wurde nach dem Pilotprojekt der Katamnesefragebogen eingeführt. Daher liegen in diesem Daten einer etwas kleineren Probandengruppe vor. Die Faktorenanalysen des Katamnesefragebogens[526] werden zum Zeitpunkt vor dem Training und nach vier Wochen Training in verschiedenen Rotationsmethoden miteinander verglichen. In einem dritten Analyseschritt werden Faktorenanalysen mit beiden Fragebögen gemeinsam durchgeführt. Aus der Faktoren-analyse des Meditationsfragebogens und der gemeinsamen Faktorenanalyse beider Fragebögen jeweils mit der Rotationsmethode Quartimax werden Variablen erstellt. Die resultierenden z-Werte dienen als Grundlage für weitere Analysen, mithilfe derer die Faktoren in Bezug auf das Geschlecht, die Variable Psychotherapie, die Trainingsart und -häufigkeit sowie die Integration grafisch dargestellt werden.

Das Modell der Selbstreferenz wurde aufgrund empirischer Fragestellungen entwickelt. Dabei wurde der Analyseprozess in allen Stadien, beginnend von den Definitionen über die Methodik der Evaluation bis hin zu den Trainingseffekten, jedoch auch bezüglich der Evaluationsmethodik, insbesondere der Prozessevaluation, von perspektivischen Analysen begleitet. Daher wäre es auch nach Vorliegen der Ergebnisse zum Selbstreferenzmodell konsequent, weitere perspektivische Analysen durchzuführen und das Selbstreferenzmodell mit den theoretischen Modellen über die *Fünf Pfade* oder *Zehn Bhūmis*[527] oder mit den Modellen des Zusammenhangs zwischen Emotion und Körper aus der Tibetischen Medizin[528] zu vergleichen. Denn durch diese Art der Gegenüberstellung könnten bislang im Diskurs zum Forschungsgegenstand unbeachtete Elemente einbezogen und eine differenzierte psychologische Theoriebildung entwickelt werden.

Im Modell der Selbstreferenzentwicklung selbst liegt bereits eine Transzendierung der Spaltung zwischen Körper und Geist vor[529]. Sie findet sich in den Gruppen der Beobachtungsfähigkeit mentaler Bewegungen und emotionaler Bewegungen versus somatischer Bewegungen. Dabei wird die künstliche Trennung zwischen diesen beiden Ebenen bereits

---

[525] siehe Kapitel 12.1-12.7.

[526] siehe Kapitel 12.7 *Vorerhebungs- und Katamnesefragebogen.*

[527] eine Darstellung hierzu findet sich in Attersee, A.I.M. (2014 b).

[528] eine Darstellung hierzu findet sich in Attersee, A.I.M. (2014 b).

[529] siehe Mehling, W.E., Wrubel, J., Dauenmeier ,J.J., Price, C.J., Kerr, C.E., Silow, T. et al. (2011: 11) "[...] these findings suggest that we need to broaden the biomedical paradigm to consider and include a developmental model of embodiment in order to better understand how body awareness-enhancing therapies work [...]. This paradigmatic model [...] overcomes the mind-body split, as it still persists in the biomedical model and integrates the phenomenology of complex mind-body interactions, as they are experienced by practitioners and patients in body awareness-enhancing therapies."

trainingstechnisch am Schlüsselpunkt der Kombination von topdown mit *bottomup* wirksamen Elementen überwunden. Auch an dieser Stelle der Herausforderung der Transzendierung dieser Spaltung könnte eine perspektivische Analyse der im Modell der Selbstreferenzentwicklung darstellbaren Ergebnisse mit den Modellen der Tibetischen Medizin einen Beitrag zum Diskurs leisten.

Die Kategorisierung der Fragestellungen in den Fragebögen zum *Kognitiven Training* wird in Effekte (E1-E8), Erfahrungen (ER1-ER16) und Trainingstechniken (T1-T4) untergliedert. Daneben kamen einige zusätzliche Fragestellungen, die Konzepte aus der Tibetischen Medizin erfassen, und die Frage nach einem Kernsymptom für Depression, Aussichtslosigkeit, zur Anwendung.

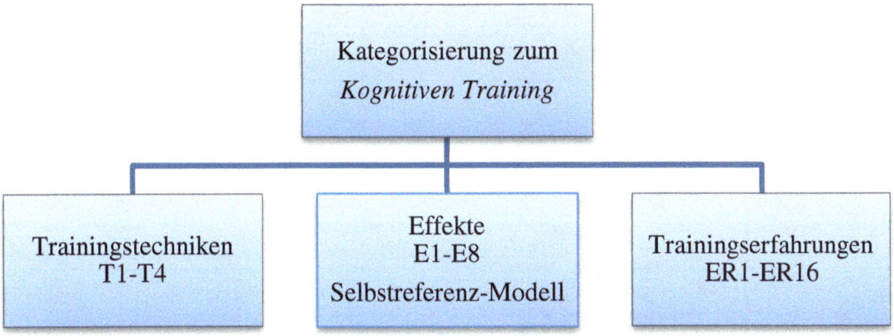

Abbildung 22
Drei Faktorengruppen im Fragebogen
zur Analyse des *Kognitiven Trainings*:
Trainingstechniken, Effekte und Erfahrungen

Die Trainingstechniken beinhalten Fragen nach der *Aufmerksamkeitslenkung*, der *Beobachtung ohne unmittelbare Bewertung* und nach dem *Lösen von starker Identifikation* mit den eigenen Gedanken und Emotionen.

Abbildung 23
Zentrale Trainingstechniken

Die Entwicklung der Effekte wird auf einer polaren Achse in die *Beobachtung innerer Bewegungen* (E1-E6, E8) und *äußerer Bewegungen* (E7) untergliedert, wobei sich die Fähigkeit der Beobachtung innerer Bewegungen in weitere drei Untergruppen untergliedert: die Beobachtungsfähigkeit mentaler, emotionaler und somatischer Bewegungen.

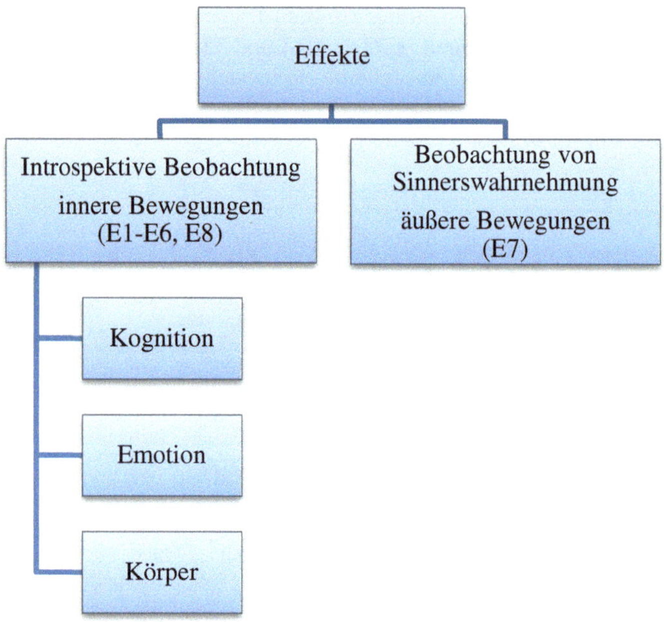

Abbildung 24
Trainingseffekte innerhalb des Modells
der Selbstreferenzentwicklung

Mit den im zwölften Kapitel vorliegenden Fragebögen wird die Entwicklung von Fähigkeiten[530], die zum Konstrukt[531] der Selbstreferenz zusammengefasst werden, evaluiert. Folgende Fähigkeitsgruppen könnten dabei unterschieden werden: Die Effektgruppen (E1-E6, E8) sollten diese sich im Lauf des Trainings entwickelnden Fähigkeiten abbilden: 1. Effektgruppe *Beobachtende Introspektion* (E1-E3), 2. Effektgruppe der *Reflexion* auf kognitiver (E4), emotionaler (E5) und somatischer (E6) Ebene und 3. Effekte in der *Beobachtung äußerer Bewegungen* (E7). Der Effekt E8 bezieht sich auf die Entspannungsreaktion und wird als Grundlage für die anderen Effekte (E1-E6) gewertet. Folgende Darstellung zeigt die den Effektgruppen zugehörigen Fragen aus den Fragebögen.

[530] siehe Bühner, M. (2011: 31). "Psychologische Tests erfassen sowohl **Fähigkeiten**, **Eigenschaften** und **Fertigkeiten** als auch **Zustände** von Personen. Während Fähigkeiten und Eigenschaften zeitlich überdauernde und über Situationen hinweg stabile Merkmale einer Person darstellen, kennzeichnen Zustände momentanes und nicht überdauerndes Befinden einer Person."

[531] siehe Bühner, M. (2011: 14). "Konstrukte sind nicht beobachtbare Eigenschaften oder Fähigkeiten, die mithilfe von Indikatoren erschlossen werden. Indikatoren sind Items, die beispielsweise Einstellungen oder Verhalten erfassen. [...] Reflektive Indikatoren von Konstrukten sind hingegen korreliert, und deren Interkorrelationen werden durch so genannte **latente Variablen** erklärt."

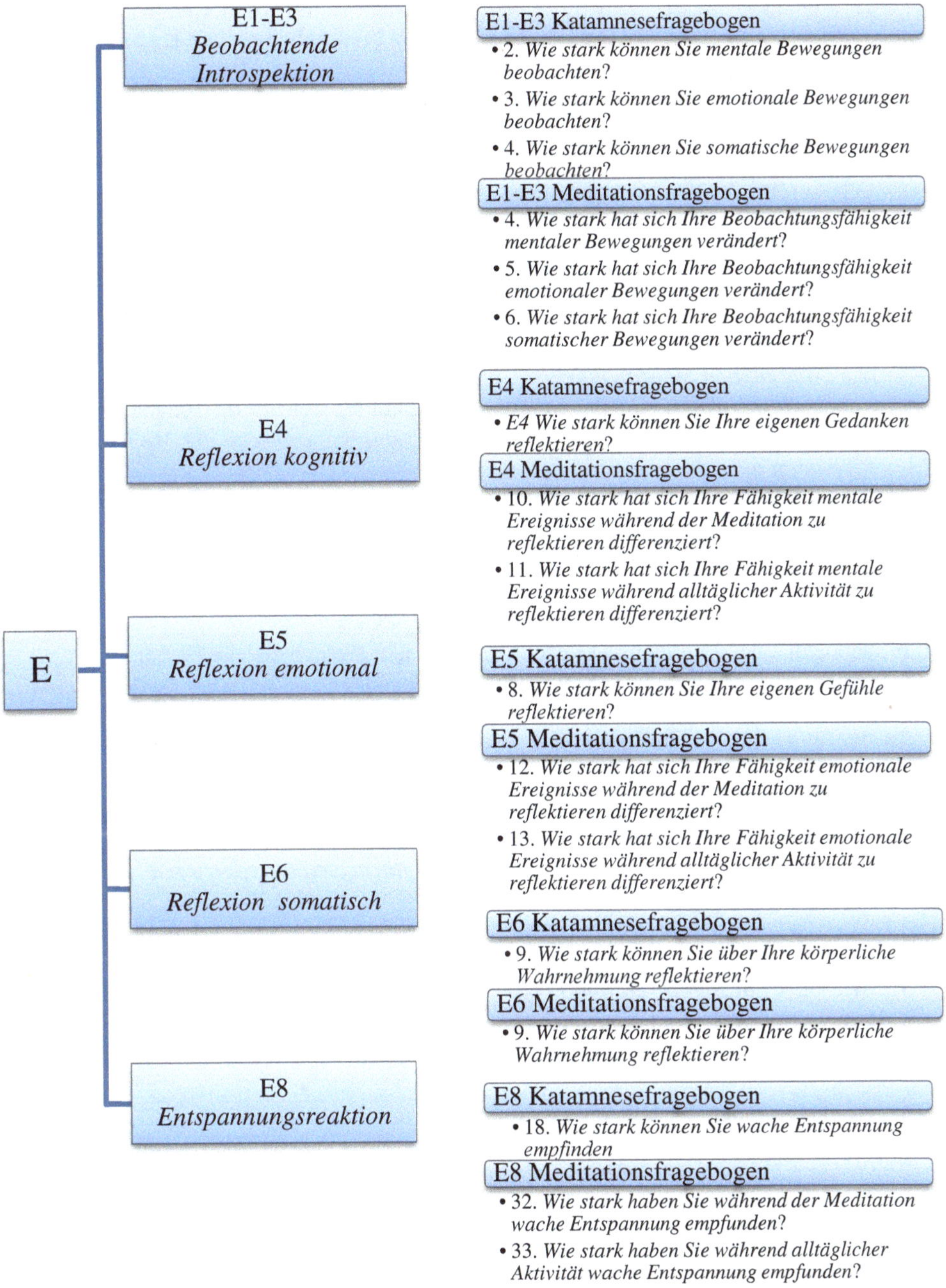

Abbildung 25
Operationalisierung der Selbstreferenz und ihre zugehörigen Fragen

Die Operationalisierung des Selbstreferenzmodells stellt sich folgendermaßen dar:
Beobachtende Introspektion (E1-E3) bezieht sich im Vorerhebungs- und Katamnesefragebogen auf die Fragen:

2. *Wie stark können Sie mentale Bewegungen beobachten?*
3. *Wie stark können Sie emotionale Bewegungen beobachten?*
4. *Wie stark können Sie somatische Bewegungen beobachten?*

Im Fragebogen zur Anwendung der Meditation bezieht sie sich auf die Fragen:

4. *Wie stark hat sich Ihre Beobachtungsfähigkeit mentaler Bewegungen verändert?*
5. *Wie stark hat sich Ihre Beobachtungsfähigkeit emotionaler Bewegungen verändert?*
6. *Wie stark hat sich Ihre Beobachtungsfähigkeit somatischer Bewegungen verändert?*

Reflexion auf *kognitiver* Ebene (E4) bezieht sich im Vorerhebungs- und Katamnesefragebogen auf die Frage:

7. *Wie stark können Sie Ihre eigenen Gedanken reflektieren?*

Im Fragebogen zur Anwendung der Meditation bezieht sie sich auf die Fragen:

10. *Wie stark hat sich Ihre Fähigkeit mentale Ereignisse während der Meditation zu reflektieren differenziert?*
11. *Wie stark hat sich Ihre Fähigkeit mentale Ereignisse während alltäglicher Aktivität zu reflektieren differenziert?*

Reflexion auf *emotionaler* Ebene (E5) bezieht sich im Vorerhebungs- und Katamnesefragebogen auf die Frage:

8. *Wie stark können Sie Ihre eigenen Gefühle reflektieren?*

Im Fragebogen zur Anwendung der Meditation bezieht sie sich auf die Fragen:

12. *Wie stark hat sich Ihre Fähigkeit emotionale Ereignisse während der Meditation zu reflektieren differenziert?*
13. *Wie stark hat sich Ihre Fähigkeit emotionale Ereignisse während alltäglicher Aktivität zu reflektieren differenziert?*

Reflexion auf *somatischer* Ebene (E6) bezieht sich im Vorerhebungs- und Katamnesefragebogen auf die Frage:

9. *Wie stark können Sie über Ihre körperliche Wahrnehmung reflektieren?*

Im Fragebogen zur Anwendung der Meditation bezieht sie sich auf die Fragen:

14. *Wie stark hat sich Ihre Fähigkeit somatische Ereignisse während der Meditation zu reflektieren differenziert?*
15. *Wie stark hat sich Ihre Fähigkeit somatische Ereignisse während alltäglicher Aktivität zu reflektieren differenziert?*

Beobachtung äußerer Bewegungen (E7) bezieht sich im Vorerhebungs- und Katamnesefragebogen auf die Frage:

5. *Wie stark können Sie was um Sie herum geschieht beobachten?*

Im Fragebogen zur Anwendung der Meditation bezieht sie sich auf die Fragen:

7. *Wie stark hat sich die Beobachtungsfähigkeit äußerer Ereignisse während alltäglicher Aktivität verändert?*

Die *Entspannungsreaktion* (E8) bezieht sich im Vorerhebungs- und Katamnesefragebogen auf die Frage:

18. *Wie stark können Sie wache Entspannung empfinden?*

Im Fragebogen zur Anwendung der Meditation bezieht sie sich auf die Fragen:

32. *Wie stark haben Sie während der Meditation wache Entspannung empfunden?*

33. *Wie stark haben Sie während alltäglicher Aktivität wache Entspannung empfunden?* Als von der Person selbst beobachtbare Variablen[532] wären diese Items die Indikatoren für das Konstrukt der Selbstreferenz. Dabei wird davon ausgegangen, dass die Items E1-E6 und E8 nur ein und nicht mehrere Konstrukte[533] messen.

Laut Theoriebildung aus emischer Perspektive könnte über einen langen, sehr viele Jahre andauernden Zeitraum des Trainings auch eine "Entwicklung von Eigenschaften"[534] angenommen werden, wobei diese aus psychologischer Perspektive im Sinne von Persönlichkeitsreifung interpretiert und somit mithilfe von Persönlichkeitsfragebögen evaluiert werden könnten.

Auf der Grundlage einer Kombination von qualitativen und quantitativen Forschungsdaten zu denselben Fragestellungen sollte eine psychologische Theoriebildung ausgearbeitet werden können, welche die Erfahrung mit den Techniken und die Effekte der einzelnen Methoden direkt widerzuspiegeln vermag anstatt lediglich hypothetisch[535] zu sein. Eine Theorie sollte erklären und nicht nur beschreiben:

> "Theorien sollen nach Rost (2004: S. 29 ff.) vor allem erklären und nicht nur beschreiben. Eine Testtheorie ist deshalb eine erklärende Theorie, da mithilfe eines **Konstrukts** die Zusammenhänge (auch als „Korrelation" oder „Kontingenz" bezeichnet) zwischen den **Antworten auf Aufgaben oder Fragen eines Tests kausal** erklärt werden."[536]

Da das Modell der Selbstreferenz nur einen kleinen Teil der Effekte des *Graduellen Kognitiven Trainings* darstellen kann, wären zum Zweck der psychologischen Theoriebildung zum Forschungsgegenstand weitere Analysen sinnvoll, wie sie bereits mithilfe standardisierter Fragebögen bezüglich der psychophysischen Entspannungsreaktion und dem chronischen Stress durchgeführt worden sind. Da die im Selbstreferenzmodell beschriebenen Übungseffekte (E1-E8) auf einer strukturierten und graduellen Durchführung der Trainingstechniken beruhen, wäre es sinnvoll, sowohl die Bedeutung und Wirkkraft der Einzeltechniken (T1-T4) wie auch die Bedeutung der Art und Häufigkeit des Trainings und Häufigkeit der Integration der Übungseffekte[537] darzustellen. Im Kontext psychologischer Theoriebildung wären erstens weiterhin die Trainingseffekte von

532 siehe Bühner, M. (2011: 31). "Konstrukte werden im Rahmen der Testtheorie auch als **latente Variablen** bezeichnet. „Latent" bedeutet dabei verborgen. Man bezeichnet **Items** auch als **beobachtbare** oder **manifeste** Variablen. Die Items eines Tests werden dabei als Indikatoren der latenten Variablen angesehen."

533 siehe Bühner, M. (2011: 31). "Ist der Test eindimensional, gibt es für das Abschneiden der Person nur eine einzige Erklärung, nämlich die niedrige Ausprägung auf der einen latenten Variablen bzw. dem gemessenen Konstrukt. Damit ist auch eine Diagnose verbunden und es lassen sich so gezielte Interventionsmaßnahmen einleiten. Würden die Items mehrere Konstrukte messen, wäre nicht klar, warum eine Person in diesem Test „auffällig" abgeschnitten hat."

534 vgl. Bühner, M. (2011: 31).

535 vgl. Blanton, H., Jaccard, J. (2006: 27).

536 siehe Bühner, M. (2011: 31).

537 vgl. Kapitel 12.1-12.3 *Fragebogen zur Häufigkeit und Art der Durchführung der Meditation und zur Integration* [*während der vergangenen vier Wochen* oder *während der vergangenen drei Monate*].

transienten Trainingserfahrungen[538] auseinanderzuhalten und zweitens nicht nur Outcome zu bestimmten Zeitpunkten nach Übungsbeginn, sondern eben auch Prozessverläufe über längere Trainingszeiträume darzustellen. Aufgrund des starken Einflusses auf die Effekte sollten sowohl die Vorerfahrungen in Entspannungstechniken ebenso wie der Gesundheitszustand in die entsprechenden Analysen einfließen[539].

[538] vgl. Boellinghaus, I., Jones, F.W., Hutton, J. (2013: 270). "A semistructured interview schedule was developed to explore a broad range of experiences of practicing LKM [Loving-Kindness Meditation, Anm. Attersee, A.I.M.]. Topics included the experience of LKM practice and its perceived impact on the experience of training, personal and professional development, and participants' relationships with themselves and others. Possible benefits and challenges associated with the meditation practice were explored. The interview schedule was piloted with a clinical psychologist with experience of LKM before it was finalized. All interviews were conducted by IB [als klinische Auszubildende auf S. 269 eingeführt; Anm. Attersee, A.I.M.] within 6 weeks after the end of the course, and took place at participants' homes, in work settings, and on the university campus. Interviews lasted between 52 and 85 min, and audio recordings were transcribed for analysis."

[539] vgl. Krampen, G. (2002). "ET-ANAM".

5.2 Ergebnisdarstellung

Die Stichprobe umfasst 83 Probanden und 71 Personen in der Kontrollgruppe. Die Ergebnisdarstellung gliedert sich in eine Darstellung der Geschlechtsverteilung, Trainingshäufigkeit, Integrationshäufigkeit, einen Vergleich der Studien- und Kontrollgruppe und die Prüfung der folgenden Hypothesen.

Erste Hypothese: Das *Kognitive Training* bewirkt eine psychophysische Entspannungsreaktion ["ASS-SYM-G" (Krampen, G., 2006)].

Zweite Hypothese: Das *Kognitive Training* bewirkt eine Reduktion des Chronischen Stress ["TICS Fragebogen SSCS" (Schulz, P., Schlotz, W., Becker, P., 2004)].

Dritte Hypothese: Die psychophysische Entspannungsreaktion ["ASS-SYM-G" (Krampen, G., 2006)] wirkt sich positiv auf den Chronischen Stress ["SSCS" (Schulz, P., Schlotz, W., Becker, P., 2004)] aus.

Vierte Hypothese: Das *Kognitive Training* bewirkt die Entwicklung von Selbstreferenz.

Diese Hypothesen wurden aus ökonomischen Gründen nach vier Wochen Training überprüft. Hierfür liegen die Werte der Gesamtgruppe wie in der Normierung der Fragebögen vorgegeben zum "ASS-SYM Fragebogen"[540] während der vergangenen zwei Wochen und "TICS Fragebogen SSCS"[541] während der vergangenen drei Monate vor. Zur Spezifizierung der Aussagekraft wurden die Zeiträume dieser Fragebögen nach der Pilotphase modifiziert, sodass von einem Teil der Gruppe auch die Werte bezogen auf genau die vergangenen vier Wochen Training beziehungsweise drei Monate Training vorliegen. Daher sind in der Ergebnisdarstellung jeweils zuerst die Werte, wie sie aus den normierten Fragebögen vorliegen, angeführt und danach die Ergebnisse, die sich ganz genau auf die gesamte Trainingsdauer beziehen. Fehlende Werte in den Fragebögen des "ASS-SYM Symptomfragebogen"[542] wurden, sofern möglich, wie im Handbuch[543] beschrieben ersetzt. Sofern eine Ersetzung nicht möglich war, wurden sie, ebenso wie auch die Summenskala, als fehlender Wert codiert. Fehlende Werte in den Fragebögen "TICS Fragebogen SSCS"[544] wurden wie im Handbuch dargestellt[545] behandelt. Die Ersetzungsmethode wurde anhand der Korrespondenz mit Becker, P.[546] angewandt. Alle Ergebnisse werden auf eine beziehungsweise zwei Stellen gerundet angegeben.

---

[540] siehe Krampen, G. (2006).

[541] siehe Schulz, P., Schlotz, W., Becker, P. (2004).

[542] siehe Krampen, G. (2006).

[543] siehe Krampen, G. (2006: 44). "Nur in Fällen, wo Rückfragen ausgeschlossen sind, sollten fehlende Angaben durch den Wert „0" ersetzt werden. Dies sollte sich aber auf maximal ein Item pro ASS-SYM Subskala und maximal sechs Items für die ASS-SYM Gesamtskala beschränken."

[544] siehe Schulz, P., Schlotz, W., Becker, P. (2004).

[545] siehe Schulz, P., Schlotz, W., Becker, P. (2004: 17, 18). "Tabelle 2 zeigt die Zuordnung der Items zu den zehn Skalen, den Wertebereich und den Toleranzwert für fehlende Antworten („Missings")."

[546] vgl. Emailkorrespondenz vom 10.9.2014.

5.2.1 Geschlechtsverteilung

Die Studiengruppe gliedert sich in 84,3% weibliche und 15,7% männliche Probanden.

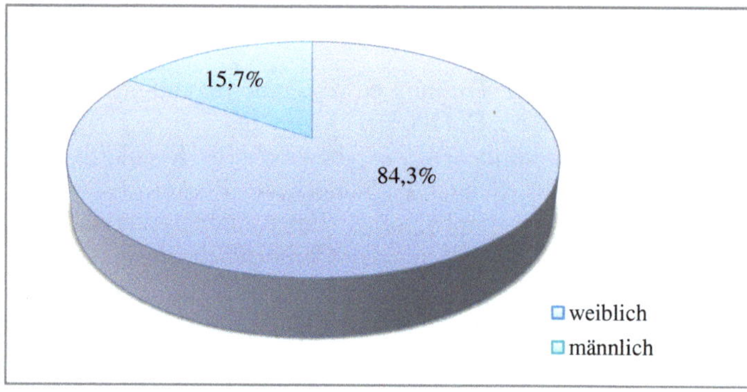

Abbildung 26
Prozentuale Geschlechtsverteilung in der Studiengruppe

5.2.2 Trainingshäufigkeit

Während der ersten vier Wochen des *Graduellen Kognitiven Trainings* haben 72,0% der Probanden bis zu einmal täglich zehn Minuten Training durchgeführt, 25,6% haben zwischen einmal und zweimal täglich zehn Minuten geübt und 2,4% mehr als zweimal täglich zehn Minuten. Die Prozentangaben beziehen sich auf die jeweils gültigen Prozent.

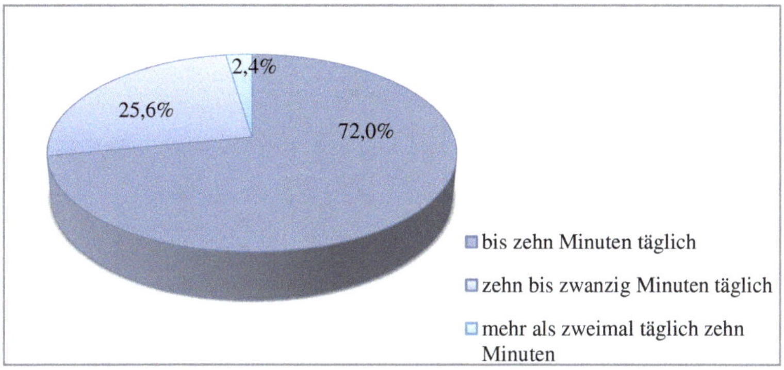

Abbildung 27
Trainingshäufigkeit
während der vergangenen vier Wochen

Von denjenigen Probanden, die das Training drei Monate lang durchführten, haben 83,3% bis zu einmal täglich zehn Minuten und 16,7% zwischen einmal und zweimal täglich zehn Minuten geübt.

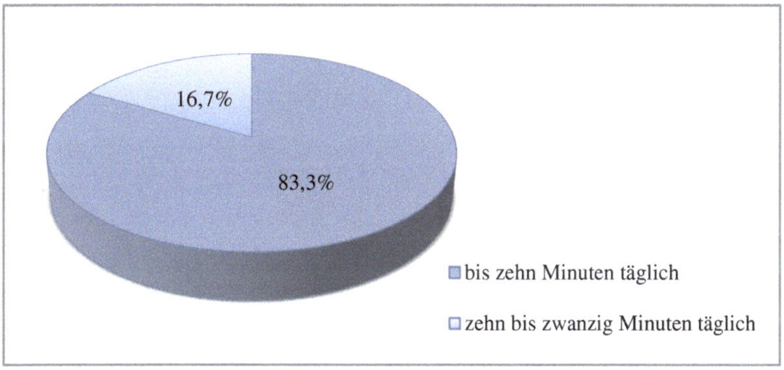

Abbildung 28
Trainingshäufigkeit
während der vergangenen drei Monate

5.2.3 Integrationshäufigkeit

Während der ersten vier Wochen des *Graduellen Kognitiven Trainings* haben 39,5% der Probanden manchmal, 36,8% selten, 13,2% mehrmals täglich und 10,5% nie die Effekte bewusst in alltägliche Aktivitäten integriert.

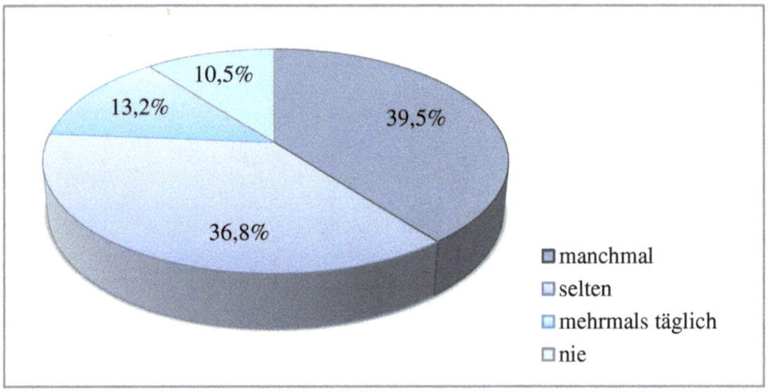

Abbildung 29
Integrationshäufigkeit
während der vergangenen vier Wochen

Von denjenigen Probanden, die das Training drei Monate lang durchführten, haben 50,0% selten, 30,0% manchmal, 13,3% nie und 6,7% mehrmals täglich die Effekte in alltägliche Aktivitäten integriert.

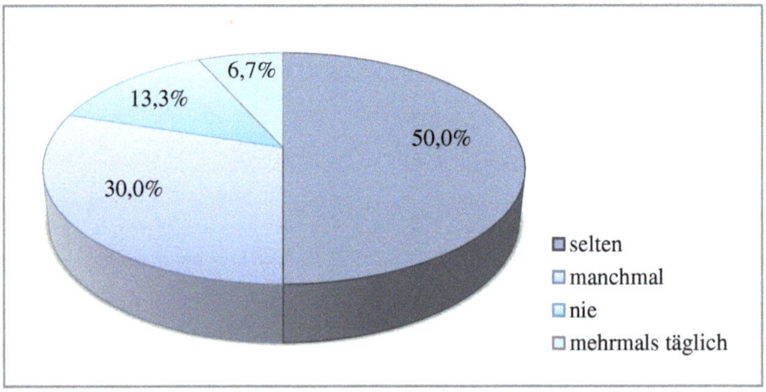

Abbildung 30
Integrationshäufigkeit
während der vergangenen drei Monate

5.2.4 Prozentverteilung zwischen Psychotherapeuten, Personen in und Personen ohne psychotherapeutische Behandlung

Die Studie wurde mit Personen an verschiedenen Bildungsinstituten durchgeführt. Diese Gruppe besteht aus ausgebildeten Psychotherapeuten und Studierenden, welche sich in eine Gruppe ohne Psychotherapie, eine Gruppe in Psychotherapie und eine dritte Gruppe, welche sich zuvor in psychotherapeutischer Behandlung befand, untergliedert. Die Untergliederung in die letzteren drei Untergruppen wurde mithilfe des Vorerhebungsfragebogens "ET-ANAM"[547] evaluiert.

Während somit 36,1% der Probandengruppe aus Psychotherapeuten bestand, untergliedert sich der andere Teil der Gruppe in Personen, die keine Psychotherapie erhalten haben (44,6%), die sich aktuell in psychotherapeutischer Behandlung befinden (10,8%) und die sich zuvor in psychotherapeutischer Behandlung befand (8,4%).

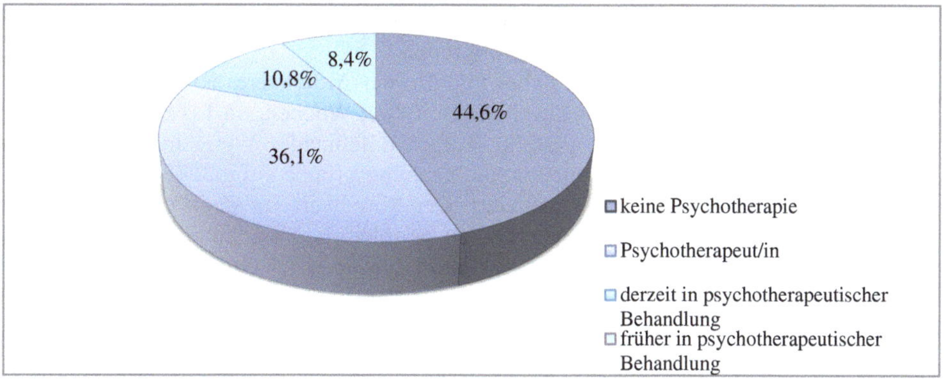

Abbildung 31
Anteil der Psychotherapeuten, Personen mit und Personen ohne psychotherapeutische Behandlung

20% der Psychotherapeuten gaben von sich aus handschriftlich im "ET-ANAM"[548] Fragebogen ihre Teilnahmemotivation, die Methoden des *Kognitiven Trainings* zu erlernen, um sie an die eigenen Patienten weiterzugeben beziehungsweise diese Techniken in der Behandlung von Patienten zu nutzen, an. Auch die Pausengespräche im Kurs kreisten um diese Fragestellungen.

[547] siehe Krampen, G. (2002).
[548] siehe Krampen, G. (2002).

5.2.5 Vergleich der Trainings- und Kontrollgruppe in den Werten des "ASS-SYM-G" (Krampen, G., 2006) und "TICS Fragebogen SSCS" (Schulz, P., Schlotz, W., Becker, P., 2004)

5.2.5.1 Ergebnisse in der Summenskala des "ASS-SYM Symptomfragebogen" (Krampen, G., 2006)

Da der Fragebogen "ASS-SYM Symptomfragebogen"[549] auf die Befragung "während der vergangenen zwei Wochen"[550] festgelegt ist, wurde er zuerst auf diese Weise benutzt. Nach dem Pilotprojekt wurde ein zweiter Bogen mit dem Zeitraum während der vergangenen vier Wochen beigelegt, um die Entspannungsreaktion im gesamten Trainingszeitraum erfassen zu können.

Der Vergleich der Trainingsgruppe (N=83) und Kontrollgruppe (N=71) anhand der Summenskala des "ASS-SYM Symptomfragebogens"[551] zeigt deutliche Unterschiede zwischen den beiden Gruppen. Der Vergleich der Messung vor dem Training und nach vier Wochen Training zeigt eine Verbesserung der Entspannung bei der Trainingsgruppe und ein Gleichbleiben der Werte bei der Kontrollgruppe.

Die Entspannungsreaktion wird dabei mithilfe der Mittelwerte aus der Summenskala "ASS-SYM-G"[552], jeweils bezogen auf die letzten zwei Wochen, im T-Test für verbundene Stichproben in Abbildung 32 dargestellt. Aufgrund fehlender Werte in dieser Messung wegen Nichtbeantwortung von Fragen ist die Trainingsgruppe auf gültige Werte von n=79 und die Kontrollgruppe von n=69 reduziert. Der Mittelwert vor dem Training ist in der Trainingsgruppe (M_1=44,23, SD_1=25,03) etwas niedriger als in der Kontrollgruppe (M_1=49,30, SD_1=24,93). Während bei der Trainingsgruppe nach den vier Wochen Training der Mittelwert auf M_2=34,75 (SD_2=22,71, t=5,08) sinkt, bleibt er bei der Kontrollgruppe nach vier Wochen auf M_2=49,30 (SD_2=25,62, t=0,00) gleich. Die Signifikanz bei einem Signifikanzniveau von α=0,05 beträgt somit für die Trainingsgruppe zwischen dem Zeitpunkt vor dem Training und dem Zeitpunkt nach genau vier Wochen Training p=0,000***. Das Konfidenzintervall beträgt bei der Trainingsgruppe KI=5,77-13,20 und bei der Kontrollgruppe KI=-4,58-4,58.

---

[549] siehe Krampen, G. (2006).
[550] siehe Krampen, G. (2006).
[551] siehe Krampen, G. (2006).
[552] siehe Krampen, G. (2006).

Der Rohwert der Summenskala "ASS-SYM-G"[553] kann höchstens 144 Punkte erreichen, was in der Normierung einem T-Wert von 80[554] entspricht.

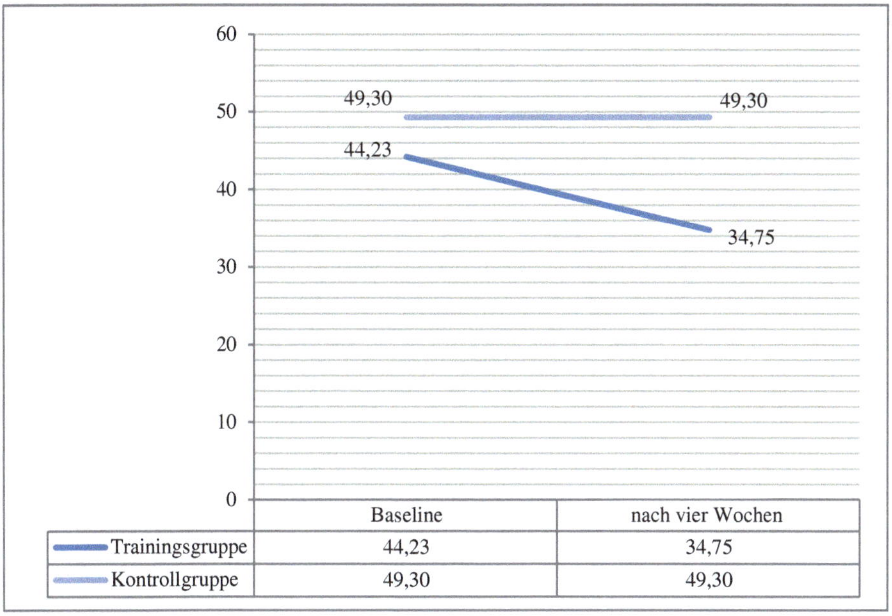

Abbildung 32
Vergleich zwischen Trainings- und Kontrollgruppe,
T-Test der Summenskala *ASS-SYM-G*
zwischen Baseline und nach vier Wochen
[während der vergangenen zwei Wochen]

Im Folgenden werden die jeweils auf die vergangenen zwei Wochen bezogenen Werte in der Summenskala "ASS-SYM-G"[555] zwischen Baseline und nach vier Wochen Training mit den jeweils auf die vergangenen vier Wochen bezogenen Werten verglichen. Diese beiden Analysen wurden jeweils mit einem T-Test für verbundene Stichproben durchgeführt.

Da mit der Frage nach den vergangenen vier Wochen der gesamte Trainingszeitraum evaluiert wurde, evaluiert dieser Wert präzise den gesamten Trainingszeitraum. Insofern diese Fragestellung jedoch erst nach der Pilotphase begonnen wurde, liegt hierbei die Größe der Trainingsgruppe mit gültigen Werten bei n=35.

Bezogen auf die vergangenen vier Wochen liegt der Mittelwert vor dem Training dann in der Trainingsgruppe bei M_1=48,11 (SD_1=28,87) und nach den vier Wochen Training auf M_2=35,51 (SD_2=27,67, t=4,53). Die Signifikanz bei einem Signifikanzniveau α=0,05 beträgt somit für die Trainingsgruppe zwischen dem Zeitpunkt vor dem Training und dem

553 siehe Krampen, G. (2006).
554 vgl. Krampen, G. (2006: 65).
555 siehe Krampen, G. (2006).

Zeitpunkt nach genau vier Wochen Training, bezogen auf jeweils die vergangenen vier Wochen, p=0,000***. Das Konfidenzintervall in dieser Messung beträgt KI=6,94-18,26.
In Abbildung 33 werden vier mithilfe von T-Tests für verbundene Stichproben ermittelte Mittelwerte aus der Variable "ASS-SYM-G"[556] verglichen. Dabei wird der Unterschied zwischen Baseline und nach vier Wochen Training, jeweils bezogen auf die vergangenen zwei Wochen, verglichen mit den jeweils auf die vergangenen vier Wochen bezogenen Werten dargestellt.

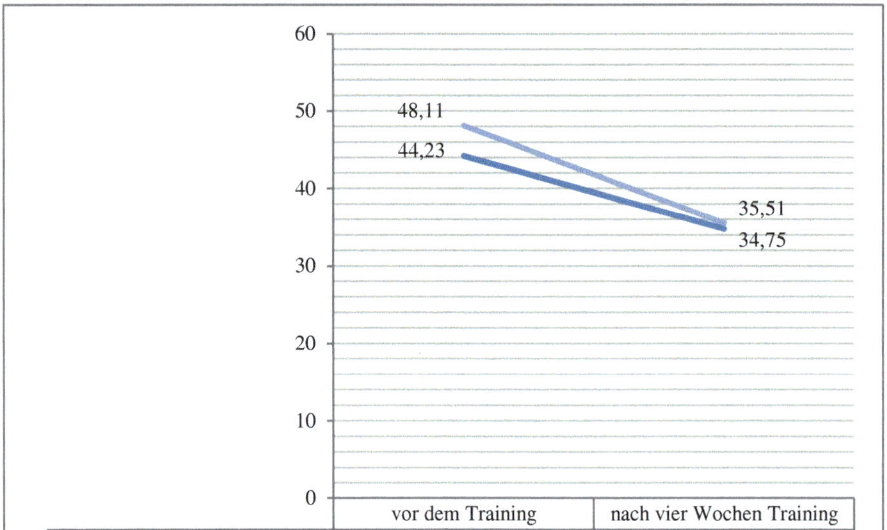

	vor dem Training	nach vier Wochen Training
vergangene zwei Wochen	44,23	34,75
vergangene vier Wochen	48,11	35,51

Abbildung 33
Vergleich der Werte der Trainingsgruppe, bezogen auf die vergangenen zwei und vier Wochen jeweils zum Zeitpunkt vor dem Training und nach vier Wochen *Kognitivem Training*, T-Test der Summenskala *ASS-SYM-G*

[556] siehe Krampen, G. (2006).

5.2.5.2 Veränderung im Chronischen Stress während der vergangenen vier Wochen (T-Tests), geprüft mit dem Fragebogen "TICS Fragebogen SSCS" (Schulz, P., Schlotz, W., Becker, P., 2004)

Da der "TICS Fragebogen SSCS"[557] auf die Befragung "während der vergangenen drei Monate"[558] festgelegt ist, wurde er auf diese Weise benutzt, wobei nach dem Pilotprojekt ein zweiter Bogen zum Erfassen des Zeitraums während der vergangenen vier Wochen beigelegt wurde, um die Veränderung im Chronischen Stress während des gesamten Trainingszeitraums erfassen zu können.

Der Vergleich der Trainingsgruppe und Kontrollgruppe anhand der Summenskala des "SSCS"[559] im T-Test für verbundene Stichproben zeigt deutliche Unterschiede zwischen der Trainings- und der Kontrollgruppe. Die Veränderung im Chronischen Stress, bezogen auf die vergangenen drei Monate vor dem Training und nach vier Wochen Training wird in Abbildung 34 mithilfe der Mittelwerte aus der Summenskala "SSCS"[560] aus den T-Tests für verbundene Stichproben dargestellt.

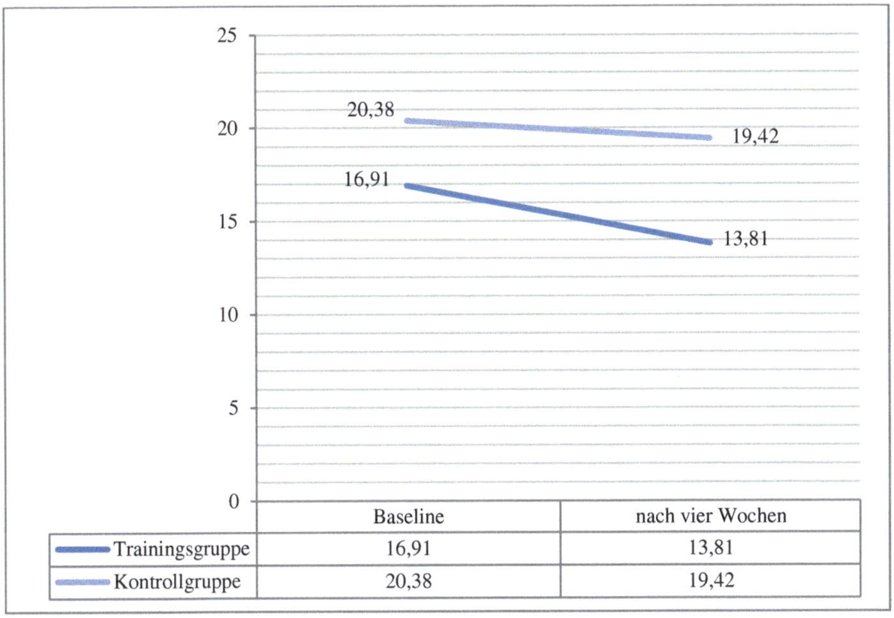

Abbildung 34
Vergleich zwischen Trainings- und Kontrollgruppe,
T-Test der Summenskala *SSCS*
zwischen Baseline und nach vier Wochen
[während der vergangenen drei Monate]

557 siehe Schulz, P., Schlotz, W., Becker, P. (2004).
558 siehe Schulz, P., Schlotz, W., Becker, P. (2004).
559 siehe Schulz, P., Schlotz, W., Becker, P. (2004).
560 siehe Schulz, P., Schlotz, W., Becker, P. (2004).

Aufgrund fehlender Werte in dieser Messung wegen Nichtbeantwortung von Fragen ist die Trainingsgruppe auf gültige Werte von n=81 und die Kontrollgruppe von n=69 reduziert. Der Mittelwert vor dem Training ist in der Trainingsgruppe (M_1=16,91, SD_1=9,17) etwas niedriger als in der Kontrollgruppe (M_1=20,38, SD_1=9,84). Während bei der Trainingsgruppe nach den vier Wochen Training der Mittelwert auf M_2=13,81 (SD_2=9,19, t=5,00) sinkt, ist dies bei der Kontrollgruppe nach vier Wochen auf M_2=19,42 (SD_2=9,94, t=1,07) kaum der Fall. Die Signifikanz bei einem Signifikanzniveau von α=0,05 beträgt somit für die Trainingsgruppe zwischen dem Zeitpunkt vor dem Training und dem Zeitpunkt nach genau vier Wochen Training p=0,000***. Das Konfidenzintervall beträgt bei der Trainingsgruppe KI=1,87-4,33 und bei der Kontrollgruppe KI=-0,84-2,75.

Dabei entspricht der höchstmögliche Rohwert in der Summenskala "SSCS"[561] dem Betrag von 48 Punkten, welcher in der Normtabelle für die Gesamtgruppe[562] den entsprechenden T-Werten zugeordnet wird.

[561] siehe Schulz, P., Schlotz, W., Becker, P. (2004).
[562] siehe Schulz, P., Schlotz, W., Becker, P. (2004: 54).

5.2.6 Hypothesenprüfung Hypothese eins: Das *Kognitive Training* bewirkt eine psychophysische Entspannungsreaktion

Nach vier Wochen *Kognitives Training* zeigt sich in der Summenskala des "ASS-SYM"[563] "ASS-SYM-G"[564] im T-Test für verbundene Stichproben zwischen dem Zeitpunkt vor dem Training und demjenigen nach vier Wochen Training sowohl bezogen auf die vergangenen zwei Wochen als auch bezogen auf die vergangenen vier Wochen jeweils ein höchst-signifikantes Ergebnis (p=0,000***).

Zur katamnestischen Darstellung wurde der Friedman Test durchgeführt. Dabei zeigt der Mittelwert-Vergleich des "ASS-SYM-G"[565], bezogen jeweils auf die vergangenen zwei Wochen, im Vergleich zum "ASS-SYM-G"[566], bezogen auf die vergangenen vier Wochen zur Baseline und nach vier Wochen Training und auf die vergangenen drei Monate nach drei Monaten Training, folgende Werte:

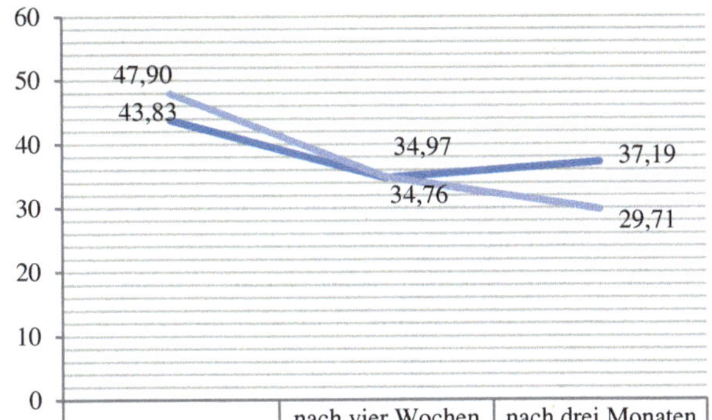

	vor dem Training	nach vier Wochen Training	nach drei Monaten Training
bezogen jeweils auf die vergangenen zwei Wochen	43,83	34,76	37,19
bezogen auf die vergangenen vier Wochen bzw. vergangenen drei Monate	47,90	34,97	29,71

Abbildung 35
Vergleich der Werte der Trainingsgruppe
im ASS-*SYM-G* im Friedman Test
nach vier Wochen und drei Monaten *Kognitivem Training*
[bezogen auf die vergangenen zwei Wochen]

Die dunkelblaue Linie der Abbildung 35 beschreibt den Verlauf der Mittelwerte im Friedman Test zum Zeitpunkt vor dem Training (M_1=43,83, SD_1=2,74), nach vier Wochen

[563] siehe Krampen, G. (2006).
[564] siehe Krampen, G. (2006).
[565] siehe Krampen, G. (2006).
[566] siehe Krampen, G. (2006).

Training (M_2=34,76, SD_2=2,52) und nach drei Monaten Training (M_3=37,19, SD_3=6,09), jeweils bezogen auf die vergangenen zwei Wochen evaluiert.

Die hellblaue Linie beschreibt den Verlauf der Mittelwerte im Friedman Test zum Zeitpunkt vor dem Training, bezogen auf die vergangenen vier Wochen evaluiert (M_1=47,9, SD_1=4,51) und nach vier Wochen Training in Bezug auf die Trainingsperiode (M_2=34,97, SD_2=4,58). Der dritte Wert dieser Linie wurde in Bezug auf die vergangenen drei Monate evaluiert (M_3=29,71, SD_3=3,94).

5.2.6.1 Ergebnisse in den sechs Dimensionen des "ASS-SYM Symptomfragebogen" (Krampen, G., 2006)

Auch in allen sechs einzelnen Dimensionen, die in der oben dargestellten Summenskala "ASS-SYM-G"[567] zusammengefasst werden, zeigen sich nach vier Wochen Training signifikante Ergebnisse. In Abbildung 32 wurden die Ergebnisse der Summenskala "ASS-SYM-G"[568] bereits dargestellt. Diese setzt sich aus folgenden Dimensionen zusammen:

Tabelle 14
Sechs Dimensionen des "ASS-SYM. Symptomfragebogen" (Krampen, G., 2006)

Dimension "Körperliche und psychische Erschöpfung" *ASS-SYM-ERSCHÖ*
Dimension "Anspannung und Nervosität" *ASS-SYM-ANSPAN*
Dimension "Psychophysiologische Dysregulationen" *ASS-SYM-DYSREG*
Dimension "Leistungs- und Verhaltensschwierigkeiten" *ASS-SYM-LEIST*
Dimension "Schmerzbelastungen" *ASS-SYM-SCHMER*
Dimension "Probleme in der Selbstbestimmung" *ASS-SYM-SELBST*
Summenskala "Allgemeine Symptom- und Problembelastung" *ASS-SYM-G*[569]

5.2.6.2 Darstellung der Änderung in den sechs Dimension der Entspannung im Zeitverlauf

Die Änderungen in den Mittelwerten innerhalb der ersten vier Wochen Training werden in den sechs Dimensionen des "ASS-SYM Symptomfragebogen"[570] mithilfe von T-Tests für verbundene Stichproben analysiert und in Abbildung 36 veranschaulicht. In der Dimension "Körperliche und psychische Erschöpfung"[571] zeigt sich nach vier Wochen Training eine höchstsignifikante Änderung (p=0,000***). Ebenso treten in der Dimension "Anspannung und Nervosität"[572] (p=0,000***), in der Dimension "Psychophysiologische Dysregulationen"[573] (p=0,001***), in den "Leistungs- und Verhaltensschwierigkeiten"[574] (p=0,001***) und in der Dimension "Probleme in der Selbstbestimmung"[575] (p=0,000***)

[567] siehe Krampen, G. (2006).
[568] siehe Krampen, G. (2006).
[569] alle Dimensionen und die Summenskalen siehe Krampen, G. (2006).
[570] siehe Krampen, G. (2006).
[571] siehe Krampen, G. (2006).
[572] siehe Krampen, G. (2006).
[573] siehe Krampen, G. (2006).
[574] siehe Krampen, G. (2006).
[575] siehe Krampen, G. (2006).

höchstsignifikante Änderungen auf. In der Dimension "Schmerzbelastungen"[576] (p=0,009**) ist die Veränderung hochsignifikant. Diese Ergebnisse beziehen sich auf die Evaluation bezogen auf jeweils den Zeitraum der vergangenen zwei Wochen und ein Signifikanzniveau von α=0,05. In Abbildung 36 werden die einzelnen Dimensionen im Zeitverlauf dargestellt.

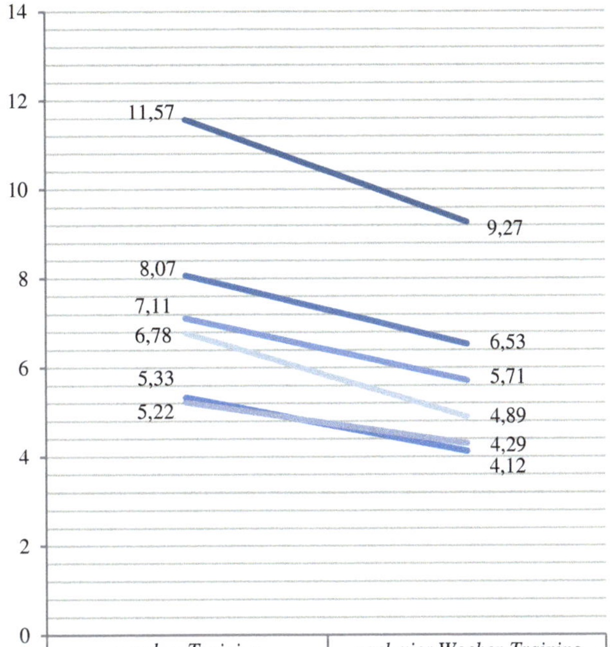

	vor dem Training	*nach vier Wochen Training*
ASS-SYM-ERSCHÖ	*11,57*	*9,27*
ASS-SYM-ANSPAN	*8,07*	*6,53*
ASS-SYM-DYSREG	*5,33*	*4,12*
ASS-SYM-LEIST	*7,11*	*5,71*
ASS-SYM-SCHMER	*5,22*	*4,29*
ASS-SYM-SELBST	*6,78*	*4,89*

Abbildung 36
Veränderung der sechs Entspannungsdimensionen
im Verlauf von vier Wochen Training
[während vergangener 2 Wochen]

Der Mittelwert in der Dimension "Körperliche und psychische Erschöpfung"[577] (N=83) liegt vor dem Training bei M_1=11,57 (SD_1=5,26) und nach vier Wochen Training bei

[576] siehe Krampen, G. (2006).
[577] siehe Krampen, G. (2006).

M_2=9,27 (SD_2=4,71, t=4,85, KI=1,36-3,25, p=0,000***). Der Mittelwert in der Dimension "Anspannung und Nervosität"[578] (N=83) liegt vor dem Training bei M_1=8,07 (SD_1=5,13) und nach vier Wochen Training bei M_2=6,53 (SD_2=4,57, t=3,81, KI=0,74-2,35, p=0,000***). Der Mittelwert in der Dimension "Psychophysiologische Dysregulationen"[579] (N=83) liegt vor dem Training bei M_1=5,33 (SD_1=4,59) und nach vier Wochen Training bei M_2=4,12 (SD_2=3,85, t=3,30, KI=0,48-1,93, p=0,001***). Der Mittelwert in der Dimension "Leistungs- und Verhaltensschwierigkeiten"[580] (n=79) liegt vor dem Training bei M_1=7,11 (SD_1=5,20) und nach vier Wochen Training bei M_2=5,71 (SD_2=4,89, t=3,39, KI=0,58-2,23, p=0,001***). Der Mittelwert in der Dimension "Schmerzbelastungen"[581] (n=79) liegt vor dem Training bei M_1=5,22 (SD_1=4,26) und nach vier Wochen Training bei M_2=4,29 (SD_2=3,79, t=2,66, KI=0,23-1,61, p=0,009**). Der Mittelwert in der Dimension "Probleme in der Selbstbestimmung"[582] (n=79) liegt vor dem Training bei M_1=6,78 (SD_1=5,16) und nach vier Wochen Training bei M_2=4,89 (SD_2=4,53, t=4,04, KI=0,96-2,83, p=0,000***).

Auch bei der zusätzlichen Evaluation für eine kleinere Gruppe (n=37) von Probanden bezogen auf jeweils die vergangenen vier Wochen zeigt sich Signifikanz in allen Dimensionen. Der Mittelwert in der Dimension "Körperliche und psychische Erschöpfung"[583] (n=37) liegt vor dem Training bei M_1=11,65 (SD_1=6,03) und nach vier Wochen Training bei M_2=8,46 (SD_2=5,62, t=4,23, KI=1,66-4,72, p=0,000***). Der Mittelwert in der Dimension "Anspannung und Nervosität"[584] (n=37) liegt vor dem Training bei M_1=8,35 (SD_1=5,47) und nach vier Wochen Training bei M_2=6,16 (SD_2=5,35, t=3,92, KI=1,06-3,32, p=0,000***). Der Mittelwert in der Dimension "Psychophysiologische Dysregulationen"[585] (n=37) liegt vor dem Training bei M_1=5,73 (SD_1=5,50) und nach vier Wochen Training bei M_2=4,00 (SD_2=4,35, t=3,15, KI=0,62-2,84, p=0,003**). Der Mittelwert in der Dimension "Leistungs- und Verhaltensschwierigkeiten"[586] (n=35) liegt vor dem Training bei M_1=8,60 (SD_1=4,93) und nach vier Wochen Training bei M_2=6,89 (SD_2=5,48, t=2,49, KI=0,32-3,11, p=0,018*). Der Mittelwert in der Dimension "Schmerzbelastungen"[587] (n=35) liegt vor dem Training bei M_1=5,46 (SD_1=5,30) und nach vier Wochen Training bei M_2=4,34 (SD_2=4,60, t=2,31, KI=0,13-2,10, p=0,027*). Der Mittelwert in der Dimension "Probleme in der Selbstbestimmung"[588] (n=35) liegt vor dem Training bei M_1=8,26 (SD_1=5,69) und nach vier Wochen Training bei M_2=5,43 (SD_2=5,17, t=4,14 KI=1,44-4,22, p=0,000***).

[578] siehe Krampen, G. (2006).
[579] siehe Krampen, G. (2006).
[580] siehe Krampen, G. (2006).
[581] siehe Krampen, G. (2006).
[582] siehe Krampen, G. (2006).
[583] siehe Krampen, G. (2006).
[584] siehe Krampen, G. (2006).
[585] siehe Krampen, G. (2006).
[586] siehe Krampen, G. (2006).
[587] siehe Krampen, G. (2006).
[588] siehe Krampen, G. (2006).

Somit ergeben sich höchstsignifikante Ergebnisse in den Dimensionen "Körperliche und psychische Erschöpfung"[589], "Anspannung und Nervosität"[590] und "Probleme in der Selbstbestimmung"[591] (p=0,000***). Das Ergebnis in der Dimension "Psychophysiologische Dysregulationen"[592] (p=0,003**) ist hochsignifikant, in den Dimensionen "Leistungs- und Verhaltensschwierigkeiten"[593] (p=0,018*) und "Schmerzbelastungen"[594] (p=0,027*) signifikant.

[589] siehe Krampen, G. (2006).
[590] siehe Krampen, G. (2006).
[591] siehe Krampen, G. (2006).
[592] siehe Krampen, G. (2006).
[593] siehe Krampen, G. (2006).
[594] siehe Krampen, G. (2006).

Abbildung 37 zeigt alle Dimensionen.

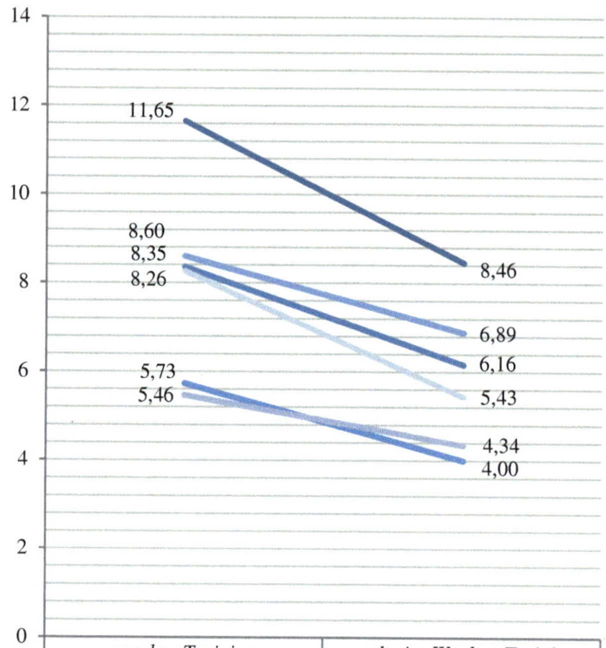

	vor dem Training	*nach vier Wochen Training*
ASS-SYM-ERSCHÖ	*11,65*	*8,46*
ASS-SYM-ANSPAN	*8,35*	*6,16*
ASS-SYM-DYSREG	*5,73*	*4,00*
ASS-SYM-LEIST	*8,60*	*6,89*
ASS-SYM-SCHMER	*5,46*	*4,34*
ASS-SYM-SELBST	*8,26*	*5,43*

Abbildung 37
Veränderung der sechs Entspannungsdimensionen
im Verlauf von vier Wochen Training
[während vergangener vier Wochen]

5.2.6.3 Veränderungen in der Häufigkeit der stärksten Variablenausprägung im "ASS-SYM Symptomfragebogen" (Krampen, G., 2006)

Die "Häufigkeit von Drei"[595] bedeutet die Darstellung der Häufigkeit eines Items mit dem höchsten Wert im "ASS-SYM Symptomfragebogen"[596] In einem T-Testvergleich zeigt sich eine höchstsignifikante Änderung (n=79, p=0,000**) zwischen dem Zeitpunkt vor dem Training und demjenigen nach vier Wochen Training, bezogen jeweils auf die vergangenen zwei Wochen. Auch bezogen auf jeweils die vergangenen vier Wochen zeigt sich für eine kleinere Probandengruppe (n=35) ein sehr signifikantes Ergebnis von p=0,008**.

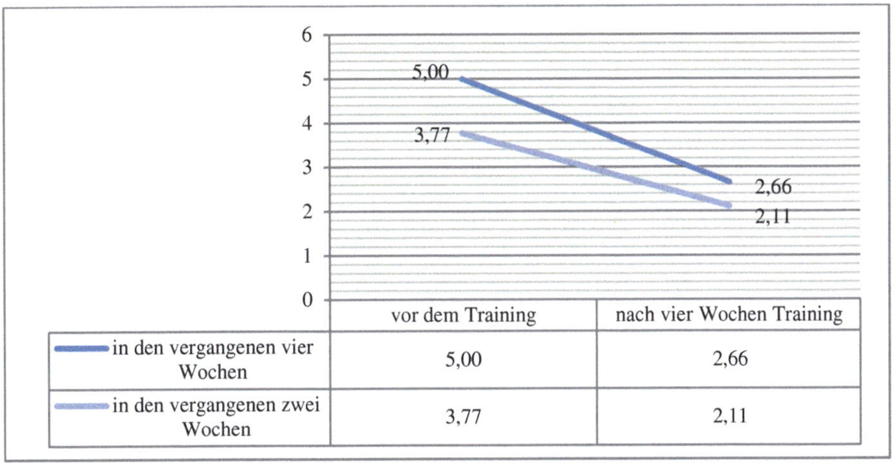

Abbildung 38
Vergleich der Veränderung in der *Häufigkeit von Drei*
bezogen jeweils auf die vergangenen zwei und vier Wochen Training

Abbildung 38 zeigt einen Vergleich der Werte derselben Gruppe jeweils bezogen auf die vergangenen vier oder die vergangen zwei Wochen.

Dunkelblaue Linie: während der erste Mittelwert in Bezug auf die vergangenen zwei Wochen (n=79) bei M_1=3,77 (SD_1=6,10) liegt, ist der zweite, nach vier Wochen Training, bei M_2=2,11 (SD_2=5,27, t=3,66, KI=0,76-2,56, p=0,000***).

Hellblaue Linie: während der erste Mittelwert in Bezug auf die vergangenen vier Wochen (n=35) bei M_1=5,00 (SD_1=8,30) liegt, ist der zweite, nach vier Wochen Training, bei M_2=2,66 (SD_2=7,30, t=2,80, KI=0,64-4,04, p=0,008**).

[595] siehe Krampen, G. (2006).
[596] siehe Krampen, G. (2006).

5.2.7 Hypothesenprüfung Hypothese zwei: Das *Kognitive Training* bewirkt eine Reduktion des Chronischen Stress

Die zweite Hypothese wurde mit dem höchstsignifikanten Wert (n=81, p=0,000***) im T-Test für verbundene Stichproben zwischen "SSCS"[597] zum Zeitpunkt vor dem Training und nach vier Wochen Training (evaluiert jeweils in Bezug auf die vergangenen drei Monate) bestätigt. Auch bezogen auf die vergangenen vier Wochen ergibt sich ein sehr signifikantes Ergebnis (n=41, p= 0,001***). In Abbildung 39 werden mit der dunkelblauen Linie die Werte des "SSCS"[598] vor dem Training und nach vier Wochen Training, bezogen auf die vergangenen vier Wochen, dargestellt und verglichen mit denjenigen bezogen auf die vergangenen drei Monate in der hellblauen Linie.

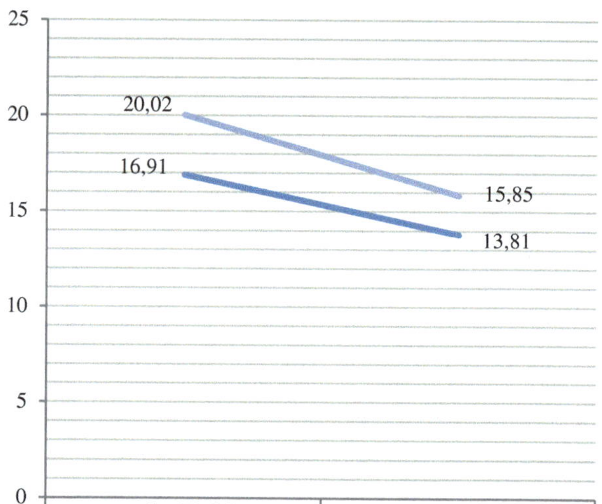

	vor den Training	nach vier Wochen Training
vergangene drei Monate	16,91	13,81
vergangene vier Wochen	20,02	15,85

Abbildung 39
SSCS Vergleich zwischen dem Bezug auf die vergangenen vier Wochen und drei Monate

Die dunkelblaue Linie beschreibt die Veränderung im der Summenskala für Chronischen Stress "SSCS"[599], bezogen auf die vergangenen drei Monate (n=81). Der Wert vor dem Training liegt bei M_1=16,91 (SD_1=9,17), derjenige nach vier Wochen Training bei M_2=13,81 (SD_2=9,19, t=5,00, KI=1,87-4,33, p=0,000***).

[597] siehe Schulz, P., Schlotz, W., Becker, P. (2004).
[598] siehe Schulz, P., Schlotz, W., Becker, P. (2004).
[599] siehe Schulz, P., Schlotz, W., Becker, P. (2004).

Hellblaue Linie: Während der erste Mittelwert in Bezug auf die vergangenen vier Wochen (n=41) bei M_1=20,02 (SD_1=10,88) liegt, ist der zweite, nach vier Wochen Training, bei M_2=15,85 (SD_2=10,13, t=3,56, KI=1,81-6,54, p=0,001***).

Zur katamnestischen Darstellung wurde der Friedman Test genutzt. In der Abbildung 40 wird mithilfe der dunkelblauen Linie die Befragung zu den Zeitpunkten vor dem Training, nach vier Wochen und nach drei Monaten nachvollzogen. Diese Fragen bezogen sich wie im normierten Fragebogen auf jeweils die vergangenen drei Monate. Der Mittelwert vor dem Training beträgt M_1=16,91 (SD_1=1,01), nach vier Wochen Training M_2=13,72 (SD_2=1,01) und nach drei Monaten M_3=13,72 (SD_3=1,77). Die hellblaue Linie zeichnet den Verlauf zwischen der Befragung vor dem Training und nach vier Wochen Training jeweils in Bezug auf die vergangenen vier Wochen. Hierbei liegt der Mittelwert vor dem Training bei M_1= 20,02 (SD_1=1,70) und nach vier Wochen Training bei M_2=15,55 (SD_2=1,57).

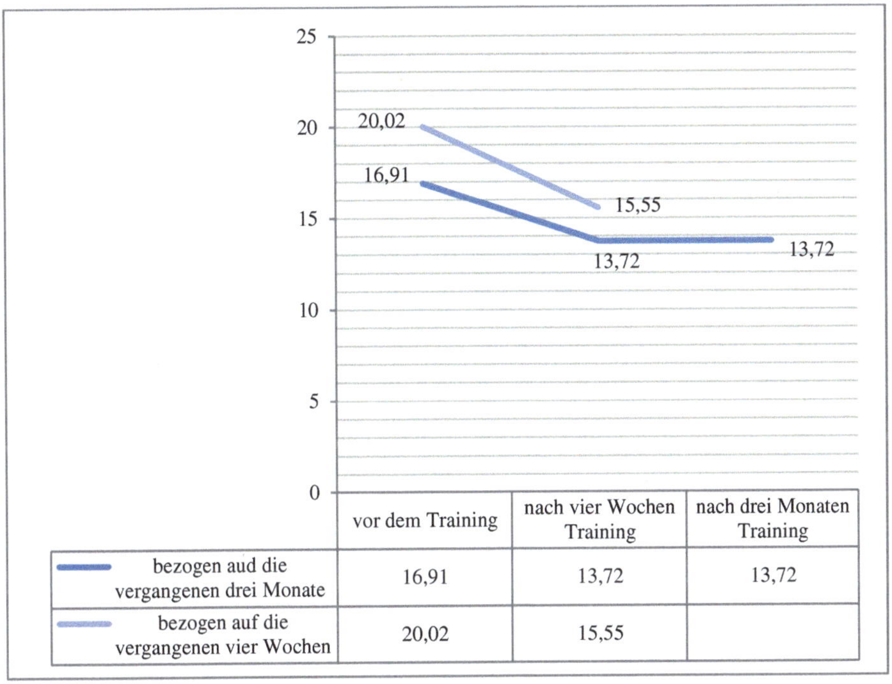

Abbildung 40
Vergleich von *SSCS*
[bezogen auf vergangene drei Monate und vier Wochen]

5.2.8 Hypothesenprüfung Hypothese drei: Die psychophysische Entspannungsreaktion wirkt sich positiv auf den Chronischen Stress aus

Die dritte Hypothese, dass sich die psychophysische Entspannungsreaktion positiv auf den Chronischen Stress auswirkt, wurde mit oben angeführten Summenskalen, "SSCS"[600] und "ASS-SYM-G"[601], geprüft. Dabei wurden beide Werte zum Zeitpunkt nach vier Wochen Training benutzt und eine einfaktorielle ANOVA mit "SSCS" (Schulz, P., Schlotz, W., Becker, P. 2004) als abhängige Variable und "ASS-SYM-G" (Krampen, G., 2006) als Faktor, beide in Bezug auf die vergangenen vier Wochen Training, gerechnet. Die Signifikanz zwischen den Gruppen lag dabei bei p=0,043* (n=36, F=6,29, M=15,33, SD=10,61, KI=11,74-18,92).

5.2.9 Hypothesenprüfung: Hypothese vier: Das *Kognitive Training* bewirkt eine Entwicklung von Selbstreferenz

Da die Hypothese der Selbstreferenzentwicklung auf einer theoretischen Modellbildung und der Entwicklung zweier Fragebögen beruht, werden diese und die Ergebnisse der Faktorenanalysen der Fragebögen mithilfe unterschiedlicher Rotationsmethoden im Folgenden dargestellt und verglichen.

5.2.9.1 Faktorendarstellung zur Evaluation des Modells der Selbstreferenz

Die Effekte (E1-E8) können in folgende Effektgruppen untergliedert werden:

1. Effektgruppe *Beobachtende Introspektion* (E1-E3),
2. Effektgruppe der *Reflexion* auf kognitiver (E4), emotionaler (E5) und somatischer (E6) Ebene,
3. Effekte in der *Beobachtung äußerer Bewegungen* (E7).

Der Effekt E8 bezieht sich auf die Entspannungsreaktion und wird als Grundlage für die anderen Effekte (E1-E7) gewertet. Die Korrelationen zwischen diesen Effekten und den Trainingstechniken sowie den transienten Erfahrungen zeigen sich in der Faktorenanalyse.

Nachdem der Meditations- und Katamnesefragebogen mithilfe von zwanzig Stufen, die jeweils fünf Prozent im entsprechenden Item beinhalten, codiert und mithilfe von Auswertungsschablonen ausgewertet worden waren, wurden Faktorenanalysen zu den verschiedenen Untersuchungszeitpunkten durchgeführt. In vorliegender Darstellung finden sich die Ergebnisse nach vier Wochen Training. Diese Analyse des Outcomes nach vier Wochen Training reduziert die Komplexität dieser Analysen. Dabei wurden zwei unterschiedliche Rotationsmethoden benutzt. Die Festlegung der Faktoren erfolgte nach der Erstellung und Analyse der entsprechenden Screeplots. Grundsätzlich wurden dabei jeweils die Ergebnisse ohne Mittelwertersetzung mit den Ergebnissen mit Mittelwertersetzung verglichen.

In allen folgenden Analysen werden jeweils die Ergebnisse aus der rotierten Komponentenmatrix dargestellt, wobei den Variablen die einzelnen Fragen aus den Fragebögen zugeordnet werden. Dies ermöglicht die Transparenz der Faktorbezeichnung und erleichtert den Vergleich verschiedener Analysemethoden. Dabei sind die Fragen aus den Fragenbögen nach Höhe der Faktorladung absteigend angeführt. Negative Itemladungen

---

[600] siehe Schulz, P., Schlotz, W., Becker, P. (2004).
[601] siehe Krampen, G. (2006).

werden mit (-) bezeichnet. Bei der Rotationsmethode Quartimax ist dies im Kontext der Bildung von Summenskalen ein wesentlicher Hinweis auf die Art ihrer Berechnung[602].

Die Zuordnung der Kurzbezeichnungen für Techniken und Effekte erfolgt in eckigen Klammern am Ende der Frage. Diese wird, wenn die Frage auf die Trainingsphase bezogen ist, mit dem kleinen Buchstaben a, und wenn die Frage auf die Alltagsaktivität bezogen ist mit dem kleinen Buchstaben b ergänzt. Dabei wird der Buchstabe b sowohl für die Alltagsaktivität im Allgemeinen wie auch für die gezielte Integration von Effekten in diese genutzt. Die Häufigkeit der Integration wird in einem anderen Fragebogen[603] evaluiert.

Neben den Effekten, Techniken und Erfahrungen werden in den folgenden Analysen alle Fragen der Fragebögen, auch die wörtliche Übersetzung der Schlüsselfaktoren Aggression und Begierde in der Tibetischen Medizin und der Schlüsselfaktor für Depression Aussichtslosigkeit, einbezogen.

5.2.9.2 Faktorenanalysen des Meditationsfragebogens zum Zeitpunkt nach vier Wochen Training

Im Meditationsfragebogen aus 55 Items wurde eine explorative Faktorenanalyse mithilfe der Rotationsmethoden Quartimax[604] und Varimax durchgeführt. Eine erste Analyse ohne Faktoreneingrenzung zeigte sowohl bei der Rotation mit Quartimax wie auch bei der mit Varimax elf Faktoren. Obwohl nach der Darstellung des Screeplots diese Faktoren eingegrenzt wurden, zeigten sich die differenziertesten Ergebnisse unter Einbeziehung aller elf Faktoren. Die Analysen wurden mit und ohne Mittelwertersetzung durchgeführt. Für den Zweck der Klarheit der Darstellung wurden die Analysen ohne Mittelwertersetzung gewählt, auch wenn dadurch deutlich weniger Personen als bei derjenigen mit Mittelwertersetzung in die Berechnung einflossen.

5.2.9.2.1 Elf Faktoren im Quartimax ohne Mittelwertersetzung

Im Folgenden werden die Items nach Faktorladung den elf Faktoren zugeordnet. Die Analyse wurde ohne Mittelwertersetzung durchgeführt (n=60). Die Ordnung der Fragen erfolgt nach Faktorladungen, indem in jedem Faktor diejenigen Variablen mit den höchsten Ladungen zuerst angeführt werden.

Erster Faktor: *Aufmerksamkeitsführung* [auffuehr]

11. Wie stark hat sich Ihre Fähigkeit mentale Ereignisse während alltäglicher Aktivität zu reflektieren differenziert? [E4 b]
3. Wie stark hat sich während alltäglicher Aktivität Ihre Fähigkeit die Aufmerksamkeit zu sich selbst zurückzubringen verändert? [T 1]
7. Wie stark hat sich die Beobachtungsfähigkeit äußerer Ereignisse während alltäglicher Aktivität verändert? [E7 b]
9. Wie stark hat sich während alltäglicher Aktivität Ihre Konzentrationsfähigkeit verändert?

[602] statistische Beratung Ludwig-Maximilians-Universität München, 16.10.2014.
[603] vgl. Anhänge 12.1-12.3.
[604] Empfehlung statistische Beratung Ludwig-Maximilians-Universität München, 16.10.2014.

13. Wie stark hat sich Ihre Fähigkeit emotionale Ereignisse während alltäglicher Aktivität zu reflektieren differenziert? [E5 b]
19. Wie stark haben Sie während alltäglicher Aktivität Ruhe empfunden?
5. Wie stark hat sich Ihre Beobachtungsfähigkeit emotionaler Bewegungen verändert? [E2]
4. Wie stark hat sich Ihre Beobachtungsfähigkeit mentaler Bewegungen verändert? [E 1]
15. Wie stark hat sich Ihre Fähigkeit somatische Ereignisse während alltäglicher Aktivität zu reflektieren differenziert? [E6 b]
12. Wie stark hat sich Ihre Fähigkeit emotionale Ereignisse während der Meditation zu reflektieren differenziert? [E5 a]
17. Wie stark hat sich Ihre Fähigkeit während alltäglicher Aktivität mentale Ereignisse ohne unmittelbare Bewertung zu beobachten entwickelt? [T2 b]
6. Wie stark hat sich Ihre Beobachtungsfähigkeit somatischer Bewegungen verändert? [E3]
31. Wie stark haben Sie während alltäglicher Aktivität geistige Klarheit empfunden?
10. Wie stark hat sich Ihre Fähigkeit mentale Ereignisse während der Meditation zu reflektieren differenziert? [E4 a]
35. Wie stark haben Sie während alltäglicher Aktivität Wohlgefühl empfunden?
27. Wie stark haben Sie während alltäglicher Aktivität Stille empfunden?
8. Wie stark hat sich während der Meditation Ihre Konzentrationsfähigkeit verändert?
29. Wie stark haben Sie während alltäglicher Aktivität konzentrierte Kraft empfunden?
14. Wie stark hat sich Ihre Fähigkeit somatische Ereignisse während der Meditation zu reflektieren differenziert? [E6 a]
33. Wie stark haben Sie während alltäglicher Aktivität wache Entspannung empfunden? [E8 b]
16. Wie stark hat sich Ihre Fähigkeit während der Meditation mentale Ereignisse ohne unmittelbare Bewertung zu beobachten entwickelt? [T2 a]
1. Wie stark hat sich während der Meditation Ihre Fähigkeit die Aufmerksamkeit zu sich selbst zurückzubringen verändert? [T1 a]
41. Wie stark haben Sie während alltäglicher Aktivität bewegliche Leichtigkeit empfunden?
30. Wie stark haben Sie während der Meditation geistige Klarheit empfunden?
2. Wie stark hat sich während der Integration der Meditationserfahrung in alltägliche Aktivität Ihre Fähigkeit die Aufmerksamkeit zu sich selbst zurückzubringen verändert? [T1 b]
37. Wie stark haben Sie während alltäglicher Aktivität innere Weite empfunden?
40. Wie stark haben Sie während der Meditation bewegliche Leichtigkeit empfunden?
53. Wie stark haben Sie während alltäglicher Aktivität das mentale Greifen nach Emotionen oder das Festhalten an stark emotionsbeladenen Erinnerungen lösen können? [T4 b]
54. Wie stark haben Sie während der Meditation Freude empfunden?
20. Wie stark haben Sie während der Meditation Wachheit empfunden?
21. Wie stark haben Sie während alltäglicher Aktivität Wachheit empfunden?
55. Wie stark haben Sie während alltäglicher Aktivität Freude empfunden?
28. Wie stark haben Sie während der Meditation konzentrierte Kraft empfunden?

36. Wie stark haben Sie während der Meditation innere Weite empfunden?
38. Wie stark haben Sie während der Meditation die Helligkeit von Licht empfunden?
52. Wie stark haben Sie während der Meditation das mentale Greifen nach Emotionen oder das Festhalten an stark emotionsbeladenen Erinnerungen lösen können? [T4 a]

Zweiter Faktor: *Wache Entspannung* [wachentsp]
26. Wie stark haben Sie während der Meditation Stille empfunden?
34. Wie stark haben Sie während der Meditation Wohlgefühl empfunden?
18. Wie stark haben Sie während der Meditation Ruhe empfunden?
32. Wie stark haben Sie während der Meditation wache Entspannung empfunden? [E8 a]

Dritter Faktor: *Anspannung* [ansp]
42. Wie stark haben Sie während der Meditation Spannung empfunden?
25. Wie stark haben Sie während alltäglicher Aktivität Agitation oder Überladung empfunden?
43. Wie stark haben Sie während alltäglicher Aktivität Spannung empfunden?
24. Wie stark haben Sie während der Meditation Agitation oder Überladung empfunden?
47. Wie stark haben Sie während alltäglicher Aktivität Aggression empfunden?

Vierter Faktor: *Aussichtslosigkeit* [aussichtsl]
45. Wie stark haben Sie während alltäglicher Aktivität Aussichtslosigkeit empfunden?
44. Wie stark haben Sie während der Meditation Aussichtslosigkeit empfunden?

Fünfter Faktor: *Inneres Loslassen* [inloslass]
50. Wie stark haben Sie während der Meditation das mentale Greifen nach Gedankenketten lösen können? [T3 a]
51. Wie stark haben Sie während alltäglicher Aktivität das mentale Greifen nach Gedankenketten lösen können? [T3 b]

Sechster Faktor: *Aggression* [aggr]
46. Wie stark haben Sie während der Meditation Aggression empfunden?

Siebenter Faktor: *Sinken* [sinken]
22. Wie stark haben Sie während der Meditation Sinken oder Schläfrigkeit empfunden?
23. Wie stark haben Sie während alltäglicher Aktivität Sinken oder Schläfrigkeit empfunden?

Achter Faktor: keine Variable, die auf diesen Faktor am höchsten lädt.

Neunter Faktor: *Begierde* [begierd]
49. Wie stark haben Sie während alltäglicher Aktivität Begierde empfunden?
48. Wie stark haben Sie während der Meditation Begierde empfunden?

Zehnter Faktor: *Helligkeit von Licht* [licht]

39. Wie stark haben Sie während alltäglicher Aktivität die Helligkeit von Licht empfunden?

Elfter Faktor: keine Variable, die auf diesen Faktor am höchsten lädt.

Folgende Darstellung beinhaltet die Faktoren des Meditationsfragebogens:

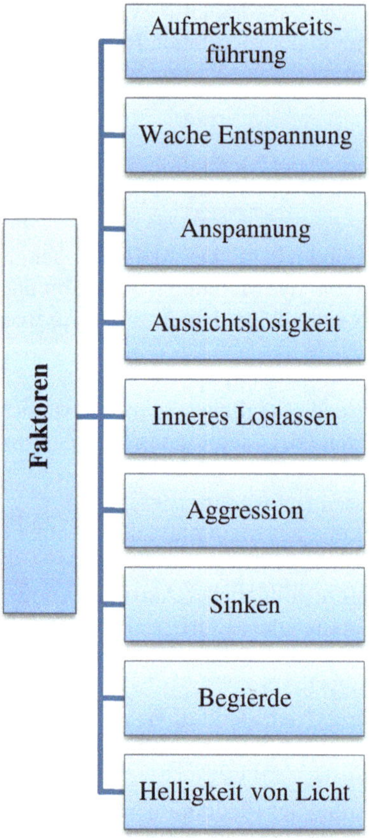

Abbildung 41
Neun Faktoren aus der Faktorenanalyse des Meditationsfragebogens mit Quartimax

Zum Vergleich der Ergebnisse mit und ohne Mittelwertersetzung wurde eine weitere Analyse mit Mittelwertersetzung durchgeführt. Die Faktoren dieser Analyse werden in den folgenden Kapiteln als abhängige Variablen für die grafischen Darstellungen des Einflusses von Trainings- und Integrationshäufigkeit, Trainingsart, Geschlecht und die Variable Psychotherapie benutzt.

5.2.9.2.2 Elf Faktoren im Quartimax mit Mittelwertersetzung

Folgende Analyse des Meditationsfragebogens wurde mit Mittelwertersetzung durchgeführt. Daher beträgt das Analyse-N 82 (n=82).

Erster Faktor: MED_1

11. Wie stark hat sich Ihre Fähigkeit mentale Ereignisse während alltäglicher Aktivität zu reflektieren differenziert? [E4 b]
13. Wie stark hat sich Ihre Fähigkeit emotionale Ereignisse während alltäglicher Aktivität zu reflektieren differenziert? [E5 b]
7. Wie stark hat sich die Beobachtungsfähigkeit äußerer Ereignisse während alltäglicher Aktivität verändert? [E7 b]
9. Wie stark hat sich während alltäglicher Aktivität Ihre Konzentrationsfähigkeit verändert?
5. Wie stark hat sich Ihre Beobachtungsfähigkeit emotionaler Bewegungen verändert? [E2]
4. Wie stark hat sich Ihre Beobachtungsfähigkeit mentaler Bewegungen verändert? [E 1]
3. Wie stark hat sich während alltäglicher Aktivität Ihre Fähigkeit die Aufmerksamkeit zu sich selbst zurückzubringen verändert? [T 1]
15. Wie stark hat sich Ihre Fähigkeit somatische Ereignisse während alltäglicher Aktivität zu reflektieren differenziert? [E6 b]
19. Wie stark haben Sie während alltäglicher Aktivität Ruhe empfunden?
6. Wie stark hat sich Ihre Beobachtungsfähigkeit somatischer Bewegungen verändert? [E3]
12. Wie stark hat sich Ihre Fähigkeit emotionale Ereignisse während der Meditation zu reflektieren differenziert? [E5 a]
17. Wie stark hat sich Ihre Fähigkeit während alltäglicher Aktivität mentale Ereignisse ohne unmittelbare Bewertung zu beobachten entwickelt? [T2 b]
10. Wie stark hat sich Ihre Fähigkeit mentale Ereignisse während der Meditation zu reflektieren differenziert? [E4 a]
31. Wie stark haben Sie während alltäglicher Aktivität geistige Klarheit empfunden?
14. Wie stark hat sich Ihre Fähigkeit somatische Ereignisse während der Meditation zu reflektieren differenziert? [E6 a]
16. Wie stark hat sich Ihre Fähigkeit während der Meditation mentale Ereignisse ohne unmittelbare Bewertung zu beobachten entwickelt? [T2 a]
8. Wie stark hat sich während der Meditation Ihre Konzentrationsfähigkeit verändert?
27. Wie stark haben Sie während alltäglicher Aktivität Stille empfunden?
33. Wie stark haben Sie während alltäglicher Aktivität wache Entspannung empfunden? [E8 b]
35. Wie stark haben Sie während alltäglicher Aktivität Wohlgefühl empfunden?
2. Wie stark hat sich während der Integration der Meditationserfahrung in alltägliche Aktivität Ihre Fähigkeit die Aufmerksamkeit zu sich selbst zurückzubringen verändert? [T1 b]
29. Wie stark haben Sie während alltäglicher Aktivität konzentrierte Kraft empfunden?
30. Wie stark haben Sie während der Meditation geistige Klarheit empfunden?

41. Wie stark haben Sie während alltäglicher Aktivität bewegliche Leichtigkeit empfunden?
37. Wie stark haben Sie während alltäglicher Aktivität innere Weite empfunden?
28. Wie stark haben Sie während der Meditation konzentrierte Kraft empfunden?
1. Wie stark hat sich während der Meditation Ihre Fähigkeit die Aufmerksamkeit zu sich selbst zurückzubringen verändert? [T1 a]
21. Wie stark haben Sie während alltäglicher Aktivität Wachheit empfunden?
55. Wie stark haben Sie während alltäglicher Aktivität Freude empfunden?
40. Wie stark haben Sie während der Meditation bewegliche Leichtigkeit empfunden?
23. Wie stark haben Sie während alltäglicher Aktivität Sinken oder Schläfrigkeit empfunden?
(Diese Variable ist in der Analyse ohne Mittelwertersetzung dem Faktor sieben zugeordnet)

Zweiter Faktor: MED_2
34. Wie stark haben Sie während der Meditation Wohlgefühl empfunden?
26. Wie stark haben Sie während der Meditation Stille empfunden?
18. Wie stark haben Sie während der Meditation Ruhe empfunden?
54. Wie stark haben Sie während der Meditation Freude empfunden?
(Diese Variable ist in der Analyse ohne Mittelwertersetzung in Faktor eins)
32. Wie stark haben Sie während der Meditation wache Entspannung empfunden? [E8 a]
52. Wie stark haben Sie während der Meditation das mentale Greifen nach Emotionen oder das Festhalten an stark emotionsbeladenen Erinnerungen lösen können? [T4 a]
(Diese Variable ist in der Analyse ohne Mittelwertersetzung in Faktor eins. Sie lädt auch auf Faktor eins und Faktor vier)
46. Wie stark haben Sie während der Meditation Aggression empfunden? (-)
(Diese Variable ist in der Analyse ohne Mittelwertersetzung in Faktor sechs.)

Dritter Faktor: MED_3
42. Wie stark haben Sie während der Meditation Spannung empfunden?
25. Wie stark haben Sie während alltäglicher Aktivität Agitation oder Überladung empfunden?
43. Wie stark haben Sie während alltäglicher Aktivität Spannung empfunden?
24. Wie stark haben Sie während der Meditation Agitation oder Überladung empfunden?
47. Wie stark haben Sie während alltäglicher Aktivität Aggression empfunden?

Vierter Faktor: MED_4
53. Wie stark haben Sie während alltäglicher Aktivität das mentale Greifen nach Emotionen oder das Festhalten an stark emotionsbeladenen Erinnerungen lösen können? [T4 b]
(Diese Variable ist in der Analyse ohne Mittelwertersetzung in Faktor eins.)
50. Wie stark haben Sie während der Meditation das mentale Greifen nach Gedankenketten lösen können? [T3 a]
(Diese Variable ist in der Analyse ohne Mittelwertersetzung in Faktor fünf.)

51. Wie stark haben Sie während alltäglicher Aktivität das mentale Greifen nach Gedankenketten lösen können? [T3 b]
    (Diese Variable ist in der Analyse ohne Mittelwertersetzung in Faktor fünf.)

Fünfter Faktor: MED_5
(Dieser Faktor entspricht in der Analyse ohne Mittelwertersetzung dem Faktor vier.)
45. Wie stark haben Sie während alltäglicher Aktivität Aussichtslosigkeit empfunden?
44. Wie stark haben Sie während der Meditation Aussichtslosigkeit empfunden?

Sechster Faktor: MED_6
36. Wie stark haben Sie während der Meditation innere Weite empfunden?
    (Diese Variable ist in der Analyse ohne Mittelwertersetzung in Faktor eins. Sie lädt auch auf Faktor eins und zwei)

Siebenter Faktor: MED_7
20. Wie stark haben Sie während der Meditation Wachheit empfunden? (-)
    (Diese Variable ist in der Analyse ohne Mittelwertersetzung in Faktor eins.)
22. Wie stark haben Sie während der Meditation Sinken oder Schläfrigkeit empfunden?

Achter Faktor: MED_8 keine Variable, die auf diesen Faktor am höchsten lädt.

Neunter Faktor: MED_9
49. Wie stark haben Sie während alltäglicher Aktivität Begierde empfunden?
48. Wie stark haben Sie während der Meditation Begierde empfunden?

Zehnter Faktor: MED_10
38. Wie stark haben Sie während der Meditation die Helligkeit von Licht empfunden?
    (Diese Variable ist in der Analyse ohne Mittelwertersetzung in Faktor eins.)
39. Wie stark haben Sie während alltäglicher Aktivität die Helligkeit von Licht empfunden?

Elfter Faktor: MED_11 keine Variable, die auf diesen Faktor am höchsten lädt.

Zum Vergleich der Ergebnisse mit verschiedenen Rotationsmethoden wurde die Analyse mit Quartimax durch eine Analyse mit Varimax ergänzt. Dabei zeigte eine erste Analyse ohne Faktorenlimitation ebenfalls elf Faktoren.

5.2.9.2.3 Elf Faktoren mit Varimax

Im Folgenden werden die Items nach Faktorladung den elf Faktoren zugeordnet. Die Analyse wurde ohne Mittelwertersetzung durchgeführt (n=60).
Erster Faktor: *Aufmerksamkeitsführung* [vauffuehr]
5. Wie stark hat sich Ihre Beobachtungsfähigkeit emotionaler Bewegungen verändert? [E2]
6. Wie stark hat sich Ihre Beobachtungsfähigkeit somatischer Bewegungen verändert? [E 3]

7. Wie stark hat sich die Beobachtungsfähigkeit äußerer Ereignisse während alltäglicher Aktivität verändert? [E7]
15. Wie stark hat sich Ihre Fähigkeit somatische Ereignisse während alltäglicher Aktivität zu reflektieren differenziert? [E6 b]
3. Wie stark hat sich während alltäglicher Aktivität Ihre Fähigkeit die Aufmerksamkeit zu sich selbst zurückzubringen verändert? [T1 b]
13. Wie stark hat sich Ihre Fähigkeit emotionale Ereignisse während alltäglicher Aktivität zu reflektieren differenziert? [E5 b]
4. Wie stark hat sich Ihre Beobachtungsfähigkeit mentaler Bewegungen verändert? [E1]
11. Wie stark hat sich Ihre Fähigkeit mentale Ereignisse während alltäglicher Aktivität zu reflektieren differenziert? [E4 b]
9. Wie stark hat sich während alltäglicher Aktivität Ihre Konzentrationsfähigkeit verändert?
17. Wie stark hat sich Ihre Fähigkeit während alltäglicher Aktivität mentale Ereignisse ohne unmittelbare Bewertung zu beobachten entwickelt? [T2 b]
19. Wie stark haben Sie während alltäglicher Aktivität Ruhe empfunden?
12. Wie stark hat sich Ihre Fähigkeit emotionale Ereignisse während der Meditation zu reflektieren differenziert? [E5 a]
14. Wie stark hat sich Ihre Fähigkeit somatische Ereignisse während der Meditation zu reflektieren differenziert? [E6 a]
27. Wie stark haben Sie während alltäglicher Aktivität Stille empfunden?
10. Wie stark hat sich Ihre Fähigkeit mentale Ereignisse während der Meditation zu reflektieren differenziert? [E4 a]
16. Wie stark hat sich Ihre Fähigkeit während der Meditation mentale Ereignisse ohne unmittelbare Bewertung zu beobachten entwickelt? [T2 a]
2. Wie stark hat sich während der Integration der Meditationserfahrung in alltägliche Aktivität Ihre Fähigkeit die Aufmerksamkeit zu sich selbst zurückzubringen verändert? [T1 b]

Zweiter Faktor: *Wache Entspannung* [ventsp]

26. Wie stark haben Sie während der Meditation Stille empfunden?
18. Wie stark haben Sie während der Meditation Ruhe empfunden?
34. Wie stark haben Sie während der Meditation Wohlgefühl empfunden?
32. Wie stark haben Sie während der Meditation wache Entspannung empfunden? [E8]
54. Wie stark haben Sie während der Meditation Freude empfunden?
52. Wie stark haben Sie während der Meditation das mentale Greifen nach Emotionen oder das Festhalten an stark emotionsbeladenen Erinnerungen lösen können? [T4 a]
8. Wie stark hat sich während der Meditation Ihre Konzentrationsfähigkeit verändert?
1. Wie stark hat sich während der Meditation Ihre Fähigkeit die Aufmerksamkeit zu sich selbst zurückzubringen verändert? [T1 a]
36. Wie stark haben Sie während der Meditation innere Weite empfunden?
28. Wie stark haben Sie während der Meditation konzentrierte Kraft empfunden?
38. Wie stark haben Sie während der Meditation die Helligkeit von Licht empfunden?

Dritter Faktor: *Klarheit* [vklar]
37. Wie stark haben Sie während alltäglicher Aktivität innere Weite empfunden?
29. Wie stark haben Sie während alltäglicher Aktivität konzentrierte Kraft empfunden?
31. Wie stark haben Sie während alltäglicher Aktivität geistige Klarheit empfunden?
35. Wie stark haben Sie während alltäglicher Aktivität Wohlgefühl empfunden?
30. Wie stark haben Sie während der Meditation geistige Klarheit empfunden?
41. Wie stark haben Sie während alltäglicher Aktivität bewegliche Leichtigkeit empfunden?
40. Wie stark haben Sie während der Meditation bewegliche Leichtigkeit empfunden?

Vierter Faktor: *Freudige Aktivität* [vanspfreud]
42. Wie stark haben Sie während der Meditation Spannung empfunden?
25. Wie stark haben Sie während alltäglicher Aktivität Agitation oder Überladung empfunden?
43. Wie stark haben Sie während alltäglicher Aktivität Spannung empfunden?
24. Wie stark haben Sie während der Meditation Agitation oder Überladung empfunden?
47. Wie stark haben Sie während alltäglicher Aktivität Aggression empfunden?
55. Wie stark haben Sie während alltäglicher Aktivität Freude empfunden?

Fünfter Faktor: *Kognitives Loslassen* [vkognlosl]
50. Wie stark haben Sie während der Meditation das mentale Greifen nach Gedankenketten lösen können? [T3 a]
51. Wie stark haben Sie während alltäglicher Aktivität das mentale Greifen nach Gedankenketten lösen können? [T3 b]

Sechster Faktor: *Aussichtslosigkeit* [vaussichtsl]
45. Wie stark haben Sie während alltäglicher Aktivität Aussichtslosigkeit empfunden?
44. Wie stark haben Sie während der Meditation Aussichtslosigkeit empfunden?
46. Wie stark haben Sie während der Meditation Aggression empfunden?

Siebenter Faktor: *Emotionales Loslassen* [vemotlosl]
53. Wie stark haben Sie während alltäglicher Aktivität das mentale Greifen nach Emotionen oder das Festhalten an stark emotionsbeladenen Erinnerungen lösen können? [T4 b]
33. Wie stark haben Sie während alltäglicher Aktivität wache Entspannung empfunden? [E8 b]

Achter Faktor: *Sinken* [vsinken]
22. Wie stark haben Sie während der Meditation Sinken oder Schläfrigkeit empfunden?
23. Wie stark haben Sie während alltäglicher Aktivität Sinken oder Schläfrigkeit empfunden?
20. Wie stark haben Sie während der Meditation Wachheit empfunden? (-)

Neunter Faktor: *Begierde* [vbegierd]
49. Wie stark haben Sie während alltäglicher Aktivität Begierde empfunden?
48. Wie stark haben Sie während der Meditation Begierde empfunden?

Zehnter Faktor: *Wachheit* [vwach]

21. Wie stark haben Sie während alltäglicher Aktivität Wachheit empfunden?

Elfter Faktor: *Helligkeit von Licht* [vlicht]

39. Wie stark haben Sie während alltäglicher Aktivität die Helligkeit von Licht empfunden?

5.2.9.3 Faktorenanalysen des Katamnesefragebogens mithilfe von Varimax zum Zeitpunkt vor dem Training

Die neunundzwanzig Variablen des Katamnesefragebogens wurden mit der Rotationsmethode Varimax[605] zum Zeitpunkt vor dem Training nach einer Screeplotanalyse auf sieben Faktoren reduziert. Im Folgenden werden diese beiden Analysen mit und ohne Mittelwertersetzung verglichen.

5.2.9.3.1 Analyse von sieben Faktoren ohne Mittelwertersetzung

Die Ordnung der Fragen erfolgt nach Faktorladungen, indem in jedem Faktor diejenigen Variablen mit den höchsten Ladungen zuerst angeführt werden. Diese Faktorenanalyse wurde ohne Ersetzen der Mittelwerte durchgeführt. Die Probandengruppengröße beträgt hierbei n=36.

Erster Faktor: *Introspektionselemente*

4. Wie stark können Sie somatische Bewegungen beobachten? [E3]
7. Wie stark können Sie Ihre eigenen Gedanken reflektieren? [E4]
5. Wie stark können Sie was um Sie herum geschieht beobachten? [E7]
3. Wie stark können Sie emotionale Bewegungen beobachten? [E2]
8. Wie stark können Sie Ihre eigenen Gefühle reflektieren? [E5]
9. Wie stark können Sie über Ihre körperliche Wahrnehmung reflektieren? [E6]
21. Wie stark können Sie die Helligkeit von Licht empfinden?
29. Wie stark können Sie Freude empfinden?
2. Wie stark können Sie mentale Bewegungen beobachten? [E1]

Zweiter Faktor: *Wache Entspannung*

18. Wie stark können Sie wache Entspannung empfinden? [E8]
22. Wie stark können Sie bewegliche Leichtigkeit empfinden?
20. Wie stark können Sie innere Weite empfinden?
17. Wie stark können Sie (geistige) Klarheit empfinden?
16. Wie stark können Sie konzentrierte Kraft empfinden?

Dritter Faktor: *Aufmerksamkeitsführung* (Techniken)

27. Wie stark können Sie sich von Ihren eigenen Gedankenabläufen distanzieren? [T3]
10. Wie stark können Sie Ihre eigenen Gedanken beobachten, ohne sie unmittelbar zu bewerten? [T2]

[605] vgl. Bühl, A. (2012: 592).

28. Wie stark können Sie sich von Ihren eigenen Emotionen und emotionsbeladenen Erinnerungen distanzieren? [T4]
1. Wie stark können Sie Ihre Aufmerksamkeit zu sich selbst zurückbringen? [T1]

Vierter Faktor: *Ruhe*

6. Wie stark können Sie sich konzentrieren?
11. Wie stark können Sie Ruhe empfinden?
12. Wie stark können Sie Wachheit empfinden?

Fünfter Faktor: *Innere Anspannung*

14. Wie stark können Sie Unruhe, Agitation oder Überladung empfinden?
23. Wie stark können Sie Spannung empfinden?
24. Wie stark können Sie Aussichtslosigkeit empfinden?
25. Wie stark können Sie Aggression empfinden?

Sechster Faktor: *Wohlgefühl*

26. Wie stark können Sie Begierde empfinden?
19. Wie stark können Sie Wohlgefühl empfinden?

Siebenter Faktor: *Sinken*

13. Wie stark können Sie Sinken oder Schläfrigkeit empfinden?
15. Wie stark können Sie Stille empfinden?

5.2.9.3.2 Analyse von sieben Faktoren mit Mittelwertersetzung

Dieselbe Faktorenanalyse zum Zeitpunkt vor dem Training im Katamnesefragebogen mit Mittelwertersetzung bezieht sich auf n=40.

Erster Faktor: *Introspektionselemente* [introsp]

3. Wie stark können Sie emotionale Bewegungen beobachten? [E2]
4. Wie stark können Sie somatische Bewegungen beobachten? [E3]
9. Wie stark können Sie über Ihre körperliche Wahrnehmung reflektieren? [E6]
7. Wie stark können Sie Ihre eigenen Gedanken reflektieren? [E4]
8. Wie stark können Sie Ihre eigenen Gefühle reflektieren? [E5]
2. Wie stark können Sie mentale Bewegungen beobachten? [E1]
5. Wie stark können Sie was um Sie herum geschieht beobachten? [E8]
1. Wie stark können Sie Ihre Aufmerksamkeit zu sich selbst zurückbringen? [T1]
21. Wie stark können Sie die Helligkeit von Licht empfinden?

Zweiter Faktor: *Innere Anspannung*

25. Wie stark können Sie Aggression empfinden?
23. Wie stark können Sie Spannung empfinden?
14. Wie stark können Sie Unruhe, Agitation oder Überladung empfinden?
26. Wie stark können Sie Begierde empfinden?
24. Wie stark können Sie Aussichtslosigkeit empfinden?

Dritter Faktor: *Ruhe*
6. Wie stark können Sie sich konzentrieren?
11. Wie stark können Sie Ruhe empfinden?
12. Wie stark können Sie Wachheit empfinden?
16. Wie stark können Sie konzentrierte Kraft empfinden?
22. Wie stark können Sie bewegliche Leichtigkeit empfinden?

Vierter Faktor: *Wache Entspannung* [wachentsp]
18. Wie stark können Sie wache Entspannung empfinden? [E8]
17. Wie stark können Sie (geistige) Klarheit empfinden?
20. Wie stark können Sie innere Weite empfinden?

Fünfter Faktor: *Aufmerksamkeitsführung* (Techniken)
27. Wie stark können Sie sich von Ihren eigenen Gedankenabläufen distanzieren? [T3]
28. Wie stark können Sie sich von Ihren eigenen Emotionen und emotionsbeladenen Erinnerungen distanzieren? [T4]
10. Wie stark können Sie Ihre eigenen Gedanken beobachten, ohne sie unmittelbar zu bewerten? [T2]

Sechster Faktor: *Wohlgefühl*
19. Wie stark können Sie Wohlgefühl empfinden?
29. Wie stark können Sie Freude empfinden?

Siebenter Faktor: *Sinken*
13. Wie stark können Sie Sinken oder Schläfrigkeit empfinden?
15. Wie stark können Sie Stille empfinden?

5.2.9.4 Faktorenanalysen des Katamnesefragebogens mithilfe von Quartimax zum Zeitpunkt nach vier Wochen Training

5.2.9.4.1 Analyse von acht Faktoren ohne Mittelwertersetzung

Folgende Analyse wurde ohne Mittelwertersetzung durchgeführt (n=29). Die Ordnung der Fragen erfolgt nach Faktorladungen, indem in jedem Faktor diejenigen Variablen mit den höchsten Ladungen zuerst angeführt werden.

Erster Faktor: *Kognitive Distanzierung*
17. Wie stark können Sie (geistige) Klarheit empfinden?
12. Wie stark können Sie Wachheit empfinden?
16. Wie stark können Sie konzentrierte Kraft empfinden?
27. Wie stark können Sie sich von Ihren eigenen Gedankenabläufen distanzieren? [T3]
11. Wie stark können Sie Ruhe empfinden?
18. Wie stark können Sie wache Entspannung empfinden? [E8]
28. Wie stark können Sie sich von Ihren eigenen Emotionen und emotionsbeladenen Erinnerungen distanzieren? [T4]

15. Wie stark können Sie Stille empfinden?
10. Wie stark können Sie Ihre eigenen Gedanken beobachten, ohne sie unmittelbar zu bewerten? [T2]

Zweiter Faktor: *Beobachtungsfähigkeit auf Grundlage der Aufmerksamkeitsführung*
4. Wie stark können Sie somatische Bewegungen beobachten? [32]
2. Wie stark können Sie mentale Bewegungen beobachten? [E1]
1. Wie stark können Sie Ihre Aufmerksamkeit zu sich selbst zurückbringen? [T1]
3. Wie stark können Sie emotionale Bewegungen beobachten? [E2]
9. Wie stark können Sie über Ihre körperliche Wahrnehmung reflektieren? [E6]

Dritter Faktor: *Gefühlsreflexion*
19. Wie stark können Sie Wohlgefühl empfinden?
8. Wie stark können Sie Ihre eigenen Gefühle reflektieren? [E5]
21. Wie stark können Sie die Helligkeit von Licht empfinden?
29. Wie stark können Sie Freude empfinden?
20. Wie stark können Sie innere Weite empfinden?

Vierter Faktor: *Aussichtslosigkeit*
26. Wie stark können Sie Begierde empfinden?
25. Wie stark können Sie Aggression empfinden?
24. Wie stark können Sie Aussichtslosigkeit empfinden?

Fünfter Faktor: *Sinken aufgrund von Anspannung*
13. Wie stark können Sie Sinken oder Schläfrigkeit empfinden?
14. Wie stark können Sie Unruhe, Agitation oder Überladung empfinden?
23. Wie stark können Sie Spannung empfinden?

Sechster Faktor: *Bewegliche Leichtigkeit*
22. Wie stark können Sie bewegliche Leichtigkeit empfinden?

Siebenter Faktor: *Gedankenreflexion* (nach außen gerichtet)
5. Wie stark können Sie was um Sie herum geschieht beobachten? [E7]
7. Wie stark können Sie Ihre eigenen Gedanken reflektieren? [E4]

Achter Faktor: *Konzentration*
6. Wie stark können Sie sich konzentrieren?

5.2.9.4.2 Analyse von acht Faktoren mit Mittelwertersetzung

Dieselbe Analyse mit Mittelwertersetzung (n=30):

Erster Faktor: *Kognitive Distanzierung*
17. Wie stark können Sie (geistige) Klarheit empfinden?
12. Wie stark können Sie Wachheit empfinden?

16. Wie stark können Sie konzentrierte Kraft empfinden?
27. Wie stark können Sie sich von Ihren eigenen Gedankenabläufen distanzieren? [T3]
11. Wie stark können Sie Ruhe empfinden?
18. Wie stark können Sie wache Entspannung empfinden? [E8]
28. Wie stark können Sie sich von Ihren eigenen Emotionen und emotionsbeladenen Erinnerungen distanzieren? [T4]
15. Wie stark können Sie Stille empfinden?
10. Wie stark können Sie Ihre eigenen Gedanken beobachten, ohne sie unmittelbar zu bewerten? [T2]

Zweiter Faktor: *Beobachtungsfähigkeit auf Grundlage der Aufmerksamkeitsführung*
4. Wie stark können Sie somatische Bewegungen beobachten? [E2]
2. Wie stark können Sie mentale Bewegungen beobachten? [E1]
1. Wie stark können Sie Ihre Aufmerksamkeit zu sich selbst zurückbringen? [T1]
3. Wie stark können Sie emotionale Bewegungen beobachten? [E2]
9. Wie stark können Sie über Ihre körperliche Wahrnehmung reflektieren? [E6]

Dritter Faktor: *Gefühlsreflexion*
19. Wie stark können Sie Wohlgefühl empfinden?
8. Wie stark können Sie Ihre eigenen Gefühle reflektieren? [E5]
21. Wie stark können Sie die Helligkeit von Licht empfinden?
29. Wie stark können Sie Freude empfinden?
20. Wie stark können Sie innere Weite empfinden?

Vierter Faktor: *Aussichtslosigkeit*
26. Wie stark können Sie Begierde empfinden?
25. Wie stark können Sie Aggression empfinden?
24. Wie stark können Sie Aussichtslosigkeit empfinden?

Fünfter Faktor: *Sinken aufgrund von Anspannung*
13. Wie stark können Sie Sinken oder Schläfrigkeit empfinden?
14. Wie stark können Sie Unruhe, Agitation oder Überladung empfinden?
23. Wie stark können Sie Spannung empfinden?

Sechster Faktor: *Bewegliche Leichtigkeit*
22. Wie stark können Sie bewegliche Leichtigkeit empfinden?

Siebenter Faktor: *Gedankenreflexion* (nach außen gerichtet)
5. Wie stark können Sie was um Sie herum geschieht beobachten? [E7]
7. Wie stark können Sie Ihre eigenen Gedanken reflektieren? [E4]

Achter Faktor: *Konzentration*
6. Wie stark können Sie sich konzentrieren?

In folgender Darstellung sind die Faktoren der Analyse zusammengefasst:

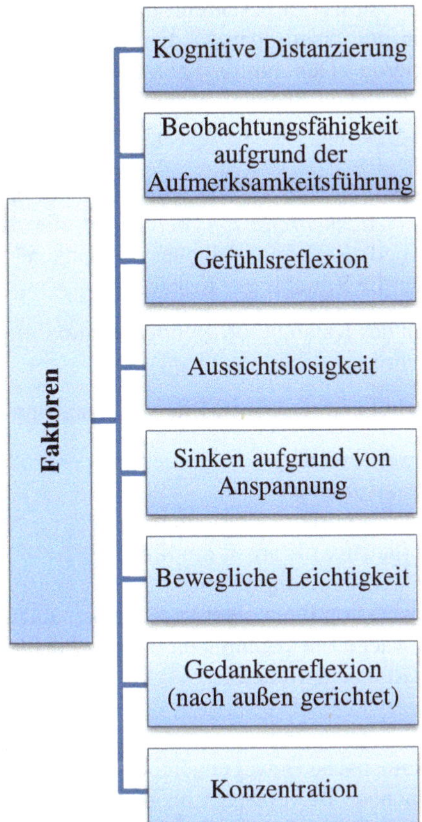

Abbildung 42
Acht Faktoren im Katamnesefragebogen
nach vier Wochen Training mit Quartimax

Weder in der Analyse ohne Mittelwertersetzung noch in derjenigen mit Mittelwertersetzung zeigten sich Variablen mit negativer Ladung. Daher kann die Summenskala aus allen Faktoren additiv gebildet werden.

Der erste Faktor *Kognitive Distanzierung* zeigt die Korrelation zwischen der Technik der Beobachtung ohne Bewertung [T2], den Techniken der Distanzierung von Gedankenabläufen [T3] und Emotionen [T4], dem Effekt der wachen Entspannung [E8] und den entsprechenden Erfahrungen.

Der zweite Faktor *Beobachtungsfähigkeit auf Grundlage der Aufmerksamkeitsführung* zeigt die Korrelation zwischen der Technik der Introspektion [T1] und den Effekten der mentalen [E1], emotionalen [E2] und somatischen [E2] Beobachtung sowie Reflexion somatischer Wahrnehmung [E6]. Der dritte Faktor *Gefühlsreflexion* zeigt die Korrelation zwischen der Gefühlsreflexion [E5] und entsprechenden Erfahrungen.

Der vierte Faktor *Aussichtslosigkeit* beschreibt die Korrelation zwischen der Aussichtslosigkeit und den beiden in der Tibetischen Medizin zentralen emotionalen Wirkfaktoren der Aggression und Begierde. Der fünfte Faktor *Sinken aufgrund von Anspannung* beinhaltet die Korrelation zwischen Spannungsempfindung, Unruhe, Agitation oder Überladung und der daraus resultierende Erfahrung des Sinkens beziehungsweise der Schläfrigkeit.

Der sechste Faktor *Bewegliche Leichtigkeit* wird aus einer einzigen Variablen gebildet und der siebente Faktor *Gedankenreflexion* beschreibt die Korrelation zwischen der Außenbeobachtung [E7] und Reflexion eigener Gedanken [E4]. Der achte Faktor *Konzentration* beinhaltet nur die Variable zur Konzentrationsstärke.

5.2.9.5 Faktorenanalysen des Katamnesefragebogens zum Zeitpunkt nach vier Wochen Training mit Varimax

5.2.9.5.1 Analyse von acht Faktoren ohne Mittelwertersetzung

In der Analyse ohne Mittelwertersetzung beträgt die Gruppengröße n=29.
Erster Faktor: *Kognitive Distanzierung*

16. Wie stark können Sie konzentrierte Kraft empfinden?
17. Wie stark können Sie (geistige) Klarheit empfinden?
12. Wie stark können Sie Wachheit empfinden?
27. Wie stark können Sie sich von Ihren eigenen Gedankenabläufen distanzieren? [T3]
18. Wie stark können Sie wache Entspannung empfinden? [E8]
11. Wie stark können Sie Ruhe empfinden?

Zweiter Faktor: *Aufmerksamkeitsführung*

4. Wie stark können Sie somatische Bewegungen beobachten? [E3]
2. Wie stark können Sie mentale Bewegungen beobachten? [E1]
1. Wie stark können Sie Ihre Aufmerksamkeit zu sich selbst zurückbringen? [T1]
3. Wie stark können Sie emotionale Bewegungen beobachten? [E2]
9. Wie stark können Sie über Ihre körperliche Wahrnehmung reflektieren? [E6]
10. Wie stark können Sie Ihre eigenen Gedanken beobachten, ohne sie unmittelbar zu bewerten? [T2]
    (lädt auch auf Faktor eins, die Differenz der Ladungen beträgt 0,041, und negativ auf Faktor fünf)

Dritter Faktor: *Gefühlsreflexion*

19. Wie stark können Sie Wohlgefühl empfinden?
8. Wie stark können Sie Ihre eigenen Gefühle reflektieren? [E5]
21. Wie stark können Sie die Helligkeit von Licht empfinden?
29. Wie stark können Sie Freude empfinden?
20. Wie stark können Sie innere Weite empfinden?

Vierter Faktor: *Zustand der Anspannung im Extrem*
26. Wie stark können Sie Begierde empfinden?
25. Wie stark können Sie Aggression empfinden?
24. Wie stark können Sie Aussichtslosigkeit empfinden?

Fünfter Faktor: *Zustand der Anspannung*
13. Wie stark können Sie Sinken oder Schläfrigkeit empfinden?
14. Wie stark können Sie Unruhe, Agitation oder Überladung empfinden?
23. Wie stark können Sie Spannung empfinden?

Sechster Faktor: *Emotionale Distanzierung*
22. Wie stark können Sie bewegliche Leichtigkeit empfinden?
28. Wie stark können Sie sich von Ihren eigenen Emotionen und emotionsbeladenen Erinnerungen distanzieren? [T4]

Siebenter Faktor: *Gedankenreflexion*
5. Wie stark können Sie was um Sie herum geschieht beobachten? [E7]
7. Wie stark können Sie Ihre eigenen Gedanken reflektieren? [E4]

Achter Faktor: *Erfahrung des Ruhigen Verweilens*
6. Wie stark können Sie sich konzentrieren? (-)
15. Wie stark können Sie Stille empfinden?

5.2.9.5.2 Analyse von acht Faktoren mit Mittelwertersetzung

Bei Mittelwertersetzung desselben Fragebogens zeigt sich folgendes:

Erster Faktor: *Kognitive Distanzierung* [geddist]
16. Wie stark können Sie konzentrierte Kraft empfinden?
17. Wie stark können Sie (geistige) Klarheit empfinden?
12. Wie stark können Sie Wachheit empfinden?
27. Wie stark können Sie sich von Ihren eigenen Gedankenabläufen distanzieren? [T3]
18. Wie stark können Sie wache Entspannung empfinden? [E8]
11. Wie stark können Sie Ruhe empfinden?

Zweiter Faktor: *Aufmerksamkeitsführung* [auffuehr]
4. Wie stark können Sie somatische Bewegungen beobachten? [E3]
2. Wie stark können Sie mentale Bewegungen beobachten? [E1]
3. Wie stark können Sie emotionale Bewegungen beobachten? [E2]
1. Wie stark können Sie Ihre Aufmerksamkeit zu sich selbst zurückbringen? [T1]
9. Wie stark können Sie über Ihre körperliche Wahrnehmung reflektieren? [E6]
10. Wie stark können Sie Ihre eigenen Gedanken beobachten, ohne sie unmittelbar zu bewerten? [T2]
(lädt auch auf Faktor eins, die Differenz der beiden Ladungen beträgt: 0,024)

Dritter Faktor: *Gefühlsreflexion* [gefrefl]
19. Wie stark können Sie Wohlgefühl empfinden?
8. Wie stark können Sie Ihre eigenen Gefühle reflektieren? [E5]
21. Wie stark können Sie die Helligkeit von Licht empfinden?
29. Wie stark können Sie Freude empfinden?
20. Wie stark können Sie innere Weite empfinden?

Vierter Faktor: *Zustand der Anspannung im Extrem* [zustanspiextr] (Schlüsselsymptom Depression)
26. Wie stark können Sie Begierde empfinden?
25. Wie stark können Sie Aggression empfinden?
24. Wie stark können Sie Aussichtslosigkeit empfinden?

Fünfter Faktor: *Zustand der Anspannung* [zustansp] (fehlende Regulation)
13. Wie stark können Sie Sinken oder Schläfrigkeit empfinden?
14. Wie stark können Sie Unruhe, Agitation oder Überladung empfinden?
23. Wie stark können Sie Spannung empfinden?

Sechster Faktor: *Emotionale Distanzierung* [emotdist]
22. Wie stark können Sie bewegliche Leichtigkeit empfinden?
28. Wie stark können Sie sich von Ihren eigenen Emotionen und emotionsbeladenen Erinnerungen distanzieren? [T4]

Siebenter Faktor: *Gedankenreflexion* [gedrefl]
5. Wie stark können Sie was um Sie herum geschieht beobachten? [E7]
7. Wie stark können Sie Ihre eigenen Gedanken reflektieren? [E4]

Achter Faktor: *Erfahrung des Ruhigen Verweilens* [ruhverw] (Śamatha)
6. Wie stark können Sie sich konzentrieren? (-)
15. Wie stark können Sie Stille empfinden?

Vorliegende Darstellung beinhaltet die Zusammenfassung dieser Analyse.

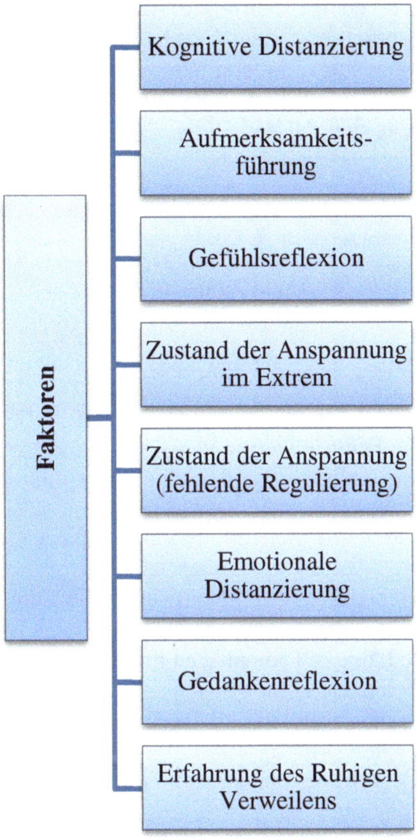

Abbildung 43
Acht Faktoren im Katamnesefragebogen
nach vier Wochen Training mit Varimax

Während der erste Faktor *Kognitive Distanzierung* die Korrelation zwischen der Trainingstechnik des *Greifens nach den Gedankenketten* [T3], der wachen Entspannung [E8] und den Erfahrungen dazu beschreibt, beinhaltet der zweite Faktor *Aufmerksamkeits-führung* die Trainingstechniken der *Aufmerksamkeitslenkung* [T1] und *Wertungsfreien Beobachtung* [T2] und zugehörigen Effekte *Introspektion* [E1], [E2], [E3] und *Reflexion auf somatischer Ebene* [E6]. Der dritte Faktor beinhaltet als *Gefühlsreflexion* den Effekt *Reflexion auf emotionaler Ebene* [E5] und hierzu korrelierende Erfahrungen.

Der vierte Faktor beschreibt den *Zustand der Anspannung im Extrem*, welcher in der Tibetischen Medizin mit Begierde und Aggression und in der Psychosomatik mit dem Schlüsselsymptom von Depression, Aussichtslosigkeit, bezeichnet wird.

Der fünfte Faktor beschreibt einen *Zustand der Anspannung mit fehlender Regulation*, der sechste Faktor die *Emotionale Distanzierung* mit der Trainingstechnik des *Greifens nach Emotionen* [T4] und korrelierenden Erfahrung der Beweglichen Leichtigkeit. Der siebente Faktor *Gedankenreflexion* beschreibt die Korrelation zwischen der eigenen Gedankenbeobachtung und der Beobachtung äußerer Ereignisse, während der achte Faktor die *Erfahrung des Ruhigen Verweilens, Śamatha,* beinhaltet.

In beiden Analysen findet sich bei der Stärke der Konzentration eine negative Ladung der Variablen.

5.2.9.6 Gemeinsame Faktorenanalyse des Meditations- und Katamnesefragebogens mit Quartimax

Bei der gemeinsamen Analyse des Meditations- und Katamnesefragebogens wurden nach der Screeplotanalyse zwölf Faktoren festgelegt.

5.2.9.6.1 Analyse von zwölf Faktoren ohne Mittelwertersetzung

Folgende Analyse wurde ohne Mittelwertersetzung durchgeführt.
Erster Faktor: *Aufmerksamkeitsführung*

3. Wie stark hat sich während alltäglicher Aktivität Ihre Fähigkeit die Aufmerksamkeit zu sich selbst zurückzubringen verändert? [T1 b]
9. Wie stark hat sich während alltäglicher Aktivität Ihre Konzentrationsfähigkeit verändert?
7. Wie stark hat sich die Beobachtungsfähigkeit äußerer Ereignisse während alltäglicher Aktivität verändert? [E7 b]
15. Wie stark hat sich Ihre Fähigkeit somatische Ereignisse während alltäglicher Aktivität zu reflektieren differenziert? [E6 b]
11. Wie stark hat sich Ihre Fähigkeit mentale Ereignisse während alltäglicher Aktivität zu reflektieren differenziert? [E4 b]
5. Wie stark hat sich Ihre Beobachtungsfähigkeit emotionaler Bewegungen verändert? [E2]
19. Wie stark haben Sie während alltäglicher Aktivität Ruhe empfunden?
40. Wie stark haben Sie während der Meditation bewegliche Leichtigkeit empfunden?
6. Wie stark hat sich Ihre Beobachtungsfähigkeit somatischer Bewegungen verändert? [E3]
4. Wie stark hat sich Ihre Beobachtungsfähigkeit mentaler Bewegungen verändert? [E1]
31. Wie stark haben Sie während alltäglicher Aktivität geistige Klarheit empfunden?
17. Wie stark hat sich Ihre Fähigkeit während alltäglicher Aktivität mentale Ereignisse ohne unmittelbare Bewertung zu beobachten entwickelt? [T2 b]
21. Wie stark haben Sie während alltäglicher Aktivität Wachheit empfunden?
13. Wie stark hat sich Ihre Fähigkeit emotionale Ereignisse während alltäglicher Aktivität zu reflektieren differenziert? [E5 b]
12. Wie stark hat sich Ihre Fähigkeit emotionale Ereignisse während der Meditation zu reflektieren differenziert? [E5 a]
35. Wie stark haben Sie während alltäglicher Aktivität Wohlgefühl empfunden?
27. Wie stark haben Sie während alltäglicher Aktivität Stille empfunden?

8. Wie stark hat sich während der Meditation Ihre Konzentrationsfähigkeit verändert?
29. Wie stark haben Sie während alltäglicher Aktivität konzentrierte Kraft empfunden?
2. Wie stark hat sich während der Integration der Meditationserfahrung in alltägliche Aktivität Ihre Fähigkeit die Aufmerksamkeit zu sich selbst zurückzubringen verändert? [T1 b]
30. Wie stark haben Sie während der Meditation geistige Klarheit empfunden?
10. Wie stark hat sich Ihre Fähigkeit mentale Ereignisse während der Meditation zu reflektieren differenziert? [E4 a]
33. Wie stark haben Sie während alltäglicher Aktivität wache Entspannung empfunden? [E8]
28. Wie stark haben Sie während der Meditation konzentrierte Kraft empfunden?
14. Wie stark hat sich Ihre Fähigkeit somatische Ereignisse während der Meditation zu reflektieren differenziert? [E6 a]
1. Wie stark hat sich während der Meditation Ihre Fähigkeit die Aufmerksamkeit zu sich selbst zurückzubringen verändert? [T1 a]
54. Wie stark haben Sie während der Meditation Freude empfunden?
16. Wie stark hat sich Ihre Fähigkeit während der Meditation mentale Ereignisse ohne unmittelbare Bewertung zu beobachten entwickelt? [T2 a]
20. Wie stark haben Sie während der Meditation Wachheit empfunden?
41. Wie stark haben Sie während alltäglicher Aktivität bewegliche Leichtigkeit empfunden?
51. Wie stark haben Sie während alltäglicher Aktivität das mentale Greifen nach Gedankenketten lösen können? [T3 b]
53. Wie stark haben Sie während alltäglicher Aktivität das mentale Greifen nach Emotionen oder das Festhalten an stark emotionsbeladenen Erinnerungen lösen können? [T4]
55. Wie stark haben Sie während alltäglicher Aktivität Freude empfunden?
37. Wie stark haben Sie während alltäglicher Aktivität innere Weite empfunden?
38. Wie stark haben Sie während der Meditation die Helligkeit von Licht empfunden?
32. Wie stark haben Sie während der Meditation wache Entspannung empfunden? [E8]
36. Wie stark haben Sie während der Meditation innere Weite empfunden?
18. Wie stark haben Sie während der Meditation Ruhe empfunden?
39. Wie stark haben Sie während alltäglicher Aktivität die Helligkeit von Licht empfunden?
34. Wie stark haben Sie während der Meditation Wohlgefühl empfunden?
26. Wie stark haben Sie während der Meditation Stille empfunden?
52. Wie stark haben Sie während der Meditation das mentale Greifen nach Emotionen oder das Festhalten an stark emotionsbeladenen Erinnerungen lösen können? [T4 a]

Zweiter Faktor: *Entspannung bei Gedanklicher Distanzierung*

27. Wie stark können Sie sich von Ihren eigenen Gedankenabläufen distanzieren? [T2]
17. Wie stark können Sie (geistige) Klarheit empfinden?
16. Wie stark können Sie konzentrierte Kraft empfinden?

28. Wie stark können Sie sich von Ihren eigenen Emotionen und emotionsbeladenen Erinnerungen distanzieren? [T4]
12. Wie stark können Sie Wachheit empfinden?
22. Wie stark haben Sie während der Meditation Sinken oder Schläfrigkeit empfunden? (-)
23. Wie stark haben Sie während alltäglicher Aktivität Sinken oder Schläfrigkeit empfunden? (-)
18. Wie stark können Sie wache Entspannung empfinden? [E8]
11. Wie stark können Sie Ruhe empfinden?
47. Wie stark haben Sie während alltäglicher Aktivität Aggression empfunden? (-)
15. Wie stark können Sie Stille empfinden?

Dritter Faktor: *Reflexion bei Lösen des kognitiven Festhaltens*

7. Wie stark können Sie Ihre eigenen Gedanken reflektieren? [E4]
8. Wie stark können Sie Ihre eigenen Gefühle reflektieren? [E5]
50. Wie stark haben Sie während der Meditation das mentale Greifen nach Gedankenketten lösen können? [T3 a]

Vierter Faktor: *Übermäßige Anspannung*

42. Wie stark haben Sie während der Meditation Spannung empfunden?
25. Wie stark haben Sie während alltäglicher Aktivität Agitation oder Überladung empfunden?
43. Wie stark haben Sie während alltäglicher Aktivität Spannung empfunden?
22. Wie stark können Sie bewegliche Leichtigkeit empfinden? (-)

Fünfter Faktor: *Sinken*

13. Wie stark können Sie Sinken oder Schläfrigkeit empfinden?
14. Wie stark können Sie Unruhe, Agitation oder Überladung empfinden?
23. Wie stark können Sie Spannung empfinden?
24. Wie stark haben Sie während der Meditation Agitation oder Überladung empfunden?

Sechster Faktor: *Aufmerksamkeitsführungstechnik*

4. Wie stark können Sie somatische Bewegungen beobachten? [E3]
2. Wie stark können Sie mentale Bewegungen beobachten? [E1]
1. Wie stark können Sie Ihre Aufmerksamkeit zu sich selbst zurückbringen? [T1]
9. Wie stark können Sie über Ihre körperliche Wahrnehmung reflektieren? [E6]
3. Wie stark können Sie emotionale Bewegungen beobachten? [E2]
10. Wie stark können Sie Ihre eigenen Gedanken beobachten, ohne sie unmittelbar zu bewerten? [T2]

Siebenter Faktor: *Freude*

29. Wie stark können Sie Freude empfinden?
19. Wie stark können Sie Wohlgefühl empfinden?

Achter Faktor: *Aussichtslosigkeit*

45. Wie stark haben Sie während alltäglicher Aktivität Aussichtslosigkeit empfunden?
44. Wie stark haben Sie während der Meditation Aussichtslosigkeit empfunden?

Neunter Faktor: *Fehlende Modulation*

24. Wie stark können Sie Aussichtslosigkeit empfinden?
26. Wie stark können Sie Begierde empfinden?
25. Wie stark können Sie Aggression empfinden?

Zehnter Faktor: *Innere Weite*

49. Wie stark haben Sie während alltäglicher Aktivität Begierde empfunden?
20. Wie stark können Sie innere Weite empfinden?
21. Wie stark können Sie die Helligkeit von Licht empfinden?
5. Wie stark können Sie was um Sie herum geschieht beobachten? (-) [E7]

Elfter Faktor: *Konzentrationsstärke*

6. Wie stark können Sie sich konzentrieren? (-)

Zwölfter Faktor: *Aggression-Begierde*

48. Wie stark haben Sie während der Meditation Begierde empfunden?
46. Wie stark haben Sie während der Meditation Aggression empfunden?

5.2.9.6.2 Analyse von zwölf Faktoren mit Mittelwertersetzung

Folgende Analyse wurde mit Mittelwertersetzung durchgeführt. Die analysierte Probandenzahl ist N=83. Dabei fehlen im Meditationsfragebogen nur wenige einzelne Werte, jedoch der Katamnesefragebogen, der erst später eingesetzt wurde, beinhaltet lediglich n=30.

Erster Faktor: *Aufmerksamkeitsführung* [auffuehr]

11. Wie stark hat sich Ihre Fähigkeit mentale Ereignisse während alltäglicher Aktivität zu reflektieren differenziert? [E4 b]
13. Wie stark hat sich Ihre Fähigkeit emotionale Ereignisse während alltäglicher Aktivität zu reflektieren differenziert? [E5 b]
7. Wie stark hat sich die Beobachtungsfähigkeit äußerer Ereignisse während alltäglicher Aktivität verändert? [E7 b]
9. Wie stark hat sich während alltäglicher Aktivität Ihre Konzentrationsfähigkeit verändert?
4. Wie stark hat sich Ihre Beobachtungsfähigkeit mentaler Bewegungen verändert? [E1]
12. Wie stark hat sich Ihre Fähigkeit emotionale Ereignisse während der Meditation zu reflektieren differenziert? [E5 a]
5. Wie stark hat sich Ihre Beobachtungsfähigkeit emotionaler Bewegungen verändert? [E5]
3. Wie stark hat sich während alltäglicher Aktivität Ihre Fähigkeit die Aufmerksamkeit zu sich selbst zurückzubringen verändert? [T1 b]

19. Wie stark haben Sie während alltäglicher Aktivität Ruhe empfunden?
15. Wie stark hat sich Ihre Fähigkeit somatische Ereignisse während alltäglicher Aktivität zu reflektieren differenziert? [E6 b]
17. Wie stark hat sich Ihre Fähigkeit während alltäglicher Aktivität mentale Ereignisse ohne unmittelbare Bewertung zu beobachten entwickelt? [T2 b]
6. Wie stark hat sich Ihre Beobachtungsfähigkeit somatischer Bewegungen verändert? [E3]
10. Wie stark hat sich Ihre Fähigkeit mentale Ereignisse während der Meditation zu reflektieren differenziert? [E4 a]
31. Wie stark haben Sie während alltäglicher Aktivität geistige Klarheit empfunden?
8. Wie stark hat sich während der Meditation Ihre Konzentrationsfähigkeit verändert?
14. Wie stark hat sich Ihre Fähigkeit somatische Ereignisse während der Meditation zu reflektieren differenziert? [E6 a]
16. Wie stark hat sich Ihre Fähigkeit während der Meditation mentale Ereignisse ohne unmittelbare Bewertung zu beobachten entwickelt? [T2 a]
27. Wie stark haben Sie während alltäglicher Aktivität Stille empfunden?
35. Wie stark haben Sie während alltäglicher Aktivität Wohlgefühl empfunden?
30. Wie stark haben Sie während der Meditation geistige Klarheit empfunden?
33. Wie stark haben Sie während alltäglicher Aktivität wache Entspannung empfunden? [E8]
2. Wie stark hat sich während der Integration der Meditationserfahrung in alltägliche Aktivität Ihre Fähigkeit die Aufmerksamkeit zu sich selbst zurückzubringen verändert? [T1 b]
29. Wie stark haben Sie während alltäglicher Aktivität konzentrierte Kraft empfunden?
37. Wie stark haben Sie während alltäglicher Aktivität innere Weite empfunden?
28. Wie stark haben Sie während der Meditation konzentrierte Kraft empfunden?
41. Wie stark haben Sie während alltäglicher Aktivität bewegliche Leichtigkeit empfunden?
1. Wie stark hat sich während der Meditation Ihre Fähigkeit die Aufmerksamkeit zu sich selbst zurückzubringen verändert? [T1 a]
20. Wie stark haben Sie während der Meditation Wachheit empfunden?
55. Wie stark haben Sie während alltäglicher Aktivität Freude empfunden?
54. Wie stark haben Sie während der Meditation Freude empfunden?
39. Wie stark haben Sie während alltäglicher Aktivität die Helligkeit von Licht empfunden?
36. Wie stark haben Sie während der Meditation innere Weite empfunden?
53. Wie stark haben Sie während alltäglicher Aktivität das mentale Greifen nach Emotionen oder das Festhalten an stark emotionsbeladenen Erinnerungen lösen können? [T4 b]
40. Wie stark haben Sie während der Meditation bewegliche Leichtigkeit empfunden?
21. Wie stark haben Sie während alltäglicher Aktivität Wachheit empfunden?
23. Wie stark haben Sie während alltäglicher Aktivität Sinken oder Schläfrigkeit empfunden?
38. Wie stark haben Sie während der Meditation die Helligkeit von Licht empfunden?

Zweiter Faktor: *Entspannung bei Gedanklicher Distanzierung* [entsp]
27. Wie stark können Sie sich von Ihren eigenen Gedankenabläufen distanzieren? [T3]
17. Wie stark können Sie (geistige) Klarheit empfinden?
12. Wie stark können Sie Wachheit empfinden?
28. Wie stark können Sie sich von Ihren eigenen Emotionen und emotionsbeladenen Erinnerungen distanzieren? [T4]
18. Wie stark können Sie wache Entspannung empfinden? [E8]
11. Wie stark können Sie Ruhe empfinden?
16. Wie stark können Sie konzentrierte Kraft empfinden?
15. Wie stark können Sie Stille empfinden?
10. Wie stark können Sie Ihre eigenen Gedanken beobachten, ohne sie unmittelbar zu bewerten? [T2]

Dritter Faktor: *Anspannung bei Aufmerksamkeitslenkung nach außen* [anspaufa]
25. Wie stark können Sie Aggression empfinden?
23. Wie stark können Sie Spannung empfinden?
26. Wie stark können Sie Begierde empfinden?
14. Wie stark können Sie Unruhe, Agitation oder Überladung empfinden?
24. Wie stark können Sie Aussichtslosigkeit empfinden?
5. Wie stark können Sie was um Sie herum geschieht beobachten? [E7]
13. Wie stark können Sie Sinken oder Schläfrigkeit empfinden?
7. Wie stark können Sie Ihre eigenen Gedanken reflektieren? [E4]
(lädt stark auch auf vierten Faktor, die Differenz beträgt: 0,08)

Vierter Faktor: *Beobachtung und Reflexion bei Introspektion* [introps]
4. Wie stark können Sie somatische Bewegungen beobachten? [E3]
2. Wie stark können Sie mentale Bewegungen beobachten? [E1]
3. Wie stark können Sie emotionale Bewegungen beobachten? [E2]
1. Wie stark können Sie Ihre Aufmerksamkeit zu sich selbst zurückbringen? [T1]
9. Wie stark können Sie über Ihre körperliche Wahrnehmung reflektieren? [E6]
8. Wie stark können Sie Ihre eigenen Gefühle reflektieren? [E5]

Fünfter Faktor: *Wache Entspannung und Freude* [wachentsp]
18. Wie stark haben Sie während der Meditation Ruhe empfunden?
34. Wie stark haben Sie während der Meditation Wohlgefühl empfunden?
32. Wie stark haben Sie während der Meditation wache Entspannung empfunden? [E8]
26. Wie stark haben Sie während der Meditation Stille empfunden?
29. Wie stark können Sie Freude empfinden?

Sechster Faktor: *Anspannung* [anspag]
42. Wie stark haben Sie während der Meditation Spannung empfunden?
25. Wie stark haben Sie während alltäglicher Aktivität Agitation oder Überladung empfunden?
43. Wie stark haben Sie während alltäglicher Aktivität Spannung empfunden?
24. Wie stark haben Sie während der Meditation Agitation oder Überladung empfunden?

Siebenter Faktor: *Innere Weite bei Sinken und Wohlgefühl* [inweit]
20. Wie stark können Sie innere Weite empfinden?
21. Wie stark können Sie die Helligkeit von Licht empfinden?
22. Wie stark können Sie bewegliche Leichtigkeit empfinden?
19. Wie stark können Sie Wohlgefühl empfinden?
22. Wie stark haben Sie während der Meditation Sinken oder Schläfrigkeit empfunden?

Achter Faktor: *Aufmerksamkeitslenkungstechniken* [auflenk]
50. Wie stark haben Sie während der Meditation das mentale Greifen nach Gedankenketten lösen können? [T3 a]
51. Wie stark haben Sie während alltäglicher Aktivität das mentale Greifen nach Gedankenketten lösen können? [T3 b]
52. Wie stark haben Sie während der Meditation das mentale Greifen nach Emotionen oder das Festhalten an stark emotionsbeladenen Erinnerungen lösen können? [T4 a]

Neunter Faktor: *Aussichtslosigkeit* [auslos]
45. Wie stark haben Sie während alltäglicher Aktivität Aussichtslosigkeit empfunden?
44. Wie stark haben Sie während der Meditation Aussichtslosigkeit empfunden?

Zehnter Faktor: *Fehlende Modulation* [fehlmod]
49. Wie stark haben Sie während alltäglicher Aktivität Begierde empfunden?
48. Wie stark haben Sie während der Meditation Begierde empfunden?
46. Wie stark haben Sie während der Meditation Aggression empfunden?
47. Wie stark haben Sie während alltäglicher Aktivität Aggression empfunden?

Elfter Faktor: *Konzentrationsstärke* [konz]
6. Wie stark können Sie sich konzentrieren?

Zwölfter Faktor [fak12] keine

In der gemeinsamen Analyse des Meditations- und Katamnesefragebogens fällt auf, dass bei der Analyse ohne Mittelwertersetzung die Frage 10. *Wie stark können Sie Ihre eigenen Gedanken beobachten, ohne sie unmittelbar zu bewerten* [T2] zwar am sechsten Faktor am höchsten lädt, jedoch gleichzeitig eine sehr nahe positive Ladung sowohl auf dem ersten wie auch zweiten und eine negative Ladung auf dem vierten Faktor vorliegt.
Bei der Faktorenanalyse mit Mittelwertersetzung lädt dieselbe Frage auf den Faktor zwei und vier positiv mit einem Abstand von 0,06. Die Frage *7. Wie stark können Sie Ihre eigenen Gedanken reflektieren* [E4] lädt bei Mittelwertersetzung auf Faktor drei und vier mit einem Abstand von 0,08.

Folgende Abbildung zeigt die Faktoren auf der gemeinsamen Analyse des Meditations- und Katamnesefragebogens.

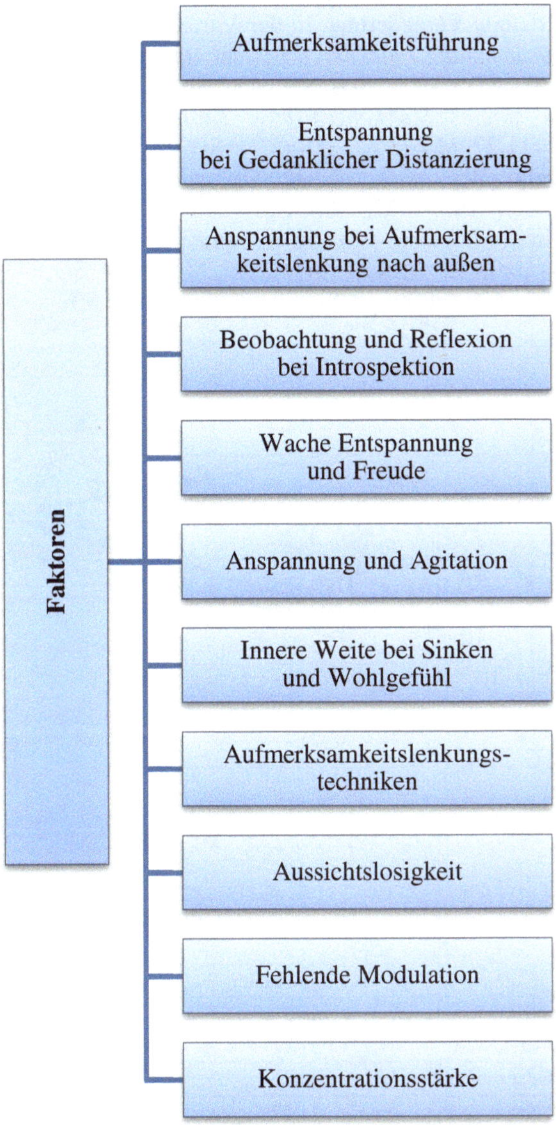

Abbildung 44
Faktorenanalyse des Meditations- und Katamnesefragebogens mit Quartimax

5.2.9.7 Signifikante Änderungen im Zeitverlauf im Katamnesefragebogen

Bei einem T-Test für verbundene Stichproben im Katamnesefragebogen zeigt sich im Vergleich der Zeitpunkte vor dem Training und nach vier Wochen Training in vier Variablen eine signifikante Veränderung. In der Variable neun *Wie stark können Sie über Ihre körperliche Wahrnehmung reflektieren* besteht eine Signifikanz von p=0,032* (n=30, M_1=15,37, M_2=13,80, SD_1=3,72, SD_2=3,90, KI=0,15-2,99, t=2,26), in der Variable sechzehn *Wie stark können Sie konzentrierte Kraft empfinden* eine Signifikanz von p=0,021* (n=30, M_1=11,27, M_2=13,67, SD_1=5,74, SD_2=4,60, KI=-4,40-(-0,40), t=-2,45), in der Variable achtzehn *Wie stark können Sie wache Entspannung empfinden* eine Signifikanz von p=0,033* (n=30, M_1=10,77, M_2=12,60, SD_1=4,90, SD_2=4,61, KI=-3,51-(-0,16), t=-2,24) und in der Variable zwanzig *Wie stark können Sie innere Weite empfinden* eine Signifikanz von p=0,005** (n=29, M_1=11,55, M_2=14,10, SD_1=4,95, SD_2=5,39, KI=-4,26-(-0,85), t=-3,07) bei jeweils einem Signifikanzniveau von 5%.

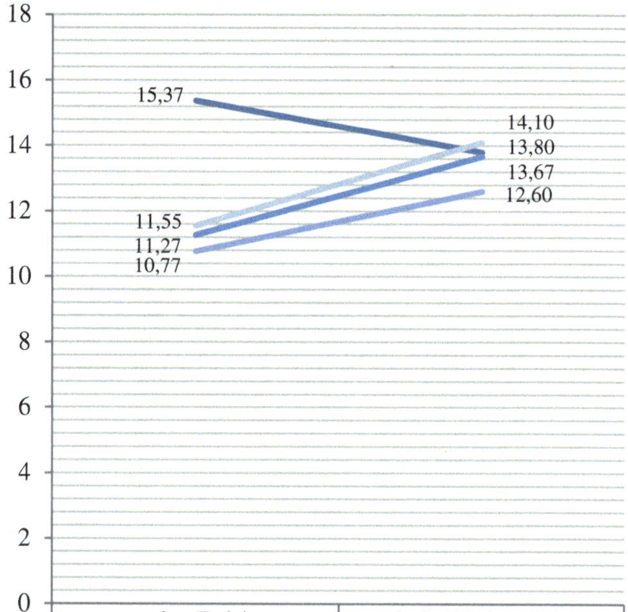

	vor dem Training	nach vier Wochen Training
Reflexion Körper	15,37	13,80
Konzentrierte Kraft	11,27	13,67
Wache Entspannung	10,77	12,60
Innere Weite	11,55	14,10

Abbildung 45
Signifikante Änderungen in Variablen des Katamnesefragebogens zwischen dem Zeitpunkt vor dem Training und nach vier Wochen Training

Obwohl der Vergleich des Zeitpunkts vor dem Training mit dem Zeitpunkt nach drei Monaten Training eine deutlich reduzierte Probandenanzahl beinhaltet, wird sie im Sinne der Pilotphase für den Fragebogen angeführt. Dabei zeigt sich in der Variable acht *Wie stark können Sie Ihre eigenen Gefühle reflektieren* eine Signifikanz von $p=0{,}026^*$ ($n=16$, $M_1=12{,}94$, $M_2=16{,}31$, $SD_1=5{,}32$, $SD_2=2{,}52$, $KI=-6{,}29-(-0{,}46)$, $t=-2{,}47$), in der Variable siebzehn *Wie stark können Sie (geistige) Klarheit empfinden* eine Signifikanz von $p= 0{,}049^*$ ($n=15$, $M_1=11{,}73$, $M_2=14{,}67$, $SD_1=4{,}98$, $SD_2=4{,}48$, $KI=-5{,}85-(-0{,}02)$, $t=-2{,}16$), in der Variable siebenundzwanzig *Wie stark können Sie sich von Ihren eigenen Gedankenabläufen distanzieren* eine Signifikanz von $p=0{,}043^*$ ($n=16$, $M_1=9{,}00$, $M_2=11{,}69$, $SD_1=4{,}86$, $SD_2=3{,}54$, $KI=-5{,}27-(-0{,}10)$, $t=-2{,}22$) und in der Variable achtundzwanzig *Wie stark können Sie sich von Ihren eigenen Emotionen und emotionsbeladenen Erinnerungen distanzieren* eine Signifikanz von $p=0{,}041^*$ ($n=16$, $M_1=8{,}19$, $M_2=11{,}13$, $SD_1=4{,}20$, $SD_2=4{,}16$, $KI=-5{,}73-(-0{,}14)$, $t=-2{,}24$) bei jeweils einem Signifikanzniveau von 5%.

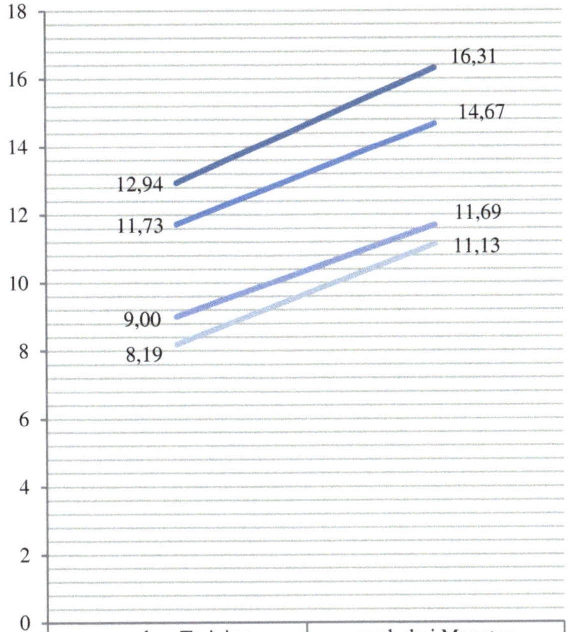

	vor dem Training	nach drei Monaten
Gefühlsreflexion	12,94	16,31
Klarheit	11,73	14,67
Gedankliche Distanzierung	9,00	11,69
Emotionale Distanzierung	8,19	11,13

Abbildung 46
Signifikante Änderungen in Variablen des Katamnesefragebogens
zwischen dem Zeitpunkt vor dem Training
und nach drei Monaten Training

5.3 Einflussfaktoren auf die Selbstreferenz-Entwicklung

In den folgenden Grafiken werden die Zusammenhänge zwischen den Faktorvariablen aus den beiden ausgewählten Faktorenanalysen mit Quartimax - im Meditationsfragebogen und im Meditationsfragebogen gleichzeitig mit dem Katamnesefragebogen - und den unabhängigen Variablen Geschlecht (Kap. 5.2.1), Psychotherapie (Kap. 5.2.4), Trainingsart (Kap. 5.2.2), Trainingshäufigkeit (Kap. 5.2.2) und Integrationshäufigkeit (Kap. 5.2.3) dargestellt. Diese Grafiken stellen eine Visualisierung der entsprechenden T-Tests[606] einfaktorieller ANOVA[607]dar. Der Katamnesefragebogen wurde aufgrund der bislang relativ kleinen Probandenzahl noch nicht in diese Analysen einbezogen.

5.3.1 Einfluss des Geschlechts auf die Faktoren der beiden Faktorenanalysen

Der Einfluss des Geschlechts auf die Faktoren aus der Faktorenanalyse zeigt folgendes Ergebnis:

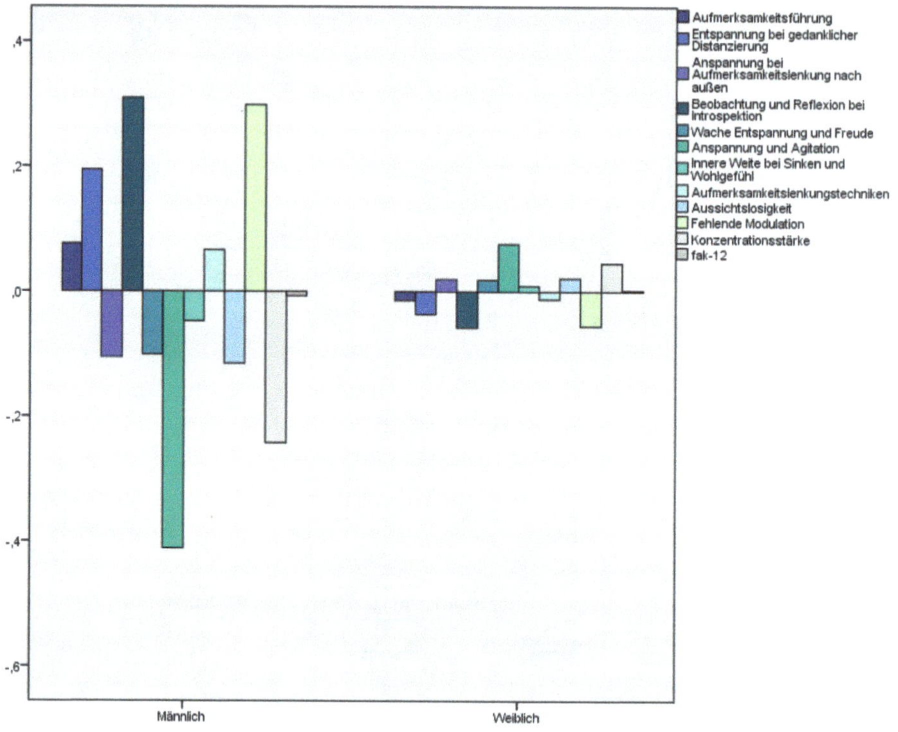

Abbildung 47
Einfluss des Geschlechts auf die Faktoren der Analyse eins

---

[606] vgl. Bühl, A. (2012: 612, 613).
[607] vgl. Bühl, A. (2012: 613-616).

Während auf der x-Achse als unabhängige Variable das Geschlecht dargestellt ist, sind auf der y-Achse die Mittelwerte der Faktorwerte dargestellt. Entsprechend der Fragebögen bedeutet dabei ein höherer Wert jeweils eine stärkere Ausprägung.

Auch im Meditationsfragebogen sind auf der x-Achse als unabhängige Variable das Geschlecht und auf der y-Achse die Mittelwerte der Faktorwerte dargestellt.

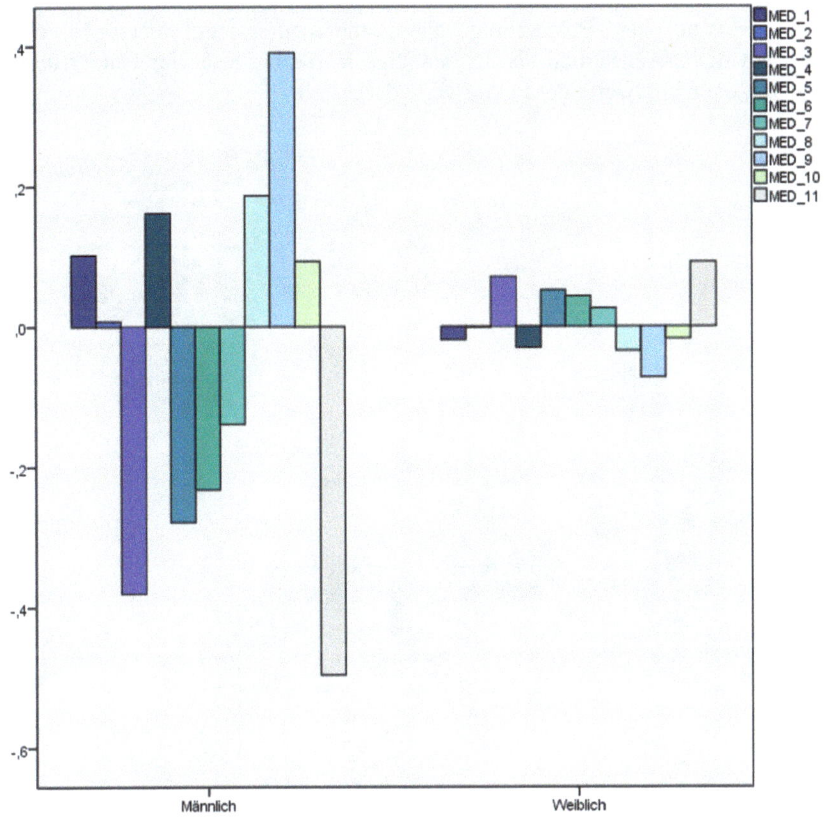

Abbildung 48
Einfluss des Geschlechts auf die Faktoren der Analyse zwei

Entsprechend der Fragebögen bedeutet dabei ein höherer Wert jeweils eine stärkere Ausprägung.

5.3.2 Einfluss der Variablen Psychotherapie auf die Faktoren der beiden Faktorenanalysen

In folgenden zwei Grafiken werden die Faktoren aus den beiden Faktorenanalysen mit Quartimax - im Meditationsfragebogen und im Meditationsfragebogen gleichzeitig mit dem Katamnesefragebogen - und der unabhängigen Variablen Psychotherapie dargestellt. Die Variable Psychotherapie hat dabei folgende Untergruppen: Personen in aktueller oder früherer psychotherapeutischer Behandlung, Psychotherapeuten und Personen ohne Psychotherapie. Auf der x-Achse sind als unabhängige Variable diese vier Untergruppen und auf der y-Achse die Mittelwerte der Faktorwerte dargestellt.

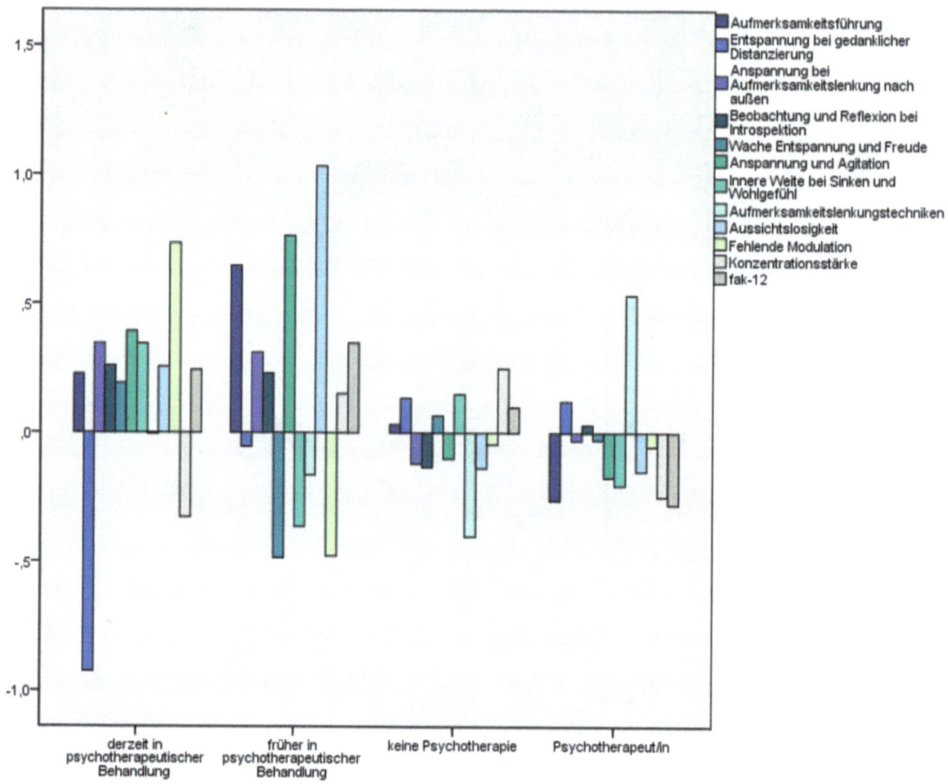

Abbildung 49
Einfluss der Variable Psychotherapie auf die Faktoren der Analyse eins

Entsprechend der Fragebögen bedeutet dabei ein höherer Wert jeweils eine stärkere Ausprägung.

Bei der Analyse im Meditationsfragebogen sind auf der x-Achse als unabhängige Variable die vier Untergruppen und auf der y-Achse die Mittelwerte der Faktorwerte dargestellt.

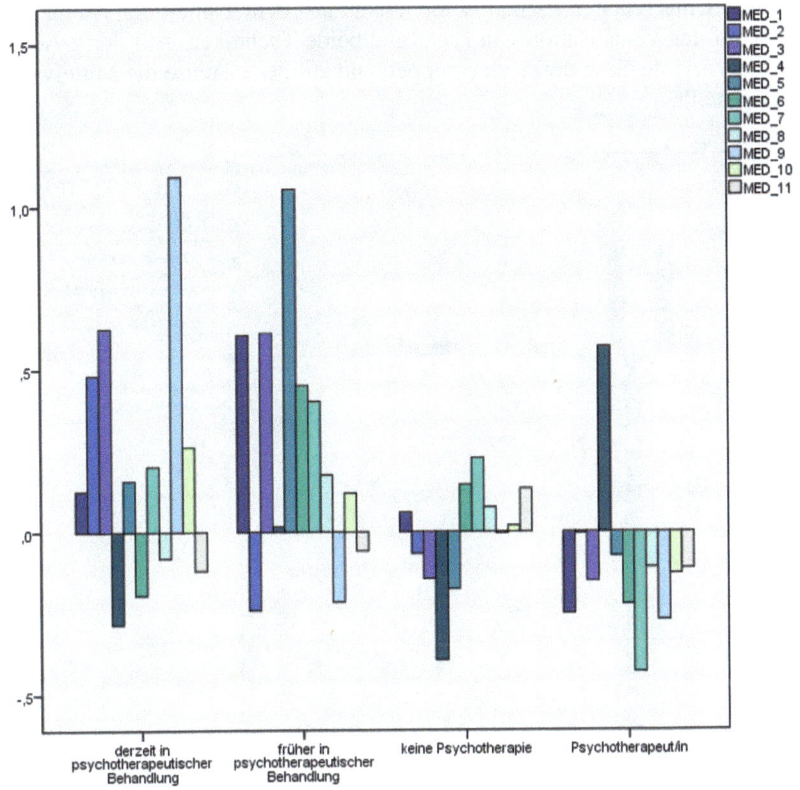

Abbildung 50
Einfluss der Variable Psychotherapie auf die Faktoren der Analyse zwei

Entsprechend der Fragebögen bedeutet dabei ein höherer Wert jeweils eine stärkere Ausprägung.

5.3.3 Einfluss der Trainingsart auf die Faktoren der beiden Faktorenanalysen

In folgenden zwei Grafiken werden die Faktoren aus den beiden Faktorenanalysen mit Quartimax - im Meditationsfragebogen und im Meditationsfragebogen gleichzeitig mit dem Katamnesefragebogen - und der unabhängigen Variablen Trainingsart dargestellt. Die Variable hat folgende Untergruppen: Śamatha mit Fokus auf dem Zählen der Atemzüge, Śamatha mit Fokus auf der Visualisation von Licht und beide Techniken. Auf der x-Achse sind als unabhängige Variable diese drei Untergruppen und auf der y-Achse die Mittelwerte der Faktorwerte dargestellt.

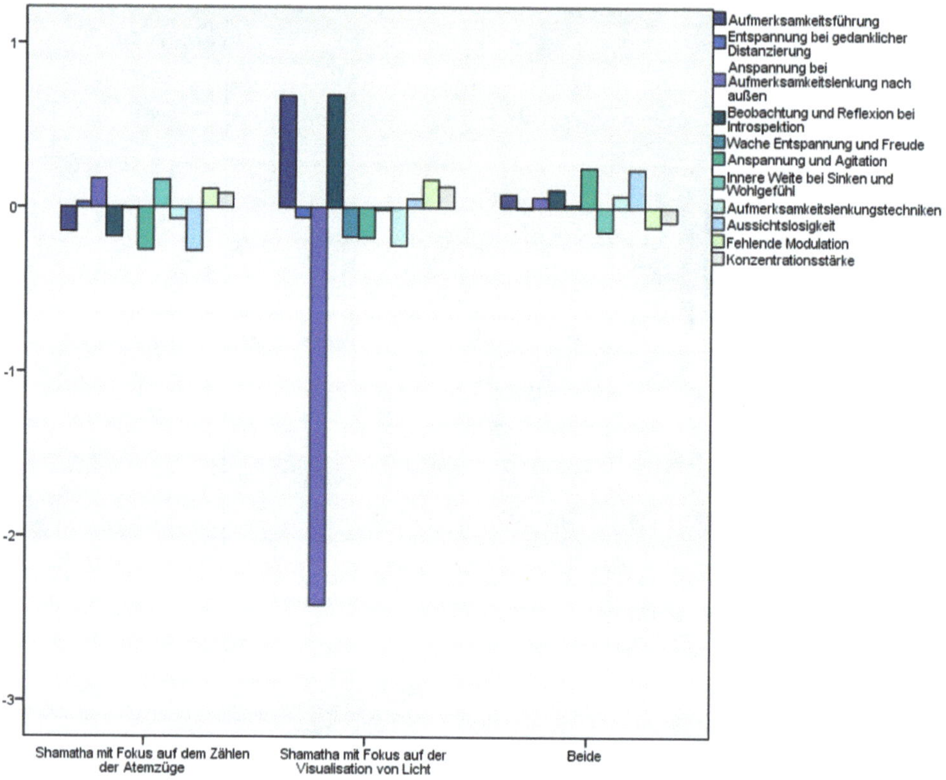

Abbildung 51
Einfluss der Trainingsart auf die Faktoren der Analyse eins

Entsprechend der Fragebögen bedeutet dabei ein höherer Wert jeweils eine stärkere Ausprägung.

Bei der Analyse im Meditationsfragebogen sind auf der x-Achse als unabhängige Variable die drei Untergruppen und auf der y-Achse die Mittelwerte der Faktorwerte dargestellt.

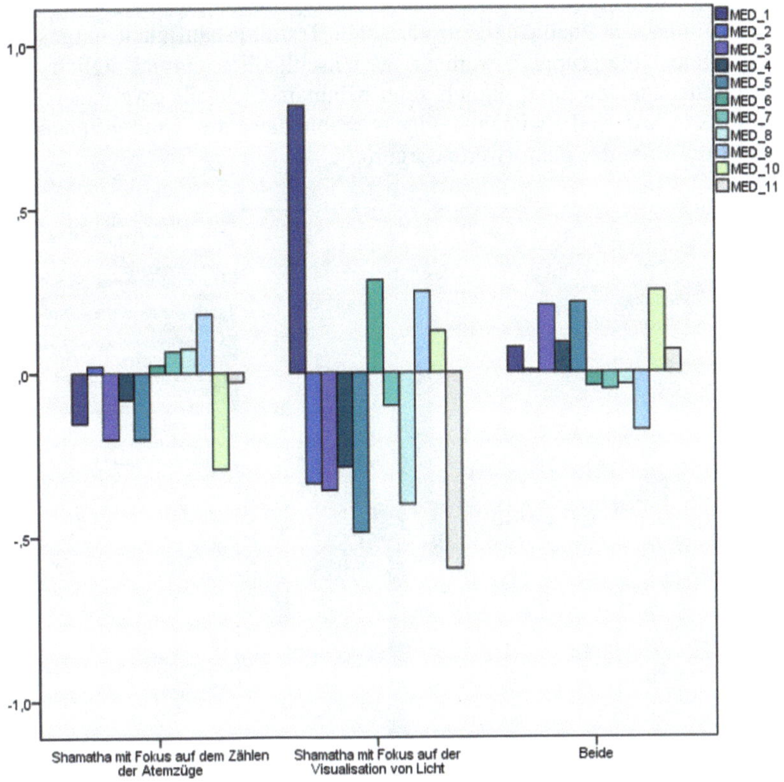

Abbildung 52
Einfluss der Trainingsart auf die Faktoren der Analyse zwei

Entsprechend der Fragebögen bedeutet dabei ein höherer Wert jeweils eine stärkere Ausprägung.

5.3.4 Einfluss der Trainingshäufigkeit auf die Faktoren der beiden Faktorenanalysen

In folgenden zwei Grafiken werden die Faktoren aus den beiden Faktorenanalysen mit Quartimax - im Meditationsfragebogen und im Meditationsfragebogen gleichzeitig mit dem Katamnesefragebogen - und der unabhängigen Variablen Trainingshäufigkeit dargestellt. Die Variable hat folgende Untergruppen: weniger bis einschließlich einmal täglich zehn Minuten, zwischen einmal und zweimal täglich zehn Minuten, mehr als zweimal täglich zehn Minuten. Auf der x-Achse sind als unabhängige Variable diese drei Untergruppen und auf der y-Achse die Mittelwerte der Faktorwerte dargestellt.

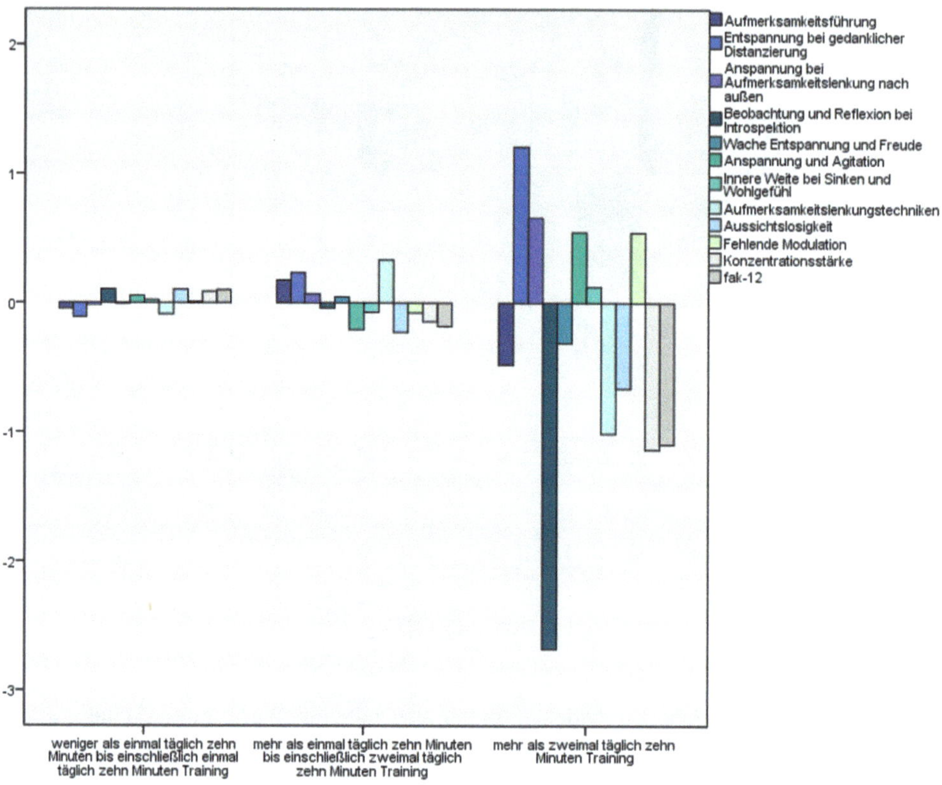

Abbildung 53
Einfluss der Trainingshäufigkeit auf die Faktoren der Analyse eins

Entsprechend der Fragebögen bedeutet dabei ein höherer Wert jeweils eine stärkere Ausprägung.

Bei der Analyse im Meditationsfragebogen sind auf der x-Achse als unabhängige Variable die drei Untergruppen und auf der y-Achse die Mittelwerte der Faktorwerte dargestellt.

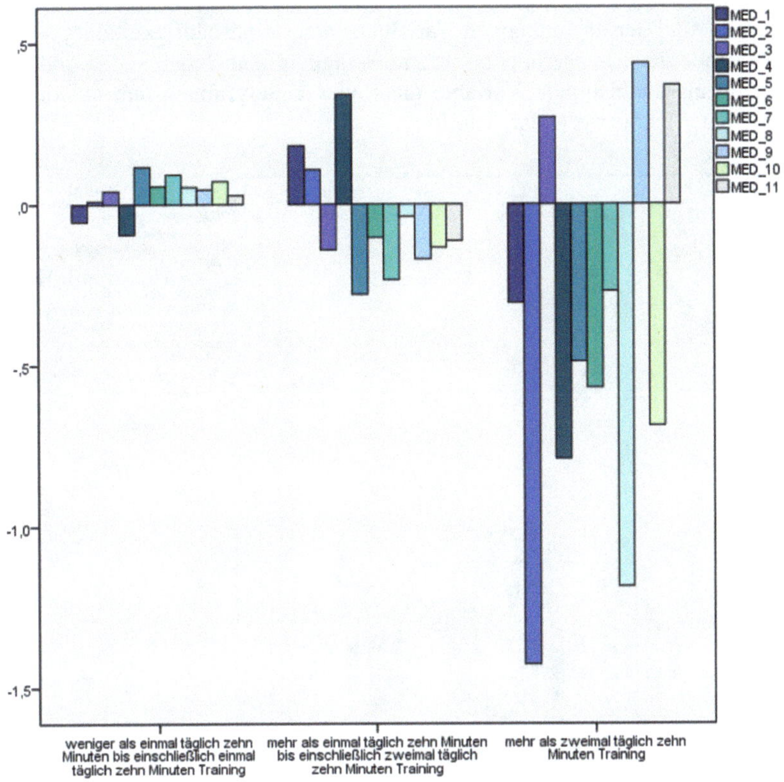

Abbildung 54
Einfluss der Trainingshäufigkeit auf die Faktoren der Analyse zwei

Entsprechend der Fragebögen bedeutet dabei ein höherer Wert jeweils eine stärkere Ausprägung.

5.3.5 Einfluss der Integrationshäufigkeit auf die Faktoren der beiden Faktorenanalysen

In folgenden zwei Grafiken werden die Faktoren aus den beiden Faktorenanalysen mit Quartimax - im Meditationsfragebogen und im Meditationsfragebogen gleichzeitig mit dem Katamnesefragebogen - und der unabhängigen Variablen Integrationshäufigkeit dargestellt. Die Variable hat folgende vier Untergruppen: mehrmals täglich, manchmal, selten und nie. Auf der x-Achse sind als unabhängige Variable diese vier Untergruppen und auf der y-Achse die Mittelwerte der Faktorwerte dargestellt.

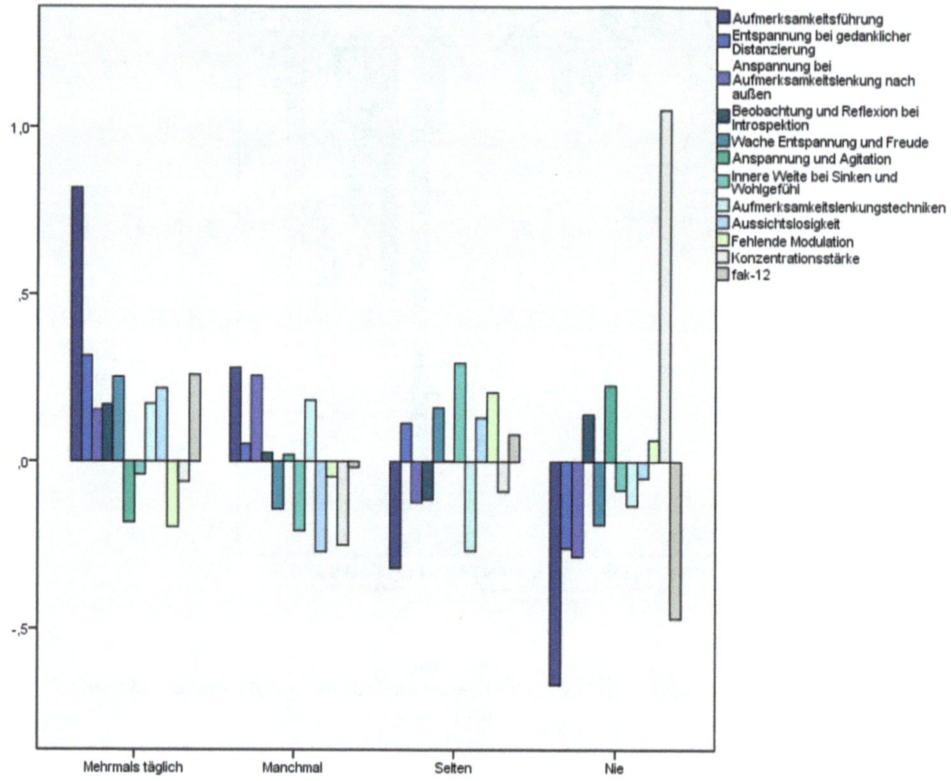

Abbildung 55
Einfluss der Integrationshäufigkeit auf die Faktoren der Analyse eins

Entsprechend der Fragebögen bedeutet dabei ein höherer Wert jeweils eine stärkere Ausprägung.

Bei der Analyse im Meditationsfragebogen sind auf der x-Achse als unabhängige Variable die vier Untergruppen und auf der y-Achse die Mittelwerte der Faktorwerte dargestellt.

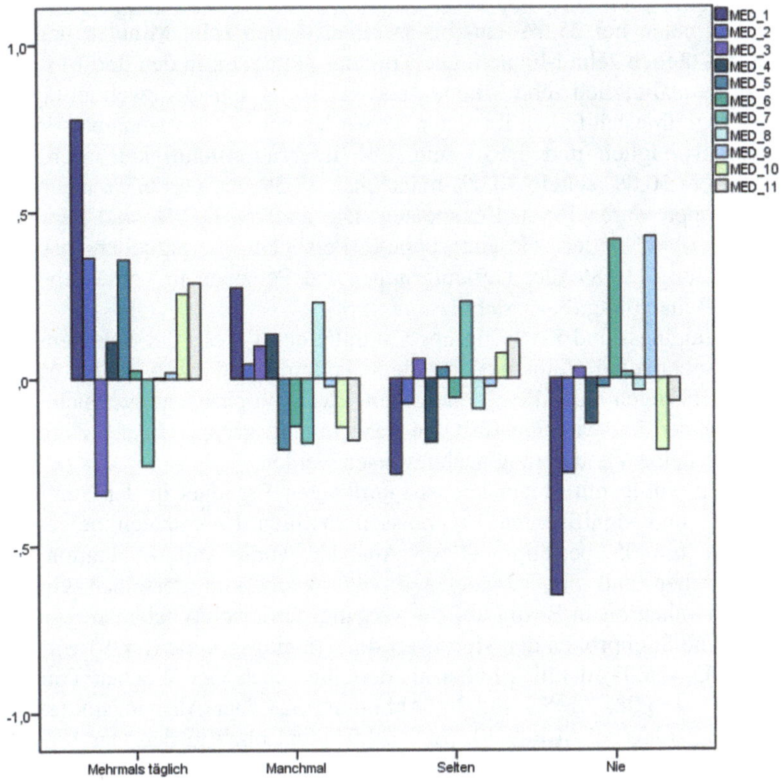

Abbildung 56
Einfluss der Integrationshäufigkeit auf die Faktoren der Analyse zwei

Entsprechend der Fragebögen bedeutet dabei ein höherer Wert jeweils eine stärkere Ausprägung.

5.4 Zusammenfassung und Vergleich der Faktorenanalysen

Die Studiengruppe (N=83) hat 84,3% weibliche und 15,7% männliche Teilnehmer (Kontrollgruppe N=71). Die Trainingshäufigkeit im ersten Monat lag bei 72,0% bis zu einmal täglich zehn Minuten bei 25,6% ein- bis zweimal täglich zehn Minuten und bei 2,4% mehr als zweimal täglich zehn Minuten. Die Trainingshäufigkeit in den drei Monaten lag bei 83,3% bis zu einmal täglich zehn Minuten und bei 16,7% ein- bis zweimal täglich zehn Minuten. Die Integrationshäufigkeit im ersten Monat lag bei 39,5% manchmal, 36,8% selten, 13,2% mehrmals täglich und 10,5% nie. Die Integrationshäufigkeit nach drei Monaten Training lag bei 50,0% selten, 30,0% manchmal, 13,3% nie und 6,7% mehrmals täglich. 36,1% der Gruppe waren Psychotherapeuten. Die anderen 63,9% sind Personen ohne Psychotherapie (44,6% der Gesamtgruppe), Personen in aktueller psychotherapeutischer Behandlung (10,8% der Gesamtgruppe) und Personen in vorhergehender psychotherapeutischer Behandlung (8,4% der Gesamtgruppe).

Im Vergleich der Trainings- und Kontrollgruppe mithilfe des T-Tests der Summenskala "ASS-SYM-G"[608] zwischen dem Zeitpunkt vor dem Training und nach einem Monat *Kognitivem Training* [bezogen auf die vergangenen zwei Wochen] zeigte sich eine deutliche Verbesserung der Entspannungswerte in der Trainingsgruppe. In der Kontrollgruppe hingegen konnte keine Veränderung nachgewiesen werden.

Die erste Hypothese wurde mit einem höchstsignifikanten Ergebnis in der Summenskala der Entspannung und signifikanten Ergebnissen in allen Unterskalen bei einem Signifikanzniveau von α=0,05 bestätigt. Diese Analyse wurde mit Evaluation der vergangenen zwei Wochen und der vergangenen vier Wochen in derselben Gruppe durchgeführt. Bei der Evaluation in Bezug auf die vergangenen zwei Wochen zeigte sich im T-Test für verbundene Stichproben der Mittelwert der Trainingsgruppe (n=79) vor dem Training (M_1=44,23, SD_1=25,03) deutlich höher als derjenige nach vier Wochen Training (M_2= 34,75, SD_2=22,71, t=5,08, KI=5,77-13,20, Abbildung 32). Der Ausgangsmittelwert der Kontrollgruppe (n=69) lag bei M_1=49,30, (SD_1=24,93) und blieb in den vier Wochen der Wartezeit auf demselben Wert M_2= 49,30 (SD_2=25,62, t=0,00, KI=-4,58-4,58). Der deutliche Unterschied im Mittelwertsvergleich zwischen den Evaluationszeiträumen, bezogen auf die vergangenen zwei oder vier Wochen wurde in Abbildung 35 dargestellt. In der Analyse mit dem Friedman Test zeigen sich sinkende Mittelwerte in Bezug auf die vergangenen zwei Wochen zwischen Zeitpunkt vor dem Training (M_1=43, 83, SD_1=2,74), nach vier Wochen Training (M_2=34,76, SD_2=2,52) und nach drei Monaten Training (M_3=37,19, SD_3=6,09). Die stärkere Verringerung des Mittelwerts in Bezug auf die vergangenen vier Wochen im Vergleich hat als Ausgangswert M_1=47,9 (SD_1=4,51) und nach vier Wochen M_2= 34,97 (SD_2=4,58). In Bezug auf die vergangenen drei Monate Training liegt der Mittelwert bei M_3=29,71, SD_3=3,94).

[608] siehe Krampen, G. (2006).

Tabelle 15
Mittelwertsvergleich in der katamnestische Darstellung im ASS-SYM-G mithilfe des Friedman Tests

	Mittelwertebezogen jeweils auf die vergangenen zwei Wochen	Mittelwerte bezogen auf die vergangenen vier Wochen bzw. vergangenen drei Monate
vor dem Training	43,83	47,90
nach vier Wochen Training	34,76	34,97
nach drei Monaten Training	37,19	29,71

Die zweite Hypothese wurde mit einem höchstsignifikanten Ergebnis in der Summenskala des Chronischen Stress bei einem Signifikanzniveau von $\alpha=0{,}05$ bestätigt. Die höchstsignifikante Veränderung im Chronischen Stress (T-Test für verbundene Stichproben, p=0,000***, Abbildung 39) zeigt sich beim Vergleich der Prä-Postmessung der Trainingsgruppe (n=81, $M_1=16{,}91$, $SD_1=9{,}17$, $M_2=13{,}81$, $SD_2=9{,}19$, t=5,00, KI=1,87-4,33). Die Werte der Kontrollgruppe (n=69) beziehen sich auf $M_1=20{,}38$, $SD_1=9{,}84$, $M_2=19{,}42$, $SD_2=9{,}94$, t=1,07, KI=-0,84-275.

Auch bezogen auf die vergangenen vier Wochen ergab sich ein sehr signifikantes Ergebnis (n=41, $M_1=20{,}02$, $SD_1=10{,}88$, $M_2=15{,}85$, $SD_2=10{,}13$, t=3,56, KI=1,81-6,54, p=0,001***, $\alpha=0{,}05$).

Tabelle 16
Mittelwertsvergleich in der katamnestischen Darstellung im SSCS mithilfe des Friedman Tests

	Mittelwerte bezogen auf die vergangenen drei Monate	Mittelwerte bezogen auf die vergangenen vier Wochen
vor dem Training	16,91	20,02
nach vier Wochen Training	13,72	15,55
nach drei Monaten Training	13,72	

Die dritte Hypothese wurde mit einer Signifikanz zwischen den Gruppen ("ASS-SYM-G"[609] als unabhängige und "SSCS"[610] als abhängige Variable, p=0,043*, n=36, F=6,29, M=15,33, SD=10,61, KI=11,74-18,92) bestätigt.

Die vierte Hypothese der Selbstreferenzentwicklung durch das *Graduelle Kognitive Training* bedingte die Operationalisierung des Selbstreferenzmodells (Kapitel 4.6) und seine Überprüfung mithilfe des Meditations- und Katamnesefragebogens (Kapitel 5.2.9).

Im Meditationsfragebogen zum Untersuchungszeitpunkt nach vier Wochen Training wurden mithilfe der Faktorenanalysen (n=60, ohne Mittelwertersetzung) mit den

609 siehe Krampen, G. (2006).
610 siehe Schulz, P., Schlotz, W., Becker, P. (2004).

Rotationsmethoden Quartimax und Varimax jeweils elf Faktoren ermittelt. Beim Vergleich der beiden Rotationsmethoden zeigten sich etwas unterschiedliche Ergebnisse.

Tabelle 17
Vergleich der Faktorenanalyse des Meditationsfragebogens mit den Rotationsmethoden Quartimax und Varimax

Meditationsfragebogen, Analysen mit verschiedenen Rotationsmethoden (ohne MW Ersetzung)	
Elf Faktoren mit Quartimax	Elf Faktoren mit Varimax
Aufmerksamkeitsführung [auffuehr]	*Aufmerksamkeitsführung* [vauffuehr]
Wache Entspannung [wachentsp]	*Wache Entspannung* [ventsp]
Anspannung [ansp]	*Klarheit* [vklar]
Aussichtslosigkeit [aussichtsl]	*Freudige Aktivität* [vanspfreud]
Inneres Loslassen [inloslass]	*Kognitives Loslassen* [vkognlosl]
Aggression [aggr]	*Aussichtslosigkeit* [vaussichtsl]
Sinken [sinken]	*Emotionales Loslassen* [vemotlosl]
Faktor acht: keine Variable, die auf diesen Faktoren am höchsten lädt	*Sinken* [vsinken]
Begierde [begierd]	*Begierde* [vbegierd]
Helligkeit von Licht [licht]	*Wachheit* [vwach]
Faktor elf: keine Variable, die auf diesen Faktoren am höchsten lädt	*Helligkeit von Licht* [vlicht]

Obwohl es in der Analysemethode mit der Rotationsmethode Quartimax zwei Faktoren gab, in denen keine Variable am höchsten lud, wurde diese Analyse nach Prüfung des Screeplots und Vergleich der Ergebnisse aus alternativen Analysen mit weniger Faktoren aufgrund der Differenziertheit der Faktorengruppen beibehalten.

Bei einer Analyse mit Mittelwertersetzung (Kap. 5.2.9.2.2) zeigte sich, dass einige Variablen die bei der Analyse ohne Mittelwertersetzung (Kap. 5.2.9.2.1) dem Faktor eins (MED_1) zugeordnet waren, auf andere Faktoren stärker hochluden. Der Faktor MED_2 entspricht dem Faktor zwei in der Analyse ohne Mittewertersetzung, jedoch wird der Zusammenhang zwischen Entspannung und Lösen des emotionalen Greifens [T4 a] deutlich. Ferner zeigt sich eine Korrelation mit der negativen Ladung der Empfindung der Aggression während der Trainingsphase. Der Faktor MED_3 gleicht dem Faktor drei in der Analyse ohne Mittelwertersetzung. Da MED_4 aus [T3 a], [T3 b] und [T4 b] besteht, bezieht dieser Faktor sich auf die Aufmerksamkeitsführungstechniken. In der Analyse ohne Mittelwertersetzung wären [T3 a] und [T3 b] im Faktor fünf. MED_5 gleicht dem Faktor vier, Aussichtslosigkeit. MED_6 findet sich in der Analyse ohne Mittelwertersetzung in Faktor eins und lädt auch auf die Faktoren MED_1 und MED_2. MED_7 besteht aus der negativ geladenen Variable zwanzig über die Wahrnehmung von Wachheit während der Trainingsphase und der positiv geladenen Variable zweiundzwanzig über die Erfahrung von Sinken beziehungsweise Schläfrigkeit während der Trainingsphase. MED_8 hat keine Variable, die auf diesen Faktor am höchsten lädt. MED_9 bezieht sich auf das in der Tibetischen Medizin überlieferte Konzept der Begierde, welches eng mit einem Element verknüpft ist, welches wörtlich übersetzt als Wind bezeichnet würde und sich somit als eines der drei in Diagnostik wie auch Therapie zentralen physiologischen Elemente zeigt. MED_10 bezieht sich auf die Helligkeit von Licht. MED_11 hat keine Variable, die auf diesen Faktor am höchsten lädt. Da sich beim Vergleich der Faktoren aus beiden

Rotationsmethoden in der Varimax (Kapitel 5.2.9.2.3) und Quartimax-Analyse (Kapitel 5.2.9.2.1) mit elf Faktoren etwas unterschiedliche Ergebnisse zeigen, stellt sich die Frage der Bedeutung und des Einflusses der Rotationsmethode auf das Ergebnis.
Bei der Analyse des Katamnesefragebogens wurden sowohl Vergleiche der Messzeitpunkte wie auch der Rotationsmethoden und Ergebnisse mit beziehungsweise ohne Mittelwertersetzung vorgenommen (Kapitel 5.2.9.3-5.2.9.5). Bei der Faktorenanalyse der Werte zum Zeitpunkt vor dem Training (Rotationsmethode Varimax, Kapitel 5.2.9.3) zeigte sich eine ähnliche Kategorienbildung mit (n=40) und ohne Mittelwertersetzung (n=36). Die teilweise vorhandenen Unterschiede in der Variablenzuordnung zu den Faktoren sollte bei größeren Probandengruppen weiter analysiert werden.

Tabelle 18
Vergleich der Analyseergebnisse im Katamnesefragebogen zum Zeitpunkt vor dem Training mit Varimax mit und ohne Mittelwertersetzung

Katamnesefragebogen zum Zeitpunkt vor dem Training, Analyse mit Varimax, sieben Faktoren	
ohne Mittelwertersetzung	mit Mittelwertersetzung
Introspektionselemente	*Introspektionselemente*
Wache Entspannung	*Innere Anspannung*
Aufmerksamkeitsführung (Techniken)	*Ruhe*
Ruhe	*Wache Entspannung*
Innere Anspannung	*Aufmerksamkeitsführung* (Techniken)
Wohlgefühl	*Wohlgefühl*
Sinken	*Sinken*

Bei der Faktorenanalyse der Werte zum Zeitpunkt nach vier Wochen Training (Rotationsmethode Quartimax, Kapitel 5.2.9.4) zeigte sich eine ähnliche Kategorienbildung sowohl mit als auch ohne Mittelwertersetzung.

Tabelle 19
Vergleich der Analyseergebnisse im Katamnesefragebogen zum Zeitpunkt nach vier Wochen Training mit Quartimax mit und ohne Mittelwertersetzung

Katamnesefragebogen zum Zeitpunkt nach vier Wochen Training, Analyse mit Quartimax, acht Faktoren	
ohne Mittelwertersetzung	mit Mittelwertersetzung
Kognitive Distanzierung	*Kognitive Distanzierung*
Beobachtungsfähigkeit auf Grundlage der Aufmerksamkeitsführung	*Beobachtungsfähigkeit auf Grundlage der Aufmerksamkeitsführung*
Gefühlsreflexion	*Gefühlsreflexion*
Aussichtslosigkeit	*Aussichtslosigkeit*
Sinken aufgrund von Anspannung	*Sinken aufgrund von Anspannung*
Bewegliche Leichtigkeit	*Bewegliche Leichtigkeit*
Gedankenreflexion (nach außen gerichtet)	*Gedankenreflexion* (nach außen gerichtet)
Konzentration	*Konzentration*

Bei der Faktorenanalyse der Werte zum Zeitpunkt nach vier Wochen Training (Rotationsmethode Varimax, Kapitel 5.2.9.5) zeigte sich eine ähnliche Kategorienbildung sowohl mit als auch ohne Mittelwertersetzung.

Tabelle 20
Vergleich der Analyseergebnisse im Katamnesefragebogen zum Zeitpunkt nach vier Wochen Training mit Quartimax mit und ohne Mittelwertersetzung

Katamnesefragebogen zum Zeitpunkt nach vier Wochen Training, Analyse mit Varimax, acht Faktoren	
ohne Mittelwertersetzung	mit Mittelwertersetzung
Kognitive Distanzierung	*Kognitive Distanzierung* [geddist]
Aufmerksamkeitsführung	*Aufmerksamkeitsführung* [auffuehr]
Gefühlsreflexion	*Gefühlsreflexion* [gefrefl]
Zustand der Anspannung im Extrem	*Zustand der Anspannung im Extrem* [zustanspiextr]
Zustand der Anspannung	*Zustand der Anspannung* [zustansp]
Emotionale Distanzierung	*Emotionale Distanzierung* [emotdist]
Gedankenreflexion	*Gedankenreflexion* [gedrefl]
Erfahrung des Ruhigen Verweilens	*Erfahrung des Ruhigen Verweilens* [ruhverw]

Die Faktorenanalyse beider Fragebögen, Meditations- und Katamnesefragebogen zum Zeitpunkt nach vier Wochen Training, findet sich in Kapitel 5.2.9.6. Nach einer Analyse des Screeplots wurden die Faktoren auf zwölf festgelegt und die Faktorenanalyse mit der Rotationsmethode Quartimax durchgeführt. Dabei ergibt der Vergleich der Faktoren ohne Mittelwertersetzung und mit Mittelwertersetzung etwas unterschiedliche Kategorien. Insbesondere ist in diesem Vergleich der beiden Analysen auf Mikroebene auffällig, dass sogar eine Drehung von Faktorladungen auftritt.

Tabelle 21
Vergleich der Analyseergebnisse in beiden Fragebögen (Katamnese- und Meditationsfragebogen) zum Zeitpunkt nach vier Wochen Training mit Quartimax mit und ohne Mittelwertersetzung

Meditations- und Katamnesefragebogen mit Quartimax, zwölf Faktoren	
ohne Mittelwertersetzung	mit Mittelwertersetzung
Aufmerksamkeitsführung	*Aufmerksamkeitsführung* [auffuehr]
Entspannung bei Gedanklicher Distanzierung	*Entspannung bei Gedanklicher Distanzierung* [entsp]
Reflexion bei Lösen des kognitiven Festhaltens	*Anspannung bei Aufmerksamkeitslenkung nach außen* [anspaufa]
Übermäßige Anspannung	*Beobachtung und Reflexion bei Introspektion* [introsp]
Sinken	*Wache Entspannung und Freude* [wachentsp]
Aufmerksamkeitsführungstechnik	*Anspannung* [anspag]
Freude	*Innere Weite bei Sinken und Wohlgefühl* [inweit]
Aussichtslosigkeit	*Aufmerksamkeitslenkungstechnik* [auflenk]
Fehlende Modulation	*Aussichtslosigkeit* [auslos]
Innere Weite	*Fehlende Modulation* [fehlmod]
Konzentrationsstärke (-)	*Konzentrationsstärke* [konz]
Aggression-Begierde	Faktor zwölf: keine Variable, die auf diesen Faktoren am höchsten lädt

6 Interpretation und Diskurs

Vorliegende Analysen zeigen, wie die Eingrenzung des Forschungsgegenstands eine psychologische Theoriebildung ermöglicht. Dafür wurde eine Methode der *Perspektivischen Analyse* eingeführt. Durch ihre Ergebnisse bei der Gegenüberstellung der emischen und etischen Perspektive wird der Beitrag der emischen Perspektive zum theoretischen wie auch anwendungsbezogenen Diskurs zum Forschungsgegenstand entwickelt. Somit beinhaltet diese Eingrenzung des Forschungsgegenstands seine definitorische, trainingsmethodische wie auch theoretische Differenzierung.

Mithilfe einer Arbeitsdefinition zum *Graduellen Kognitiven Training*[611] wurde die Forschungslücke einer für alle Lernprozesse[612] üblichen graduellen Vorgangsweise differenziert. Die Strukturbeschreibung der durch das Training bedingten Veränderungsprozesse[613] liegt als Theoriebildung in den originalsprachlichen Texten und Textkommentaren der Tibetischen Medizin und Buddhistischen Philosophie bereits vor. Somit werden die Implikationen des Beitrags aus emischer Perspektive nicht nur auf die trainingsmethodische Differenzierung als ein *Graduelles Kognitives Training*, sondern auch auf die Theoriebildung zum Forschungsgegenstand deutlich. Nach der Darstellung des Beitrags der emischen Perspektive auf trainingstechnischer Ebene in Kapitel 4.2 wurde im theoretischen Diskurs (Kapitel 4.5) der mithilfe der *Perspektivische Analyse* mögliche Beitrag zum wissenschaftlichen Diskurs über Meditationseffekte ebenso wie Theoriebildung und den Implikationen auf die Forschungsmethoden dargestellt

Im zweiten Teil (Kapitel fünf) wurden die Effekte des *Graduellen Kognitiven Trainings* im Bereich von Entspannung und Chronischem Stress bereits nach vier Wochen durchschnittlich zehnminütigem täglichen Trainings mithilfe einer Fragebogenevaluation durch standardisierte psychologische Fragebögen dargestellt. Dabei zeigte sich Signifikanz bei der Wirkung der Entspannungsreaktion durch das Kognitive Training auf den Chronischen Stress.

Da eine Differenzierung des Forschungsgegenstands die notwendige Grundlage für das Ziel der Entwicklung einer psychologischen Theoriebildung zu den Effekten bildet, wurde diese in Kapitel vier vorgenommen. Aufgrund der fehlenden Kategorisierung zum Forschungsgegenstand selbst wurde das Modell der Selbstreferenz mithilfe einer Kombination von quantitativen mit qualitativen Verfahren zu jeweils denselben Fragestellungen evaluiert. Dabei schien es aufgrund lerntheoretischer Überlegungen von zentraler Bedeutung, neben dem Outcome zu bestimmten Zeitpunkten auch die Entwicklungsprozesse, die aus solch gradueller Vorgangsweise beim Training resultieren, zu evaluieren und darzustellen. Neben den T-Test-Vergleichen zwischen dem Zeitpunkt vor dem Training, nach vier Wochen und nach drei Monaten Training wurden die Ergebnisse

---

[611] vgl. Attersee, A.I.M. (2014 a).

[612] vgl. Korte, M. (2011: 73). "Lernen kann also definiert werden als eine erfahrungsabhängige Generierung von andauernden, internen Repräsentationen - andauernd meint hier wenige Sekunden bis viele Jahrzehnte. Gedächtnis ist die Erhaltung dieser internen Repräsentationen, Erinnern demnach das Benutzen dieses Informationsspeichers in neuronalen und verhaltensbezogenen Operationen."

[613] vgl. Korte, M. (2011: 73). "Bei uns Menschen beispielsweise sind Effektivität und Kapazität von Lern- und Gedächtnisvorgängen besonders stark ausgeprägt und halten bis in das hohe Lebensalter hin an. Unsere diesbezüglichen Fähigkeiten sind [...] Grundlage und Voraussetzung unserer Kultur und unserer individuellen Persönlichkeit."

aus dem Friedman Test zur Beschreibung der Veränderung einzelner Elemente wie der Entspannungsreaktion oder dem Chronischen Stress dargestellt. Vergleiche von Korrelationen zwischen den Ergebnissen in den Faktorenanalysen zu unterschiedlichen Evaluationszeitpunkten (Kapitel 5.2.9.3-5.2.9.5) können hier ebenso Hinweise liefern wie einfaktorielle und mehrfaktorielle ANOVA und Regressionsanalysen. Obwohl die Evaluation von Veränderungsstrukturen, welche solchen Trainingsprozessen zugrunde liegen, eine zentrale Grundlage für eine umfassende psychologische Theoriebildung wäre, konnte hierfür in vorliegender Arbeit mithilfe der Darstellung und Evaluation des *Dynamischen Selbstreferenzmodells* lediglich ein Anfang gemacht werden.

Jedoch wurde durch die trainingstechnische Spezifizierung des Forschungsgegenstands als ein *Graduelles Kognitives Training* eine für Lernprozesse bislang unbeachtete Forschungslücke eines graduellen Trainingszugangs differenziert und vor dem Hintergrund eines Modells der Selbstreferenzentwicklung und Persönlichkeitsreifung durch das Training zentrale quantitative Ergebnisse im Bereich der Entspannung und Stressregulation unter Bezugnahme zu bereits vorliegenden qualitativen Forschungsergebnissen dargestellt. Diese werden vor dem Hintergrund neurophysiologischer Regulationsmechanismen verständlich. Somit leisten die Darstellung und Prüfung des Modells der Selbstreferenzentwicklung, die Entwicklung von Fragebögen und vorliegende Faktorenanalysen einen Beitrag zum wissenschaftlichen, differenzierten Diskurs zum Forschungsgegenstand.

Obwohl sich die Evaluation im Bereich der Entspannungsreaktion und des Chronischen Stress vorwiegend auf Trainingsoutcome nach einem und drei Monaten Training bezieht, wurden durch die zeitliche Modifikation der Fragebögen nach dem Pilotprojekt bereits spezifische Darstellungen möglich. Weitere statistische Analysen der Trainingselemente [T1-T4], Trainings- und Integrationshäufigkeit und Trainingssart dürften sinnvolle Beiträge auf einer Mikroebene zu den strukturellen und inhaltlichen Prozessen ermöglichen. Insofern die Entwicklung des Bezugs zu sich selbst direkt vom Level der Entspannung abhängig ist und sich ferner durch die Herbeiführung des vagotonen Zustands ein zuvor nicht vorstellbarer Differenzierungsgrad von Beobachtungs- und Reflexionsfähigkeit entwickeln kann, wird dieser Outcome in der Entspannungsreaktion als essentielle und notwendige Grundlage für die Entwicklung von Selbstreferenz betrachtet. Wird diese Feststellung aus emischer Perspektive betrachtet, findet sich für alle buddhistischen Traditionen gleichermaßen eine grundlegende Trainingstechnik, deren Bedeutung als Ruhiges Verweilen (Śamatha) übersetzt werden kann. Dieses Ruhige Verweilen impliziert die für jegliche komplexeren Techniken nötige physiologische Entspannungsreaktion.

Bei der Operationalisierung des Selbstreferenzmodells (Kapitel 4.6) wurden Trainingstechniken (T1-T4) von Trainingserfahrungen (ER1-ER16) und -effekten (E1-E8) unterschieden. Genau durch diese theoretische Differenzierung zeigt sich, dass sich eine theoretische Gruppierung der Effekte auf kognitiver, emotionaler und somatischer Ebene selbstverständlich deutlich von den Korrelationen, welche in den Faktorenanalysen sichtbar wurden, unterscheidet. In dieser Unterscheidung zwischen einer Theoriebildung, welche ohne Rückkopplung an die Empirie entwickelt wird, und einer Theorie- oder Modellbildung auf der Grundlage von Ergebnissen, die aus Anwendungsbezug resultieren, zeigt sich der Unterschied der Implikationen von Forschungsergebnissen aus diesen beiden Vorgangsweisen. Dabei bedeutet die vorgenommene Eingrenzung des Forschungsgegenstands eine notwendige Grundlage für die spezifische Prüfung von inhaltlichen und strukturellen Veränderungen und einer entsprechenden Theoriebildung nicht nur auf Makro- sondern auch auf einer Mikroebene.

Aufgrund der emotionalen Stabilisierung und einsetzender neurophysiologischer Modulation durch das *Graduelle Kognitive Training* wurden von Beginn an Entspannungseffekte erwartet, was sich durch höchstsignifikante Ergebnisse im Entspannungsfragebogen "ASS-SYM Symptomfragebogen"[614] bestätigte. Die hierzu noch ausstehenden neurophysiologischen Messungen der Veränderungen sollten eine Erweiterung der Methodik und somit auch Ergebnisse zur selben Fragestellung bieten.

Zur Darstellung der Entspannungsreaktion als Outcome und Prozess wurden sowohl der Summenwert "Allgemeine Symptom- und Problembelastung"[615] wie auch die einzelnen Dimensionen des "ASS-SYM Symptomfragebogen"[616] benutzt (Kapitel 5.2.5, 5.2.6). Die Anwendung der vorgegebenen Bezugszeiträume bei den standardisierten psychologischen Fragebogen "ASS-SYM Symptomfragebogen"[617] und "TICS Fragebogen SSCS"[618] erlaubt einen Vergleich mit den in den Handbüchern vorliegenden Normwerten. Vorliegende Studie zeigte, dass es beim *Graduellen Kognitiven Training* bereits nach vier Wochen Training zu höchstsignifikanten Ergebnissen in der Entspannungsreaktion und im Chronischen Stress kommt. Dieses Ergebnis aus der Selbsteinschätzung der Probanden könnte durch eine Messung physiologischer Stressparameter sinnvoll ergänzt und in seiner Aussagekraft vertieft werden.

Da jedoch die erwartbaren Effekte des *Graduellen Kognitiven Trainings* weit über die mit den standardisierten Fragebogen evaluierbare Entspannungsreaktion oder Veränderungen im Chronischen Stress hinausgehen, wurde das Selbstreferenzmodell mithilfe eigener Fragebögen[619] operationalisiert. Dabei wurde nicht nur die Entwicklung der Trainingstechniken (T1-T4) von Effekten (E1-E8) und Erfahrungen (ER1-ER16) unterschieden, sondern auch versucht, die Entwicklung während der Trainingssitzungen von derjenigen im Alltag zu differenzieren.

Bei einer Analyse der Wirksamkeit des *Graduellen Kognitiven Trainings* könnten drei unterschiedliche Analyseebenen unterschieden werden: erstens die Wirksamkeit auf neurophysiologischer Ebene, nämlich der dadurch bedingten Plastizitätsänderung[620], zweitens die durch das Individuum wahrnehmbaren und mentalisierbaren Bereiche, welche in oben vorliegender Analyse unter Effekten (E1-E8) und Erfahrungen (ER1-ER16) zusammengefasst wurden, und drittens die kulturspezifischen Interpretationen durch das Individuum. In vorliegender Arbeit lag der Fokus auf der zweiten Analyseebene, nämlich

---

614 siehe Krampen, G. (2006).
615 siehe Krampen, G. (2006: 35).
616 siehe Krampen, G. (2006: 35).
617 siehe Krampen, G. (2006).
618 siehe Schulz, P., Schlotz, W., Becker, P. (2004).
619 siehe Kapitel 12.
620 vgl. Korte, M. (2011: 73, 74). "Die Fähigkeit zu lernen wird generell auf die Fähigkeit von Neuronen, „plastisch" zu sein, zurückgeführt. *Plastizität* bedeutet hier, dass Neurone sich in ihrer Funktion, also ihren Input- und Outputcharakteristika, und/oder in ihrer Struktur aufgrund von neuronaler Aktivität an Veränderungen in ihrer lokalen Umgebung anpassen können. [...] Hierzu gehören die Ausprägung und Veränderung sog. funktioneller, neuronaler Karten in den sensorischen und motorischen Gehirnarealen durch intrinsisch und extrinsisch generierte neuronale Aktivität."

der vom Individuum beschriebenen Entwicklung von Entspannung, der Verbesserung des Chronischen Stress und der Selbstreferenzentwicklung.

Insofern alle Probanden, die nicht das angegebene Training durchgeführt, nicht genau nach vier Wochen beziehungsweise drei Monaten die Fragebögen ausgefüllt oder nur einzelne Tage geübt hatten, aus der Auswertung in der Trainingsgruppe eliminiert wurden, sollten die vorliegenden Ergebnisse den Outcome bei eigenständigem Training präzise abbilden. Da die Trainingsgruppe (N=83) aus 36,1% Psychotherapeuten, 44,6% Personen ohne Psychotherapie, 8,4% Personen in vergangener und 10,8% Personen in aktueller psychotherapeutischer Behandlung bestand, können Unterschiede zwischen diesen Gruppen dargestellt werden (Kapitel 5.3.2). Da mithilfe des Fragebogens "ET-ANAM"[621] nicht nur eine Analyse der Teilnahmemotivation und möglicher Kontraindikationen durchgeführt, sondern auch die aktuelle oder vorhergehende psychotherapeutische Behandlung erfasst werden konnte, trug er für die Dateninterpretation wesentliche Information bei. Der hohe Frauenanteil von 84,3% resultierte aus den Anmeldungen zur Studienteilnahme und korreliert mit der weiblich dominierten Berufswahl an denjenigen Stellen, an denen Studiengruppen durchgeführt wurden.

Durch die Darstellung der tatsächlichen Übungsdauer im eigenen Fragebogen (Kapitel 12.1-12.3) stellte sich heraus, dass die Übungssequenz in den ersten vier Trainingswochen bei lediglich 25,6% der Gruppe zwischen ein- und zweimal täglich zehn Minuten, jedoch bei 72,0% bis zu einmal täglich zehn Minuten lag, was bedeutet, dass die tatsächliche Übungsdurchführung deutlich unter der Trainingsanleitung von zweimal täglich zehn Minuten lag. Diese Diskrepanz zwischen Planung und tatsächlicher Durchführung zeigt nicht nur, wie wenig Zeitaufwand für höchstsignifikante Ergebnisse in der Entspannungsreaktion und Chronischem Stress ausreichte, sondern macht auch deutlich, dass genau die Analyse der tatsächlichen Übungshäufigkeit und -art von zentraler Bedeutung für die Dateninterpretation ist.

Bezüglich der Länge der Trainingssitzung, die bestenfalls nach der individuellen Beobachtung des Eintritts einer Entspannungsreaktion ausgerichtet wird, hat sich für Gesunde eine zehnminütige Einheit als sinnvoll erwiesen. Die Empfehlung von häufigen, kurzen Sitzungen für Trainingsanfänger in der Überlieferung aus emischer Perspektive bestätigte sich durch die Feststellung, dass die 2,4% der Probanden, welche in den ersten vier Wochen mehr als die vorgegebene Trainingszeit absolviert hatten, keineswegs vermehrte Effekte zeigten (Kapitel 5.43). Anstatt einer Verbesserung durch die Verlängerung der Trainingssitzung jedoch zeigt sich jedoch die Häufigkeit der Integration der Trainingseffekte als bedeutungsvoller Faktor (Kapitel 5.3.5).

Obwohl die Diskrepanz zwischen der Anleitung und tatsächlichen Übungsdauer durch die in der Meditationsforschung beliebten Gruppensitzungen hätte behoben werden können, bedeuten diese erstens ein Element sozialer Anpassung, welches die Forschungsergebnisse stark verzerren würde. Ferner wird damit der für Selbstreferenz wichtige Prozess der Entwicklung von Autonomie gestört. Daher wurde für diese Studie mit Gesunden ein Studiendesign individuellen Trainings gewählt und die tatsächliche Trainingshäufigkeit und Trainingsart in einem gesonderten Fragebogen erhoben. Die vorliegenden Ergebnisse zeigen deutlich, wie wichtig die Erfassung und Interpretation solcher Diskrepanzen

---

[621] siehe Krampen, G. (2002).

zwischen Übungsanleitung und tatsächlicher Übung ist. Solche präzise Dokumentation der tatsächlichen Trainingshäufigkeit und Trainingsart bildet auch die Grundlage für einen Vergleich von Studienergebnissen.

Nach einer Pilotphase wurde der Evaluationszeitraum der retrospektiven Aussagen der Probanden sowohl für den "ASS-SYM Symptomfragebogen"[622] wie auch den "TICS Fragebogen SSCS"[623] genau auf den Trainingszeitraum abgestimmt. Somit liegen von einem großen Teil der Probanden pro Evaluationszeitpunkt jeweils zwei retrospektive Aussagen zu unterschiedlichen Übungszeiträumen vor. Da sich bei der Evaluation jeweils genau der Trainingszeiträume eine deutlich stärkere Veränderung im "ASS-SYM-G"[624] und "SSCS"[625] im Vergleich zu längeren oder kürzeren Zeitspannen zeigte, ist diese Vorgangsweise trotz mangelnder Vergleichbarkeit mit bereits für die Evaluation von Entspannung und Chronischem Stress vorliegenden Normgruppen[626] eine nötige Grundlage zur Entwicklung einer differenzierten Theoriebildung. Diese stärkere Mittelwertsänderung kann als ein Einsetzen der Entspannungsreaktion bereits relativ früh nach Trainingsbeginn, und nicht erst nach zwei Wochen Training, interpretiert werden. Auch beim Fragebogen "SSCS"[627] zeigte sich, dass eine Präzision der Befragung auf den Trainingszeitraum von genau vier Wochen eine deutliche stärkere Mittelwertsdifferenz bewirkte. Dies weist auf die Notwendigkeit der Übereinstimmung zwischen Trainingszeitraum und Zeitintervall des Fragebogens zur Präzisierung der Ergebnisse und Ergebnisinterpretation hin.

Aus den qualitativen Forschungsdaten wurde deutlich, dass die Integration der Trainingseffekte, außer für einen Einsatz in akuten Stresssituationen, häufig erst nach einigen Wochen des Trainings als bedeutungsvoll empfunden wurde. Während der ersten vier Wochen des *Graduellen Kognitiven Trainings* haben 39,5% der Probanden manchmal, 36,8% selten, 13,2% mehrmals täglich und 10,5% nie die Effekte bewusst in alltägliche Aktivitäten integriert. Von denjenigen, die an der dreimonatigen Studie teilnahmen, haben 6,7% mehrmals täglich, 30,0% manchmal, 50,0% selten und 13,3% nie Effekte gezielt integriert. Der Einfluss der Integrationshäufigkeit auf die Faktoren der beiden Faktorenanalysen kann aus den Ergebnissen in Kapitel 5.3.5 abgelesen werden. Sie scheint starke Implikationen auf mehrere Effektebereiche zu haben, obwohl ihre Bedeutung bislang im Diskurs zum Forschungsgegenstand unterschätzt wurde.

---

[622] siehe Krampen, G. (2006).
[623] siehe Schulz, P., Schlotz, W., Becker, P. (2004).
[624] siehe Krampen, G. (2006).
[625] siehe Schulz, P., Schlotz, W., Becker, P. (2004).
[626] Bezüglich der Normstichprobe schrieb Krampen, G. (2006: 66) im Handbuch: "Aus der Tatsache, dass die Normierungsstichproben nicht den Kriterien der Bevölkerungsrepräsentativität genügen, ergibt sich, dass die sozial vergleichenden Normangaben (also die T- und PR-Werte in Tabelle 17) im Sinne vorläufiger Bezugs- und Vergleichswerte für die Interpretation und nicht in einem streng „normativen“ Sinn verwendet werden sollten."
[627] siehe Schulz, P., Schlotz, W., Becker, P. (2004).

6.1 Entspannungsreaktion nach vier Wochen Training

Die erste Hypothese wurde mit einem höchstsignifikanten Ergebnis in der Summenskala der Entspannung und signifikanten Ergebnissen in allen Unterskalen bei jeweils einem Signifikanzniveau von $\alpha=0,05$ bestätigt. Dieses Ergebnis ist insofern als ein Großteil der Probanden angab, weniger als zehn Minuten täglich geübt zu haben, bemerkenswert. Es bedeutet, dass bereits bei lediglich zehnminütigem täglichem Training von 72,0% Prozent der Gruppe eine höchstsignifikante Entspannungsreaktion wie auch Veränderung im Chronischen Stress entwickelt werden konnten.

Die Analyse wurde mit Evaluation der vergangenen zwei Wochen und der vergangenen vier Wochen in derselben Gruppe durchgeführt. Bei der Evaluation in Bezug auf die vergangenen zwei Wochen zeigte sich im T-Test für verbundene Stichproben der Mittelwert der Trainingsgruppe (n=79) vor den Training ($M_1=44,23$, $SD_1=25,03$) deutlich höher als derjenige nach vier Wochen Training ($M_2=34,75$, $SD_2=22,71$, t=5,08, KI=5,77-13,20, Abbildung 32). Der Ausgangsmittelwert der Kontrollgruppe (n=69) lag bei $M_1=49,30$ ($SD_1=24,93$) und blieb in den vier Wochen der Wartezeit auf demselben Wert $M_2=49,30$ ($SD_2=25,62$, t=0,00, KI=-4,58-4,58). Der deutliche Unterschied im Mittelwertsvergleich zwischen den Evaluationszeiträumen, bezogen auf die vergangenen zwei oder vier Wochen, wurde in Abbildung 35 dargestellt. In der Analyse mit dem Friedman Test zeigen sich sinkende Mittelwerte in Bezug auf die vergangenen zwei Wochen zwischen dem Zeitpunkt vor dem Training ($M_1=43,83$, $SD_1=2,74$), nach vier Wochen Training ($M_2=34,76$, $SD_2=2,52$) und nach drei Monaten Training ($M_3=37,19$, $SD_3=6,09$). Die stärkere Verringerung des Mittelwerts in Bezug auf die vergangenen vier Wochen im Vergleich hat als Ausgangswert $M_1=47,9$ ($SD_1=4,51$) und nach vier Wochen $M_2=34,97$ ($SD_2=4,58$). In Bezug auf die vergangenen drei Monate Training liegt der Mittelwert bei $M_3=29,71$ ($SD_3=3,94$). Dies bedeutet, dass die Entspannungsreaktion zwischen erstem und drittem Monat Training weiterhin zunimmt, was mit Gewöhnungseffekten ebenso wie der Einbeziehung der verschiedenen Ebenen von Kognition, Emotion und Körper mithilfe der Techniken der Mehrfachfokussierung und ihren Wechselwirkungen untereinander zu tun haben dürfte. Auf der Grundlage dieser Ergebnisse bietet sich weitere Evaluation sowohl in Bereichen der sekundären Prävention wie auch im klinischen Bereich für Personen mit stressbedingten Erkrankungen an. Bei zweiterem sollte jedoch das Studiendesign so modifiziert werden, dass eine engmaschige Prozessdokumentation und -begleitung möglich wäre.

In allen Dimensionen der Entspannung zeigten sich signifikante Ergebnisse bei einem Signifikanzniveau von jeweils $\alpha=0,05$. Während der Mittelwert in der Dimension "Körperliche und psychische Erschöpfung"[628] (N=83) vor dem Training bei $M_1=11,57$ ($SD_1=5,26$) lag, war er nach vier Wochen Training bei $M_2=9,27$ ($SD_2=4,71$, t=4,85, KI=1,36-3,25, p=0,000***). Der Mittelwert in der Dimension "Anspannung und Nervosität"[629] (N=83) lag vor dem Training bei $M_1=8,07$ ($SD_1=5,13$) und nach vier Wochen Training bei $M_2=6,53$ ($SD_2=4,57$, t=3,81, KI=0,74-2,35, p=0,000***). Der Mittelwert in der Dimension "Psychophysiologische Dysregulationen"[630] (N=83) lag vor dem Training

[628] siehe Krampen, G. (2006).
[629] siehe Krampen, G. (2006).
[630] siehe Krampen, G. (2006).

bei M_1=5,33 (SD_1=4,59) und nach vier Wochen Training bei M_2=4,12 (SD_2=3,85, t=3,30, KI=0,48-1,93, p=0,001***). Der Mittelwert in der Dimension "Leistungs- und Verhaltensschwierigkeiten"[631] (n=79) lag vor dem Training bei M_1=7,11 (SD_1=5,20) und nach vier Wochen Training bei M_2=5,71 (SD_2=4,89, t=3,39, KI=0,58-2,23, p=0,001***). Der Mittelwert in der Dimension "Schmerzbelastungen"[632] (n=79) lag vor dem Training bei M_1=5,22 (SD_1=4,26) und nach vier Wochen Training bei M_2=4,29 (SD_2=3,79, t=2,66, KI=0,23-1,61, p=0,009**). Der Mittelwert in der Dimension "Probleme in der Selbstbestimmung"[633] (n=79) lag vor dem Training bei M_1=6,78 (SD_1=5,16) und nach vier Wochen Training bei M_2=4,89 (SD_2=4,53, t=4,04, KI=0,96-2,83, p=0,000***). Diese Ergebnisse können mit den im Handbuch[634] vorliegenden Ergebnissen der Normgruppe nach sechs Wochen Autogenem Training oder Progressiver Muskelrelaxation verglichen werden.

Auch bei der zusätzlichen Evaluation für eine kleinere Gruppe von Probanden (n=37) bezogen auf jeweils die vergangenen vier Wochen zeigte sich Signifikanz in allen Dimensionen. Der Mittelwert in der Dimension "Körperliche und psychische Erschöpfung"[635] (n=37) lag vor dem Training bei M_1=11,65 (SD_1=6,03) und nach vier Wochen Training bei M_2=8,46 (SD_2=5,62, t=4,23, KI=1,66-4,72, p=0,000***). Der Mittelwert in der Dimension "Anspannung und Nervosität"[636] (n=37) lag vor dem Training bei M_1=8,35 (SD_1=5,47) und nach vier Wochen Training bei M_2=6,16 (SD_2=5,35, t=3,92, KI=1,06-3,32, p=0,000***). Der Mittelwert in der Dimension "Psychophysiologische Dysregulationen"[637] (n=37) lag vor dem Training bei M_1=5,73 (SD_1=5,50) und nach vier Wochen Training bei M_2=4,00 (SD_2=4,35, t=3,15, KI=0,62-2,84, p=0,003**). Der Mittelwert in der Dimension "Leistungs- und Verhaltensschwierigkeiten"[638] (n=35) lag vor dem Training bei M_1=8,60 (SD_1=4,93) und nach vier Wochen Training bei M_2=6,89 (SD_2=5,48, t=2,49, KI=0,32-3,11, p=0,018*). Der Mittelwert in der Dimension "Schmerz-belastungen"[639] (n=35) lag vor dem Training bei M_1=5,46 (SD_1=5,30) und nach vier Wochen Training bei M_2=4,34 (SD_2=4,60, t=2,31, KI=0,13-2,10, p=0,027*). Der Mittelwert in der Dimension "Probleme in der Selbstbestimmung"[640] (n=35) lag vor dem Training bei M_1=8,26 (SD_1=5,69) und nach vier Wochen Training bei M_2=5,43 (SD_2=5,17, t=4,14 KI=1,44-4,22 p=0,000***).

In einem T-Testvergleich zeigt sich für die Häufigkeit der stärksten Variablenausprägung im "ASS-SYM Symptomfragebogen"[641] bei einem Signifikanzniveau von α=0,05 eine höchstsignifikante Änderung (n=79, p=0,000**) zwischen dem Zeitpunkt vor dem Training und demjenigen nach vier Wochen Training, bezogen jeweils auf die vergangenen zwei Wochen. Auch bezogen auf die jeweils vergangenen vier Wochen zeigte sich für eine

[631] siehe Krampen, G. (2006).
[632] siehe Krampen, G. (2006).
[633] siehe Krampen, G. (2006).
[634] siehe Krampen, G. (2006).
[635] siehe Krampen, G. (2006).
[636] siehe Krampen, G. (2006).
[637] siehe Krampen, G. (2006).
[638] siehe Krampen, G. (2006).
[639] siehe Krampen, G. (2006).
[640] siehe Krampen, G. (2006).
[641] siehe Krampen, G. (2006).

kleinere Probandengruppe (n=35) ein sehr signifikantes Ergebnis von p=0,008**. Bei einem Gruppenvergleich derselben Gruppe für diese Häufigkeit, jeweils bezogen auf die vergangenen vier oder die vergangenen zwei Wochen (Abbildung 38), zeigte sich für erstere: während der erste Mittelwert in Bezug auf die vergangenen zwei Wochen (n=79) bei M_1=3,77 (SD_1=6,10) liegt, ist der zweite, nach vier Wochen Training, bei M_2=2,11 (SD_2=5,27, t=3,66, KI=0,76-2,56, p=0,000***). Für letztere (n=35) veränderte sich der erste Mittelwert (M_1=5,00, SD_1=8,30) in Bezug auf die vergangenen vier Wochen nach vier Wochen Training auf M_2=2,66 (SD_2=7,30, t=2,80, KI=0,64-4,04, p=0,008**). Diese signifikante Verbesserung der Stärke der extremsten Ausprägungen in verschiedenen Variablen bedeutet, dass das Training nicht nur eine allgemeine Entspannungsreaktion, welche sich aus den jeweiligen Summenskalen in den Dimensionen erschließt, bewirkt, sondern jeweils auch die extremen Ausprägungen in einzelnen Variablen zu mildern vermochte.

Im Gegensatz zur Passivität in der Beschreibung von Krampen, G.[642] wurde diese Entspannungsreaktion jedoch auf der Grundlage gezielter Aufmerksamkeitslenkung und -fokussierung sowie Beobachtung innerer Vorgänge induziert. Dabei bezieht sich die Aktivität nicht nur auf die bewusste Lenkung und das Halten der eigenen Aufmerksamkeit, sondern insbesondere auch auf die Selbstbeobachtung und -reflexion. Somit könnte die Qualität der Aktivität als eine *aktive Introspektion* mit der Zielsetzung des Erlernens der introspektiven Beobachtung und Mentalisierung kognitiver, emotionaler und körperlicher Bewegungen interpretiert werden. Bereits einzelne Übungselemente, wie dasjenige der wertungsfreien Beobachtung ohne unmittelbare Umsetzung der inneren Impulse in verbale oder physische Handlungen, bedeutet eine Entwicklung der Steuerung der subtilen regulativen Vorgänge des Ichs. Im Verlauf der Beobachtung ohne unmittelbare Bewertung und einer Übung der Nicht-unmittelbaren-Identifikation mit den eigenen Gedanken, Emotionen und Reaktionen sollte es zu einer vermehrten Reflexionsfähigkeit sowie auch einer individuellen Analyse der Zusammenhänge zwischen obigen Reaktionen kommen, was wiederum eine differenzierte Entscheidung über Handlungen und weitere Aktivität ermöglicht. Genau die wiederholte körperliche Inaktivität jedoch ermöglicht diejenigen minimalen Bewegungsimpulse bis hin zu einem Prozess, in dem sich im Körper Aufrichtung und Pulsieren herstellt. Somit wird durch das Unterbrechen der *topdown* wirksamen Handlungsaktivitäten eine andere Prozessebene[643] herbeigeführt.

Diese Ergebnisse in der Entspannungsreaktion bedeuten nicht nur, dass diese durch sehr einfache Techniken am Anfang des Trainings bereits effektiv entwickelt werden kann, was bei einer Betrachtung der Zunahme an stressbedingten Erkrankungen und Burnout durchaus hohe Implikation tragen dürfte. Vielmehr wurde von sehr vielen Probanden betont, dass die

[642] vgl. Krampen, G. (2006).

[643] siehe Perlitz, V., Cotuk, B., Besting, A., Müller, G., Lambertz, M., Maass, N. et al. (2011: 211). "Was bleibt, ist das Fehlen einer adäquaten Theoriebildung zur komplexen, nichtlinearen Dynamik der Leib-Seele-Interaktion. Vor diesem Hintergrund scheint eine umfassendere Betrachtung der ZNS-Körperperipherie-Interaktion geboten, um methodologisch-theoretische Weiterentwicklungen zu ermöglichen. Eine solche Perspektive kann die *Synergetik* (griech. „Lehre von Zusammenwirken") eröffnen. Den Theoriekern dieses transdisziplinären Paradigmas bildet eine Erweiterung des Konzepts der Selbstorganisation in komplexen Systemen. Aus den Wechselwirkungen zwischen den Elementen eines Systems können kohärente Verhaltensmuster bzw. Ordnungsstrukturen entstehen, die ihrerseits die Verhaltensmöglichkeiten der einzelnen Elemente im Sinne des sich herausbildenden Musters einschränken (Haken 2004)."

Erfahrung einer Fähigkeit der Entspannung und somit eigenständigen, bewussten Regulation der eigenen Entspannungsreaktion eine wesentliche Erkenntnis beim Training bedeutete.[644] Dabei scheint sich die Qualität der Entspannung am effektivsten zu entwickeln[645], wenn Reaktionen im Körper auftreten, welche auf *bottomup* Wirkungen hinweisen.

Auf der Grundlage neurophysiologischer Reaktionen kann davon ausgegangen werden, dass der Entspannungseffekt des *Kognitiven Trainings* ähnlich wie bei der Durchführung von Entspannungstechniken im mittelfristigen Vergleich[646] höher wie im kurzfristigen wäre. Hierbei könnten die Änderungssensitivitäten als eine Fähigkeit einen vagotonen Zustand zu induzieren interpretiert werden. Diesbezüglich wäre eine Ergänzung der Evaluation mit physiologischen Stressparametern[647] sinnvoll.

Eine Analyse der Effekte dieser sehr einfachen Techniken der Aufmerksamkeitslenkung, Einfach- wie auch Mehrfachfokussierung und wertungsfreien Beobachtung und Desidentifikation weist bereits auf die außerordentliche Wirkkraft der Introspektion hin (Kapitel 5.2.9), welche weit über die Entspannungsreaktion hinausreicht.

[644] siehe Protokolle der qualitativen Forschungsergebnisse 2010-2014.

[645] vgl. Perlitz, V., Cotuk, B., Besting, A., Müller, G., Lambertz, M., Maass, N. et al. (2011: 213). "Die [...] erzielbaren psychophysischen Trainings- und Lerneffekte sind mit den Modellen der Synergetik gut interpretierbar. Denn physische und psychische Prozesse, sowohl die akuten im Verlauf der einzelnen Übung als auch die, die im Lauf eines längeren Lernprozesses stattfinden, sind ideale Beispiele von Ordnungs-Ordnungs-Übergängen, wenn das AT z.B. bewusst den konstanten externen Input minimiert, um neue interne Funktionsmuster zu realisieren."

[646] siehe Krampen, G. (2006: 40). "Durchgängig zeigt sich [...], dass alle Änderungssensitivitäten für den mittelfristigen Vergleich höher ausfallen als die für den kurzfristigen Vergleich. Das heißt, dass dann, wenn es Teilnehmern/innen gelingt, die Entspannungsübung nach Kursabschluss in den Lebensalltag zu integrieren, die Effekte von AT und PR deutlicher werden."

[647] siehe Ott, U. (2004: 184). "Zusammenfassend lässt sich formulieren, dass bei der Praxis der anstrengungslosen Meditationsformen in der Regel eine ausgeprägte physiologische Entspannungsreaktion auftritt. Auch im subjektiven Erleben erfahrener Meditierender ist „Entspannung" ein wichtiger Faktor tiefer Meditationserfahrung, der über die muskuläre und vegetative Ebene hinaus eine tiefgreifende emotionale Beruhigung einschließt (Ott, 2001). Durch das Erlernen und die Praxis dieser Meditationstechniken konnten vor allem bei Stress, hohem Blutdruck und Angst klinische relevante, positive Wirkungen erzielt werden."

6.2 Reduktion des Chronischen Stress nach vier Wochen Training

Die zweite Hypothese wurde mit einem höchstsignifikanten Ergebnis in der Summenskala des Chronischen Stress bei einem Signifikanzniveau von $\alpha=0,05$ bestätigt. Der Mittelwert vor dem Training war in der Trainingsgruppe (n=81, $M_1=16,91$, $SD_1=9,17$) etwas niedriger als in der Kontrollgruppe (n=69, $M_1=20,38$, $SD_1=9,84$). Während er bei ersterer nach den vier Wochen Training auf $M_2=13,81$ ($SD_2=9,19$, t=5,00, KI=1,87-4,33) sank, war dies bei der Kontrollgruppe nach vier Wochen ($M_2=19,42$, $SD_2=9,94$, t=1,07, KI=-0,84-2,75) kaum der Fall. Die Signifikanz bei einem Signifikanzniveau von $\alpha=0,05$ beträgt somit für die Trainingsgruppe zwischen dem Zeitpunkt vor dem Training und dem Zeitpunkt nach genau vier Wochen Training p=0,000***.

Auch für diesen Fragebogen erwies es sich als sinnvoll, die Evaluation genau auf den Trainingszeitraum zu beziehen. Bei der Fragestellung nach jeweils den vergangenen vier Wochen lag der Mittelwert bei $M_1=20,02$ (n=41, $SD_1=10,88$) und änderte sich nach vier Wochen Training auf $M_2=15,85$ ($SD_2=10,13$, t=3,56, KI=1,81-6,54, p=0,001***).
Die katamnestische Darstellung (Fragestellung nach vergangenen drei Monaten, Friedman Test, Abbildung 40, $M_1=16,91$, $SD_1=1,01$) zeigte ähnlich wie bei der Entspannungsreaktion ein Sinken der Mittelwerte im Verlauf von drei Monaten ($M_2=13,72$, $SD_2=1,01$, $M_3=13,72$, $SD_3=1,77$). Im Vergleich zur Fragestellung nach den vergangenen vier Wochen verstärkte sich auch bei dieser Fragestellung das Ausmaß der Veränderung zwischen dem ersten und zweiten Evaluationszeitpunkt der Trainingsgruppe ($M_1=20,02$, $SD_1=1,70$, $M_2=15,55$, $SD_2=1,57$).

Die Screening Skala "SSCS"[648] bezieht sich auf "12 Items"[649], die am stärksten auf dem Faktor, welcher die Gesamtvarianz erklärt, laden und beinhaltet hohe Faktorladungen fünf unterschiedlicher Stressarten. Obwohl die vier Merkmale des Chronischen Stress[650] häufig noch keine Stressbewältigungsaktivitäten nach sich ziehen[651], zeigte sich genau hierin eine sehr deutliche Änderung nach vier Wochen kurzer täglicher Trainingseinheiten. Dies bedeutet nicht nur, dass Chronischer Stress durch das *Graduelle Kognitive Training* beeinflusst werden kann, sondern auch, dass er bereits zu einem Zeitpunkt, an dem übliche Bewältigungsaktivität noch nicht eingesetzt hat, deutlich modulierbar war. Aufgrund der Zunahme stressbedingter Erkrankungen hat dieses Faktum hohe Implikationen, insbesondere für deren primäre und sekundäre Prävention.

Da der "Screening Skala für chronischen Stress"[652] ein "interaktionsbezogenes Stresskonzept"[653] zugrunde liegt, kann aufgrund ihrer höchstsignifikanten Verbesserung bei einmonatigem Training bei Gesunden davon ausgegangen werden, dass sich eine positive

---

[648] siehe Schulz, P., Schlotz, W., Becker, P. (2004: 16).

[649] siehe Schulz, P., Schlotz, W., Becker, P. (2004: 16). "Da wir in der unrotierten Faktorenmatrix einen varianzstarken ersten Faktor fanden, der 28,4% der Gesamtvarianz aufklärt, entschlossen wir uns, die ersten 12 Items, die am höchsten auf diesem Faktor laden, zu einer Skala *Screening-Skala zum chronischen Stress* zusammenzufassen. Diese Skala liegt als Kurzfragebogen vor. Sie enthält Items von fünf verschiedenen Stressarten".

[650] siehe Schulz, P., Schlotz, W., Becker, P. (2004: 11). "Chronischer Stress (1) hat einen unspezifischen, schleichenden Beginn, (2) kann von langer oder auch kurzer Dauer sein, (3) ist durch häufig wiederkehrende Belastungen gekennzeichnet und (4) kann eine geringe oder hohe Intensität haben."

[651] vgl. Schulz, P., Schlotz, W., Becker, P. (2004: 11).

[652] siehe Schulz, P., Schlotz, W., Becker, P. (2004).

[653] siehe Schulz, P., Schlotz, W., Becker, P. (2004: 8).

Veränderung in ihrer Interaktion entwickelt hat. Dabei führt die Analyse der Trainingselemente zur Schlussfolgerung, dass diese Verbesserung der Interaktionsfähigkeit in der Interaktion mit sich selbst begründet ist. Hierbei scheint der Introspektion und den Aufmerksamkeitslenkungstechniken eine zentrale Rolle zuzukommen. Somit kann davon ausgegangen werden, dass sich genau die zunehmende Wahrnehmung eigener Befindlichkeit und Bedürfnisse auf den Chronischen Stress auszuwirken vermag.

Die deutliche Verbesserung im Chronischen Stress, der sich auf die aktive Auseinandersetzung mit der Umwelt bezieht, kann als ein Hinweis auf eine Veränderung in der Möglichkeit der aktiven Auseinandersetzung mit der Umwelt durch das *Kognitive Training* interpretiert werden. Genau auf dieser Grundlage der Selbstreferenzentwicklung einer Person, ihrer Differenzierung der Wahrnehmungs- und Reflexionsfähigkeit eigener Gedanken und Emotionen, wäre auch eine Veränderung ihrer Haltung in der Umwelt und Interaktion mit anderen erklärbar. Somit scheint es nur auf den ersten Blick erstaunlich, dass durch eine Anwendung introspektiver Elemente genau auch die aktive Auseinandersetzung mit der Umwelt gefördert werden mag.

Da der Fragebogen "TICS"[654] zur Evaluation von Training "zur Verbesserung der Stressbewältigung und -resistenz"[655] beschrieben wurde und ein enger Zusammenhang mit der Skala "SSCS"[656] nachgewiesen[657] wurde, wurde im Rahmen der Evaluation des *Kognitiven Trainings* seine Wirkung in der Stressbewältigung aufgezeigt. Nachdem belegt wurde, "dass der TICS auch mit physiologischen Stressindikatoren zusammenhängt"[658], kann angenommen werden, dass die höchstsignifikanten Veränderungen in der "Screening Skala für chronischen Stress"[659] mit diesen zusammenhängen. Ein solches Ergebnis mag bereits auf die Bedeutung der evaluierten Techniken im Rahmen primärer, sekundärer oder tertiären Prävention hinweisen. Insbesondere jedoch stellen sich an dieser Stelle Fragen dazu, auf welche Weise diese Ergebnisse bei Gesunden auf den klinischen Bereich übertragen werden könnten und welche Bedeutung diesen introspektiven Techniken zur Prävention und Behandlung stressbedingter Erkrankungen zukommen mag[660].

Die dritte Hypothese wurde mit einer Signifikanz zwischen den Gruppen ("ASS-SYM-G"[661] als unabhängige und "SSCS"[662] als abhängige Variable, p=0,043*, n=36, F=6,29, M=15,33, SD=10,61, KI=11,74-18,92) bestätigt, was auf die zentrale Bedeutung der Entspannungsreaktion hinweist.

---

654 siehe Schulz, P., Schlotz, W., Becker, P. (2004).

655 vgl. Schulz, P., Schlotz, W., Becker, P. (2004: 9).

656 siehe Schulz, P., Schlotz, W., Becker, P. (2004).

657 siehe Schulz, P., Schlotz, W., Becker, P. (2004: 21). "Die Skala steht auch in besonders engem Zusammenhang mit physischen und psychischen Beschwerden und Krankheiten."

658 siehe Schulz, P., Schlotz, W., Becker, P. (2004: 47).

659 siehe Schulz, P., Schlotz, W., Becker, P. (2004).

660 vgl. Perlitz, V., Cotuk, B., Besting, A., Müller, G., Lambertz, M., Maass, N. et al. (2011: 229, 230). "In Zukunft gilt es, die Quantifizierung der mit den hier vorgestellten Mitteln gewonnenen Erkenntnisse auf eine breitere Basis zu stellen, um die Vergleichbarkeit von Forschungsergebnissen zu erleichtern. Auch sollten elektroenzephalographische mit photoplethysmographischen Aufzeichnungen am Menschen kombiniert werden, um Ordnungs-Ordnungs-Übergänge zentral und peripher weiter zu identifizieren und aufeinander abzustimmen. Der wichtigste Schritt wird ein wissenschaftlich-epistemologischer Phasensprung sein, indem versucht wird, die hier beschriebenen Befunde und Erkenntnisse im klinischen Alltag zu verorten."

661 siehe Krampen, G. (2006).

662 siehe Schulz, P., Schlotz, W., Becker, P. (2004).

6.3 Modellentwicklung zur Selbstreferenz und Analyse

Die vierte Hypothese der Selbstreferenzentwicklung durch das *Kognitive Training* bedingte die Operationalisierung des Modells (Kapitel 4.6) und eine Überprüfung mithilfe des Meditations- und Katamnesefragebogens (Kapitel 5.2.9).

In einem theoretischen Modell könnten die Effekte (E1-E8) in folgende Effektgruppen untergliedert werden: 1. Effektgruppe der *Beobachtende Introspektion* (E1-E3), 2. Effektgruppe der *Reflexion* auf kognitiver (E4), emotionaler (E5) und somatischer (E6) Ebene und 3. Effekte in der *Beobachtung äußerer Bewegungen* (E7), wobei sich der Effekt E8 auf die Entspannungsreaktion bezieht und als Grundlage für die anderen Effekte (E1-E7) gewertet wird. Wird dieses abstrakte Modell jedoch in den Anwendungsbezug gebracht, zeigt sich im Rahmen der Faktorenanalyse anhand der Gruppenbildung genau erst die Korrelation zwischen diesen einzelnen Aspekten und ihre Bedeutung. Damit wird deutlich, dass der Anwendungsbezug nötig ist, wenn die Theoriebildung sich genau auf die Trainingseffekte und -erfahrungen beziehen und die entsprechenden Entwicklungen beschreiben soll. Da diese Vorgangsweise einer Modellbildung auf Grundlage der Erfahrungswerte bereits in der emischen Perspektive Tibetischer Medizin und Buddhistischer Philosophie in den entsprechenden originalsprachlichen Texten und Textkommentaren vorliegt, wäre ein Vergleich von Forschungsergebnissen mit den dort beschriebenen Veränderungsstrukturen zur Differenzierung der Theoriebildung sinnvoll. Während in der Buddhistischen Philosophie die Strukturierung des Prozessverlaufs beim Training differenziert und diskursiviert wird, wendet die Tibetischen Medizin Modelle zur Diagnose und Therapie an, in denen kognitive, emotionale und körperliche Ebene untrennbar miteinander verknüpft sind.

Die Analysen der beiden Fragebögen und ihre gemeinsamen Analyse zeigt unterschiedliche Ergebnisse bei Anwendung der beiden Rotationsmethoden Varimax und Quartimax. Letztere hat den Vorteil der Möglichkeit der Bildung von Summenskalen in den einzelnen Faktoren. Somit wären die Faktoren des Meditationsfragebogens in der Analyse mit der Rotationsmethode Quartimax denjenigen mit Varimax vorzuziehen. Während der Faktor Aussichtslosigkeit als Schlüsselsymptom für Depression gewertet werden kann, wurden die beiden Elemente der *Aggression* und *Begierde* direkt der wörtlichen Übersetzung der emotionalen Gruppen, die in der Tibetischen Medizin zentrale Bedeutung tragen, entnommen. Da die *Helligkeit von Licht* einen eigenen Faktor bildet, könnte sich an dieser Stelle eine weitere Analyse und Differenzierung der im Vajrayāna-Buddhismus benutzten Techniken der Visualisation von Licht anschließen, welche aus emischer Perspektive für einen zentralen Wirkfaktor gehalten wird.

Die Faktorenanalyse des Katamnesefragebogens zum Zeitpunkt vor dem Training mit der Rotationsmethode Varimax zeigt etwas unterschiedliche Faktoreninhalte, je nachdem, ob sie mit oder ohne Mittelwertersetzung durchgeführt wird. Da die Anwendung des Katamnesefragebogens erst nach Beendigung des Pilotprojekts begonnen wurde und somit eine relativ geringe Teilnehmerzahl hat, können diese Analysen nur als Hinweise gewertet werden. Nach vier Wochen Training ergeben sich bei den Faktorenanalysen mit der Rotationsmethode Quartimax mit oder ohne Mittelwertersetzung dieselben Faktorengruppen. Daher wurde diese Analyse für weitere Darstellungen genutzt. Dieselbe Analyse mit der Rotationsmethode Varimax bringt etwas andere Ergebnisse in den Faktoren. Diese interessanten Hinweise auf die unterschiedlichen Ergebnisse bei der Anwendung verschiedener Rotationsmethoden können erst nach Durchführung mit einer größeren Probandengruppe sinnvoll und verlässlich interpretiert werden.

Sowohl im Meditationsfragebogen wie auch bei der gemeinsamen Analyse von Meditations- und Katamnesefragebogen zeigt sich die Kategorie *Aussichtslosigkeit* als eigener Faktor. Es könnten Überlegungen angestellt werden, diesen und die beiden direkt der Tibetischen Medizin zuzuordnenden Kategorien mit den Fragen zu Aggression und Begierde bei der Weiterentwicklung des Fragebogens aus diesem herauszunehmen. Anstatt dessen sollten die beiden Fragen nach der Gedankenreflexion und nach der Technik der wertungsfreien Beobachtung, die teilweise auf mehreren Faktoren hochladen, genauer differenziert werden. Dies ist nachvollziehbar, als hierbei das Reflexions- oder Beobachtungsobjekt nicht genannt ist. Daher sollten bei diesen Fragestellungen jeweils die Bezugsobjekte, beispielsweise innere Vorgänge oder äußerer Ereignisse, unterschieden und benannt werden. Der T-Test für verbundene Stichproben im Katamnesefragebogen zeigt im Vergleich der Zeitpunkte vor dem Training und nach vier Wochen Training in vier Variablen eine signifikante Veränderung (Abbildung 45). In der Variable neun *Wie stark können Sie über Ihre körperliche Wahrnehmung reflektieren* besteht eine Signifikanz von p=0,032* (n=30, M_1=15,37, M_2=13,80, SD_1=3,72, SD_2=3,90, KI=0,15-2,99, t=2,26), in der Variable sechzehn *Wie stark können Sie konzentrierte Kraft empfinden* eine Signifikanz von p=0,021* (n=30, M_1=11,27, M_2=13,67, SD_1=5,74, SD_2=4,60, KI=-4,40-(-0,40), t=-2,45), in der Variable achtzehn *Wie stark können Sie wache Entspannung empfinden* eine Signifikanz von p=0,033* (n=30, M_1=10,77, M_2=12,60, SD_1=4,90, SD_2=4,61, KI=-3,51-(-0,16), t=-2,24) und in der Variable zwanzig *Wie stark können Sie innere Weite empfinden* eine Signifikanz von p=0,005** (n=29, M_1=11,55, M_2=14,10, SD_1=4,95, SD_2=5,39, KI=-4,26-(-0,85), t=-3,07) bei jeweils einem Signifikanzniveau von 5%.

In Abbildung 46 werden signifikante Änderungen von Variablen im Katamnesefragebogen zwischen dem Zeitpunkt vor dem Training und demjenigen nach drei Monaten Training dargestellt. Dabei zeigt sich in der Variable acht *Wie stark können Sie Ihre eigenen Gefühle reflektieren* eine Signifikanz von p=0,026* (n=16, M_1=12,94, M_2=16,31, SD_1=5,32, SD_2=2,52, KI=-6,29-(-0,46), t=-2,47), in der Variable siebzehn *Wie stark können Sie (geistige) Klarheit empfinden* eine Signifikanz von p=0,049* (n=15, M_1=11,73, M_2=14,67, SD_1=4,98, SD_2=4,48, KI=-5,85-(-0,02), t=-2,16), in der Variable siebenundzwanzig *Wie stark können Sie sich von Ihren eigenen Gedankenabläufen distanzieren* eine Signifikanz von p=0,043* (n=16, M_1=9,00, M_2=11,69, SD_1=4,86, SD_2=3,54, KI=-5,27-(-0,10), t=-2,22) und in der Variable achtundzwanzig *Wie stark können Sie sich von Ihren eigenen Emotionen und emotionsbeladenen Erinnerungen distanzieren* eine Signifikanz von p=0,041* (n=16, M_1=8,19, M_2=11,13, SD_1=4,20, SD_2=4,16, KI=-5,73-(-0,14), t=-2,24) bei jeweils einem Signifikanzniveau von 5%.

Die Zielsetzung des *Graduellen Kognitiven Trainings* könnte somit als eine Zunahme von Beobachtungs- und Reflexionsfähigkeit beschrieben werden, welche auf der Entspannungsinduktion gründet und in ihrer Entwicklung die Entspannungsreaktion voraussetzt. Die sehr einfach scheinende Methode, zu sich selbst zurückzufinden und den emotionalen Bewegungen weder durch Identifikation noch durch gedankliche Analyse zu folgen, "wie Schlamm im Wasser absinkt, wenn man ihn nicht mehr länger aufwühlt"[663],

---

[663] zitiert und übersetzt aus Oraler Überlieferung 1998-2008 (*Übers. v. Attersee. A.I.M.*).

kann daher im Sinne einer aktiven Methode der Reizüberflutung und endlosen Suche nach immer neuer mentaler Anregung entgegenwirken. Um kulturspezifische Aspekte und Konnotationen von den transkulturellen Elementen unterscheiden zu können, scheint es sinnvoll, nach einer Interpretation von Forschungsergebnissen die weiter oben eingeführte *Perspektivische Analyse* zu nutzen. Beim Diskurs über "Generalisierungsbereiche"[664] ermöglicht in diesem Forschungsfeld genau die Gegenüberstellung der kulturspezifischen Aspekte einen Erkenntnisgewinn.

Da die in die Faktorenanalysen bislang eingeschlossene Probandenzahl lediglich 83 Personen aus der Trainingsgruppe beträgt, werden die Grafiken in Kapitel 5.3 lediglich als Hinweise im Sinne eines Pilotprojekts gewertet. Vor dem Hintergrund der Notwendigkeit einer psychologischen Theoriebildung zum Forschungsgegenstand, einer Vertiefung dieser Forschung und der Differenzierung von Hypothesen wurden sie dennoch bereits in diesem Stadium dargestellt und in den Diskurs eingebracht.

[664] siehe Poortinga, Y.H. (2007: 312, 313). "Die Interpretation von Ergebnissen gleicht einer Generalisierung von Daten auf Verhaltensbereiche. Dieser Gedanke ist die Grundlage der Generalisierbarkeitstheorie von Cronbach und Mitarbeitern (Cronbach et al., 1972). Nach dieser Theorie ist eine Messung eine Stichprobe aus einer Menge möglicher Verhaltensweisen, die potenziell alle in die Messung einbezogen hätten werden können. Also ist eine Messung insofern interessant als sie *die* Menge der Verhaltensweisen repräsentiert, auf die sie generalisiert werden soll. Cronbach und Mitarbeiter nennen diese Menge ein „Universum", was ziemlich genau dem Begriff des „Bereichs" entspricht, wie er in diesem Kapitel gebraucht wird. [...] Die erste Frage ist dabei, ob ein Generalisierungsbereich als identisch (oder invariant) über die Kulturen und damit als universal betrachtet werden kann. Für einen Bereich wie der Kenntnis von Hauptstädten kann man Universalität einfach feststellen. Hauptstädte gibt es, auch wenn sie Bevölkerungsteilen, die in abgelegenen Gegenden wohnen, unbekannt sein sollten. [...] Bei einem nicht-trivialen Bereich wie die Extraversion ist die Sachlage weniger klar. [...] Kulturen, die als einzigartige Systeme definiert werden, und psychologische Konzepte, die von vornherein als kulturspezifisch oder indigen (s.o.) definiert werden, lassen gleichermaßen keinen Vergleich zwischen verschiedenen Kulturen zu. Die Akzeptanz oder Ablehnung der Generalisierbarkeitsannahme auf kulturübergreifend gemeinsame psychologische Bereiche macht den Kern der Debatte zwischen den Perspektiven des Relativismus und des Universalismus aus."

6.4 Neurophysiologische Implikationen zur Aufmerksamkeitslenkung und dem *Dynamischen Modell der Selbstreferenzentwicklung*

Obwohl das Modell der Selbstreferenz in vorliegender Forschung mithilfe von Items operationalisiert und mit Fragebögen zur Selbsteinschätzung evaluiert wurde, dürften die Implikationen eines systematischen *Graduellen Kognitiven Trainings* weit über die in Selbsteinschätzung darstellbaren Fähigkeiten von Probanden bei ein bis dreimonatigem Training hinausreichen. Da die Veränderungen in der neuronalen Plastizität durch Meditationstraining[665] bereits hinreichend dokumentiert wurden, stellt sich nicht nur die Frage nach den neuronalen Mustern für die subjektive Erfahrung, sondern insbesondere auch der Einflussnahme auf diese neuronalen Verarbeitungsmuster mithilfe von Training, welches die Bewusstheit und Reflexionsfähigkeit über die eigene Befindlichkeit bedingt. Die Beantwortung dieser Frage wiederum hat weitreichende Implikationen für die Behandlung psychischer Erkrankungen und Psychotherapie.

> "For practical clinical purposes, as well as because of their deep philosophical implications, it becomes increasingly important to be aware of contemporary studies of the brain mechanisms that generate subjective experiences. Current research has progressed to the point where plausible theoretical proposals can be made about the neurophysiological and neurochemical processes which mediate perception and sustain subjective awareness. An adequate theory of consciousness must describe how information about the environment is encoded by the exogenous system, how memories are stored in the endogenous system and released appropriately for the present circumstances, how the exogenous and endogenous systems interact to produce perception, and explain how consciousness arises from that interaction."[666]

Die Selbstreferenzentwicklung durch das *Graduelle Kognitive Training* dürfte somit nicht nur bedeuten, Beobachtungs- und Reflexionsfähigkeit entwickeln zu können, sondern längerfristig auch modulierend in die Qualität der Verarbeitung der eigenen Erfahrung eingreifen zu können.

Obwohl empirisch deutlich wurde, dass eine Kombination der *bottomup* mit den *topdown* wirkenden Elementen die größte Wirkkraft nach sich zieht, stellt sich hierzu die

[665] vgl. Grant, J.A., Courtemanche, J., Duerden, E.G., Rainville, P., Ducan, G.H. (2010: 43). "Meditators had significantly lower pain sensitivity than controls. Assessed across all subjects, lower pain sensitivity was associated with thicker cortex in affective, pain-related brain regions including the anterior cingulate cortex, bilateral parahippocampal gyrus and anterior insula. Comparing groups, meditators were found to have thicker cortex in the dorsal anterior cingulate and bilaterally in secondary somatosensory cortex. More years of meditation experience was associated with thicker gray matter in the anterior cingulate, and hours of experience predicted more gray matter bilaterally in the lower leg area of the primary somatosensory cortex as well as the hand area in the right hemisphere. Results generally suggest that pain sensitivity is related to cortical thickness in pain-related brain regions and that the lower sensitivity observed in meditators may be the product of alterations to brain morphometry from long-term practice."

[666] siehe John, E.R. (2005: 143).

Frage für künftige Forschung, auf welche Weise genau diese Modulationsprozesse[667] vor sich gehen. Mit der Beantwortung dieser Fragestellung nach der Entwicklung von Bewusstheit, Gewahrsein, wäre ein Zusammenhang zwischen dem Modell der Selbstreferenzentwicklung und dem Kernpunkt der Verarbeitung zwischen von außen oder innen kommenden neuronalen Impulsen entwickelt. Obwohl mit der Theorie der Selbstreferenzentwicklung durch das *Kognitive Training* ein zentrales Verarbeitungsmuster angesprochen zu sein scheint, bleiben die hierbei ablaufenden neurophysiologischen Prozesse und Fragestellungen eine Herausforderung für künftige Forschung.

Die Differenzierung der Bedeutung einer selbstinduzierbaren Entspannungsreaktion und die in Folge auftretende Zunahme an Selbstwirksamkeitserwartung setzt eine Erweiterung der Evaluationsmethoden um neurophysiologische Parameter voraus.

---

[667] vgl. Halsband, U. (2011: 301). "Wiederholte Aktivierungen umschriebener Kortexareale sollten auch zu Veränderungen auf struktureller Ebene führen. Tatsächlich wurden von verschiedenen Forschergruppen strukturelle Veränderungen im Gehirn bei Langzeitmeditierenden nachgewiesen (Lazar et al. 2005; Hoelzel et al. 2008; Luders et al. 2009; Vestergaard-Poulsen et al. 2009). Lazar et al. (2005) publizierten eine mittlerweile häufig zitierte Studie, welche bei 20 Langzeitmeditierenden dickere Kortexareale als bei 15 Nichtmeditierenden nachwies, was als Verringerung eines altersbedingten kortikalen Abbaus interpretiert wurde. [...] Eine signifikante Zunahme der Schichtdicke der Meditierenden im Vergleich zu Kontrollprobanden zeigte sich in der Insula, den Brodmann-Arealen 9 und 10 sowie im somatosensorischen und auditorischen Kortex. Korrelationen zwischen der kortikalen Schichtdicke und dem Grad der Meditationserfahrung sowie mit der Atemfrequenz zeigten sich im inferioren okzipito-temporalen visuellen Kortex sowie in der rechten anterioren Insula. Bislang blieb jedoch ungeklärt, ob eine größere kortikale Schichtdicke tatsächlich zu verbesserten kognitiven Leistungen führt."

6.5 Selbstwahrnehmung, Selbstreferenz und Selbstbewusstsein

Verknüpft man die Erkenntnisse zur Bedeutung des Spiegelneuronsystems für die Persönlichkeitsentwicklung des Menschen mit denjenigen der neuronalen Plastizität des menschlichen Gehirns[668], stellt sich bei einer Analyse ihrer Implikationen die Frage nach Methoden, genau an diesen gezielt anzusetzen. Dabei scheint dem Selbst des Menschen, die Selbstwahrnehmung und die durch das *Graduelle Kognitive Training* sich entwickelnden Möglichkeiten der Wandlung des Selbst- und Körperbilds eine Schlüsselrolle zuzukommen.

Mit dem *Dynamischen Modell der Selbstreferenzentwicklung*, welches als sich im Trainingsprozess entwickelnde Trainingseffekte (E1-E6, E8) interpretiert wird, wurde eine psychologische Struktur beschrieben, welche genau an der Bewusstheit über die Vorgänge im eigenen System ansetzt. Dabei würde diese Bewusstheit, die auch jene über das "Handlungs- und Lebensrepertoire [...], das eben mit der Stimmigkeit des Zusammenwirkens seiner Teile durch den zugehörigen Ordner festgelegt ist"[669] impliziert, als dasjenige Prinzip verstanden, welches ein Transzendieren von Festlegungen ermöglichen könnte. In der Synergetik wird dieses Selbst als ein Ganzes mithilfe des Konzepts des "Ordners"[670] differenziert.

Die in emischer Perspektive Buddhistischer Philosophie und Tibetischer Medizin vorliegenden Beschreibungen der *Graduellen Techniken* beinhalten die Entwicklung eines *Selbstbezugs* über eine Haltung der Introspektion. Diese Haltung der Introspektion bewirkt eine zunehmende Bewusstheit eigener Befindlichkeit auf kognitiver wie auch emotionaler und physischer Ebene. Die sich entwickelnde Bewusstheit wiederum ermöglicht eine Differenzierung des Selbst von den über das Spiegelneuronsystem vermittelten Wahrnehmungen, welche dieselben neuronalen Netzwerke ansprechen. So könnte angenommen werden, dass das Selbstbild und Selbstbewusstsein[671] sich durch einen introspektiven Prozess der Trennung selbstreferenzialer von über das eigene Spiegelneuronsystem

---

[668] vgl. Williams, J.M.G. (2010: 6). "[...] longer meditation training changes the structure of the brain: long-term practitioners are different in understandable ways from novices, yet even 8 weeks' mindfulness practice brings about changes in the way emotion is processed that shows that participants can be trained to uncouple the sensory, directly experienced self from the "narrative" self-representation that contains the memories and inferences from which our sense of "self" is constructed and then defended."

[669] siehe Haken, H. (2011: 190).

[670] siehe Haken, H. (2011: 189). "Es eröffnet neue wissenschaftliche Perspektiven, wenn wir die Konzepte der Synergetik nicht nur auf einzelne Aspekte der menschlichen Psyche und Physis anwenden, sondern den Menschen auch als „Ganzes" betrachten, wobei das „Ganze" wieder durch einen oder mehrere typische Ordner bestimmt ist. Diese(r) definiert/definieren das Selbst, wobei durch das Zusammenwirken der einzelnen physischen und psychischen Komponenten der Ordner geschaffen wird, der aber dann, das ist besonders wichtig, durch das Versklavungsprinzip das Verhalten der einzelnen Teile festlegt."

[671] vgl. Leube, D., Kircher, T. (2011: 276). "Voraussetzung für die Entstehung von Selbstbewusstsein ist ein auf der neuronalen Ebene definiertes Selbst gegenüber einer anderen Person. Im Rahmen von Handlungen könnte eine solche Kategorisierung zwischen Ego und Alter über das erwähnte Reafferenzprinzip erfolgen. Zum anderen liegt beim gesunden, erwachsenen Menschen ein introspektives Bewusstsein im Sinne einer Reflexivität der eigenen Selbsterfahrungen vor, das über eine bloße Perspektivität, die jedem Bewusstseinserleben zugrunde liegt, hinausgeht. Selbsterfahrungen sind durch die Abgrenzung eigener Erfahrungen zur Erfahrung des anderen möglich. Wer sich in die Rolle eines anderen reflexiv versetzen kann, kann auch die eigene Person und ihre Handlungen reflexiv wahrnehmen und umgekehrt. Einsichten in diese Fähigkeiten vermitteln (a) Experimente auf dem Gebiet der Theory of Mind (ToM), besonders durch experimentalpsychologische Untersuchungen im Verlauf der kindlichen Entwicklung, (b) die Entdeckung von Spiegelneuronen bei Affen und beim Menschen sowie (c) Experimente zur Imitation von Handlungen."

fremdreferenzialer Elemente im Sinne von Entwicklungs- und Reifungsprozessen zu entfalten vermag.

6.6 Die Bedeutung von Selbstreferenz für Persönlichkeitsentwicklung und Prävention

Da die Fähigkeiten der Beobachtung, Reflexion und Verbalisierung eigener Gedanken, Emotionen und des Körpers eine im Rahmen von Prävention und Behandlung von Erkrankungen notwendige Bedingung ist, stellte sich die Frage nach einer Möglichkeit diese zu entwickeln.

Obwohl die Trainingstechniken (T1-T4) einzelne Elemente im Kontext des *Graduellen Kognitiven Trainings* darstellen, liegt seine Effektivität in der strukturierten und gezielten Durchführung bei einer Haltung des Zulassens und Beobachtens vielmehr denn bei einer Haltung eines Trainierens mit einer Optimierungszielsetzung. Genau dieser durch die wiederholte Anwendung der Techniken induzierte Entwicklungs- und Reifungsprozess, welcher weder beschleunigt noch trainiert werden kann, ermöglicht das Auftreten der dem *Kognitiven Training* entsprechenden Effekte. Somit gleicht dieser aus emischer Perspektive entwickelte Prozess einem Lernprozess, in welchem auf der Grundlage von Selbstreferenz die Persönlichkeitsentwicklung selbst vielmehr als Entspannung oder Balance im Vordergrund stehen.

Diese Entwicklung wird aus einer emischen Perspektive auf der Grundlage durchgängiger Gewaltfreiheit mit den Begriffen von Entfaltung von Kapazität über Prozesse der Entwicklung von Selbstempathie, Empathie und Mitgefühl sowie des altruistischen Konzepts des Bodhicitta dargestellt. Somit bezieht sich die Grundhaltung der in der Tibetischen Medizin und Buddhistischen Philosophie tradierten Methoden *Kognitiven Trainings* und aller Elemente zur Entwicklung empathischer und altruistischer Einstellungen auf Introspektion. Ohne dieses Element, welches die ungeschminkte Analyse eigener Befindlichkeit beinhaltet, wären die zusätzlichen im Mahāyāna beschriebenen umfangreichen Übungen für Trainingssitzungen ebenso wie für die Phasen zwischen diesen uneffektiv.

Beim Entwickeln dieser introspektiven Grundhaltung vermögen sich im Verlauf des Trainings individuelle Beobachtungen eigener Befindlichkeit zu differenzieren, die dem Individuum zuvor nicht zugänglich waren. Dies kann mithilfe der in der Synergetik beschriebenen "Ordnungs-Ordnungs-Übergängen"[672] interpretiert werden.

[672] vgl. Perlitz, V., Cotuk, B., Besting, A., Müller, G., Lambertz, M., Maass, N. et al. (2011: 213). " Die [...] erzielbaren psychophysischen Trainings- und Lerneffekte sind mit den Modellen der Synergetik gut interpretierbar. Denn physische und psychische Prozesse, sowohl die akuten im Verlauf der einzelnen Übung als auch die, die im Lauf eines längeren Lernprozesses stattfinden, sind ideale Beispiele von Ordnungs-Ordnungs-Übergängen, wenn das AT z.B. bewusst den konstanten externen Input minimiert, um neue interne Funktionsmuster zu realisieren."

Somit wären Übungseffekte auf der Grundlage eines Modells der Selbstorganisation[673] erklärbar. Die Trainingseffekte könnten somit in solchem Kontext als Entwicklungsschritte im Sinne von Übergängen bezeichnet werden. Solche introspektiven Beobachtungen und Analysen jedoch dienen als die Grundlage für Selbst-Erkenntnis und Persönlichkeitsreifung, was Authentizität und die Entwicklung von Empathiefähigkeit notwendigerweise einschließt.

Aus emischer Perspektive wird genau die sich durch das Training entwickelnde *Eigenkompetenz* zur Prävention und Behandlung von Erkrankungen genutzt. Bezüglich des Trainings bedeutet sie, dass eine Person durch authentische Erfahrung mit den einzelnen Techniken Kompetenz wie auch Autonomie entwickeln kann. Auf trainingstechnischer Ebene zeigt sich diese Kompetenz darin, sowohl Erfahrungen beim Üben von den echten Effekten unterscheiden zu können wie auch die Effekte den entsprechenden die Veränderungsstrukturen abbildenden Modellen zuordnen zu können. Somit ist es dieser Person möglich, den Stand des eigenen Trainingsprozesses mithilfe der entsprechenden theoretischen Strukturen zu verorten. Aus einer emischen Perspektive wird diese *Fachkompetenz* sowohl durch eine systematische Selbstbeobachtung und die Rückmeldung einer supervidierenden Person geschult wie auch die theoretischen Grundlagen durch Studium der Textkommentare erlernt. Während also die Zielsetzung aus emischer Perspektive wäre, *Eigenkompetenz und Fachkompetenz* zu entwickeln, welche sehr hohen präventiven Charakter hat, stehen dem etische Perspektiven buddhistischen Meditationstrainings gegenüber, in denen genau die Abhängigkeit in Gruppenstrukturen ein maßgeblicher Faktor zu sein scheint.

Die Bedeutung der präventiven Wirksamkeit der Trainingstechniken jedoch resultiert insbesondere genau in der Eigenverantwortlichkeit, der Persönlichkeitsentwicklung und Selbstreferenz, in der Entwicklung von Individualität und Beziehungsgestaltung und den Veränderungen in der Stressregulation[674].

---

673 vgl. Flatten, G. (2011: 464). "Die Synergetik hat nun präzise Modellvorstellungen entwickelt, wie aus dem Zusammenwirken von Systemelementen kohärente Strukturen auf einer im Vergleich zu den Systemelementen makroskopischen Ebene entstehen und sich verändern. Grundlegend ist dabei die Beobachtung, dass komplexe Systeme in ihrem Auseinandersetzungsprozess mit Umwelteinflüssen Prozesse der Selbststrukturierung und Selbstorganisation durchlaufen. Der Begriff *Selbstorganisation* beschreibt damit die spontane Entstehung und Veränderung von kohärenten dynamischen Mustern in nichtlinearen Systemen, wobei die entstehenden Muster das Ergebnis systeminterner Regulationsprozesse sind. Selbstorganisierende Systeme imponieren durch ihre Fähigkeit zum Ordnungswandel, d.h., dass sich Funktionsprinzipien ändern und ein Übergang zwischen verschiedenen Ordnungen und dynamischen Mustern stattfinden kann. Diese Ordnungs-Ordnungs-Übergänge erfolgen in typischer Weise diskontinuierlich und haben eine sprunghafte Dynamik. Äußeren wie auch inneren Einflussfaktoren kommt die Funktion von Kontrollparametern zu."

674 vgl. Grant, J.A., Courtemanche, J., Duerden, E.G., Rainville, P., Ducan, G.H. (2010: 347). "Training participants also showed a quicker recovery of their sympathetic nervous system response by the follow-up point 5 months after the completion of the training. Thus, while training participants' relatively increased DBP at posttest is puzzling (yet the raw values are similar to the control group), there were longterm benefits of the training. Those who practiced meditation more frequently also showed lower blood pressure reactivity to a number of components of the stressor task. [...] In addition, evidence for the induction of greater levels of restorative physiology (i.e., greater RSA) was demonstrated in the training group during the recovery period following the emotion provocation, although these effects were not maintained 5 months later. Immediate effects on basal RSA have been demonstrated in studies of short-term meditation-based interventions (Tang et al., 2009), but there is limited evidence that RSA responses during recovery from an emotional experience can be altered with these approaches."

Eine Analyse der "Therapeutischen Ordnungsübergänge"[675] könnte den Einsatz der Techniken im klinischen Bereich begründen. Während die Entwicklung der *Eigenkompetenz* auf die präventive Wirksamkeit zielt, könnte der kurative Aspekt des *Modells der Selbstreferenz* insbesondere bei denjenigen psychotherapeutischen Techniken zu einer Bereicherung beitragen, in welchen Selbstreferenz und Mentalisierung innerer Vorgänge als Grundlage zur Bearbeitung bestimmter Themenkomplexe gilt.

Da genau die *Eigenkompetenz* sich im Verlauf der Entwicklung von Selbstreferenz deutlich zu differenzieren vermag, ist sie im Kontext von Prävention bedeutungsvoll. Daher bieten die Methoden[676] des *Kognitiven Trainings* nicht nur Entwicklung von Selbstreferenz und Eigenkompetenz, sondern wirken sich direkt auch auf die eigene Gesundheit aus.

---

[675] vgl. Mathiak, K, Weiskopf, M. (2011: 611). "*Anti-Kindling* bedeutet, dass durch eine geeignete desynchronisierende Stimulation anhaltend verlernt wird".

[676] vgl. Wise, E.H., Hersh, M.A., Gibson, C.M. (2012: 487). "A review of the literature on psychologist self-care strategies, healthy lifestyles, mindfulness, acceptance-based therapies, and positive psychology informs our endorsement of mindfulness-based positive principles and practice (MPPP's) for psychologists. These MPPP's are broadly conceptualized as the *how* of effective self-care that supports the *what* (as in what to do) in this realm."

6.7 Die Bedeutung der perspektivischen Analyse und ein interdisziplinärer Dialog zum Forschungsgegenstand

Vorliegender Text zeigte mithilfe der Analysemethode einer *Perspektivischen Analyse* die Diskrepanzen bei der Kontextualisierung und Interpretation von Buddhistischen Meditationstechniken aus emischer und etischer[677] Perspektive. Anhand einiger Schlüsselbegriffe wurden die Implikationen von inhaltlichen und interpretativen Vereinnahmungsprozessen aufgezeigt und mithilfe einer Gegenüberstellung dieser Perspektiven und Konnotationen die theoretische und trainingsmethodische Bedeutung der emischen Perspektive Buddhistischer Philosophie und Tibetischer Medizin für den Forschungsgegenstand dargestellt.

Bereits der trainingstechnische Beitrag einer für Lernprozesse üblichen graduellen Vorgangsweise beim Erlernen der Techniken, welche wie auch beim Schriftspracherwerb völlig andere Effekte bewirkt als wenn versucht würde, unterschiedlichste Elementen gleichzeitig zu erfassen und anzuwenden, bewirkte eine Eingrenzung und Differenzierung des Forschungsgegenstands. Sowohl auf trainingstechnischer wie auch theoretischer Ebene beruht diese auf der emischen Perspektive, was mithilfe von originalsprachlichen Zitaten und Definitionen untermauert wurde.

Diese Vorgangsweise resultierte in der Einführung eines *Graduellen Kognitiven Trainings*. Auf seine Darstellung an anderer Stelle wurde verwiesen. Auf der Grundlage der Analyse der Trainingselemente wurden Techniken von Erfahrungen und Effekten unterschieden und ein psychologisches Modell der Selbstreferenzentwicklung durch das Training beschrieben. Somit konnte eine psychologische Theoriebildung zum Forschungsgegenstand entwickelt und mithilfe quantitativer und qualitativer Forschungsmethoden überprüft werden. In vorliegendem Text werden die quantitativen Aspekte unter Bezugnahme auf die qualitativen Ergebnisse dargestellt.

Somit wurde anhand der Vorgangsweise bei der Analyse des *Sammelbegriffs der Meditation* eine Begriffsdifferenzierung und -eingrenzung entwickelt, welche auf Sprachkenntnis originalsprachlicher Texte und Textkommentare und dem Wissen um die emische Perspektive Buddhistischer Philosophie und Tibetischer Medizin beruht. Genau diese inhaltliche wie auch theoretische Differenzierung ermöglichte eine bislang zum Forschungsgegenstand fehlende Theoriebildung.

Das in vorliegender Arbeit überprüfte *Dynamische Selbstreferenzmodell*, welches auf Grundlage einer Differenzierung und Eingrenzung des Forschungsgegenstands entwickelt wurde, vermag auf die Notwendigkeit interdisziplinärer Arbeiten zum Forschungsgegen-

[677] vgl. Pawlik, K. (2006: 914). "Jing (2000) gibt aufschlussreiche Beispiele, wie psychologische Begriffsbildung aus der westlichen Tradition, dem Buddhismus in Indien und dem Konfuzianismus in China unterschiedlich indigen präformiert ist. Hier eröffnet sich für sprach- und kulturvergleichende Forschung die Möglichkeit (und die Aufgabe), kulturell unterschiedliche Hintergrundverständnisse in psychologischen Beschreibungs- und Erklärungsbegriffen herauszuarbeiten, ohne deren Kenntnis die Vorstellung einer universellen, über Sprach- und Kulturgrenzen hinausgehend Geltung beanspruchenden Wissenschaft vom Mentalen, vom Erleben und Verhalten schwerlich kulturfair zu halten ist. Von besonderer Signifikanz sind dabei Begriffe (wie im obigen Beispiel), für die sich in einer anderen Sprachgemeinschaft keine Äquivalenz finden lässt. Einer solcherart internationalen psychologischen Forschung kommt aber noch eine zweite Funktion zu: die Prüfung auf mögliche (oder auch nötige) Einbindung indigener Vorstellungen in die psychologische Forschung und Theoriebildung selbst."

stand hinzuweisen. Dies betrifft die sprachlichen Grundlagen und Konnotationen ebenso wie die theoretischen und trainingstechnischen Erkenntnisse.

6.8 Prozessforschung - Zusammenhänge zwischen dem Modell der Selbstreferenz und der Theorie der Selbstorganisation (Haken, H., Schiepek, G., 2010)

Die systematische Evaluation des *Dynamischen Selbstreferenzmodells* setzt eine Darstellung von Veränderungsstrukturen im Verlauf des *Graduellen Kognitiven Trainings* im Sinne von Prozessforschung[678] voraus. Auch die konsequente Analyse der Veränderungsstrukturen in der Theoriebildung aus emischer Perspektive weist auf die Notwendigkeit eines veränderten wissenschaftlichen Zugangs zur Evaluation der Trainingselemente und ihrer Effekte hin.

Während im Kontext vorliegender Forschung die einzelnen Fragen zur Theorie der Entwicklung von Selbstreferenz im Vorerhebungsbogen als Fragestellung "Wie stark können Sie [...]" quantifiziert wurden[679], wurden die qualitativen Aspekte derselben Themenkomplexe mithilfe eines Fragebogens einer Tagebuchstudie weiter differenziert. Neben dem Fragebogen zur Art und Häufigkeit des Trainings[680] finden sich hierin Fragestellungen, welche die Qualität der Veränderung und ihre Konnotationen in den Vordergrund stellte. Somit wurden die quantifizierenden Aspekte mit offenen Fragen zur Art der Veränderung zu denselben Themenkomplexen ergänzt. Dabei konnte die Entwicklung in den einzelnen Items, welche die Faktoren des Selbstreferenzmodells bilden, auf einer Skala zwischen 0% und 100% durch die Probanden selbst dargestellt werden. Obwohl diese Darstellung eine Fähigkeit der Reflexion eigener Veränderung und Entwicklung voraussetzt, schien dies lediglich eine weitere Information über das Erreichen der Voraussetzungen zu implizieren. Die Vorgangsweise solch komplexe Trainingsprozesse mithilfe einer Kombination von quantitativen wie auch qualitativen Methoden zu erheben, hat sich als zielführend erwiesen, da damit nicht nur ein differenziertes Bild auf die Prozesse ermöglicht wird, sondern sich in beiden, qualitativen wie auch quantitativen Daten, die zentralen Themen der Veränderungen auch wiederholen. Daher wäre es in der gegenwärtigen Phase der Entwicklung einer psychologischen Theoriebildung zum Forschungsgegenstand sinnvoll, sowohl qualitative wie auch quantitative Evaluationsmethoden zu nutzen. Da die Fremdwahrnehmung der Präzision der Selbstwahrnehmung[681] nicht nahekommt und die Entwicklungsprozesse durch das Training nur sehr begrenzt an Handlungen abgelesen werden könnten, scheint es sinnvoll, neben neurophysiologischen Messungen, die insbesondere auch über Veränderungen der Plastizität und Modulation Auskunft zu geben vermögen, die Notizen der Personen selbst als ein Fundament für die

---

[678] vgl. Schiepek, G., Heinzel, S., Karch, S. (2011: 23). "Ebenso wie in der psychologischen Psychotherapieforschung steht die Erfassung von Prozessmustern erst am Anfang, obwohl sie zum Verständnis der Veränderungsmechanismen der Psychotherapie essenziell wäre."

[679] siehe Kapitel 12.7.

[680] siehe Kapitel 12.1.

[681] vgl. Mayring, P. (2010: 19) "*Verstehen oder Erklären*? » ›Die Natur erklären wir, das Seelenleben verstehen wir.‹ Dieser im Jahre 1894 niedergeschriebene Satz Wilhelm Diltheys ist zum Programm einer Bewegung geworden, welche der ›erklärenden‹ naturwissenschaftlichen Psychologie eine ›verstehende‹ geisteswissenschaftliche gegenüberstellte« (Rohracher 1976, S. 97). Der qualitativ-verstehende Ansatz »versteht« sich dabei immer dahingehend, Gegenstände, Zusammenhänge und Prozesse nicht nur analysieren zu können, sondern sich in sie *hineinzuversetzen*, sie *nachzuerleben* oder sie zumindest nacherlebend sich vorzustellen. Ein solches Wissenschaftsverständnis wird auch als *Introspektion*, als Forschungsmethode zugelassen, deren Tauglichkeit außerhalb dieser Richtung immer wieder bestritten wird".

Analyse zu nutzen.[682] Denn weder die Differenziertheit der Erlebensqualität und Kontextualisierung noch die Prozessbeschreibung könnten mithilfe quantitativer Messungen erfasst werden. Mithilfe eines qualitativen Forschungszugangs jedoch könnten diejenigen Kategorien ermittelt werden, in denen die Studienteilnehmer selbst ihre Erfahrungen mit der Trainingsmethode, die entsprechenden Effekte und ihre Kontextualisierung beschreiben[683].

Obwohl im Kontext der Psychotherapieforschung bereits eine Entwicklung von der Outcome- zur Prozessforschung[684] stattfand, ist diese im Diskurs zum Forschungsgegenstand der Meditation bislang nicht angekommen. Dies ist insbesondere deshalb relevant, da Meditation trotz fehlender psychologischer Theoriebildung in englischsprachigen Artikeln teilweise bereits als eine Therapiemethode[685] dargestellt wird.

Durch die Einführung der graduellen Techniken in vorliegender Arbeit jedoch wäre neben der Feststellung von Outcome nach bestimmten Übungszeiträumen oder im Kontext bestimmter thematischer Aspekte, wie hier beispielsweise der Entspannungsreaktion und dem Chronischen Stress, die Evaluation der Entwicklungsprozesse bei dem Graduellen *Kognitiven Training* die den Trainingstechniken entsprechende Forschungsmethodik.

Da das hier vorgestellte und mithilfe von sieben Ergebnisfaktoren (E1-E6, E8) dargestellte Selbstreferenzmodell selbst dynamischen, prozessualen Charakter hat, besteht die Herausforderung, es im Trainingsverlauf nicht nur darzustellen, sondern mithilfe seiner Interpretation die Grundstrukturen der durch das Training initiierten Veränderungsprozesse[686] zu interpretieren. Somit wird die Interpretation der Forschungsergebnisse zu einem zentralen Element. Im Kontext des vorliegenden Forschungsgegenstands könnte die

---

[682] vgl. Tagebuchstudie, Attersee, A.I.M. (2014 e).

[683] siehe Grossman, P. (2011: 1038) "New self-report inventories could be developed to measure the extent to which respondents value specific behaviors (e.g. contemplative stillness, attending to sensory experience) or psychological attitudes (e.g., kindness or patience toward oneself and/or others) thought to be closely related to mindfulness."; vgl. qualitative Fragebögen und Tagebuchstudie (2010-2014, unveröffentlichte Ergebnisse), Attersee, A.I.M. (2014 c, d, e, f).

[684] siehe Schindler, L. (1996: 269). "In den letzten 10 Jahren hat sich nun eine essentielle Veränderung innerhalb der Therapieforschung vollzogen, die genau diesen Aspekten verspricht gerecht zu werden - nämlich die allmähliche Verlagerung von der Erfolgs - zur Prozeßforschung. Wir stehen heute damit an der Schwelle zu einer völlig neuen Konzipierung von Theorie und Methode in der Psychotherapieforschung (siehe auch Grawe, 1992; Greenberg, 1991)."

[685] siehe Bond, K., Ospina, M.B., Hooton, N., Bialy, L., Dryden, D.M., Buscemi, N. et al. (2009: 129, 130). "Once thought of and practiced primarily as a spiritual exercise, meditation, especially in its Western context, has come to be viewed as a complementary therapeutic strategy to alleviate the symptoms of a variety of health-related problems (Arias, Steinberg, Banga, & Trestman, 2006; Perez de Albeniz & Holmes, 2000). This shift in focus has generated an increasing interest in conducting primary and secondary research regarding the therapeutic efficacy and effectiveness of meditation practices and techniques."

[686] vgl. Schiepek, G., Heinzel, S., Karch, S. (2011: 23). "Ebenso wie in der psychologischen Psychotherapieforschung steht die Erfassung von Prozessmustern erst am Anfang, obwohl sie zum Verständnis der Veränderungsmechanismen von Psychotherapie essentiell wäre. Auch gehen die Untersuchungen implizit oder explizit von einem linearen Input-Output-Modell der Therapiewirkung aus (sog. „Standardmodell“): Die durchgeführte Behandlung erzeugt demgemäß den Therapieeffekt, sowohl auf der Ebene subjektiver und Verhaltensparameter als auch auf der Ebene neuronaler Aktivierungs- und Funktionsmuster. Festgestellte Vorher-Nachher-Unterschiede werden dabei ebenso konsequent wie unreflektiert meist kausal als Effekt der eingesetzten Intervention(en) interpretiert und die Studien sind darauf angelegt, konfundierende Größen auszuschalten oder minimal zu halten."

Frage gestellt werden, welches diejenigen Faktoren sind, welche die Veränderungen initiieren.

In vorliegender Arbeit wurde die Fragestellung nach der Art und Weise der durch das *Graduelle Kognitive Training* induzierten Veränderungen[687] konsequent verfolgt und dabei bereits mehrere wesentliche Determinanten für die Veränderungsprozesse angesprochen. Davon wurden die beiden Determinanten einer Entspannungsreaktion und eines Sinkens von Chronischem Stress in vorliegender Forschung aufgezeigt. Die zentrale trainingstechnische Determinante der Aufmerksamkeitslenkung jedoch wurde den Trainingstechniken zugeordnet. Ihre zentrale Bedeutung für den Veränderungsprozess sollte in künftigen Analysen vertieft werden. Zur Evaluation der Art der Anwendung der Techniken der Probanden könnten in diesem Rahmen entweder Messungen während der Trainingssitzungen durchgeführt oder auch Fragebögen mit differenzierteren Fragestellungen zur Art der Umsetzung entwickelt werden.

In vorliegender Forschung wurden komplexe Variablen[688] gewählt, die zwar schlecht auf Handlungsebene zu erfassen waren und daher auf den ersten Blick auch wenig Handlungsrelevanz zeigen. Betrachtet man jedoch diese gewählten Variablen vor dem Hintergrund der von den Probanden durchgeführten Trainingstechniken (T1-T4), kann die dahinter vorliegende Handlungs- und Trainingsrelevanz mithilfe der entsprechenden Items in den Fragebögen evaluiert werden. Ferner können Vergleiche zwischen der Trainingsart und -häufigkeit und den Entwicklungen auf den Achsen der einzelnen Trainingsitems mit den Effekten, die zur Operationalisierung des Selbstreferenzmodells definiert wurden, herangezogen werden.

Da die Fragestellung nach der Art der Veränderung bereits die Darstellung eines *Dynamischen Modells der Selbstreferenzentwicklung* durch das *Kognitive Training* auf der Grundlage einer perspektivischen Analyse bedeutete, wurde seine Evaluation nicht nur mithilfe von Outcome, sondern auch einer Prozessdarstellung vollzogen.

Aufgrund der Komplexität des Selbstreferenzmodells, das von Beginn an trainingsmethodische wie auch effektspezifische Wechselwirkungen gezielt einbezieht – beispielsweise die Kombination der *topdown* mit den *bottomup* wirksamen Trainingselementen oder die Aufmerksamkeitslenkung und Integration seiner Effekte - schien dem Modell eine exklusive Analyse mithilfe linearer Kausalzusammenhänge nicht angemessen. Auch zeigten aktuelle Befunde aus der Psychotherapieforschung und neurophysiologischen Forschung, dass die neurale Verarbeitung nicht in linearen, sondern vielmehr in komplexen Aktivierungs- und Inhibitionsmustern ablaufen. Daher war es im Rahmen der Interpretation

---

[687] vgl. Schindler, L. (1996: 270). "Es geht um die Beantwortung der Fragen: Was sind wesentliche Determinanten für Veränderungsprozesse und welche verschiedenen Arten solcher Prozesse lassen sich unterscheiden.[...] Diese Fragen nach dem „Wie“ der Veränderung erfordern allerdings auch neue Überlegungen bei der Theoriebildung und bei dem methodischen Vorgehen der empirischen Analyse."

[688] siehe Schindler, L. (1996: 277). "Von einem solchen theoretischen Prozeßmodell muß für die weitere Forschung ein Gerüst von Variablen abgeleitet werden, das es erlaubt, relevante Aspekte des Prozeßgeschehens zu erfassen. Dabei hat man - je nach Auflösungsgrad - die Wahl zwischen Variablen, die leicht quantifizierbar und reliabel beobachtbar sind, aber zunächst wenig zur Rekonstruktion der „Gestalt“ von Änderungsprozessen beitragen. Wählt man andererseits komplexere Variablen, so sind sie schwieriger meßbar, schlecht zu operationalisieren und die damit gewonnenen Ergebnisse weisen wenig praktische Handlungsrelevanz auf (vgl. Marmar, 1990)."

des Selbstreferenzmodells sinnvoll, vorliegende Ergebnisse aus der Synergetik[689] einzubeziehen.

[689] siehe Schiepek, G., Heinzel, S., Karch, S. (2011: 24). "Diese Befunde sprechen dafür, Psychotherapie als nichtlinearen, selbstorganisierenden Prozess eines bio-psychosozialen Patientensystems zu konzipieren, wobei die wesentliche therapeutische Leistung in einer prozessadäquaten Bereitstellung von Bedingungen für diese Selbstorganisationsprozesse (Kaskaden von Ordnungsübergängen) besteht. Die Theorie der Selbstorganisation (*Synergetik*) wurde an anderer Stelle zu einer Theorie der Psychotherapie ausgearbeitet (Haken u. Schiepek 2010; Schiepek 2009; Schiepek u. Perlitz 2009). Was hier auf der Ebene von Systemprozessen der Psychotherapie beschrieben wird, befindet sich in guter Übereinstimmung mit Modellen, welche auch das Gehirn als synergetisches, d.h. komplexes, selbstorganisierendes System beschreiben: Ohne zentrale Schaltstelle und ohne inneren Homunkulus ist es darauf spezialisiert, Milliarden von Neuronen - organisiert in vielen miteinander vernetzten Subsystemen und Neuronenpopulationen - zu koordinieren, wobei nichtlineare Prozesse innerhalb und zwischen den Neuronen über zahlreiche gemischte (aktivierende und inhibierende) Feedback-Schleifen komplexe und ständig wechselnde Synchronisations- und Resonanzeffekte hervorbringen (Haken 1996, 2002; Kelso 1995; Kap. 9-13 in diesem Band). Der Begriff *Selbstorganisation* bezeichnet die spontane Entstehung und Veränderung von funktionellen und strukturellen Mustern in einem komplexen System, wobei aus dem Zusammenspiel der Teile Ordner entstehen, welche wiederum in Form einer Bottom-up-topdown-Kreiskausalität die Teile einbinden und koordinieren (Haken 2004)."

7 Einschränkungen

Da vorliegende Arbeit auf der emischen Sichtweise Buddhistischer Philosophie und Tibetischer Medizin auf den Forschungsgegenstand gründet, wurde genau nur der Beitrag, den diese Perspektive zum Diskurs zum Forschungsgegenstand zu leisten vermag, ausgearbeitet. Sie stellt somit nicht den Anspruch einer vollständigen Analyse aller möglichen im Sammelbegriff der Meditation zusammengetragenen Techniken.

Der Beitrag des *Graduellen Kognitiven Trainings* schien eine sinnvolle Eingrenzung des Forschungsgegenstands und obwohl er eine bislang nicht vorliegende psychologische Theoriebildung ermöglichte, ist diese eine grobe Skizze der inhaltlichen und psychophysiologischen Prozesse beim Training.

Aus ökonomischen Gründen wurde die Forschung mithilfe von Fragebögen durchgeführt, welche zur Objektivierung der Fragebogenergebnisse und Ergänzung durch erweiterte Methodenzugänge zum Gegenstand durch neurophysiologische Messungen von Stressparametern, neurologischen Messungen, insbesondere zu Veränderungen in der neuronalen Plastizität durch das Training ergänzt werden sollte.

Da die Studie an den verschiedenen Bildungsinstitutionen jeweils ausgeschrieben wurde, haben sich nur interessierte Personen für die Teilnahme angemeldet. Somit entspricht sie keiner Zufallsstichprobe[690]. Dabei überwiegt in der Geschlechtsverteilung das weibliche Geschlecht, was darin begründet liegt, dass an manchen Institutionen wie dem Bakkalaureatsstudium der Ergotherapie an der Fachhochschule Salzburg aus Gründen ihrer Berufswahl lediglich Probandinnen vor Ort waren. Obwohl sich keine signifikanten Unterschiede in den Ergebnissen bezüglich des Geschlechts zeigten, ist dieses Verhältnis von Probandinnen zu Probanden eine Eigenart der vorliegenden Stichprobe.

Obwohl die Teilnahmemotivation im "ET-ANAM Fragebogen"[691] evaluiert wurde, könnte sich bereits das Interesse der Probanden an der Studienteilnahme auf ihre Erwartungshaltung und somit auch auf die Ergebnisse ausgewirkt haben.

Die Stichprobe der am Verein zur Förderung der klinischen Verhaltenstherapie/ München durchgeführten Studie bestand aus Ärzten und Psychologen, von denen sehr viele bei der Möglichkeit, die Teilnahmemotivation unter der Rubrik Motivation ihre Beweggründe für die Studienteilnahme im "ET-ANAM Fragebogen"[692] mit eigenen Worten zu spezifizieren, ihr Interesse äußerten, diese Methoden für die Behandlung ihrer Patienten erlernen zu wollen. Diese Teilnahmemotivation mag, ebenso wie die Begriffskonglomeration um den Begriff des in der Verhaltenstherapie üblichen Achtsamkeitstrainings, welches mit angeblich aus buddhistischem Wissen stammenden Begriffen geschmückt wurde, zur Erwartungshaltung beigetragen und die Ergebnisse verzerrt haben.

Nach Durchführung des Pilotprojekts wurde die Studie wartegruppenkontrolliert durchgeführt. Dies erlaubte Vergleiche innerhalb derselben Gruppen, einen Vorher-Nachher-Vergleich sowie einen Vergleich mit den in den jeweiligen Handbüchern angeführten Normgruppen. Da für die Evaluation mit dem "ASS-SYM Symptomfrage-

[690] vgl. Bühner, M., Ziegler, M. (2009: 333). "Es ist wichtig, noch einmal zu verdeutlichen, dass sowohl das Ziehen der Personen aus der Population als auch das Zuweisen zu den Gruppen per Zufall verläuft. Zumindest Letzteres ist eine wichtige Grundvoraussetzung für die Anwendung inferenzstatistischer Verfahren."

[691] siehe Krampen, G. (2002).

[692] siehe Krampen, G. (2002).

bogen"[693] im Handbuch spezifische Daten zu den Veränderungen in den Dimensionen der Entspannung zum Autogenen Training und Progressiver Muskelrelaxation nach sechs Wochen Training vorlagen, konnten die Daten nach vier Wochen und drei Monaten *Kognitiven Trainings* mit diesen verglichen werden. Daher schien es nicht sinnvoll, eine Vergleichsgruppe mit Personen, die Entspannungsverfahren geübt hätten, zu bilden. Insbesondere lag der Vergleich mit einer Entspannungsgruppe nicht im Fokus des Forschungsthemas, da das Selbstreferenzmodell und die in diesem Kontext entwickelte Entspannungsreaktion evaluiert werden sollten.

Aus ökonomischen und zeitlichen Gründen der Probanden war es nicht möglich, wartegruppenkontrollierte Studien mit drei oder sechs Monaten Wartezeit durchzuführen. Daher wurden zum Zweck des Beginns einer Prozessevaluation die Daten nach drei Monaten Training einbezogen, obwohl lediglich eine Wartegruppe von einem Monat vorlag. Dennoch konnten hierbei wenigstens Vergleiche zwischen vor dem Training, nach einem und nach drei Monaten Training gezogen werden. Obwohl dies einem Pilotstadium entspricht, schien die für diesen Forschungsgegenstand neue katamnestische Vorgangsweise bei der Evaluation wichtig genug, sie im Sinne nötiger Prozessforschung zumindest als ein rudimentäres Entwicklungsstadium anzuführen.

Nach Durchführung des Pilotprojekts wurden bei beiden standardisierten Fragebögen, "TICS Fragebogen SSCS"[694] und "ASS-SYM Symptomfragebogen"[695], die Zeiträume, nach denen gefragt wird, abgeändert. Obwohl solcherlei Abänderungen im Handbuch zum "ASS-SYM Symptomfragebogen"[696] für spezielle Gruppen explizit empfohlen waren und sich durch die von jedem Probanden vorliegenden Informationen über beide Zeiträume Vergleichsmöglichkeiten sowie auch die Möglichkeit einer relativ engmaschigen Katamnese ergaben, waren die Daten nicht mehr mit den Normgruppen vergleichbar.

Der eigene *Fragebogen zur Häufigkeit und Art der Durchführung der Meditation und zur Integration*[697] [*während der vergangenen vier Wochen* bzw. *während der vergangenen drei Monate*] wurde auch nach der Pilotphase beibehalten und in der vorliegenden Form benutzt, um nach vier Wochen des *Kognitiven Trainings* die vergangenen vier Wochen und nach drei Monaten Training die vergangenen drei Monate zu evaluieren. Der eigene *Fragebogen zur Anwendung der Meditation, Meditationserleben und Integration der Meditationserfahrung* [*während der vergangenen vier Wochen* bzw. *während der vergangenen drei Monate*][698] aus dem Pilotprojekt wurde beibehalten, jedoch in einer inhaltlich vereinfachten und verkürzten Form als *Vorerhebungs- und Katamnesefragebogen* [699] eingeführt. Er wurde sowohl von der Wartegruppe wie auch der Studiengruppe zu jedem Untersuchungszeitpunkt ausgefüllt.

---

693 siehe Krampen, G. (2006).
694 siehe Schulz, P., Schlotz, W., Becker, P. (2004).
695 siehe Krampen, G. (2006).
696 siehe Krampen, G. (2006).
697 vgl. Kapitel 12.1-12.3 *Fragebogen zur Häufigkeit und Art der Durchführung der Meditation und zur Integration* [*während der vergangenen vier Wochen* und *während der vergangenen drei Monate*].
698 vgl. Kapitel 12.1-12.3 *Fragebogen zur Anwendung der Meditation, Meditationserleben und Integration der Meditationserfahrung* [*während der vergangenen vier Wochen* und *während der vergangenen drei Monate*].
699 vgl. Kapitel 12.7 *Vorerhebungs- und Katamnesefragebogen.*

In vorliegender Arbeit wurden die Operationalisierung des Selbstreferenzmodells und die Ergebnisse aus dem "ASS-SYM Symptomfragebogen"[700] und "TICS Fragebogen SSCS"[701] bei *Kognitivem Training* als Outcome nach einem Monat Training dargestellt und mit Daten nach drei Monaten ergänzt. Aufgrund des graduellen Einsatzes von Trainingselementen jedoch wäre es sinnvoll, Trainingsprozesse systematisch und detailliert abzubilden. Dies wurde beispielsweise mithilfe einer Tagebuchstudie begonnen, wäre jedoch auch im Sinne der Bestimmung von Veränderungen über kurze Zeiträume auch bei den standardisierten Fragebögen sinnvoll.

Die qualitative und quantitative Fragebogenevaluation ist auf die Probandenaussagen selbst angewiesen und somit von deren Fähigkeit, die eigene Veränderung wahrzunehmen, zu mentalisieren und zu dokumentieren, abhängig. Somit ist das Selbstreferenzmodells auf die Probandenaussagen selbst begrenzt.

[700] siehe Krampen, G. (2006).
[701] siehe Schulz, P., Schlotz, W., Becker, P. (2004).

8 Ausblick

In vorliegender Forschung wurde der Forschungsgegenstand trainingstechnisch als *Graduelles Kognitives Training* spezifiziert und damit eine für Lernprozesse selbstverständliche, jedoch bislang unbeachtete Forschungslücke aufgezeigt. Erst genau diese Spezifizierung ermöglichte die Entwicklung eines psychologischen Modells zu den Trainingseffekten. Da die Eingrenzung des Forschungsgegenstands auf trainingstechnischer Ebene die notwendige Bedingung für eine Interpretation wie auch Vergleichbarkeit der Trainingseffekte war, kann sie als weitere Grundlage für Forschungsvorhaben mit dem Ziel einer psychologischen Theoriebildung zu den Trainingseffekten betrachtet werden.

Diese Spezifizierung der Forschungslücke wurde anhand einer *Perspektivischen Analyse*, in welche emische und etische Perspektiven auf den Forschungsgegenstand gegenübergestellt wurden, unter Einbeziehung originalsprachlicher Quellen entwickelt. Dabei konnte der außerordentliche Beitrag, den eine emische Perspektive Buddhistischer Philosophie und Tibetischer Medizin auf trainingstechnischer wie auch theoretischer Ebene zu diesem Forschungsgegenstand zu leisten vermögen, angedeutet werden. Insbesondere wurde deutlich gemacht, wie eine klar definierte Terminologie, die Beachtung der entsprechenden Interpretationskontexte sowie auch die Darlegung der tatsächlich von den Probanden durchgeführten Techniken im Kontext von Studiendurchführung eine notwendige Grundbedingung für Dateninterpretation und Theoriebildung sind.

Auf Grundlage der *Perspektivischen Analyse* wurde somit eine psychologische Theoriebildung des *Dynamischen Selbstreferenzmodells* entwickelt. Die Spezifizierung der Trainingstechnik als *Graduelles Kognitives Training* analog der emischen Perspektive, eine hierzu entwickelte Arbeitsdefinition und der Einbezug der strukturellen Veränderungsprozesse im Trainingsverlauf waren die hierfür notwendigen Grundlagen. Diese psychologische Theoriebildung wurde anhand einer Unterscheidung zwischen Effekten (E1-E8) und transienten Erfahrungen (ER1-ER16), einer Strukturierung der im Trainingsverlauf auftretenden Effekte (E1-E8) in notwendige und hinreichende Bedingungen für den Einsatz weiterer Techniken sowie einer Analyse von Schlüsselpunkten auf trainings-technischer ebenso wie theoretischer Ebene entwickelt. Dabei wurden die Trainingseffekte (E1-E8) im *Dynamischen Modell der Selbstreferenzentwicklung* operationalisiert, nachdem sie in Bezug zur Differenzierung der Trainingstechniken (T1-T4) als ein *Graduelles Kognitives Training* gebracht worden waren. Somit wurde eine inhaltliche wie auch theoretische Spezifizierung vorgenommen, zu welcher zahlreiche weitere Untersuchungen im Sinne von Outcome und Prozessforschung auf quantitativer wie auch qualitativer Ebene durchgeführt werden könnten.

Durch eine Analyse der graduell verlaufenden Veränderungsstrukturen im Trainingsverlauf wurde die Evaluation des Forschungsgegenstands um eine Darstellung der Wirkmechanismen auf der Ebene der Effekte bereichert, die in der bislang vorliegenden Evaluation quantifizierender Effekte nicht vorlag. Damit wurde auch deutlich gemacht, dass die präzise Definition und Spezifizierung von Einzeltechniken und eine Darstellung der Reihenfolgen ihrer Durchführung eine notwendige Bedingung für die Interpretation von Studienergebnissen ist. In Hinsicht auf die Entwicklung einer psychologischen Theoriebildung wäre genau diese Interpretationsleistung der Ergebnisse eine Herausforderung für die künftige Forschung im Fachgebiet. Von zentraler Bedeutung scheint dabei neben der

Feststellung des Outcomes nach bestimmten Lernsequenzen oder Zeitabständen die Dokumentation von Prozessverläufen beim Training zu sein. Diese Dokumentations- und Interpretationsleistung ist die notwendige Grundlage psychologischer Theoriebildung zum Forschungsgegenstand und Voraussetzung für seine verantwortungsvolle Anwendung im klinischen und psychotherapeutischen Kontext.

Im Sinne eines interdisziplinären Forschungszugangs sind bereits die für die Ausgestaltung einer emischen Perspektive nötigen Sprach- und Kontextkenntnisse eine zentrale Herausforderung. Dabei würden kommentierte Übersetzungen aus originalsprachlichen Texten Buddhistischer Philosophie und Tibetischer Medizin nicht nur zur Klarheit der Fachtermini und ihrer Kontextualisierung beitragen, sondern genau hierüber könnte eine breite und wissenschaftlich fundierte Basis für weitere Forschung durch verschiedene Fachdisziplinen entwickelt werden. Mithilfe einer Einbeziehung der emischen Perspektive in den wissenschaftlichen Diskurs zum Forschungsgegenstand könnten sowohl Kernpunkte zur Entschlüsselung von Trainingseffekten wie auch die dahinterliegende, bislang im Diskurs überhaupt nicht dargestellte Theoriebildung zugänglich gemacht werden.

8.1 Die Entwicklung der psychologischen Theoriebildung zum Forschungsthema

Da für einen wissenschaftlichen Diskurs mit der Zielsetzung einer psychologischen Theoriebildung zum Forschungsgegenstand klare Definitionen auf trainingstechnischer ebenso wie auf theoretischer Ebene und eine Beschreibung von Wirkzusammenhängen unumgänglich sind, wäre die sprachwissenschaftlich korrekte Übersetzung und Kontextualisierung von buddhistischen und tibetisch-medizinischen Termini der Dekontextualisierung oder gängigen Vereinnahmung unter neuem Label vorzuziehen. Da der Forschungsgegenstand an seiner terminologischen wie auch inhaltlichen Präzision und Interpretation gemessen werden wird, ist eine solche Spezifizierung nötig, um ihn aus der vermarktungsfähigen Vereinfachung zu bewegen, welche essentielle und zentrale Aspekte vernachlässigt.

Anstatt immer neue Konstrukte zu bilden, scheint es nötig, die Theoriebildung auf empirischer Datenlage zu gründen. Auf solcher Grundlage ist die Entwicklung theoretischer Modelle und auf deren Basis eine sinnvolle Interpretation quantitativer Forschungsergebnisse möglich. Dabei setzt die Theoriebildung vor der Interpretationsleistung bereits Transparenz bei der Studiendurchführung voraus. Eine transparente Darstellung, was die Probanden wie häufig und wie lange tatsächlich geübt haben, wäre somit eine nötige Grundlage, um die Studienergebnisse einer Interpretation zuführen zu können und genau auf dieser Grundlage die psychologische Theoriebildung weiterentwickeln. Dabei wäre im Sinne einer Präzision und Interpretierbarkeit der Ergebnisse sogar der Ausschluss von denjenigen Probanden aus der Datenauswertung, die anstatt nach dem Studienprotokoll vorzugehen unter der Verführung des *Sammelbegriffs Meditation* ihre eigenen Ideen umsetzten, etwaigen größeren Datenmengen vorzuziehen. Erst genau diese Transparenz in der wissenschaftlichen Vorgangsweise würde zu späteren Zeitpunkten auch eine Vergleichbarkeit von Studienergebnissen und damit eine Differenzierung in der Theoriebildung ermöglichen. Genau erst auf dieser Grundlage könnten Metaanalysen zur Differenzierung der Theoriebildung beitragen.

Zum Zweck der Präzisierung der Interpretationsleistung von Ergebnissen scheint es wichtig, zentrale Elemente wie Vorerfahrungen, Kontraindikationen, Teilnahmemotivation oder aktuelle Erkrankungen zu evaluieren, wofür sich der "ET-ANAM"[702] Fragebogen als ein brauchbares Instrument erwies. Zur Darstellung von Wirkungen auf Gesundheit, Stressverarbeitung, neuronale Plastizität oder Persönlichkeitsentwicklung könnten sowohl weitere Fragebögen wie auch die Erhebung physiologischer Stressparameter oder neurophysiologische Messungen die psychologische Theoriebildung voranbringen. Dabei wäre eine Reflexion und Begründung der Auswahl der gewählten Evaluationsinstrumente ebenso wie die Analyse der jeweiligen Forschungsergebnisse im Hinblick auf die gewählten Instrumente empfehlenswert.

Da die Entwicklung von Messinstrumentar, welches spezifisch für Meditationsforschung konzipiert ist, eine Herausforderung für die nächste Forschungsphase wäre, liegen die bislang benutzten quantitativen Fragebögen in Kapitel zwölf vor. In den vorliegenden Ergebnissen zum Forschungsgegenstand unter dem *Sammelbegriff der Meditation* zeigte sich, dass die psychologische Theoriebildung trotz des Vorliegens

[702] siehe Krampen, G. (2002).

zahlreicher Forschungsergebnisse stagniert. Obwohl dies ein Hinweis auf die Notwendigkeit wissenschaftlicher Diskurse, Differenzierungen und Konsequenzen wäre, wurden zahlreiche wertvolle Diskursbeiträge in den letzten eineinhalb Jahrzehnten nicht weiter verfolgt und der nötige interdisziplinäre Diskurs unter einer Strategie der Vereinnahmung fremden Materials mithilfe von Dekontextualisierung zunichte gemacht.

Die vorliegende *Perspektivische Analyse* konnte nach der gezielten Irritation von Vereinnahmungsprozessen deutlich machen, welchen bedeutenden Beitrag die Trainingstechniken aus emischer Perspektive leisten können. Bereits das Faktum eines *Graduellen Kognitiven Trainings* ist eine völlig neue Zugangsweise, die weitreichende Auswirkungen nicht nur auf die Evaluationsmethoden, sondern auch auf die Ergebnisse und Theoriebildung hat. Dieses Analyseverfahren könnte auf theoretischer Ebene ebenso wie auf die Dateninterpretation weiter angewandt werden. Auf seiner Grundlage stellten sich Fragen zu Forschungsmethodik, deren Beantwortung die zu diesem Forschungsgegenstand dringend nötige Entwicklung einer psychologischen, psychotherapeutischen und medizinischen Theoriebildung ermöglichen könnte.

Da sich bereits nach einem Monat weniger als zehnminütigem täglichen Training Ergebnisse in der Entspannungsreaktion und im Chronischem Stress zeigten, wäre eine Vertiefung der Forschung sowohl mit Gesunden wie auch mit Personen mit stressbedingten Erkrankungen mithilfe von Fragebögen, welche die Veränderungen in der Stressverarbeitung zeigen, sinnvoll.

8.2 Die Bedeutung der Methodentriangulation für die Zielsetzung einer umfassenden Theoriebildung

Vorliegende Forschungsergebnisse verdeutlichen den Wert und Impact der in Buddhistischer Philosophie und Tibetischer Medizin überlieferten Techniken *Graduellen Kognitiven Trainings*. Der differenzierte Beitrag dieser Überlieferung zum Diskurs über den Forschungsgegenstand auf theoretischer wie auch trainingstechnischer Ebene konnte mithilfe der *Perspektivischen Analyse* entwickelt werden. Da diese ein hohes Ausmaß an Sprach- und Sachkenntnis voraussetzt, wäre eine strukturierte Ausbildung von Personen, auf deren qualifizierte Übersetzungs- und Textkommentarleistung sich die interdisziplinäre Forschung stützt, empfehlenswert. Dieser sollte aufgrund der starren männlich dominierten Ausbildungsstrukturen vor Ort eine Beachtung und Reflexion von Genderaspekten zugrunde liegen.

Der derzeit gängigen Vereinnahmung fremden Materials mithilfe von Dekontextualisierung unter immer neuen Namen oder der Vermarktungsstrategien unter dem Mythos Tibet mithilfe von Bildstereotypen, bei welcher Kleidungsfarbe und Männlichkeit mit Fachkompetenz gleichgesetzt werden, könnte durch reflektierte und strukturierte Ausbildung entgegengewirkt und darüber die Differenziertheit und der Wert des in oben erwähnten Traditionen überlieferten Wissens wiederhergestellt werden.

Die bislang mangelnde Theoriebildung zum Forschungsgegenstand setzt seine Eingrenzung voraus, was in vorliegender Arbeit mithilfe eine Differenzierung vom *Sammelbegriff der Meditation* zum *Graduellen Kognitiven Training* vorgenommen wurde. Diese Eingrenzung ermöglichte nicht nur eine Interpretation der Ergebnisse in Bezug auf die durchgeführten graduellen Übungselemente, sondern auch auf die hierauf gründende Theoriebildung. Anstatt den Forschungsgegenstand immer mehr auszuweiten, sodass genau dadurch Ergebnisse nicht mehr interpretiert und folglich auch keine Theoriebildung entwickelt werden kann, wäre es daher für eine Zielsetzung der Theoriebildung und des wissenschaftlichen Diskurses sinnvoll, die Implikationen der jeweils vorgenommenen Eingrenzungen zu reflektieren.

Im Rahmen der *Perspektivischen Analyse* wurde deutlich, wie die bisherige, fast ausschließlich quantitative Vorgangsweise bei der Evaluation von Trainingseffekten trotz des Vorliegens sehr umfangreicher unterschiedlichster Ergebnisse keine psychologische Theoriebildung zur Folge hatte. Daher ist für die Zielsetzung einer Theoriebildung zum Forschungsgegenstand, eines Vergleichs von Forschungsergebnissen und eines wissenschaftlichen Diskurses ein Umdenken nicht nur auf der Ebene der Differenzierung der Trainingstechniken und ihrer lerntheoretisch sinnvollen graduellen Anwendung, sondern auch bei ihrer Evaluation nötig. Obwohl der Wert einer qualitativen Zugangsweise zu Forschungsgegenständen, zu denen noch keine Theoriebildung vorliegt, bekannt ist, fällt auf, dass diese weder im Sinne des Einbezugs von Experteninterviews aus emischen Kontexten noch im Rahmen von Studien genutzt wurden. Der sich in allerletzter Zeit diesbezüglich wandelnde Mainstream jedoch bezieht das in psychotherapiewissenschaftlicher, psychologischer und sozialwissenschaftlicher Forschung vorliegende Wissen um Analyse- und Interpretationsmethoden qualitativen Datenmaterials noch nicht ein.

Die auf der Grundlage von qualitativen Ergebnissen vorliegenden Daten könnten für die nötige Entwicklung einer Theoriebildung zum Forschungsgegenstand und seine weitere

Evaluation genutzt werden, wobei jene durch neurophysiologische und neurologische Messverfahren sinnvoll ergänzt würde. Dies setzt jedoch eine interdisziplinäre Zusammenarbeit von Forschergruppen wie auch einen wissenschaftlichen Diskurs voraus, welcher durch den Umgang mit den im Mainstream vorliegenden Vermarktungsstrategien über lange Zeit blockiert wurde. Genau jene würden einen gravierenden Verlust differenzierten Wissens um graduelle Trainingstechniken und Wirkzusammenhänge bedeuten. Insofern bereits sichtbar gemacht wurde, wie die Entspannungsreaktion und Veränderung im Chronischen Stress beim *Graduellen Kognitiven Training* sich auf die Selbstreferenz und ihre Entwicklung auswirkten, könnte auf Grundlage solcher Modellbildung wissenschaftlicher Diskurs wie auch Theoriebildung entwickelt werden.

Die vorliegende Differenzierung der Forschungslücke einer graduellen Vorgangsweise beim Training selbst zieht bedeutende Konsequenzen bei seiner Evaluation nach sich. Diese bedeuten auch, dass eine Evaluation mit der Zielsetzung einer psychologischen Theoriebildung zum Forschungsgegenstand einzig mit der Darstellung von Outcome nach bestimmten Zeiträumen nicht zufriedenstellend wäre, weil damit die zentralen Wirkzusammenhänge und Veränderungsstrukturen noch überhaupt nicht erfasst werden konnten. Wenn hingegen der graduelle Charakter des Trainingsprozesses in die Studienplanung einbezogen würde, könnten mithilfe der Interpretation der empirischen Befunde aussagekräftige Ergebnisse entwickelt werden. Eine fundierte umfassende Theoriebildung zum Forschungsgegenstand setzt somit interdisziplinäres Denken und wissenschaftlichen Diskurs voraus und zeigt sich in einer Methodenkombination qualitativer, quantitativer und neurophysiologischer Evaluationstechniken.

Im Rahmen der Theoriebildung scheinen einige Themenkomplexe für den Forschungsgegenstand von zentraler Bedeutung zu sein, deren Bearbeitung unterschiedlichen Wissenschaftsgebieten zukommt. Bereits die ersten im Rahmen der Theoriebildung vorliegenden Ergebnisse wie auch viele Hinweise aus der Literatur weisen auf seine Bedeutung für das Gebiet der Stressverarbeitung. Parallel dazu scheinen kognitive wie auch emotionale Prozesse im Trainingsverlauf von zentraler Bedeutung zu sein, welche im *Dynamischen Modell der Selbstreferenzentwicklung* erfasst wurden. Nachdem ihre Evaluation mithilfe von Fragebögen und Interviews bestenfalls durch neurophysiologische Messungen[703] ergänzt und erweitert wurde und ausreichend fundierte wissenschaftliche Theoriebildung zum Forschungsgegenstand vorliegt, stellen sich auch Fragen zu deren Anwendung im klinischen Kontext.

[703] vgl. Caetano, C. (2007: 93). "Neuropsychological assessments have, however, also come to measure cognitive processes in a more specific manner such as in the information processing approach."

8.3 Impact

Aus der obiger Darstellung der Bedeutung der Einzeltechniken des *Graduellen Kognitiven Trainings*, ihrer graduellen Anwendung und ihrer Effekte zeigten sich sowohl Implikationen für die Definition des Forschungsgegenstands, die Vorgangsweise bei seiner Evaluation wie auch für die psychologische Theoriebildung hierzu.

Vorliegende Forschung zeigte, dass die Fähigkeiten der Beobachtung und Reflexion innerer Befindlichkeit erlernbar sind und dieser Lernprozess auf der Entspannungsreaktion gründet. Insbesondere aufgrund der aktuellen Zunahme stressbedingter Erkrankungen und der Notwendigkeit ihrer Prävention und Behandlung hat dieses Ergebnis bildungs- wie auch gesundheitspolitische Implikationen.

Denn aus dem Faktum der Entwicklung von Beobachtungs- und Reflexionsfähigkeiten, welche im *Dynamischen Modell der Selbstreferenzentwicklung* theoretisch dargestellt wurden, können Schlussfolgerungen nicht nur für die Veränderungen in der Stressverarbeitung, sondern auch für den Selbstbezug, welcher direkt auf die emotionale Verarbeitung und Entwicklung emotionaler Kompetenzen wirkt, wie in Folge auch auf die Persönlichkeitsentwicklung wirkt, gezogen werden.

Im Sinne gesundheitsfördernder Maßnahmen, der Prävention von Burnout und stressbedingten Erkrankungen wie auch für die Ausbildung von Personen, die mit Menschen arbeiten, könnten hieraus Schlussfolgerungen abgeleitet werden.

8.4 Gesundheitspolitische Implikationen

Da die vorliegenden Studienergebnisse bereits nach vier Wochen Training von Gesunden signifikante Veränderungen nicht nur in allen Dimensionen der Entspannung, sondern auch im Chronischen Stress zeigten, sind diese Techniken *Graduellen Kognitiven Trainings* geeignet, zur Gesundheitsförderung im Sinne der Definition in der "Ottawa-Charta zu Gesundheitsförderung"[704] beizutragen. Dabei könnten die Ergebnisse im Bereich der Entspannungsreaktion und Umgang mit Stress im Rahmen von "gesundheitsbezogener Bildung"[705] sinnvoll genutzt werden.

Insofern bereits in der Ottawa Charta die Gesundheitsförderung als Unterstützung der Entwicklung der Persönlichkeit[706] beschrieben wurde, tragen die Ergebnisse im Bereich der Selbstreferenzentwicklung, welche zur Persönlichkeitsentwicklung beiträgt, gesundheitspolitische Implikationen.

Neben einer Vertiefung der Evaluation sowohl in spezifischen Berufssparten und Ausbildung zu Berufen, in denen stressbedingte Erkrankungen gehäuft auftreten, wie auch im klinischen Bereich stellt sich die Frage nach der Bildungsverantwortung in diesem Kontext.

Insbesondere wäre in künftigen Forschungsvorhaben zu differenzieren, inwieweit sich die Haltung der Introspektion selbst gegenüber denjenigen Trainingstechniken, welche einen vagotonen Zustand zu induzieren vermögen, auf den Selbstbezug und damit auch die Stresswahrnehmung und die Stressverarbeitung auswirken. Insofern durch seine gezielte Kombination von *bottomup* mit *topdown* wirksamen Aspekten und die dadurch bedingten unterschiedlichen neuronalen Verarbeitungsmuster das *Kognitive Training* weit über die Effekte einer Entspannungstechnik hinausreicht, wären die hier angesprochenen Implikationen Aufgabe künftiger Forschung.

---

704 siehe http://www.euro.who.int/_data/assets/pdf_file/0006/129534/Ottawa_Charter_G.pdf?ua=1; S. 1 "Gesundheitsförderung zielt auf einen Prozess, allen Menschen ein höheres Maß an Selbstbestimmung über ihre Gesundheit zu ermöglichen und sie damit zur Stärkung ihrer Gesundheit zu befähigen. Um ein umfassendes körperliches, seelisches und soziales Wohlbefinden zu erlangen, ist es notwendig, dass sowohl einzelne als auch Gruppen ihre Bedürfnisse befriedigen, ihre Wünsche und Hoffnungen wahrnehmen und verwirklichen sowie ihre Umwelt meistern bzw. verändern können."

705 vgl. http://www.euro.who.int/_data/assets/pdf_file/0006/129534/Ottawa_Charter_G.pdf?ua=1; S. 4.

706 vgl. http://www.euro.who.int/_data/assets/pdf_file/0006/129534/Ottawa_Charter_G.pdf?ua=1; S. 4.

8.5 Bildungspolitische Implikationen

Die in vorliegender Forschung mithilfe des *Dynamischen Selbstreferenzmodells* dargestellte Entwicklung von Beobachtungs- und Reflexionsfähigkeit bedeutet, dass Selbstreferenz erlernt und geübt werden kann. Zunehmende Selbstreferenz, die sich anfangs in der Entwicklung eines Bezugs zu sich selbst, später in einer Differenzierung der Kommunikationsfähigkeit mit anderen zeigt, bedingt Persönlichkeitsreife. Da sich diese als Zielsetzung im Bildungsauftrag findet und ihre Entwicklung in den Bereich der Kompetenzförderung in Bezug auf die eigene Gesundheit fällt, haben vorliegende Erkenntnisse auch bildungspolitische Implikationen. Dabei weist die Notwendigkeit einer Untersuchung des Zusammenhangs zwischen der Schulung des Bezugs zu sich selbst, welcher bereits die Grundlage für Persönlichkeitsentwicklung bedeutet, und dem Erlernen der Entwicklung von Entspannungsphasen und des Umgangs mit Stressoren auf künftige Forschungsaufgaben im Fachbereich.

Vorliegende Forschungsergebnisse haben jedoch nicht nur Auswirkung auf die "gesundheitsbezogene Bildung"[707], sondern tragen insbesondere auch Implikationen für die Berufsausbildung in denjenigen Berufssparten, in denen in den vergangenen Jahren zunehmende Dropouts, Burnout und stressbedingte Erkrankungen sowie Frühpensionierungen aufgrund stressbedingter Erkrankungen nachgewiesen wurden[708].

Das Eintreten für gesundheitsbezogene Kompetenzsicherung anderer jedoch setzt theoretisch inhaltlich wie methodisch fundiertes Wissen und Sicherung der Bildung in diesem Wissen voraus. Da ein Prozess der Wissenssicherung zum Forschungsgegenstand letztlich die Entwicklung von Ausbildungsstrukturen auf universitärem Niveau bedeuten würde, liegt ein Vergleich von Ausbildungsstrukturen aus emischer und etischer Perspektive nahe. Dabei wird deutlich, dass auf ersterer Seite der Großteil der Lehre noch in den männlich dominierten monastischen Strukturen stattfindet, obwohl es Bestrebungen der universitären Verankerung von Ausbildungsstrukturen gibt, auf letzterer sich eine Bildungsstruktur lediglich in Form diverser, kaum theoriegegründeter Zusatzkurse unter verschiedensten Begriffen darstellt. Diese bezüglich der weitreichenden Implikationen des Forschungsgegenstands durchaus bedauerliche Sachlage weist auf die Notwendigkeit einer Wissenssicherung durch ein differenziertes und qualitätssicherndes Bildungsangebot zum Zweck der individuellen Gesundheitskompetenz ebenso wie zur Multiplikation und Forschungsaufgabe im Fachbereich.

---

[707] vgl. http://www.euro.who.int/_data/assets/pdf_file/0006/129534/Ottawa_Charter_G.pdf?ua=1; S. 4.
[708] vgl. beispielsweise "Europäische NEXT-Studie": http://www.next.uni-wuppertal.de/index.php?next-studie

8.6 Klinische Implikationen

Trotz bislang fehlender psychologischer Theoriebildung wurde das Forschungsthema unter dem *Sammelbegriff der Meditation* bereits im klinischen Kontext genutzt wie auch als Psychotherapieverfahren bezeichnet.

In vorliegender Forschung wurde aufgezeigt, dass die Wirkkraft der Techniken *Graduellen Kognitiven Trainings* weit über die Interpretation von Meditation als ein Entspannungsverfahren hinausreicht. Neben der Differenzierung der Entspannungsreaktion als Grundlage für die *Selbstreferenzentwicklung* und somit auch Persönlichkeitsreifung könnten im Rahmen der Anwendung des "ASS-SYM Symptomfragebogens"[709] Vergleiche der Effekte mit der Normgruppe nach sechs Wochen Autogenem Training oder Progressiver Muskelrelaxation gezogen werden. Ebenso wären auch bei Anwendung des "TICS Fragebogen"[710], der nicht nur den Chronischen Stress mit der Summenskala "SSCS"[711], sondern weitere Dimensionen des Chronischen Stress spezifiziert, wiederum unter Voraussetzung der Beibehaltung des Zeitintervalls für die hierzu vorliegende Normgruppe, Vergleiche mit dieser sowie auch Schlussfolgerungen bezüglich der hierzu vorliegenden Gesundheitsparameter möglich.

Die hohe Signifikanz im Bereich der Entspannungsdimensionen und des Chronischen Stress bereits nach vier Wochen Training von Gesunden ermutigt nach einer Analyse von Wirkzusammenhängen und Differenzierung der Theoriebildung zum Forschungsgegenstand einen Einsatz und Evaluation im Rahmen klinischer Forschung. Obwohl aufgrund der Stress- und Entspannungsparameter das naheliegende diagnostische Feld die stressbedingten Erkrankungen oder auch Angsterkrankungen wären, würde sich dieses bereits bei einer Analyse der Implikationen der Ergebnisse im Bereich der Selbstreferenzentwicklung ausweiten.

Da die Entwicklung der Fähigkeit der *bewussten Induktion eines vagotonen Zustands*[712] nicht nur für die Entwicklung von Selbstwirksamkeit, sondern auch für die Fähigkeit des Umgangs mit Gedankenkreisen und hoher emotionaler Ladung bedeutungsvoll ist, könnten genau solche Lernziele definiert und im Kontext der Behandlung nicht nur stressbedingter Erkrankungen sinnvoll eingesetzt und evaluiert werden. Aufgrund des sich mithilfe der Trainingstechniken des *Kognitiven Trainings* entwickelnden Selbstbezugs und der Selbstreferenz stellt sich ferner die Frage, ob mithilfe dieser Techniken effektiv und aktiv auf die Selbststeuerung und Selbstempathie[713] bei vorliegenden Persönlichkeitsstörungen Einfluss genommen werden könnte.

Eine Vertiefung der Evaluation des Selbstreferenzmodells könnte mithilfe von Fragebögen, die den Einfluss und die Entwicklung von Persönlichkeitsfaktoren darstellen,

---

709 siehe Krampen, G. (2006).
710 siehe Schulz, P., Schlotz, W., Becker, P. (2004).
711 siehe Schulz, P., Schlotz, W., Becker, P. (2004).
712 vgl. Klinke, R., Pape, H.C., Kurtz, A., Silbernagl, S. (2010: 811) "Einen besonders stark aktivierenden Einfluss auf parasympathische Neurone im Nucleus ambiguus haben die Afferenzen von Pressorezeptoren und arteriellen Chemorezeptoren, die damit beide eine sehr ausgeprägte **Bradykardie** auslösen können. Der **Grundtonus** des Parasympathikus ist ebenso wie der des Sympathikus teils atemsynchron moduliert. In den kardialen Vagusfasern findet sich eine Aktivitätszunahme in der Exspiration, die zur **respiratorischen Arrhythmie** führt, einer Verlangsamung der Herzfrequenz in der Ausatmungsphase."
713 vgl. Attersee, A.I.M. (2014 f).

vorgenommen werden, wofür sich aufgrund der Auswahl an Persönlichkeitsfaktoren der "SWAP-200"[714] anbietet. Um den Anwendungsbezug und Effektbereich in Hinblick auf diagnostische Fragestellungen zu differenzieren, bietet sich eine Evaluation der Veränderungen durch das Training mithilfe eines Persönlichkeitsinventars an. Da das "PSSI Persönlichkeits-Stil- und Störungs-Inventar"[715] mit Entsprechungen zu den in den "diagnostischen Manualen DSM-IV und ICD-10 beschriebenen Persönlichkeitsstörungen konzipiert ist"[716], erweist es sich hierfür als besonders geeignet.

Da im Kontext stressbedingter Erkrankungen, Schmerzerkrankungen und Depression bereits umfangreiche Forschung unter dem *Sammelbegriff der Meditation* vorliegt, könnt an dieser Stelle, sofern Transparenz über die Trainingsinhalte gegeben und die Reihenfolge der tatsächlich durchgeführten Übungen klar ist, an bereits vorliegende Ergebnisse angeknüpft oder Vergleiche zwischen den einzelnen Studien hergestellt werden. Neben klaren Definitionen und sinnvollen Eingrenzungen des Forschungsgegenstands scheint dabei derzeit der jeweiligen Interpretation der Forschungsergebnisse und dem wissenschaftlichen Diskurs über diese aus verschiedenen Fachperspektiven eine zentrale Stellung zuzukommen.

Im Kontext klinischer Forschung wäre es sinnvoll, das Studiendesign zeitlich wie auch inhaltlich auf die Klientel anzupassen und die Evaluation engmaschig im Sinne einer Beobachtung von Prozessverläufen zu spezifizieren. Nachdem bereits bei kurzen, fünfminütigen Übungssequenzen von Klienten deutliche und integrierbare Veränderungen beschrieben wurden[717] und für Trainingsanfänger die Entwicklung der Fähigkeiten der Modulation und Veränderung der Verarbeitung von Stress vielmehr denn lange Übungsphasen im Vordergrund stehen, könnte eine Kürzung der Trainingssitzungen sinnvoll sein.

Da die Wahrnehmung und Verbalisierung innerer Befindlichkeit eine Grundlage vieler psychotherapeutischer Prozesse darstellt, wäre eine Evaluation der Entwicklung der Beobachtungs- und Reflexionsfähigkeit, welche im *Dynamischen Selbstreferenzmodell* dargestellt wurden, in Bezug auf den Outcome und Prozessverlauf von Psychotherapie beziehungsweise auch auf Schlüsselparameter, wie beispielsweise die therapeutische Beziehung, sinnvoll.

Da diese Techniken *Kognitiven Trainings* bereits in der Tibetischen Medizin genutzt werden und hierzu ein ganzes System an Modellen[718] vorliegt, in welchen die Dichotomisierung zwischen Körper und Denken aufgehoben ist, könnten von einem differenzierten interdisziplinären Dialog wesentliche Beiträge für die therapeutische Behandlung von Erkrankungen im Gebiet der Psychosomatik und Psychotherapie erwartet werden.

---

[714] vgl. Taubner, S, Stumpe, A., Löffler-Stastka, H. (2009). *Revidierte dt. Fassung des Shedler-Westen-Assessment Procedure - SWAP-200*; Shedler, J, Westen, D. (2003) (dt. Übersetzung Löffler-Stastka, H., 2004, revidierte dt. Fassung 2009). *Shedler-Westen-Assessment Procedure - SWAP-200.* 6097_SWAP200.pdf, 16.7.2014.

[715] siehe Kuhl, J., Kazén, M. (2009).

[716] vgl. http://www.testzentrale.de/programm/personlichkeits-stil-und-storungs-inventar.html; Abrufdatum: 10.8.2014.

[717] vgl. Attersee, A.I.M. (2014 f).

[718] vgl. Attersee, A.I.M. (2014 b).

9 Literaturverzeichnis

American Psychological Association. (2012, July). *Revised competency benchmarks in professional psychology*, aus http://www.apa.org/ed/graduate/benchmarks-evaluation-system.aspx.

Antonovsky, A. (1997). *Salutogenese. Zur Entmystifizierung der Gesundheit.* Tübingen: Deutsche Gesellschaft für Verhaltenstherapie.

Arias, A. J., Steinberg, K., Banga, A. & Trestman, R. L. (2006). Systematic review of the efficacy of meditation techniques as treatments for medical illness. *Journal of Alternative and Complementary Medicine*, 12, 817-832.

Asanga (Verf.) & Pralhad P. (Hrsg.) (1950). *Abhidharmasamuccaya.* Santiniketan: Visva Bharati.

Attersee, A. I. M. (2014). *Graduelles Kognitives Training. Eine Darstellung von Einzelelementen und Prozessverläufen aus emischer Perspektive.* Skriptum.

Attersee, A. I. M. (2014). *Kognition und Emotion in der Tibetischen Medizin Eine Darstellung und Interpretation aus emischer Perspektive.* Aachen: Shaker.

Attersee, A. I. M (2014). *Selbstreferenz-Entwicklung durch Graduelles Kognitives Training. Eine Analyse qualitativer Forschungsdaten.* Unveröffentlichtes Arbeitspapier.

Attersee, A. I. M. (2014). *Empathie und Selbstreferenz. Eine Analyse qualitativer Forschungsdaten.* Unveröffentlichtes Arbeitspapier.

Attersee, A. I. M. (2014). *Prozessforschung mithilfe einer Tagebuchstudie. Analyse und Interpretation eines Pilotprojekts mit Psychologiestudenten.* Unveröffentlichtes Arbeitspapier.

Attersee, A. I. M. (2014). *Die Bedeutung von Introspektion für Psychotherapeuten und Psychotherapiepatienten. Outcome- und Prozessevaluation.* Unveröffentlichtes Arbeitspapier.

Awasthi, B. (2013). Issues and perspective in meditation research: in search for a definition. *Frontiers in psychology*, Vol. 3, Art. 613, 1-9. doi: 10.3389/fpsyg.2012.00613.

Barlow, D. H., Nock, M. K. & Hersen, M. (2009). *Single case experimental designs: Strategies for studying behavior change* (3rd ed.). Boston, MA: Pearson.

Barnard, L. K & Curry, J. F. (2011). Self-Compassion: Conceptualizations, Correlates, & Interventions. *Review of General Psychology*. doi: 10.1037/a0025754.

Bauer, J. (2005). *Warum ich fühle, was du fühlst Intuitive Kommunikation und das Geheimnis der Spiegelneurone.* München: Wilhelm Heyne Verlag.

Behrends, J. C., Bischofberger, J., Deutzmann, R., Ehmke, H., Frings, S. & Grissmer, S. et al. (Hrsg) (2010). *Duale Reihe Physiologie*. Stuttgart: Georg Thieme Verlag KG.

Benesch, H. (1995). *Enzyklopädisches Wörterbuch Klinische Psychologie und Psychotherapie*. Weinheim: Beltz Psychologie Verlags Union.

Benson, H. & Klipper, M. Z. (1975). *The Relaxation Response*. New York: Harpertorch.

Birbaumer, N., Frey, D., Kuhl, J., Prinz, W. & Weinert, F. E. (Hrsg.) (1996). *Grundlagen der Klinischen Psychologie* (Enzyklopädie der Psychologie, Serie Klinische Psychologie, Bd. 1). Göttingen: Hogrefe.

Birbaumer, N., Frey, D., Kuhl, J., Schneider, W. & Schwarzer, R. (Hrsg.) (2007). *Theorie und Forschung* (Enzyklopädie der Psychologie, Serie VII Kulturvergleichende Psychologie) (S. 98-117). Göttingen: Hogrefe.

Bishop, S. R. (2002). What Do We Really Know About Mindfulness-Based Stress Reduction? *Psychosomatic Medicine*, *64*, 71-82. doi: 0033-3174/02/6401-0071.

Blanton, H. & Jaccard, J. (2006). Arbitraty Metrics in Psychology. *American Psychologist*, Vol. 61, No. 1, 27-41. doi: 10.1037/0003-066X.61.1.27.

Boellinghaus, I., Jones, F. W. & Hutton, J. (2013). Cultivating Self-Care and Compassion in Psychological Therapists in Training: The Experience of Practicing Loving-Kindness Meditation. *Training and Education in Professional Psychology*, Vol 7, No. 4, 267-277. doi: 10.1037/a0033092.

Bodhi, Bhikkhu (Übers.) (2000). *The connected discourses of the Buddha: A translation of the Samyutta Nikaya*. Boston MA: Wisdom Publications.

Bohleber , W. (2008) *Identität.* In W. Mertens & B. Waldvogel (Hrsg.), *Handbuch psychoanalytischer Grundbegriffe* (S. 336-341). Stuttgart: Verlag W. Kohlhammer GmbH.

Bond, K., Ospina, M. B., Hooton, N., Bialy, L., Dryden, D. M., Buscemi, N. et al. (2009). Defining a Complex Intervention: The Development of Demarcation Criteria for "Meditation". *American Psychological Association, Psychology of Religion and Spirituality*, Vol 1. No. 2, 129-137. doi: 10.1037/a0015736.

Bortz, J. & Lienert, G. A. (2008). *Kurzgefasste Statistik für die klinische Forschung. Leitfaden für die verteilungsfreie Analyse kleiner Stichproben.*. Heidelberg: Springer Medizin Verlag.

Bortz, J. & Schuster, C. (2010). *Statistik für Human- und Sozialwissenschaftler.* Heidelberg: Springer Medizin Verlag.

Bruce, N. G., Manber, R., Shapiro, S. L. & Constantino, M. J. (2010). Psychotherapist mindfulness and the psychotherapy process. *Psychotherapy Theory Research Practice Training*, 47, 83-97. doi: 10.1037/a0018842.

Bühner, M. & Ziegler, M. (2009). *Statistik für Psychologen und Sozialwissenschaftler.* München: Pearson.

Bühner, M. (2011). *Einführung in die Test- und Fragebogenkonstruktion*. München: Pearson.

Caetano, C. (2007). Qualitative Assessment Within and Across Cultures. In B. P. Uzzell, M. Pontón & A. Ardila (Hrsg.), *International Handbook of Cross-Cultural Neuropsychology* (S. 93-108). New Jersey: Lawrence Erlbaum Associates, Inc., Publishers.

Cahn, B. R. & Polich, J. (2006). Meditation States and Traits: EEG, ERP, and Neuroimaging Studies. *Psychological Bulletin*, Vol. 132, No. 2, 180-211. doi: 10.1037/0033-2909.132.2.180.

Carmody, J., Baer, R. A., Lykins, E. L. & Olendzki, N. (2009). An empirical study of the mechanisms of mindfulness in a mindfulness based stress reduction program. *Journal of Clinical Psychology*, *65*, 613-626. doi:10.1002/jelp.20579.

Campbell, D. T. & Fiske, D. W. (1959). Convergent and discriminant validation by the multitrait-multimethod matrix. *Psychological bulletin*, *56*, 81-105.

Cardoso, R., Souza, E. de, Camano, L. & Roberto-Leite, J. (2004). Meditation in health: An operational definition. *Brain Research Protocols*, *14*, 58-60.

Carlson, L. E., Speca, M., Patel, K. D. & Goodey, E. (2003). Mindfulness-based stress reduction in relation to quality of life, mood, symptoms of stress, and immune parameters in breast and prostate cancer outpatients. *Psychosomatic Medicine, 65*, 571-581. doi: 10.1097/01.PSY.0000074003.35911.41.

Chödrön, P. (2006). *Getting unstuck.* [Audioaufnahme]. Louisville, KY: Sounds True, Incorporated.

Clarke, J. J. (Hrsg.) (1997). *C.G. Jung und der östliche Weg.* Zürich, Düsseldorf: Walter Verlag.

Coleman, G. & Jinpa, T. (Hrsg.) (2008). *Das Tibetische Totenbuch. Die Große Befreiung durch Hören in den Zwischenzuständen.* (Padmasambhava,Verf., L. Karma, Offenb., D. Gyurme , engl. Übers. & S. Schuhmacher, dt. Übers.) München: Arkana.

Cornelissen, M. (Hrsg.) (2001). *Consciousness and its transformation.* Pondicherry, India: Sri Aurobindo International Centre of Education.

Corsini, R. (Hrsg.) (1983). *Handbuch der Psychotherapie.* Weinheim: Beltz.

Crisp, J., Pelletier, D., Duffield, C., Adams, A. & Nagy, S. (1997). The Delphi method? *Nursing Research, 46*, 116-118.

Cronbach, L. J., Gleser, G. C., Nanda, H. & Rajaratnam, N. (1972). *The dependability of behavioral measurements.* New York: Wiley.

Davidson, R. J. & Schwartz, G. (1976). The psychobiology of relaxation and related states: A multi-process theory. In D. Mostofsky (Hrsg.), *Behavior control and the modification of physiological activity* (S. 399-443). New York, NY: Prentice Hall.

Davidson, R. J., Kabat-Zinn, J., Schumacher, J., Rosenkranz, M., Muller, D. & Santorelli, S. F. et al (2003) Alterations in Brain and Immune Function Produced by Mindfulness Meditation. *Psychosomatic Medicine, 65*, 564-570. doi: 10.1097/01.PSY.0000077505.67574.E3.

Davidson, R. J. & Kabat-Zinn, J. (2004). RESPONSE. American Psychosomatic Society: *Psychosomatic Medicine, 66*, 149-152. doi: 0033-3174/04/6601-0147.

Davidson, R. J. (2010). Empirical explorations of mindfulness: Conceptual and methodological conundrums. *Emotion, 10*, 8-11. doi: 10.1037/a0018480.

Devananda, V. (1981). *Meditation and mantras.* New York: OM Lotus Publishing.

Devis, D. M. & Hayes, J. A. (2011). PRACTICE REVIEW. What Are the Benefits of Mindfulness? A Practice Review of Psychotherapy-Related Research. *Psychotherapy. American Psychological Association,* Vol 48, Nr. 2, 198-208. doi: 10.1037/a0022062.

Drungtso, T.T. & Drungtso, T.D. (2005). *Tibetan-English Dictionary of Tibetan Medicine and Astrology.* Archana: Drungtso Publications.

Dudjom, J.Y.D. (Verf.) (1991). *The Nyingma School of Tibetan Buddhism.* (D. Gyurme & M. Kapstein, Hrsg., Übers.). Somerville: Wisdom Publications.

Dürr, H. P. (2004). *Auch die Wissenschaft spricht nur in Gleichnissen.* Freiburg: Herder.

Edenfield, T. M. & Saeed, S. A. (2012). An update on mindfulness meditation as a self-help treatment for anxiety and depression. *Psychology Research and Behavior Management,* 131-141. doi: 10.2147/PRBM.S34937.

Ehlers, A. & Hahlweg, K. (Hrsg.). (1996). Grundlagen der Klinischen Psychologie. In N. Birbaumer, D. Frey, J. Kuhl, W. Prinz & F. E. Weinert (Hrsg.), *Grundlagen der Klinischen Psychologie* (Enzyklopädie der Psychologie, Serie II Klinische Psychologie, Bd. 1). Göttingen: Hogrefe.

Evans-Wentz, W. Y. (Hrsg.). (1953). *Das tibetanische Totenbuch oder die Nach-Tod-Erfahrungen auf der Bardo-Stufe.* Zürich: Rascher & Cie. AG.
Evans-Wentz, W. Y. (1972). *Der geheime Pfad der großen Befreiung*. Weilheim/Obb: Otto Wilhelm Barth Verlag.
Evans-Wentz, W. Y. (1997). *Geheimlehren aus Tibet. Yoga und der Pfad des Mahayana Buddhismus*. München: Wilhelm Heyne Verlag GmbH & Co. KG.
Fauth, J., Gates, S., Vinca, M. A., Voles, S. & Hayes, J. A. (2007). Big ideas for psychotherapy training. *Psychotherapy: Theory, Research, Practice, Training, 44*, 384-391. doi: 10.1037/0033-3204.44.4.384.
Field, T., Woodson, R., Greenberg, R. & Cohen, D. (1982). Discrimination and imitation of facial expressions by neonate. *Science, 218*, 179-181.
Flatten, G. (2011). Posttraumatische Belastungsstörungen. In G. Schiepek (Hrsg.), *Neurobiologie der Psychotherapie* (S. 450-471). Stuttgart: Schattauer GmbH.
Fox, K. C. R., Nijeboer, S., Dixon M. L., Floman, J. L., Ellamil, M. & Rumak, S. P. et al. (2014). Review. Is meditation associated with altered brain structure? A systematic review and meta-analysis of morphometric neuroimaging in meditation practitioners. *Neuroscience and Biobehavioral Reviews, 43*, 48-73. doi: 10.1016/j.neurobiorev.2014.03.016.
Frederickson, B. L., Coffey, K. A, Pek, J., Cohn, M. A. & Finkel, S. M. (2008). Open Hearts Build Lives: Positive Emotions, Induced Through Loving-Kindness Meditation, Build Consequential Personal Resources. *Journal of Personality and Social Psychology*, Vol 95, No. 5, 1045-1062. doi: doi: 10.1037/a0013262.
Garnitschnig, K. (2014). *Prozessforschung versus Ergebnisforschung*. Skriptum für die Lehrveranstaltung am 4.4.2014, 5.4.2014 an der Sigmund Freud Universität Wien.
Gekle, H. (2008). Bewusstsein. In W. Mertens & B. Waldvogel (Hrsg.). *Handbuch psychoanalytischer Grundbegriffe* (S. 95-100). Stuttgart: Verlag W. Kohlhammer GmbH.
Görnitz, T. & Görnitz, B. (2002). *Der kreative Kosmos: Geist und Materie aus Information.* Heidelberg, Berlin: Spektrum.
Goleman, D. & Schwartz, G. E. (1976). Meditation as an intervention in stress reactivity. *Journal of Consulting and Clinical Psychology, 44*, 456-466. doi: 10.1037/0022-006X.44.3.456.
Grant, J. A., Courtemanche, J., Duerden, E. G., Rainville, P. & Ducan, G. H. (2010). Cortical Thickness and Pain Sensitivity in Zen Meditators. *American Psychological Association*, Vol 10, No. 1, 43-53. doi: 10.1037/a0018334.
Grawe, K. (1992). Psychotherapieforschung zu Beginn der neunziger Jahre. *Psychologische Rundschau, 43*, 132-162.
Grawe, K., Donati, R. & Bernauer, F. (1994). *Psychotherapie im Wandel Von der Konfession zur Profession*. Göttingen: Hogrefe.
Greenberg, L. S. (1991). Research on the process of change. *Psychotherapy research, 1*, 3-16. doi:
Gross, J. J. (2006). *Handbook of emotion regulation*. New York: Guilford Press.
Grossman, P. (2010). Mindfulness for Psychologists: Paying kind attentions to the perceptible. *Mindfulness, 1*, 87-97. doi: 10.1007/s12671-010-0012-7.

Grossman, P., D'Souza, M., Mohr, D. C., Penner, I. K. & Steiner, C. (2010). MS quality of life, depression, and fatigue improve after mindfulness training: A randomized trial. *Neurology*, 75, 1141-1149. doi: 10.1212/WNL.0b013e3181f4d80d.

Grossman, P. (2011). COMMENT Defining Mindfulness by How Poorly I Think I Pay Attention During Everyday Awareness and Other Intractable Problems for Psychology's (Re)Invention of Mindfulness: Comment on Brown et al. (2011). *American Psychological Association: Psychological Assessment*, Vol. 23, No. 4, 1034-1040. doi: 10.1037/a0022713.

Häcker, H. O. & Stapf, K. H. (Hrsg.) (2009). *Dorsch Psychologisches Wörterbuch*. Bern: Verlag Hans Huber Hogrefe AG.

Haken, H. (1996). *Principles of Brain Functioning. A Synergetic Approach to Brain Activity, Behavior, and Cognition*. Berlin: Springer.

Haken, H. (2002). *Brain Dynamics*. Berlin: Springer.

Haken, H. (2004). *Synergetics. Introduction and Advanced Topics*. Berlin: Springer.

Haken, H. & Schiepek, G. (2006). *Synergetik in der Psychologie. Selbstorganisation verstehen und gestalten*. Göttingen: Hogrefe.

Haken, H. & Schiepek, G. (2010). *Synergetik in der Psychologie*. Göttingen: Hogrefe.

Haken, H. (2011). Synergetik der Gehirnfunktionen. In G. Schiepek (Hrsg.), *Neurobiologie der Psychotherapie* (S. 175-192). Stuttgart: Schattauer GmbH.

Hark, H. (Hrsg.) (1988). *Lexikon Jungscher Grundbegriffe. Mit Originaltexten von C.G. Jung*. Olten: Walter Verlag.

Halsband, U. (2011). Hypnose und Meditation. In G. Schiepek (Hrsg.), *Neurobiologie der Psychotherapie* (S. 286-307). Stuttgart: Schattauer GmbH.

Hayes, S. C., Strosahl, K. D. & Wilson, K. G. (1999). *Acceptance and commitment therapy: An experiential approach to behavior change*. New York, NY: Guilford Press.

Herwig, U., Kaffenberger, T., Jancke, L. & Bruhl, A. B. (2010). Self-related awareness and emotion regulation. *NeuroImage*, *50*, 734-741. doi: 10.1016/j.neuroimage.2009.12.089.

Hölzel, B. K., Ott, U., Gard, T., Hempel, H., Weygandt, M. & Morgan, K. et al. (2008). Investigation of mindfulness meditation practitioners with voxel-based morphometry. *Soc Cogn Affect Neurosci*, *3*, 55-61.

http://www.testzentrale.de/programm/personlichkeits-stil-und-storungs-inventar.html; Zugriff am 10.8.2014.

http://www.euro.who.int/_data/assets/pdf_file/0006/129534/Ottawa_Charter_G.pdf?ua=1; Zugriff am 28.9.2014.

http://www.next.uni-wuppertal.de/index.php?next-studie; Zugriff am 28.9.2014.

Huber, A. (2007). How to add qualitative profundity to quantitative findings in a study on cooperative learning. In P. Mayring, G. L. Huber, L. Gürtler & M. Kiegelmann (Hrsg.), *Mixed methodology in psychological research* (S. 179-190) Rotterdam: Sense Publishers. Huppelsberg, J. & Walter, K. (2009). *Kurzlehrbuch Physiologie*. Stuttgart: Georg Thieme Verlag KG.

Hutcherson, C. A., Seppala, E. M. & Gross, J. J. (2008). Loving-Kindness Meditation Increases Social Connectedness. *Emotion*, Vol. 8, No. 5, 720-724. doi: 10.1037/a0013237.

Iacobini, M. (2011). *Woher wir wissen, was andere denken und fühlen. Das Geheimnis der Spiegelneuronen*. München: Wilhelm Goldmann Verlag.

Jacobs, T. L., Epel, E. S., Lin, J., Blackburn, E. H., Wolkowitz, O. M. & Bridwell, D. A. et al. (2011). Intensive meditation training, immune cell telomerase activity, and psychological mediators. *Psychoneuroendocrinology*, *36*, 664-681. doi: 10.1016/psyneuen.2010.09.010.

Jacobs, T. L., Shaver, P. R., Zanesco, A. P., Aichele, S. R., Rosenberg, E. L. & King, B. G. et al (2013). BRIEF REPORT. Self-Reported Mindfulness and Cortisol During a Shamatha Meditation Retreat. *Health Psychology*, Vol 32, No. 10, 1104-1109. http://dx.doi.org/10.1037/a0031362.

Jing, Q. (2000). International psychology. In K. Pawlik & M. R. Rosenzweig (Hrsg.), *The international handbook of psychology* (S. 570-584). London: Sage.

John, E. R. (2005). From synchronous neural discharges to subjective awareness. In S. Laureys (Hrsg.), *The Boundaries of Consciousness: Neurobiology and Neuropathology*, Vol. 150, 143-171. *Paperback ed. 2006*. Amsterdam: Elsevier B.V.

Johnson, B., Onwuegbuzie, A. J. & Turner, L. A. (2007). Toward a definition of mixed methods research. *Journal of Mixed Methods Research*, *1*, 112-133.

Jung, C. G. (1940). *Psychologie und Religion. Die Terry Lectures 1937 gehalten an der Yale University*. Zürich: Rascher & Cie. AG.

Jung, C. G. (1953). Psychologischer Kommentar zum Bardo Thödol. In W. Y. Evans-Wentz (Hrsg., dt. Übers.) & K. Dawa-Samdup (engl. Übers.), *Das Tibetanische Totenbuch oder Die Nach-Tod-Erfahrungen auf der Bardo-Stufe* (S. LVII - LXXIII). Zürich: Rascher & Cie. AG.

Jung, C. G.(1957). *Bewusstes und Unbewusstes*. Frankfurt am Main, Hamburg: Fischer.

Jung, C. G. (1972). Psychologischer Kommentar. In W.Y. Evans-Wentz (Hrsg.), *Der geheime Pfad der Großen Befreiung* (S. 13-54).Weilheim/Obb.: Barth Verlag.

Jung, C. G. (2011). *Die Archetypen und das kollektive Unbewußte*. Ostfildern: Patmos Verlag.

Kabat-Zinn, J. (1990). *Full catastrophe living: Using the wisdom of your body and mind to face stress, pain, and illness*. New York, NY: Bantam Dell.

Kelso, J. A. S. (1995). *Dynamic Patterns. The Self-Organisation of Brain and Behavior*. Cambridge MS: MIT Press.

Kemeny, M. E., Foltz, C., Cullen, M., Jennings, P., Gillath, O. & Wallace, B. A. et al. (2012). Contemplative/Emotion Training Reduces Negative Emotional Behavior and Promotes Prosocial Responses. *Emotion*, Vol. 12, No 2, 338-350. doi: 10.1037/a0026118.

Keng, S. L., Smoski, M. J. & Robins, C. J. (2011). Effects of mindfulness on psychological health: a review of empirical studies. *Clin Psychol Rev.*, 31, 1041-1056. doi:10.1016/j.epr.2011.04.006.

Klinke, R., Pape, H. C., Kurtz, A. & Silbernagl, S. (Hrsg.) (2010). *Physiologie*. Stuttgart: Thieme-Verlag.

Kohut, H. (1977). *Introspektion, Empathie und Psychoanalyse Aufsätze zur psychoanalytischen Theorie, zur Pädagogik und Forschung und zur Psychologie der Kunst*. Frankfurt a. M.: Suhrkamp Verlag.

Kollmar-Paulenz, K. (2006). *Kleine Geschichte Tibets*. München: Beck.

Köttl, M. (2009). *Heilung aus der Perspektive Tibetischer Medizin*. Aachen: Shaker.

Korte, M. (2011). Zelluläre und molekulare Mechanismen neuronaler Plastizität bei Lern- und Gedächtnisvorgängen. In G. Schiepek (Hrsg.), *Neurobiologie der Psychotherapie* (S. 73-85). Stuttgart: Schattauer GmbH.

Koshikawa, F. & Ichii, M. (1996). An experiment on classification methods of meditation methods: On procedures, goals and effects. In Y. Haruki, Y. Ishii, M. Suzuki (Hrsg.), *Comparative and psychological study on meditation*, 213-224. Delft, the Netherlands: Eburon.

Krampen, G. (2002). *ET-ANAM. Entspannungstraining und -therapie: Anamnesebogen. Manual.* Göttingen: Hogrefe Verlag.

Krampen, G. (1992/1998). *Einführungskurse zum Autogenen Training: Ein Lehr- und Übungsbuch für die psychosoziale Praxis.* (2. Aufl. 1998). Göttingen: Hogrefe Verlag.

Krampen, G. (2002). *ET-ANAM Fragebogen.* Göttingen: Hogrefe Verlag.

Krampen, G. (2006 a). *ASS-SYM. Änderungssensitive Symptomliste zu Entspannungserleben, Wohlbefinden, Beschwerden- und Problembelastungen. Manual.* Göttingen: Hogrefe Verlag.

Krampen, G. (2006 b). *ASS-SYM Symptomfragebogen.* Göttingen: Hogrefe Verlag.

Krampen, G. (2006 c). *ASS-SYM Auswertungsbogen.* Göttingen: Hogrefe Verlag.

Kuhl, J. & Kazén, M. (2009). *PSSI Persönlichkeits-Stil- und Störungs-Inventar.* Göttingen: Hogrefe Verlag GmbH & Co. KG.

Lamnek, S. (2005). *Qualitative Sozialforschung.* Weinheim, Basel: Beltz Verlag.

Lati, R. & Napper, E. (2011). *Bewusstsein und Erkenntnis im Tibetischen Buddhismus.* München: Diamant Verlag.

Laureys, S. (Hrsg.) (2005). *The Boundaries of Consciousness: Neurobiology and Neuropathology.* Progress in Brain Research. Vol. 150, *Paperback ed. 2006.* Amsterdam: Elsevier B.V.

Lazar, S. W., Kerr, C. E., Wasserman, R. H., Gray, J. R., Greve, D. N. & Treadway, M. T. et al. (2005). Meditation experience is associated with increased cortical thickness. *Neuroreport, 16*, 1893-1897.

Leube, D. & Kircher, T. (2011). Die Fragmente des Ich-Bewusstseins. In G. Schiepek (Hrsg.), *Neurobiologie der Psychotherapie* (S. 273-279). Stuttgart: Schattauer GmbH.

Lipsey, M. W. & Wilson, D. B. (1993). The efficacy of psychological, educational, and behavioral treatment: Confirmation from meta-analysis. *American Psychologist, 48*, 1181-1209. doi: 10.1037/0003-066X.48.12.1181.

Lonner, W. J. (2007). Das Aufkommen und die fortdauernde Bedeutung der kulturvergleichenden Psychologie. In N. Birbaumer, D. Frey, J. Kuhl, W. Schneider & R. Schwarzer (Hrsg.), *Theorie und Forschung* (Enzyklopädie der Psychologie, Serie VII Kulturvergleichende Psychologie, Bd. 1, S. 98-117). Göttingen: Hogrefe.

Luders, E., Toga, A., Lepore, N. & Gaser, C. (2009). The underlying anatomical correlates of long-term meditation: Larger Hippocampal and frontal volumes of gray matter. *Neuroimage, 45*, 672-678.

Ludwig-Körner, H. (2008). *Selbst, Selbstgefühl.* In W. Mertens & B. Waldvogel (Hrsg.). *Handbuch psychoanalytischer Grundbegriffe* (S. 677-682) Stuttgart: Verlag W. Kohlhammer GmbH.

Lutz, A. & Thompson, E. (2003). Neurophenomenology: integrating subjective experience and brain dynamics in the neuroscience of consciousness. *J. Conscious. Stud. 10*, 9-10, 31-52.

Lutz, A., Greischar, L. L., Rawlings, N. B., Richard, M. & Davidson, R. J. (2004). Long-term meditators self-induce high-amplitude gamma synchrony during mental practice, *PNSA* 101, 16369-16373. doi: 10.1073/pnas.0407401101.

Madert, K. K. (2007). *Trauma und Spiritualität. Wie Heilung gelingt. Neuropsychotherapie und die transpersonale Dimension.* München: Kösel Verlag.

Malinowski, P. (2013). Neural mechanisms of attentional control in mindfulness meditation. *frontiers. NEUROSCIENCE*, Vol. 7, Art. 8, 1-11. doi: 10.3389/fnins. 2013.00008.

Manocha, R. (2000). Why meditation? *Australian Family Physician*, 29, 1135-1138.

Margraf, J., Maier, W. (Hrsg.) (2012). *Pschyrembel Psychiatrie, Klinische Psychologie, Psychotherapie*. Berlin/Boston: Walter de Gruyter.

Marmar, C. R. (1990). Psychotherapy process research: Progress, dilemmas, and future directions. *Journal of Consulting and Clinical Psychology, 58*, 265-272.

Mason, O. & Hargreaves, I. (2001). A qualitative study of mindfulness-based cognitive therapy for depression. *British Journal of Medical Psychology, 74*, 197-212.

Mathiak, K. & Weiskopf, M. (2011). Neurofeedback mit Echtzeit-fMRT. In G. Schiepek (Hrsg.), *Neurobiologie der Psychotherapie* (S. 593-618). Stuttgart: Schattauer GmbH.

Mayring, P. (1978). *Die Inhaltsanalyse als sozialwissenschaftliche Methode.* Unveröffentlichte Magisterarbeit, Universität München.

Mayring, P., Huber, G. L., Gürtler, L. & Kiegelmann, M. (Hrsg.). (2007). *Mixed methodology in psychological research*. Rotterdam: Sense Publishers.

Mayring, P. (2010). *Qualitative Inhaltsanalyse Grundlagen und Techniken*. Weinheim und Basel: Beltz Verlag.

Maupin, E. W. (1965). Individual Differences in Response to a ZEN Meditation exercise. *Journal of Consulting Psychology*. Vol 29, No. 2, 139-145.

McEwen, B. S. (1998). Protective and damaging effects of stress mediators. *The New England Journal of Medicine, 338*, 171-179. doi: 10.1056/NEJM199801153380307.

Mehling, W. E, Wrubel, J., Dauenmeier , J. J., Price, C. J., Kerr, C. E. & Silow, T. et al. (2011). Body Awareness. A phenomenological inquiry into the common ground of mind-body therapies. *Philosophy, Ethics, and Humaninties in Medicine, 6*, 1-12. licensee BioMed Central Ltd. http://creativecommons.org/licenses/by/2.0. doi: 10.1186/1747-5341-6-6.

Mertens, W. & Waldvogel, B. (Hrsg.) (2008). *Handbuch psychoanalytischer Grundbegriffe*. Stuttgart: Verlag W. Kohlhammer GmbH.

Mertens, W. (2008) *Introspektion*. In W. Mertens & B. Waldvogel (Hrsg.), *Handbuch psychoanalytischer Grundbegriffe* (S. 369-375). Stuttgart: Verlag W. Kohlhammer GmbH.

Mey, G. & Mruck, K. (2010). *Handbuch Qualitative Forschung in der Psychologie.* Wiesbaden: VS Verlag für Sozialwissenschaften, Springer Verlag.

Meyer, F. (1996). *Klassische Tibetische Medizin. Band I, II.* Bern, Stuttgart: Haupt.

Meyers R. A. (Hrsg.) (2009). *Encyclopedia of Complexity and Systems Science.* Heidelberg, New York: Springer.

Mikulincer, M., Florian, V. & Weller, A. (1993). Attachment styles, coping strategies, and post-traumatic psychological distress: The impact of the Gulf War in Israel. *Journal of Personality and Social Psychology, 64*, 817-826. doi: 10.1037/0022-3514.64.5.817.

Mobini, S. & Grant, A. (2007). Practice Review. Clinical Implications of Attentional Bias in Anxiety Disorders: An Integrative Literature Review. *Psychotherapy: Theory, Research, Practice, Training*, Vol. 44, No. 4, 450-462. doi: 10.1037/0033-3204.44.4.450.

Mosig, Y. D. (2006). Conceptions of the Self in Western and Eastern Psychology. *Journal of Theoretical and Philosophical Psy*, Vol 26, 39-50.

Naranjo, C. & Orenstein, R. E. (Hrsg.) (1971). *On the psychology of meditation.* New York: Viking Press.

Naranjo, C. (1971). Meditation: Its spirit and techniques. In C. Naranjo & R. E. Orenstein (Hrsg.), *On the psychology of meditation* (S. 2-132). New York: Viking Press.

Nolen-Hoeksema, S., Wilco, B. E. & Lyubomirsky, S. (2008). Rethinking rumination. *Perspectives on Psychological Science, 3*, 400-424.

Osipov, G. V., Kurths, J. & Zhou, C. (2007). *Synchronization in Oscillatory Networks.* Heidelberg: Springer.

Orenstein, R. E. (1971). The techniques of meditation and their implications for modern psychology. In C. Naranjo, R. E. Orenstein (Hrsg.), *On the psychology of meditation* (S. 133-246). New York: Viking Press.

Ott, U. (2004). Meditation. In D. Vaitl & F. Petermann (Hrsg.), *Entspannungsverfahren. Das Praxishandbuch* (S. 177-188). Weinheim, Basel: Beltz Verlag.

Pace, T. W., Negi, L. T., Adame, D. D., Cole, S. P., Sivili, T.I. & Brown, T. D. et al. (2009). Effect of compassion meditation on neuroendocrine, innate immune and behavioral responses to psychosocial stress. *Psychoneuroendocrinology, 34*, 87-98. doi: 10.1016/j.psyneuen.2008.08.011.

Pawlik, K. & Rosenzweig, M. R. (Hrsg.) (2000). *The international handbook of psychology.* London: Sage.

Pawlik, K. (Hrsg.) (2006). *Handbuch Psychologie Wissenschaft-Anwendung-Berufsfelder.* Heidelberg: Springer Medizin Verlag.

Pawlik, K. (2006). Internationale Psychologie. In K. Pawlik (Hrsg.), *Handbuch Psychologie Wissenschaft-Anwendung-Berufsfelder* (S. 911-919). Heidelberg: Springer Medizin Verlag.

Perez de Albeniz, A. & Holmes, J. (2000). Meditation: Concepts, effects and uses in therapy. *International Journal of Psychotherapy, 5*, 49-58.

Perlitz, V., Cotuk, B., Besting, A., Müller, G., Lambertz, M. & Maass, N. et al. (2011). Synergetik der autogenen psychophysischen Entspannung. In G. Schiepek (Hrsg.), *Neurobiologie der Psychotherapie* (S. 211-231). Stuttgart: Schattauer GmbH.

Poortinga, Y. H. (2007). Dateninterpretation in der kulturvergleichenden Psychologie. In N. Birbaumer, D. Frey, J. Kuhl, W. Schneider, & R. Schwarzer (Hrsg.), *Theorie und Forschung* (Enzyklopädie der Psychologie, Serie VII Kulturvergleichende Psychologie, Bd. 1, S. 289-335). Göttingen: Hogrefe.

Powell, H., Mihalas, S. Onwuegbuzie, A., Suldo, S. & Daley, C. (2008). Mixed methods research in school psychology: A mixed methods investigation of the trends in the literature. *Psychology in the Schools*, *45*, 4, 291-309.

Rasch, B., Friese, M., Hofmann, W. & Naumann, E. (2010 a). *Quantitative Methoden 1. Einführung in die Statistik für Psychologen und Sozialwissenschaftler.* Heidelberg: Springer Verlag.

Rasch, B., Friese, M., Hofmann, W. & Naumann, E. (2010 b). *Quantitative Methoden 2. Einführung in die Statistik für Psychologen und Sozialwissenschaftler.* Heidelberg: Springer Verlag.

Ringu, T. (Verf.) & Helm, A. (Hrsg.) (2006). *The Ri-Me Philosophy of Jamgön Kongtrul the Great. A study of the Buddhist Lineages of Tibet.* Boston, London: Shambala.

Rizzolatti, G. & Sinigaglia, C. (2008). *Empathie und Spiegelneurone. Die biologische Basis des Mitgefühls.* Frankfurt a. M.: Suhrkamp Verlag.

Roesner, R. W., Schonert-Reichl, K. A., Jha, A., Cullen, M., Wallace, L. & Wilensky, R. et al. (2013). Mindfulness Training and Reductions in Teacher Stress and Burnout: Results From Two Randomized, Waitlist-Control Field Trials. *Journal of Educational Psychology*, 1-18. doi: 10.1037/a0032093.

Rohracher, H. (1976). *Einführung in die Psychologie.* München: Urban und Schwarzenberg.

Rost, J. (2004). *Lehrbuch Testtheorie, Testkonstruktion.* Göttingen: Hogrefe.

Sahdra, B. K, MacLean, K. A. Ferrer, E., Shaver, P. R. Rosenberg. E. L. & Jacobs, T. L. et al. (2011). Enhanced Response Inhibition During Intensive Meditation Training Predicts Improvements in Self-Reported Adaptive Socioemotional Functioning. *Emotion,* Vol 11, No. 2, 299-312. doi 10.1037/a0022764.

Salzberg, S. (1995). *Loving kindness. The revolutionary art of happiness.* Boston: Shambala Publications.

Sartory G. (Hrsg.) & Comer, R. J. (2008). *Klinische Psychologie.* Heidelberg: Spektrum Akademischer Verlag.

Seligman, M. E. P., Steen, T. A., Park, N., & Peterson, C. (2005). Positive psychology progress. *American Psychologist*, *60*, 410-421. doi: 10.1037/0003-066X.60.5.410.

Schiepek, G. (2009). Complexity and nonlinear dynamics in psychotherapy. *Europ Rev*, *17*, 331-356.

Schiepek, G. & Perlitz, V. (2009). Self-organization in clinical psychology. In R. A. Meyers (Hrsg.), *Encyclopedia of Complexity and Systems Science* (S. 7991-8009). Heidelberg, New York: Springer.

Schiepek, G. (Hrsg.) (2011). Neurobiologie der Psychotherapie. Stuttgart: Schattauer GmbH.

Schiepek, G., Heinzel, S. & Karch, S. (2011). Die neurowissenschaftliche Erforschung der Psychotherapie. In G. Schiepek (Hrsg.), *Neurobiologie der Psychotherapie* (S. 1-34). Stuttgart: Schattauer GmbH.

Schindler, L. (1996). Prozeßforschung. In N. Birbaumer, D. Frey, J. Kuhl, W. Prinz & F. E. Weinert (Hrsg.), *Grundlagen der Klinischen Psychologie* (Enzyklopädie der Psychologie, Serie II Klinische Psychologie, Themenbereich D Praxisgebiete, Bd. 1). Göttingen: Hogrefe.

Schandry, R. (2006). *Biologische Psychologie. Ein Lehrbuch.* Weinheim: Beltz Verlag.

Schulz, P., Schlotz, W. & Becker, P. (2004 a). *TICS. Trierer Inventar zum chronischen Stress. Manual.* Göttingen: Hogrefe Verlag.

Schulz, P., Schlotz, W. & Becker, P. (2004 b). *TICS Fragebogen.* Göttingen: Hogrefe Verlag.

Schulz, P., Schlotz, W. & Becker, P. (2004 c). *TICS Fragebogen SSCS.* Göttingen: Hogrefe Verlag.

Schulz, P., Schlotz, W. & Becker, P. (2004 d). *TICS Auswertungsbogen.* Göttingen: Hogrefe.

Schweizer, K., Paechter, M. & Weidenmann, B. (2007). Coherence in knowledge communication: How do online groups communicate? In P. Mayring, G. L. Huber, L. Gürtler, & M. Kiegelmann (Hrsg.), *Mixed methodology in psychological research* (S. 101-112). Rotterdam: Sense Publishers.

Segal, S. Z., Bieling, P., Young, T., MacQueen, G., Cooke, R. & Martin, L. et al. (2010). Antidepressant monotherapy vs sequential pharmacotherapy and mindfulness-based cognitive therapy, or placebo, for relapse prophylaxis in recurrent depression. *Archives of General Psychiatry*, *67*, 1256-1264.

Sedlmeier, P., Eberth, J., Schwarz, M., Zimmermann, D., Haarig, F. & Jaeger, S. et al. (2012). The Psychological Effects of Meditation: A Meta-Analysis. *American Psychological Association: Psychological Bulletin*, Vol. 138, No. 6, 1139-1171. doi: 10.1037/a0028168.

Shannahoff-Khalsa, D. S. (2006). *Kundalini yoga meditation: Techniques specific for psychiatric disorders, couples therapy, and personal growth.* New York: W.W. Norton.

Shapiro, S. L., Carlson, L. E., Astin, J. A. & Freedman, B. (2006). Mechanisms of mindfulness. *Journal of Clinical Psychology*, *62*, 373-386. doi: 10.1002/jclp.20237.

Shantideva (2008). *The way of the bodhisattva: Shantideva's Bodhicaryavatara.* Boston MA: Shambala.

Shedler, J. & Westen, D. (2003) (dt. Übers. Löffler-Stastka, H., 2004, revidierte dt. Fassung 2009). *Shedler-Westen-Assessment Procedure - SWAP-200.* 6097_SWAP200.pdf, 16.7.2014.

Sherif, M., Harvey, O. J., White, B. J., Hood, W. R. & Sherif, C.W. (1961). *Intergroup conflict and cooperation: the Robbers Cave experiment.* Norman: University of Oklahoma Book Exchange, http://psyclassics.yorku.ca/Sherif/.

Shostrom, E. L. (1966). *Personal Orientation Inventory: An inventory for the measurement of self-actualization.* San Diego, CA: Educational and Industrial Testing Service.

Smith, J. C. (1975). Meditation as Psychotherapy: A Review of the Literature. *Psychological Bulletin*, Vol. 82, No. 4, 558-564.

Smith, J. C. (2004). ALTERATIONS IN BRAIN AND IMMUNE FUNCTION PRODUCED BY MINDFULNESS MEDITATION: THREE CAVEATS. *American Psychosomatic Society: Psychosomatic Medicine*, 66, 148-149. doi: 0033-3174/04/6601-0147.

Steinkellner, E. (Übers.) (1997). *Śāntideva Eintritt in das Leben zur Erleuchtung (Bodhicaryāvatāra) Poesie und Lehre des Mahāyāna-Buddhismus.* München: Eugen Diederichs Verlag.

Sugamura, G., Haruki, Y. & Koshikawa, F. (2007) Building More Solid Bridges Between Buddhism and Western Psychology. *American Psychologist*, 1080-1081. doi: 10.1037/0003-066X.62.9.1080.

Tashakkori, A. & Teddlie, C. (Hrsg.) (2003). *Handbook of mixed methods in social and behavioral research.* Thousand Oaks, CA: Sage.

Taubner, S., Stumpe, A. & Löffler-Stastka, H. (2009) *Revidierte dt. Fassung des Shedler-Westen-Assessment Procedure - SWAP-200.* (Shedler, J., Westen, D., 2003; dt. Übersetzung Löffler-Stastka, H., 2004). 6097_SWAP200.pdf, Zugriff am 16.7.2014.

Tang, Y. Y., Ma, Y., Fan, Y., Feng, H., Wang, J. & Feng, S. et al. (2009). Central and autonomic nervous system interaction is altered by short-term meditation. *Proceedings of the National Academy of Sciences, USA, 106*, 8865-8870. doi: 10.1073/pnas.0904031106.

Teasdale, J. D., Moore, R. G., Hayhurst, H., Williams, S., Segal, Z. V. & Pope, M. (2002). Metacognitive awareness and prevention of relapse in depression: Empirical evidence. *Journal of Consulting and Clinical Psychology, 70*, 275-287. doi: 10.1037/0022-006X.70.2.275.

Thokmay, P., Passang, W. & Sonam, D. (Übers.) (2008). *The Basic Tantra and The Explanatory Tantra from the Secret Quintessential Instructions on the Eight Branches of the Ambrosia Essence Tantra by Yuthog Yonten Gonpo.* Dharamsala: Men-Tsee-Khang.

Thomas, J. W. & Cohen, M. (2014). A methodological review of meditation research. *Frontiers in Psychiatry. Methods Article*, Vol 5, Art. 4, 1-12. doi: 10.3389/fpsyt.2014.00074

Trommsdorff, G. & Kornadt, H. J. (Hrsg.) (2007). Theorien und Methoden der kulturvergleichenden Psychologie. In F. Birbaumer, D. Frey, J. Kuhl, W. Schneider & R. Schwarzer (Hrsg.). *Enzyklopädie der Psychologie.* (Bd. I, Serie VII Kulturvergleichende Psychologie, Themenbereich C Theorie und Forschung). Göttingen: Hogrefe.

Tsepak, R. (2003). *Tibetan-English Dictionary of Buddhist Terminology.* Dharamsala: Library of Tibetan Works and Archives.

Uzzell, B. P., Pontón, M. & Ardila, A. (Hrsg.) (2007). *International Handbook of Cross-Cultural Neuropsychology.* New Jersey: Lawrence Erlbaum Associates, Inc., Publishers.

Vaitl, D. & Petermann, F. (Hrsg.) (2004). *Entspannungsverfahren Das Praxishandbuch.* Weinheim, Basel: Beltz Verlag.

Varela, F. J. & Shear, J. (1999). First person methodologies: What, why, how? *Journal of consciousness Studies*, 6, 1-14.

Vaughan, F. E. (1993). *Heilung aus dem Inneren.* Reinbeck bei Hamburg: Rowohlt.

Velmans, M. (2001). A map of consciousness studies. In M. Cornelissen (Hrsg.), *Consciousness and its transformation* (S. 257-282). Pondicherry, India: Sri Aurobindo International Centre of Education.

Vermersch, P. (1999). Introspection as practice. *Journal of Consciousness Studies*, 6, 17-42.

Vestergaard-Poulsen, P., Beek, M. van, Skewes, J., Bjarkam, C. R. Stubberup, N. & Bertelsen, J. et al. (2009). Long-term meditation is associated with increased grey matter density in the brain stem. *Neuroreport, 128*, 170-174. doi: 10.1097/WNR/0b013e328320012a.

Vinca, M. A. (2009). *Mindfulness and psychotherapy: A mixes methods investigation.* Unveröffentlichte Dissertation, Pennsylvania State University, University Park, PA.

Wallace, R. K. & Benson, H. (1972). The physiology of meditation. *Scientific American, 226*, 84-90.

Wallace, B. A. (Übers.) (1998). *Natural Liberation. Padmasambhava's Teachings on the Six Bardos. Commentary by Gyatrul Rinpoche.* Somerville: Wisdom Publications.

Wallace, B. A. (2005). *Genuine happiness: Meditation as the path to fulfillment.* Hoboken, NJ: Wiley.

Wallace, B. A. (2006). *The attention revolution.* Somerville, MA: Wisdom Publications.

Wallace, B. A. & Shapiro, S. L. (2006). Mental Balance and Well-Being. Building Bridges Between Buddhism and Western Psychology. *American Psychologist.* Vol. 61, No. 7, 690-701. doi: 10.1037/0003-066X.61.7.690.

Walsh, R. N. (1983). Meditation. In R. Corsini (Hrsg.), *Handbuch der Psychotherapie* (S. 652-658). Weinheim: Beltz.

Walsh, R. & Shapiro, S. L. (2006). The Meeting of Meditative Disciplines and Western Psychology. A Mutually Enriching Dialogue. *American Psychologist*, Vol. 61, No 3, 227-239. doi: 10.1037/0003-066X.61.3.227.

Wampold, B. E. (2001). *The great psychotherapy debate: Models, methods, and findings.* Mahwah, NJ: Erlbaum.

Waszak, C. & Sines, M. C. (2003). Mixed methods in psychological research. In A. Tashakkori & C. Teddlie (Hrsg.), *Handbook of mixed methods in social and behavioral research* (S. 557-576). Thousand Oaks, CA: Sage.

Watkins, E. & Teasdale, J. D. (2001). Rumination and overgeneral memory in depression: Effects of self-focus and analytic thinking. *Journal of Abnormal Psychology, 110*, 353-357, doi: 10.1037/0021-843X.110.2.333.

West, M. A. (Hrsg.) (1987). *The psychology of meditation.* New York: Oxford University Press.

Wise, E. H., Hersh, M. A., Gibson, C. M. (2012). Ethics, Self-Care and Well-Being for Psychologists: Reenvisioning the Stress-Distress Continuum. *Professional Psychology: Research and Practice*, Vol. 43, No. 5, 487-494. doi. 10.1037/a0029446.

Williams, J. M. G. (2010). Mindfulness and Psychological Process. *Emotion*, Vol. 10, No. 1, 1-7. doi: 10.1037/a0018360.

Xue, S. W., Tang, Y. Y., Tang, R. & Posner, M. I. (2014). Short-term meditation induces changes in brain resting EEG theta networks. *Brain and Cognition, 87*, 1-6. doi: 10.1016/j.bandc.2014.02.008.

Zimmermann, D. W. & Williams, R.H. (1977). The theory of test validity and correlated errors of measurement. *Journal of Mathematical Psychology, 16*, 135-152.

10 Abbildungsverzeichnis

Titel zu den Abbildungen

11 Tabellenverzeichnis

Titel zu den Tabellen

12 Anhänge

12.1 Fragebogen zur Häufigkeit und Art der Durchführung der Meditation und zur Integration während der vergangenen vier Wochen

Datum:

Name:

Adresse:

Geburtsdatum:

Bitte, kreuzen Sie jeweils die zutreffende Antwort an:

1. Wie häufig haben Sie die Meditations-Übungen durchgeführt?

O zweimal zehn Minuten täglich
O einmal zehn Minuten täglich
O einmal bis zweimal zehn Minuten täglich
O mehr als zweimal zehn Minuten täglich
O weniger als einmal zehn Minuten täglich
O nie

2. Wie häufig haben Sie die Integrations-Übungen durchgeführt?

O (häufig) mehrmals täglich
O manchmal
O selten
O nie

3. Welche Meditations-Übung haben Sie durchgeführt?

O Śamatha mit Fokus auf dem Zählen der Atemzüge
O Śamatha mit Fokus auf der Visualisation von Licht
O beide (Śamatha mit Fokus auf dem Zählen der Atemzüge sowie auch Śamatha mit
O Fokus auf der Visualisation von Licht)
O keine
O andere

12.2 Fragebogen zur Häufigkeit und Art der Durchführung der Meditation und zur Integration während der vergangenen drei Monate

Datum:

Name:

Adresse:

Geburtsdatum:

Bitte, kreuzen Sie jeweils die zutreffende Antwort an:

1. Wie häufig haben Sie die Meditations-Übungen durchgeführt?

O zweimal zehn Minuten täglich
O einmal zehn Minuten täglich
O einmal bis zweimal zehn Minuten täglich
O mehr als zweimal zehn Minuten täglich
O weniger als einmal zehn Minuten täglich
O nie

2. Wie häufig haben Sie die Integrations-Übungen durchgeführt?

O (häufig) mehrmals täglich
O manchmal
O selten
O nie

3. Welche Meditations-Übung haben Sie durchgeführt?

O Śamatha mit Fokus auf dem Zählen der Atemzüge
O Śamatha mit Fokus auf der Visualisation von Licht
O beide (Śamatha mit Fokus auf dem Zählen der Atemzüge sowie auch Śamatha mit
O Fokus auf der Visualisation von Licht)
O keine
O andere

12.3 Fragebogen zur Häufigkeit und Art der Durchführung der Meditation und zur Integration

Datum:

Name:

Adresse:

Geburtsdatum:

Bitte, kreuzen Sie jeweils die zutreffende Antwort an:

1. Wie häufig haben Sie die Meditations-Übungen durchgeführt?

- O zweimal zehn Minuten täglich
- O einmal zehn Minuten täglich
- O einmal bis zweimal zehn Minuten täglich
- O mehr als zweimal zehn Minuten täglich
- O weniger als einmal zehn Minuten täglich
- O nie

2. Wie häufig haben Sie die Integrations-Übungen durchgeführt?

- O (häufig) mehrmals täglich
- O manchmal
- O selten
- O nie

3. Welche Meditations-Übung haben Sie durchgeführt?

- O Śamatha mit Fokus auf dem Zählen der Atemzüge
- O Śamatha mit Fokus auf der Visualisation von Licht
- O beide (Śamatha mit Fokus auf dem Zählen der Atemzüge sowie auch Śamatha mit
- O Fokus auf der Visualisation von Licht)
- O keine
- O andere

12.4 Fragebogen zur Anwendung der Meditation, Meditationserleben und Integration der Meditationserfahrung während der vergangenen vier Wochen

Datum:
Name:
Adresse:
Geburtsdatum:
Telefon:
Email:
Zeichnen Sie, bitte, auf dem Balken jeweils Ihre Antwort zwischen den Polen **- (0%)** und **+ (100%)** ein:

1. Wie stark hat sich während der Meditation Ihre Fähigkeit die Aufmerksamkeit zu sich selbst zurückzubringen verändert?

\- +

2. Wie stark hat sich während der Integration der Meditationserfahrung in alltägliche Aktivität [Ihre Fähigkeit] die Aufmerksamkeit zu sich selbst zurückzubringen verändert?

\- +

3. Wie stark hat sich während alltäglicher Aktivität [Ihre Fähigkeit] die Aufmerksamkeit zu sich selbst zurückzubringen verändert?

\- +

4. Wie stark hat sich Ihre Beobachtungsfähigkeit mentaler Bewegungen verändert?

\- +

5. Wie stark hat sich Ihre Beobachtungsfähigkeit emotionaler Bewegungen verändert?

\- +

6. Wie stark hat sich Ihre Beobachtungsfähigkeit somatischer Bewegungen verändert?

\- +

7. Wie stark hat sich die Beobachtungsfähigkeit äußerer Ereignisse während alltäglicher Aktivität verändert?

\- +

8. Wie stark hat sich während der Meditation Ihre Konzentrationsfähigkeit verändert?

\- +

9. Wie stark hat sich während alltäglicher Aktivität Ihre Konzentrationsfähigkeit verändert?

\- +

10. Wie stark hat sich Ihre Fähigkeit mentale Ereignisse während der Meditation zu reflektieren differenziert?

\- +

11. Wie stark hat sich Ihre Fähigkeit mentale Ereignisse während alltäglicher Aktivität zu reflektieren differenziert?

\- +

12. Wie stark hat sich Ihre Fähigkeit emotionale Ereignisse während der Meditation zu reflektieren differenziert?

\- +

13. Wie stark hat sich Ihre Fähigkeit emotionale Ereignisse während alltäglicher Aktivität zu reflektieren differenziert?

\- +

14. Wie stark hat sich Ihre Fähigkeit somatische Ereignisse während der Meditation zu reflektieren differenziert?

\- +

15. Wie stark hat sich Ihre Fähigkeit somatische Ereignisse während alltäglicher Aktivität zu reflektieren differenziert?

\- +

16. Wie stark hat sich Ihre Fähigkeit während der Meditation mentale Ereignisse ohne unmittelbare Bewertung zu beobachten entwickelt?

\- +

17. Wie stark hat sich Ihre Fähigkeit während alltäglicher Aktivität mentale Ereignisse ohne unmittelbare Bewertung zu beobachten entwickelt?

\- +

18. Wie stark haben Sie während der Meditation Ruhe empfunden?

\- +

19. Wie stark haben Sie während alltäglicher Aktivität Ruhe empfunden?

\- +

20. Wie stark haben Sie während der Meditation Wachheit empfunden?

\- +

21. Wie stark haben Sie während alltäglicher Aktivität Wachheit empfunden?

\- +

22. Wie stark haben Sie während der Meditation Sinken oder Schläfrigkeit empfunden?

\- +

23. Wie stark haben Sie während alltäglicher Aktivität Sinken oder Schläfrigkeit empfunden?

\- +

24. Wie stark haben Sie während der Meditation Agitation oder Überladung empfunden?

\- +

25. Wie stark haben Sie während alltäglicher Aktivität Agitation oder Überladung empfunden?

\- +

26. Wie stark haben Sie während der Meditation Stille empfunden?

\- +

27. Wie stark haben Sie während alltäglicher Aktivität Stille empfunden?

\- +

28. Wie stark haben Sie während der Meditation konzentrierte Kraft empfunden?

\- +

29. Wie stark haben Sie während alltäglicher Aktivität konzentrierte Kraft empfunden?

\- +

30. Wie stark haben Sie während der Meditation geistige Klarheit empfunden?

\- +

31. Wie stark haben Sie während alltäglicher Aktivität geistige Klarheit empfunden?

\- +

32. Wie stark haben Sie während der Meditation wache Entspannung empfunden?

\- +

33. Wie stark haben Sie während alltäglicher Aktivität wache Entspannung empfunden?

\- +

34. Wie stark haben Sie während der Meditation Wohlgefühl empfunden?

\- +

35. Wie stark haben Sie während alltäglicher Aktivität Wohlgefühl empfunden?

\- +

36. Wie stark haben Sie während der Meditation innere Weite empfunden?

\- +

37. Wie stark haben Sie während alltäglicher Aktivität innere Weite empfunden?

\- +

38. Wie stark haben Sie während der Meditation die Helligkeit von Licht empfunden?

\- +

39. Wie stark haben Sie während alltäglicher Aktivität die Helligkeit von Licht empfunden?

\- +

40. Wie stark haben Sie während der Meditation bewegliche Leichtigkeit empfunden?

\- +

41. Wie stark haben Sie während alltäglicher Aktivität bewegliche Leichtigkeit empfunden?

\- +

42. Wie stark haben Sie während der Meditation Spannung empfunden?

\- +

43. Wie stark haben Sie während alltäglicher Aktivität Spannung empfunden?

\- +

44. Wie stark haben Sie während der Meditation Aussichtslosigkeit empfunden?

\- +

45. Wie stark haben Sie während alltäglicher Aktivität Aussichtslosigkeit empfunden?

\- +

46. Wie stark haben Sie während der Meditation Aggression empfunden?

\- +

47. Wie stark haben Sie während alltäglicher Aktivität Aggression empfunden?

\- +

48. Wie stark haben Sie während der Meditation Begierde empfunden?

\- +

49. Wie stark haben Sie während alltäglicher Aktivität Begierde empfunden?

\- +

50. Wie stark haben Sie während der Meditation das mentale Greifen nach Gedanken-Ketten lösen können?

\- +

51. Wie stark haben Sie während alltäglicher Aktivität das mentale Greifen nach Gedanken-Ketten lösen können?

\- +

52. Wie stark haben Sie während der Meditation das mentale Greifen nach Emotionen oder das Festhalten an stark emotionsbeladenen Erinnerungen lösen können?

\- +

53. Wie stark haben Sie während alltäglicher Aktivität das mentale Greifen nach Emotionen oder das Festhalten an stark emotionsbeladenen Erinnerungen lösen können?

\- +

54. Wie stark haben Sie während der Meditation Freude empfunden?

\- +

55. Wie stark haben Sie während alltäglicher Aktivität Freude empfunden?

\- +

12.5 Fragebogen zur Anwendung der Meditation, Meditationserleben und Integration der Meditationserfahrung während der vergangenen drei Monate

Datum:
Name:
Adresse:
Geburtsdatum:
Telefon:
Email:
Zeichnen Sie, bitte, auf dem Balken jeweils Ihre Antwort zwischen den Polen **- (0%)** und **+ (100%)** ein:

1. Wie stark hat sich während der Meditation Ihre Fähigkeit die Aufmerksamkeit zu sich selbst zurückzubringen verändert?

\- +

2. Wie stark hat sich während der Integration der Meditationserfahrung in alltägliche Aktivität [Ihre Fähigkeit] die Aufmerksamkeit zu sich selbst zurückzubringen verändert?

\- +

3. Wie stark hat sich während alltäglicher Aktivität [Ihre Fähigkeit] die Aufmerksamkeit zu sich selbst zurückzubringen verändert?

\- +

4. Wie stark hat sich Ihre Beobachtungsfähigkeit mentaler Bewegungen verändert?

\- +

5. Wie stark hat sich Ihre Beobachtungsfähigkeit emotionaler Bewegungen verändert?

\- +

6. Wie stark hat sich Ihre Beobachtungsfähigkeit somatischer Bewegungen verändert?

\- +

7. Wie stark hat sich die Beobachtungsfähigkeit äußerer Ereignisse während alltäglicher Aktivität verändert?

\- +

8. Wie stark hat sich während der Meditation Ihre Konzentrationsfähigkeit verändert?

\- +

9. Wie stark hat sich während alltäglicher Aktivität Ihre Konzentrationsfähigkeit verändert?

\- +

10. Wie stark hat sich Ihre Fähigkeit mentale Ereignisse während der Meditation zu reflektieren differenziert?

\- +

11. Wie stark hat sich Ihre Fähigkeit mentale Ereignisse während alltäglicher Aktivität zu reflektieren differenziert?

\- +

12. Wie stark hat sich Ihre Fähigkeit emotionale Ereignisse während der Meditation zu reflektieren differenziert?

\- +

13. Wie stark hat sich Ihre Fähigkeit emotionale Ereignisse während alltäglicher Aktivität zu reflektieren differenziert?

\- +

14. Wie stark hat sich Ihre Fähigkeit somatische Ereignisse während der Meditation zu reflektieren differenziert?

\- +

15. Wie stark hat sich Ihre Fähigkeit somatische Ereignisse während alltäglicher Aktivität zu reflektieren differenziert?

\- +

16. Wie stark hat sich Ihre Fähigkeit während der Meditation mentale Ereignisse ohne unmittelbare Bewertung zu beobachten entwickelt?

\- +

17. Wie stark hat sich Ihre Fähigkeit während alltäglicher Aktivität mentale Ereignisse ohne unmittelbare Bewertung zu beobachten entwickelt?

\- +

18. Wie stark haben Sie während der Meditation Ruhe empfunden?

\- +

19. Wie stark haben Sie während alltäglicher Aktivität Ruhe empfunden?

\- +

20. Wie stark haben Sie während der Meditation Wachheit empfunden?

\- +

21. Wie stark haben Sie während alltäglicher Aktivität Wachheit empfunden?

\- +

22. Wie stark haben Sie während der Meditation Sinken oder Schläfrigkeit empfunden?

\- +

23. Wie stark haben Sie während alltäglicher Aktivität Sinken oder Schläfrigkeit empfunden?

\- +

24. Wie stark haben Sie während der Meditation Agitation oder Überladung empfunden?

\- +

25. Wie stark haben Sie während alltäglicher Aktivität Agitation oder Überladung empfunden?

\- +

26. Wie stark haben Sie während der Meditation Stille empfunden?

\- +

27. Wie stark haben Sie während alltäglicher Aktivität Stille empfunden?

\- +

28. Wie stark haben Sie während der Meditation konzentrierte Kraft empfunden?

\- +

29. Wie stark haben Sie während alltäglicher Aktivität konzentrierte Kraft empfunden?

\- +

30. Wie stark haben Sie während der Meditation geistige Klarheit empfunden?

\- +

31. Wie stark haben Sie während alltäglicher Aktivität geistige Klarheit empfunden?

\- +

32. Wie stark haben Sie während der Meditation wache Entspannung empfunden?

\- +

33. Wie stark haben Sie während alltäglicher Aktivität wache Entspannung empfunden?

\- +

34. Wie stark haben Sie während der Meditation Wohlgefühl empfunden?

\- +

35. Wie stark haben Sie während alltäglicher Aktivität Wohlgefühl empfunden?

\- +

36. Wie stark haben Sie während der Meditation innere Weite empfunden?

\- +

37. Wie stark haben Sie während alltäglicher Aktivität innere Weite empfunden?

\- +

38. Wie stark haben Sie während der Meditation die Helligkeit von Licht empfunden?

\- +

39. Wie stark haben Sie während alltäglicher Aktivität die Helligkeit von Licht empfunden?

\- +

40. Wie stark haben Sie während der Meditation bewegliche Leichtigkeit empfunden?

\- +

41. Wie stark haben Sie während alltäglicher Aktivität bewegliche Leichtigkeit empfunden?

\- +

42. Wie stark haben Sie während der Meditation Spannung empfunden?

\- +

43. Wie stark haben Sie während alltäglicher Aktivität Spannung empfunden?

\- +

44. Wie stark haben Sie während der Meditation Aussichtslosigkeit empfunden?

\- +

45. Wie stark haben Sie während alltäglicher Aktivität Aussichtslosigkeit empfunden?

\- +

46. Wie stark haben Sie während der Meditation Aggression empfunden?

\- +

47. Wie stark haben Sie während alltäglicher Aktivität Aggression empfunden?

\- +

48. Wie stark haben Sie während der Meditation Begierde empfunden?

\- +

49. Wie stark haben Sie während alltäglicher Aktivität Begierde empfunden?

\- +

50. Wie stark haben Sie während der Meditation das mentale Greifen nach Gedanken-Ketten lösen können?

\- +

51. Wie stark haben Sie während alltäglicher Aktivität das mentale Greifen nach Gedanken-Ketten lösen können?

\- +

52. Wie stark haben Sie während der Meditation das mentale Greifen nach Emotionen oder das Festhalten an stark emotionsbeladenen Erinnerungen lösen können?

\- +

53. Wie stark haben Sie während alltäglicher Aktivität das mentale Greifen nach Emotionen oder das Festhalten an stark emotionsbeladenen Erinnerungen lösen können?

\- +

54. Wie stark haben Sie während der Meditation Freude empfunden?

\- +

55. Wie stark haben Sie während alltäglicher Aktivität Freude empfunden?

\- +

12.6 Fragebogen zur Anwendung der Meditation, Meditationserleben und Integration der Meditationserfahrung

Datum:
Name:
Adresse:
Geburtsdatum:
Telefon:
Email:
Zeichnen Sie, bitte, auf dem Balken jeweils Ihre Antwort zwischen den Polen **- (0%)** und **+ (100%)** ein:

1. Wie stark hat sich während der Meditation Ihre Fähigkeit die Aufmerksamkeit zu sich selbst zurückzubringen verändert?

\- +

2. Wie stark hat sich während der Integration der Meditationserfahrung in alltägliche Aktivität [Ihre Fähigkeit] die Aufmerksamkeit zu sich selbst zurückzubringen verändert?

\- +

3. Wie stark hat sich während alltäglicher Aktivität [Ihre Fähigkeit] die Aufmerksamkeit zu sich selbst zurückzubringen verändert?

\- +

4. Wie stark hat sich Ihre Beobachtungsfähigkeit mentaler Bewegungen verändert?

\- +

5. Wie stark hat sich Ihre Beobachtungsfähigkeit emotionaler Bewegungen verändert?

\- +

6. Wie stark hat sich Ihre Beobachtungsfähigkeit somatischer Bewegungen verändert?

\- +

7. Wie stark hat sich die Beobachtungsfähigkeit äußerer Ereignisse während alltäglicher Aktivität verändert?

\- +

8. Wie stark hat sich während der Meditation Ihre Konzentrationsfähigkeit verändert?

\- +

9. Wie stark hat sich während alltäglicher Aktivität Ihre Konzentrationsfähigkeit verändert?

\- +

10. Wie stark hat sich Ihre Fähigkeit mentale Ereignisse während der Meditation zu reflektieren differenziert?

\- +

11. Wie stark hat sich Ihre Fähigkeit mentale Ereignisse während alltäglicher Aktivität zu reflektieren differenziert?

\- +

12. Wie stark hat sich Ihre Fähigkeit emotionale Ereignisse während der Meditation zu reflektieren differenziert?

\- +

13. Wie stark hat sich Ihre Fähigkeit emotionale Ereignisse während alltäglicher Aktivität zu reflektieren differenziert?

\- +

14. Wie stark hat sich Ihre Fähigkeit somatische Ereignisse während der Meditation zu reflektieren differenziert?

\- +

15. Wie stark hat sich Ihre Fähigkeit somatische Ereignisse während alltäglicher Aktivität zu reflektieren differenziert?

\- +

16. Wie stark hat sich Ihre Fähigkeit während der Meditation mentale Ereignisse ohne unmittelbare Bewertung zu beobachten entwickelt?

\- +

17. Wie stark hat sich Ihre Fähigkeit während alltäglicher Aktivität mentale Ereignisse ohne unmittelbare Bewertung zu beobachten entwickelt?

\- +

18. Wie stark haben Sie während der Meditation Ruhe empfunden?

\- +

19. Wie stark haben Sie während alltäglicher Aktivität Ruhe empfunden?

\- +

20. Wie stark haben Sie während der Meditation Wachheit empfunden?

\- +

21. Wie stark haben Sie während alltäglicher Aktivität Wachheit empfunden?

\- +

22. Wie stark haben Sie während der Meditation Sinken oder Schläfrigkeit empfunden?

\- +

23. Wie stark haben Sie während alltäglicher Aktivität Sinken oder Schläfrigkeit empfunden?

\- +

24. Wie stark haben Sie während der Meditation Agitation oder Überladung empfunden?

\- +

25. Wie stark haben Sie während alltäglicher Aktivität Agitation oder Überladung empfunden?

\- +

26. Wie stark haben Sie während der Meditation Stille empfunden?

\- +

27. Wie stark haben Sie während alltäglicher Aktivität Stille empfunden?

\- +

28. Wie stark haben Sie während der Meditation konzentrierte Kraft empfunden?

\- +

29. Wie stark haben Sie während alltäglicher Aktivität konzentrierte Kraft empfunden?

\- +

30. Wie stark haben Sie während der Meditation geistige Klarheit empfunden?

\- +

31. Wie stark haben Sie während alltäglicher Aktivität geistige Klarheit empfunden?

\- +

32. Wie stark haben Sie während der Meditation wache Entspannung empfunden?

\- +

33. Wie stark haben Sie während alltäglicher Aktivität wache Entspannung empfunden?

\- +

34. Wie stark haben Sie während der Meditation Wohlgefühl empfunden?

\- +

35. Wie stark haben Sie während alltäglicher Aktivität Wohlgefühl empfunden?

\- +

36. Wie stark haben Sie während der Meditation innere Weite empfunden?

\- +

37. Wie stark haben Sie während alltäglicher Aktivität innere Weite empfunden?

\- +

38. Wie stark haben Sie während der Meditation die Helligkeit von Licht empfunden?
\- +

39. Wie stark haben Sie während alltäglicher Aktivität die Helligkeit von Licht empfunden?
\- +

40. Wie stark haben Sie während der Meditation bewegliche Leichtigkeit empfunden?
\- +

41. Wie stark haben Sie während alltäglicher Aktivität bewegliche Leichtigkeit empfunden?
\- +

42. Wie stark haben Sie während der Meditation Spannung empfunden?
\- +

43. Wie stark haben Sie während alltäglicher Aktivität Spannung empfunden?
\- +

44. Wie stark haben Sie während der Meditation Aussichtslosigkeit empfunden?
\- +

45. Wie stark haben Sie während alltäglicher Aktivität Aussichtslosigkeit empfunden?
\- +

46. Wie stark haben Sie während der Meditation Aggression empfunden?
\- +

47. Wie stark haben Sie während alltäglicher Aktivität Aggression empfunden?
\- +

48. Wie stark haben Sie während der Meditation Begierde empfunden?
\- +

49. Wie stark haben Sie während alltäglicher Aktivität Begierde empfunden?

\- +

50. Wie stark haben Sie während der Meditation das mentale Greifen nach Gedanken-Ketten lösen können?

\- +

51. Wie stark haben Sie während alltäglicher Aktivität das mentale Greifen nach Gedanken-Ketten lösen können?

\- +

52. Wie stark haben Sie während der Meditation das mentale Greifen nach Emotionen oder das Festhalten an stark emotionsbeladenen Erinnerungen lösen können?

\- +

53. Wie stark haben Sie während alltäglicher Aktivität das mentale Greifen nach Emotionen oder das Festhalten an stark emotionsbeladenen Erinnerungen lösen können?

\- +

54. Wie stark haben Sie während der Meditation Freude empfunden?

\- +

55. Wie stark haben Sie während alltäglicher Aktivität Freude empfunden?

\- +

12.7 Vorerhebungs- und Katamnesefragebogen

Datum:
Name:
Adresse:
Geburtsdatum:

Zeichnen Sie, bitte, auf dem Balken jeweils Ihre Antwort zwischen den Polen **- (0%)** und **+ (100%)** ein:

1. Wie stark können Sie Ihre Aufmerksamkeit zu sich selbst zurückbringen?

\- +

2. Wie stark können Sie mentale Bewegungen beobachten?

\- +

3. Wie stark können Sie emotionale Bewegungen beobachten?

\- +

4. Wie stark können Sie somatische Bewegungen beobachten?

\- +

5. Wie stark können Sie was um Sie herum geschieht beobachten?

\- +

6. Wie stark können Sie sich konzentrieren?

\- +

7. Wie stark können Sie Ihre eigenen Gedanken reflektieren?

\- +

8. Wie stark können Sie Ihre eigenen Gefühle reflektieren?

\- +

9. Wie stark können Sie über Ihre körperliche Wahrnehmung reflektieren?

\- +

10. Wie stark können Sie Ihre eigenen Gedanken beobachten, ohne sie unmittelbar zu bewerten?

+

11. Wie stark können Sie Ruhe empfinden?

\- +

12. Wie stark können Sie Wachheit empfinden?

\- +

13. Wie stark können Sie Sinken oder Schläfrigkeit empfinden?

\- +

14. Wie stark können Sie Unruhe, Agitation oder Überladung empfinden?

\- +

15. Wie stark können Sie Stille empfinden?

\- +

16. Wie stark können Sie konzentrierte Kraft empfinden?

\- +

17. Wie stark können Sie (geistige) Klarheit empfinden?

\- +

18. Wie stark können Sie wache Entspannung empfinden?

\- +

19. Wie stark können Sie Wohlgefühl empfinden?

\- +

20. Wie stark können Sie innere Weite empfinden?

\- +

21. Wie stark können Sie die Helligkeit von Licht empfinden?

\- +

22. Wie stark können Sie bewegliche Leichtigkeit empfinden?

\- +

23. Wie stark können Sie Spannung empfinden?

\- +

24. Wie stark können Sie Aussichtslosigkeit empfinden?

\- +

25. Wie stark können Sie Aggression empfinden?

\- +

26. Wie stark können Sie Begierde empfinden?

\- +

27. Wie stark können Sie sich von Ihren eigenen Gedankenabläufen distanzieren?

\- +

28. Wie stark können Sie sich von Ihren eigenen Emotionen und emotionsbeladenen Erinnerungen distanzieren?

\- +

29. Wie stark können Sie Freude empfinden?

\- +

Kolibri 360 GmbH
Ferdinand-Jühlke-Straße 7
99095 Erfurt, Deutschland
produktsicherheit@kolibri360.de